中国科学院教材建设专家委员会规划教材

全国高等医药院校规划教材

医学文献检索

第3版

主　编　赵文龙　李小平　肖凤玲

副主编　胡　虹　严　敏

编　委　(按姓氏汉语拼音排序)

杜志银　侯筱蓉　胡　虹　胡　磊　黄　成

李小平　李永杰　卢　烨　马　佳　马　路

王　琦　肖凤玲　赵文龙

科学出版社

北　京

内　容　简　介

本书作者在第1版和第2版的基础上进行了全新修订,全书共11章,分为检索基础(1~2章)、检索工具(3~4章)、专类信息检索(5~8章)、信息利用(9~10章)和医院信息系统与临床信息检索(11章)5个模块。

检索基础模块包括计算机检索原理、网络通用检索工具(搜索引擎);检索工具模块以图书和期刊类数据库为主,强调不同文献数据库的通用特征和个性化功能的展示;专类信息检索模块按专题组织,包括药学、循证医学、生物信息学、图像视频、互联网特殊资源、引文、专利、学位论文等,注重各种数据库的综合应用;信息利用模块主要介绍文献管理工具的使用、文献分析方法和资源共享;新增的医院信息系统模块包括常用的医生工作站、护士工作站、实验室信息系统、图像存储与通讯系统与放射信息系统等使用和医院管理信息系统。

本教材适合医学、药学各专业本专科生、研究生和卫生管理、信息管理与信息系统等专业的学生使用,也可作为医学生毕业后继续教育教材。

图书在版编目(CIP)数据

医学文献检索/赵文龙,李小平,肖凤玲主编.—3版.—北京:科学出版社,2010.8
(中国科学院教材建设专家委员会规划教材·全国高等医药院校规划教材)
ISBN 978-7-03-028543-0

Ⅰ.医… Ⅱ.①赵… ②李… ③肖… Ⅲ.医学-情报检索-高等学校-教材
Ⅳ.G252.7

中国版本图书馆CIP数据核字(2010)第156731号

策划编辑:李国红　邹梦娜/责任编辑:邹梦娜/责任校对:张怡君
责任印制:刘士平/封面设计:黄　超

科学出版社　出版
北京东黄城根北街16号
邮政编码:100717
http://www.sciencep.com
三河宏图印务有限责任公司　印刷
科学出版社发行　各地新华书店经销
*
2002年2月第　一　版　　开本:787×1092　1/16
2010年8月第　三　版　　印张:19 1/2
2017年6月第二十一次印刷　　字数:465 000
定价:34.80元
(如有印装质量问题,我社负责调换)

第3版前言

医学文献检索作为一门独立的课程在医药院校已开设20余年，其教学内容和方式也随着信息技术的飞跃发展在不断改革和创新。《医学文献检索》在科学出版社的鼎力支持下，承蒙广大读者的支持和厚爱，先后于2001年和2004年出版了第1版和第2版。每一次修订总希望有所创新，本次修订在前两版的基础上又做了较大的调整。

1. 全新架构教材体系。全书以检索基础、检索工具、专类信息检索、信息利用为主线，模块化构建知识体系，各模块相对独立又相互联系。

2. 拓展教学内容，增加医院信息系统与临床信息检索模块。随着卫生信息化的深入，医院信息系统的广泛应用，对医院信息系统的了解和使用成为医学生必备的实践技能之一。本模块主要介绍医院信息系统的使用，重点讲授从临床医生、护士、检验师、影像医生、药师角度如何获取临床相关信息。

3. 重新整合内容，更加突出重点。将计算机检索原理、网络通用检索工具（搜索引擎）一并纳入检索基础模块；检索工具模块以图书和期刊类数据库为主；专类信息检索模块则按专题方式（如药学、循证医学、图像、网络学习、引文、专利等资源）组织，从综合使用角度编写；信息利用模块主要介绍文献管理工具的使用和资源共享。删掉了手工检索、经典医学文献介绍和医学论文写作相关内容。主要数据库详细讲解（如CBM、PubMed、读秀），强调不同文献数据库的通用特征和个性化功能的展示。

4. 保留重点提示和思考题伴随章节内容出现的编排方式。便于读者在学习的同时思考问题，掌握重点和难点，符合学习的习惯。

第3版的修订始于两年之前，其间因参加了几本教材的编写使得本次修订直至今年5月才最后完成。本教材虽经2次修订，10余年的使用，从学生和同行中汲取了许多意见和建议，但限于作者水平有限，阅读和浏览的网站、掌握的信息有限，定有疏漏或失当之处，恳请不吝赐教。

本教材适合医学、药学各专业本专科生、研究生和卫生管理、信息管理与信息系统等专业的学生使用，也可作为医学生毕业后继续教育教材。

为配合本书的教学，我们还制作有全部内容的电子教案，如有需要，敬请联络（E-mail：cqzhaowl@263.net）。

赵文龙

2010年6月8日

第1版前言

《医学文献检索》作为一门课程在我国高等医药院校已开设十余年，相对于其他医学课程，可谓是年轻的学科。作为一门方法学课程，经过十多年的建设和发展，越来越受到人们的重视，已被列为必修科目，一些中等医学专业学校也列为了必选课。

《医学文献检索》的教学目的是传授如何在知识的汪洋大海中获取所需目标知识，即教会学生查找文献，最终使文献为我所用，也是继续学习、提高自我的有效途径和工具。

文献检索课的发展总是与信息技术的发展同步，其内容日新月异。我们在借鉴国内同行编著的十余种不同类型教材的基础上，结合多年的教学实践，总结经验，力求实用，编写了这部教材。全书共十二章五十三节，涵盖了文献检索基础、手工检索工具、光盘检索、Internet 检索、文献利用和文献写作等内容，还另辟章节专门介绍了经典医学文献的概况。根据文献检索课的发展趋势，精简了手工检索部分的内容，加强了文献主题标引和计算机检索的内容。

本书各章内容相对独立，教学过程中可根据需要选择不同内容进行讲授，既可作为本科生、研究生、专科生用教材，也可作为中等医学专业学校、临床医师、基础学科教师继续教育培训的选用教材和参考书。

由于现代信息技术发展迅猛，我们所掌握的信息量有限，加之编者水平有限，时间仓促，书中错误在所难免，恳请广大同仁和读者不吝指正。

本书顺利出版，得到了重庆医科大学教务处的大力支持，特别是唐雪平同志为本书的出版作了大量具体工作，在此深表谢意！

吕长虹

2000 年 10 月 18 日

E-mail：cqzhaowl@ 263. net

目　　录

第一章 检索基础

第一节 医学文献基础

一、文献和文献检索

医学文献检索(Medical Literature Retrieval)是一门以培养医学学生的情报意识、掌握用手工或计算机方式从文献中获取知识和科技情报信息的工具性课程,是培养人们独立学习能力的一种专门知识。其目的是传授如何在知识的汪洋大海中获取所需目标知识,即学会查找文献,最终使文献为我所用,也是继续学习、提高自我的有效途径。

医学文献是医学科学知识赖以保存、记录、交流和传播的一切著作的总称,是人类认识疾病规律的总结。文献里记录了无数医学科学家们的发现、理论、启示以及工作方法,也记录了他们的成功经验和失败教训,是医学研究不可缺少的情报来源。可以说,任何一个临床医生,无论是否进行临床科研,都离不开医学文献资料。因此,学会并掌握一套有效的医学文献资料查阅方法,是每一个临床医生必须具备的能力。

(一) 文献检索

一般意义的文献检索是指利用检索工具,准确、全面地查询与特定研究课题有关的文献资料的过程。医学文献检索检索的是与医学有关的文献,与其他的文献检索没有实质性的差异。因此,本书所讲的文献检索亦即医学文献检索。

Notice

"文献检索",一些教材称之为"信息检索"、"情报检索"。有人认为"信息检索"比"文献检索"和"情报检索"更具有包容性,因此,主张将"文献检索"改称为"信息检索",但讲授内容没有实质性的差异。一般来讲,文献检索偏重于学术资源的查找和探究性学习,而信息检索更注重信息素养教育和大众化培养。本书仍沿用文献检索这一提法,但为了顾及习惯,在叙述的时候有可能会提及"信息检索"或"情报检索"等说法。

广义的信息检索(Information Retrieval)是指信息按一定的方式组织起来,并根据信息用户的需要,找出有关的信息的过程和技术。按检索对象的不同可分为:

文献检索(Document Retrieval):是以文献(包括题录、文摘和全文)为检索对象的检索。

数据检索(Data Retrieval):是以数值或数据(包括数据、图表、公式等)为对象的检索。

事实检索(Fact Retrieval):是以某一客观事实为检索对象,查找某一事物发生的时间、地点及过程的检索。

有关信息、情报、文献间的关系在很多类似的书籍中都有描述，可以参考相关书籍。这里只列出相关的概念以供参考。

数据：指所有描述事物的形貌、特性、状态或任何其他属性的数字、文字或符号。一般指未经处理过的原始数据。

信息：是人体感官对事物存在或运动状态的客观反应，不同事物具有不同的运动状态、特征和方式，因而发生千差万别的信息。信息可分为四大类：自然信息、社会信息、生物信息、机器信息。它们是重要的资源，与材料、能源一起构成了现代社会发展的三大支柱。

知识：是人们在认识世界和改造世界的社会实践中所获得的经验的总和。

情报：是动态的知识，是一切最新的经过加工和传递的信息。具有知识性、传递性、效用性。

文献：是记录知识的一切载体。

1. 文献获取方式 一般来讲，获取文献的方式包括四种。

(1) 平时阅读积累：专业书、期刊、报纸、电视、广播、Internet。

(2) 同行交流：会议、讨论、BBS、网络论坛等。

(3) 集中检索获取：常常利用图书馆、资料室、Internet 网络的工具书、数据库（搜索引擎）来检索，是获取文献的主要途径。

(4) 定题服务：一种个性化的、前景广阔的获取文献信息的方式。如我的 Yahoo、我的图书馆、RSS、邮件订制等个性化信息推送服务。

2. 检索的手段 分为手工检索和计算机检索。

(1) 手工检索：指利用印刷型检索书刊检索信息的过程。优点是回溯性好，没有时间限制，不收费，缺点是费时，效率低。

(2) 计算机检索：指利用计算机检索数据库的过程。优点是速度快，缺点是回溯性不好，且有时间限制。

计算机检索是文献检索的主流，网络时代主要通过互联网来实现计算机检索。常常通过以下三种服务模式提供检索：

1) 数据库开发商自己提供：大多数的数据库都由开发者直接向用户提供服务。如重庆维普、CNKI、爱思唯尔等都直接提供在线服务。

2) 信息集成（Databases/Collections）服务：信息服务机构购买不同数据库商的产品，提供服务。如大学图书馆提供的文献检索服务。

3) 信息整合（Aggregations）服务：同一个检索平台下提供多种数据库商的数据库产品服务。如 EBSCO、读秀知识平台等。

(3) 检索工具：是查找文献线索的工具，以数据库为主。包括

1) 书目数据库（Bibliographic），主要是文摘数据库；

2) 全文数据库（Full-text），是读者最需要的，主要是指期刊全文数据库；

3) 图像数据库，以图像为信息主体，配有文字解释；

4) 多媒体数据库，能够管理数值、文字、表格、图形、图像、声音等多种文件类型的数据库称为多媒体数据库。

(二) 文献

文献是记录有知识的一切载体的统称,即用文字、图像、符号、声音、音频、视频、编码等手段记录的人类知识的各种载体。载体、知识、记录构成文献的三要素。

(三) 文献的形态

医学文献根据不同的划分标准,可以划分出种类繁多的各种形态(Form)。比如,按文献的载体形式可以分为印刷型和机读型。如果按照文献的出版形式又可以分为:图书、期刊、会议录、科技报告、政府(组织)出版物、学位论文、标准文献、专利文献、产品资料、病历档案等十多个类型。

1. 结合文献、信息、知识、情报的概念,理解它们之间的关系。

2. 如何认识"文献检索"、"信息检索"的外延和内涵?

1. 按载体形式来分 载体的形式多种多样,如远古的龟壳、陶片、竹简到现代的纸张、录影(音)带、光盘、磁盘等。从载体的角度出发,文献可以分为两种。

(1) 印刷型文献:亦称纸质型文献,指多种多样的印刷版文献以及手稿、原始记录、病历档案等。

(2) 机读型文献:需要借助一定的机器设备方可阅读的文献。这类文献主要有缩微型、视听型以及数字化文献。

1) 缩微型文献:以感光材料为载体,利用光学记录技术产生的文献,包括缩微胶卷、缩微平片等。

2) 视听型文献:记录的知识主体是以音像为主的文献,如录像带、VCD、英语磁带等。

3) 数字化文献:以数字化形式存储在光、磁等介质上,如光盘、磁盘、数据流带,并通过计算机阅读或利用的文献。存放于网络的资源均可称为数字化文献。数字化文献常常存储于数据库中,从而方便检索。

印刷型和数字化型是主要的文献载体形式。

2. 按出版形式分 在实际运用过程中,常常根据出版形式来划分。

(1) 图书(Book):图书提供比较系统、成熟的知识,是对已发表的科研成果、生产技术和经验或者某一知识领域进行系统地论述或总结,用于系统地学习知识,了解关于某知识领域的概要,或查找某一问题的具体答案。它往往以期刊论文、会议论文、研究报告及其他第一手资料为基本素材,经过分析、归纳,重新组织而成。一般分为专著、文集和参考工具三大类。正式出版的图书都有一个国际标准书号(ISBN),其反映的内容多为3~5年前的研究水平,提供的知识较期刊和特种文献(如专利)要迟。

(2) 期刊(Periodical):期刊有固定的名称、统一的出版形式、一定的出版规律,定期并长期连续出版,是连续出版物的主要类型。每一种期刊都有一个连续出版物编号或称国际标准刊号(ISSN)。对某一问题需要深入了解时,较普遍的办法是查阅期刊论文。

目前全世界约有期刊20万种以上,其中医学期刊1.5万~2万种。中文期刊1.5万种左右,中文医学期刊1300多种。世界上最早的期刊是1665年1月5日创刊的 *Journal des Scavans*,即《学者杂志》,世界上第一种医学期刊是1671~1829年由解剖学家 Thomas Bartholin

编辑，哥本哈根皇家医学会发行的 *Acta Medical et Phiolsophica Hafniensia*，即《医学和哲学学报》，中国最早的医学期刊是 1887 年创刊的英文版《中华医学杂志》(Chinese Medical Journal)。

虽然全世界每年出版的期刊数量庞大，但是核心期刊数量有限，每个专业都有自己的核心期刊。所谓专业核心期刊是指刊载该专业论文数量较大(信息量较大)，学术水平较高，能反映本学科最新研究成果及本学科前沿研究状况与发展趋势的，备受该学科专业读者重视的期刊。核心期刊与非核心期刊是相对的、动态变化的。

可通过《中文核心期刊要目总览》或《学者必览》查找各专业的核心期刊信息。

医学期刊由于具有数量大、种类多、内容丰富、出版周期短、反映最新科技水平及时等特点，而成为人们传递信息最基本的手段。据统计，从期刊获得的信息大约占整个信息来源的 70%。会议论文中约 35%、科技报告中约 50%、学位论文中约 20% 的成果都会经过改写发表在科技期刊上。期刊所反映的内容较图书要新。近年来电子期刊的迅速发展更给期刊注入了新的生命力，使之成为科研中主要的情报信息来源。

(3) 会议录(Proceeding)：是指在国际国内专业学术会议上所交流的论文或报告。学术会议是科技人员重要的信息交流场所，传递的信息比较及时、集中、针对性强，其文献是了解国际国内的科技水平、动态和发展趋势的重要信息源。

(4) 学位论文(Dissertation)：所探讨的问题比较专业，对问题阐述得比较详细、系统，带有一定的独创性。通常有表示学位论文的词，如 Thesis、Dissertation 等，有的也有论文作者所在学校的校名。

(5) 政府(组织)出版物(Government Publication)：多为行政性、政策性文件的颁布，借助这些出版物可以了解一些科技政策、经济政策、科技活动、科技成果等。

图书和期刊的区别主要表现在哪些方面？如果需要了解某一技术或方法的细节，如操作步骤、技术参数、研究过程等，首选何种文献较好？

值得一提的是世界卫生组织的出版物。世界卫生组织(WHO)的出版物主要包括丛书系列和期刊系列。丛书不定期出版，每种书为独立的专著。如《技术报告丛书》的每一种专著都是 WHO 专家委员会就某一个特定的卫生或医疗问题推荐的通用标准、指南或研究报告。其出版的期刊包括世界卫生组织通报(Bulletin of WHO)、国际卫生法规文摘(International Digest of Health Legislation)、世界卫生组织药物信息(WHO Drug Information)、疫情周报(Weekly Epidemiological Record)。

(6) 专利文献(Patent)：专利是指受法律保护的技术发明。专利文献主要指技术发明详细内容及被保护的技术范围的各种发明说明书，或称专利说明书。专利文献的内容具体、可靠，它介绍的技术具有新颖性、创造性和实用性，是一种可靠的信息源。

(7) 标准文献(Standard Literature)：是经过公认的权威机构批准的以特定文件形式出现的标准化工作成果。技术标准是对产品和工程建设质量、规格、技术要求、生产过程、工艺规范、检验方法和计量方法等所作的技术规定，是组织现代化生产、进行科学管理的具有法律约束力的重要文献。

标准文献都有标准号，通常由国别（组织）代码+顺序号+年代组成（如ISO3297-1986）。我国的国家标准分为强制性的国标（GB）和推荐性的国标（GB/T），如GB18187-2000、GB/T2662-1999；行业标准代码以主管部门名称的汉语拼音声母表示，如JT表示交通行业标准；企业标准编号：Q/省、市简称+企业名代码+年份。

国际标准化机构中最重要、影响最大的是1947年成立的国际标准化组织（ISO）和1906年成立的国际电工委员会（IEC），它们制定或批准的标准具有广泛的国际影响。中国标准化综合研究所标准馆是中国标准文献中心；另外，在省级技术监督部门的文献馆、科技信息所也收藏有标准文献；以图书形式公开出版的国家标准文献汇编，在图书馆也有部分收藏。

（四）文献的级别

医学文献按文献所含知识的加工层次，即其内容性质及结构有无变化，可分为三级，如图1-1所示。

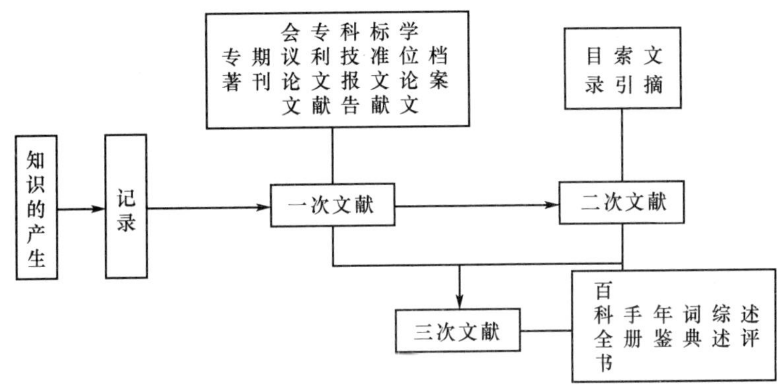

图1-1　文献处理级别（加工层次）示意图

（1）一次文献：即原始文献，通常指作者的原始创作。这类文献记录的内容具体、系统、详尽，有新意，有创造性，是文献检索的主要对象。专著、期刊论文、学位论文、研究报告、会议论文、专利文献等都属于一次文献。

（2）二次文献：通称检索工具，是对一次文献进行压缩，将分散无序的一次文献收集整理、加工编制而成的。由于为查找利用一次文献提供了线索与方便，故被视为文献检索的主要工具与手段。题录、目录、索引、文摘等都属于二次文献。

（3）三次文献：一般是在广泛利用二次文献的基础上，选用大量的一次文献，经过阅读研究并浓缩提炼而成。三次文献对已取得的成果、进展或加评论，或预测发展趋势，读者借此可以了解当前的研究水平和动态。因此，被认为是一种高级情报。年鉴、进展、述评、综述等都属于三次文献。

近三十年来出现了一个新的概念——零次文献。通常认为是形成一次文献之前的信息、知识、情报，即未公开的最原始的文献。例如书信、手稿、笔记、记录，甚至口头交流、实际操作的方法等等。这些非正式的文献具有很高的价值，反映的往往是正在研究的课题的最新发现，或最新遇到的问题。可以帮助人启迪思路，产生新的思维，从而开创更高层次的科学研究。目前科学工作者普遍重视零次文献的获取。

二、医学文献的特点

医学是研究人体生命活动、防治疾病、促进健康、延长寿命及提高劳动力的知识体系和实践活动，医学文献是整个科技文献的重要组成部分。医学文献就其整体而言，具有如下特点。

（一）数量庞大，增长快速

科学技术的迅猛发展造成科技文献数量的急剧增长，其中医学文献在整个科技文献中占有相当大的比重。据国外统计，医学图书在科技图书中所占比例最高，达 1/4 左右。以 MEDLINE 数据库为例，每年增加的文献在 30 万篇左右。

据统计，目前全世界每年出版各种文献总量约 12 000 万册，平均每天出版文献约 32 万册。下面是美国《化学文摘》报道文献量的变化情况，从中不难看出文献数量的增长之快。

第一个百万条	1907–1946 年	历时 40 年	第五个百万条	1972–1975 年	历时 4 年
第二个百万条	1947–1960 年	历时 14 年	第六个百万条	1976–1978 年	历时 3 年
第三个百万条	1961–1967 年	历时 7 年	第七个百万条	1979–1980 年	历时 2 年
第四个百万条	1968–1971 年	历时 4 年	第八个百万条	1981–1982 年	历时 2 年

（二）类型繁多，文种复杂

由于新技术革命的兴起，现代医学文献在载体形态、记录方式、编辑出版形式等诸多方面发生了巨大的变化。医学文献除传统的印刷型以外，还有视听型、缩微型、数字化型等。这些新型的医学文献具有存储信息量大、占空间位置小、携带方便等优点。

随着科学技术的普及和发展，全世界出版的文献的文种不断增加，到目前为止，科技文献涉及的文种约 80 余种。其中，以英文文献为主，占全世界文献量的 2/3，德、俄、法、日、西班牙及中文各占有一定的比例。据统计，美国《医学索引》所收录文献的文种有 40 多种，美国《生物学文摘》、美国《化学文摘》所收录文献的文种达 50 多种。

（三）内容重复，交叉分散

现代科学的综合交叉与彼此渗透使得文献重复发表的现象越来越多。其原因主要是由于多个国家、多个科研结构、众多的科研人员往往对某一研究课题感兴趣，都在进行同一课题的研究，故容易造成论文内容的重复；同时，文献的分布呈现出既集中又分散的不均匀现象，即相当数量的专业论文相对集中刊载在少量的专业期刊中，其余数量的专业论文却高度分散刊载在大量的非专业期刊中。文献分布的这一特点，致使与医学相关的重要文献不仅刊载在医学专业期刊上，而且还大量地刊载在一些综合性期刊和相关领域的期刊上。

另一方面，同一内容的文献以不同形式出版。如前所述，会议论文有 35% 会在会后经过整理、修改发表在期刊上；有相当数量的科技报告后来发表在期刊上，如美国的 NASA 报告有 80%、AD 报告有 60%、美国科学基金会报告有 95%、美国农业部的科技报告有 80%,既出版单行本又发表在期刊上;随着新型载体文献的普及应用,许多文献既出版印刷型的,又有缩微版、电子版等,如《纽约时报》、《泰晤士报》、《读卖新闻》等既有印刷版,又有缩微版;《中国大百科全书》、《不列颠百科全书》、《工程索引》、《科学文摘》、《科学引文索引》、等既有印刷版,又有电子版。

(四) 知识更新加快,文献寿命缩短

科学技术的迅猛发展导致了知识新陈代谢频率的日益加快。由于文献出版落后于科学技术的发展,有些文献还未出版或刚出版就被新的知识所代替,新技术、新材料、新理论、新方法不断取代旧工艺、旧材料、旧理论、旧方法,科学文献的老化周期已从 19 世纪的 50 年左右缩短到现在的 5~10 年。

文献寿命即文献的有效使用期,文献的失效周期即文献更新期。西方学术界普遍认为,80%~95%的科技文献的使用寿命为 5~7 年。我国研究认为,中文科技期刊的半衰期为:生物学 4.8 年、医药卫生 4.2 年、技术科学 3.2 年。医学文献中,中文文献平均半衰期为 4.8~7.7 年,最短的只有 3 年,可见科技文献的更新频率已大大加快了。

> 半衰期:是一种表示文献老化速度的概念,指某学科的文献从出版到有 50%的内容因老化而失去参考价值所经历的时间。

(五) 交流传播的速度加快

由于电子计算机、多媒体、通讯卫星和因特网技术的广泛应用,信息的存储和传递发生了质的飞跃,随着 Internet 的发展,我们可以通过 WWW、FTP 等方式轻而易举地获得全球信息。加上国内外大量的生物医学数据库和电子出版物的出版发行,各种局域网、校园网内的信息传递也活跃起来。电子计算机技术、网络技术的发展使得信息传递的方式以及人们的阅读方式发生了深刻的变化。

(赵文龙)

第二节 检 索 工 具

科技文献的数量庞大且高度分散,增长的速度也越来越快,这给文献检索和利用带来了越来越多的困难。为了解决这一困难,人们在长期的实践中先后创造了一些行之有效的方法,其中之一就是将数量庞大的一次文献压缩整理成二次文献,编制成各种检索工具,建立检索系统(图 1-2)。

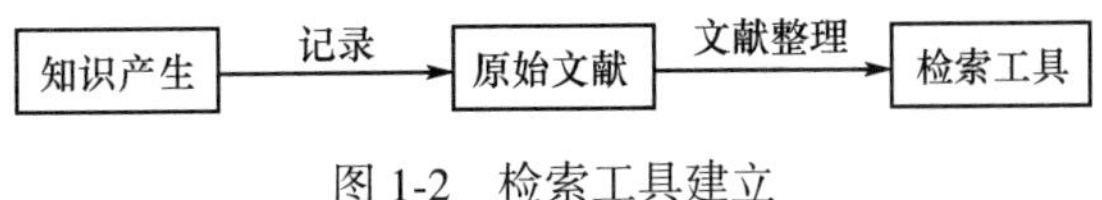

图 1-2 检索工具建立

一、概　　念

检索工具是搜集、报道、存储和查找文献线索的工具和设备的总称，具有报道、存储和检索文献三大基本功能，是检索系统的核心和具体体现。图书馆目录、期刊索引、电子计算机检索用的文献数据库等等都是检索工具。

检索工具是把大量的文献进行分析后按照一定的特征顺序组织的文献集合体，文献检索就是根据一些既定的标志（识）从文献集合体中选出有关的文献。

计算机检索工具主要由数据库和检索系统组成。数据库与检索系统是两个不同的概念。数据库是信息的集合体，是一种信息管理的方式；检索系统是个软件，主要用于检索数据库。一个检索系统可以容纳多个数据库，可同时对多个数据库进行检索；而一个数据库可依存于不同的检索系统。一般意义的检索系统指的是某个文献检索平台。如中国知网检索系统、Entrez 检索系统等。

1. 检索工具的种类

（1）按出版形式可分书本式和机读式。

1）书本式：

A. 期刊式：以期刊的形式连续出版。如《中文科技资料目录》、《美国医学索引》。

B. 单卷式：围绕一定的学科专题，收集积累多年的有关文献而编印的。专业性、系统性强，使用价值高，如《糖尿病文献索引》。

2）机读式：以计算机输入输出为手段，为计算机检索而建立的各种数据库。如 Medline、CBMdisc 等光盘检索系统，Internet 网上综合的及专业的搜索引擎如 Yahoo、Medical Matrix 等。

（2）按著录格式可分为目录、索引和文摘。

1）目录（Catalog）：也称书目，它是以一个完整出版物（一本书、一种报纸或一本期刊等）为单位进行著录。常见的书目有《馆藏目录》和《联合目录》。

A. 馆藏目录：是揭示图书馆各自收藏书刊资料的目录。图书馆中最常用的有分类目录、书名目录、著者目录和主题目录。

B. 联合目录：是汇总若干图书馆或其他收藏单位收藏的书刊资料编制的目录。利用联合目录可了解馆际之间的藏书情况，达到资源共享、互通有无。联合目录是馆际互借最常使用的检索工具，有图书联合目录、期刊联合目录等。

2）索引（Index）：索引是将图书、期刊等文献中的论文按内容进行分类标引或主题标引后，严密组织编排，以题录的形式注明论文出处。它是以一种完整出版物中的某一知识单元为著录对象。每一条著录项就是一条题录（有时混称索引为题录）。

索引还有另一个含义，指某种检索途径，如主题索引、著者索引、分子式索引等。

> **Notice** 题录：指检索工具所著录的篇名、著者（可有工作单位和地址）、出处（论文原刊载的刊物名，出版年，卷期页）、语种等项目，不包括文摘。如《中目》、《外目》、《美国医学索引》所著录的内容就是题录。

3）文摘（Abstract）：是在索引的基础上更深入一步，以简明扼要的文字介绍文献主要内容。它的优点是帮助判断检索是否合乎需要，避免漏检和误检，以及节省阅读原文的时间和精力,克服语言障碍。

2. 存储与检索的关系 文献存储与检索的关系,如图1-3所示。

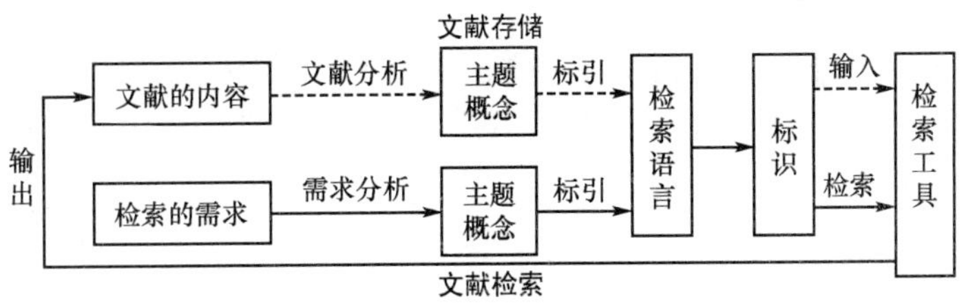

图1-3 文献存储与检索的关系

文献存储是文献信息的有序化,由标引人员对文献进行有序化存储,即检索工具的编制(输入),由专职工作者来完成。文献存储要求利用一定的规则和方法,将大量分散的文献收集起来,深入理解原文后对其进行加工。首先对文献内容进行分析,将原文主要内容转换成特定检索语言(标引),产生记录及检索标识;然后将全部记录按文件、数据库等形式编制成系统化的有序集合。这一文献加工的过程称为信息组织。

从使用的角度来说,文献的检索实际上是文献存储的逆过程。用户根据自己的检索需要,选定检索语言和相对应的检索途径,从检索工具书或数据库中查找到所需文献,是用户需求与文献信息集合的匹配。

文献检索课主要围绕检索工具来展开,讲授检索工具的结构、原理和使用,其研究的内容主要包括检索语言、检索系统、检索策略、检索效果评价以及检索服务等方面。通过前面的学习我们可以发现,文献检索所要解决的主要问题是如何有效地利用数量大、种类多、来源广的文献信息。有效的文献组织就成为解决这一问题的关键,信息组织是解决这一问题的根本方法和关键措施之一。

二、信息组织

信息组织是文献检索的基础和前提,只有进行信息资源处理和有序化组织,将散乱无序的信息形成有序的信息资源,才能有效地进行检索;文献检索则是信息组织的目的和归宿,是信息组织的反向过程。两者是相互依存、相互作用、互为因果的。

一般来说,按照存取方式的不同,可将信息组织的基本方式分为以下类型。

1. 主题词组织法 它是直接采用信息记录或信息实体主题概念的词语标识系统组织排列信息记录的方法。主题词组织法可给用户提供一种直接面向具体对象、事实或概念的信息查询途径,组织文献的依据是主题词表。美国国立医学图书馆编制的医学主题词表(Medical Subject Headings,MeSH)是目前医学文献标引与检索最权威、最常用的标准主题词表。如MEDLINE/PubMed、中国生物医学文献数据库都采用了MeSH来标引和组织文献。

2. 分类组织法 按照事先确定好的范畴分类体系组织信息记录和信息实体的方法。分类组织法首先需要对被组织对象进行类别特征分析,并赋予一个具有序级性的,表示其类别的分类代码,然后再按代码的序级性进行组织排序,形成号码标识系统。《中国图书馆分类法》(简称《中图法》)是目前国内最常用的体系分类语言,它以各门学科的特点和规律为基础,按照知识门类的逻辑次序,将学科划分为五个基本部类、二十二个基本大类,采用汉语拼音字母和阿拉伯数字组成的混合制号码作类目标识,用一个字母标记一个基本大类,在字母后用数字表示大类的下位类划分。每一个分类号代表特定的知识概念。号码的位数一般能反映相应类目的分类等级。国内的中文数据库(如中国生物医学文献数据库、中文科技期刊数据库、中国学术期刊数据库)都采用了《中图法》来标引文献。

《中图法》二十二个大类如表 1-1 所示,其中 R 类医药、卫生大类的层层隶属、逐级展开的逻辑体系如图 1-4 所示。

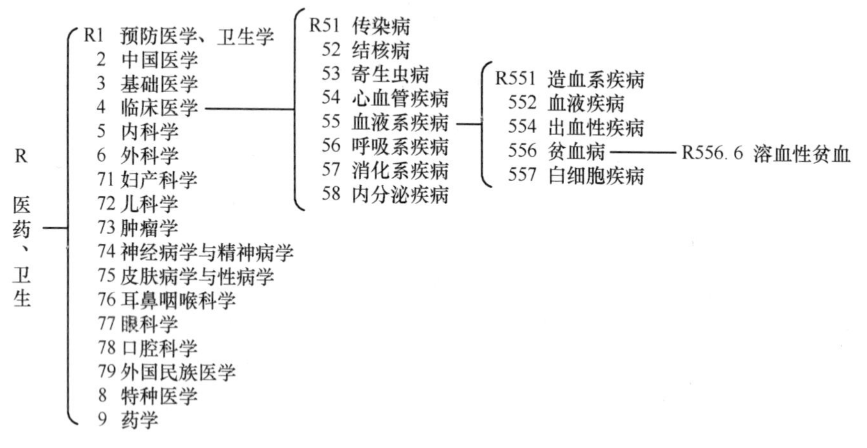

图 1-4 《中图法》R 类逐级展开的逻辑体系

表 1-1 《中图法》二十二个基本大类

A 马克思主义、列宁主义、毛泽东思想	I 文学	S 农业科学
B 哲学	J 艺术	T 工业技术
C 社会科学总论	K 历史、地理	U 交通运输
D 政治、法律	N 自然科学总论	V 航空、航天
E 军事	O 数理科学和化学	X 环境科学
F 经济	P 天文学、地球科学	Z 综合性图书
G 文化、科学、教育、体育	Q 生物科学	
H 语言、文字	**R 医药、卫生**	

3. 其他方法 代码组织法、字顺组织法、时空组织法。

三、检索的基本技术

检索的基本技术主要有布尔逻辑运算检索、截词检索和位置检索。

(一) 布尔逻辑运算

常用的布尔逻辑运算有三种:逻辑与、逻辑或、逻辑非。

1. 逻辑与 同时满足几个检索条件,常用运算符为 AND 或 * 。

2. 逻辑或 满足其中一个检索条件,常用运算符为 OR 或+。

3. 逻辑非 除外某个检索条件,常用运算符为 NOT、AND NOT 或-。

(二) 截词检索

截词(Truncation)检索是利用检索词的词干或不完整的词形进行检索。

在西方语言中,一个词可能有多种形态,而这些不同的形态多半只具有语法上的意义,但对用户而言却是相同的。如 child 和 children。

1. 任意截词 是指检索词串与被检索词实现部分一致的匹配。常用*来表示一串字符,截断形式有前截词(后方一致)、后截词(前方一致)和中间截词。

(1) 前截词:如以*ology 作为检索提问,可以检索出含有 physiology、pathology、biology 等的文献。

(2) 后截词:如以 child*作为检索提问,可以检索出含有 child、children、childhood 等词的文献。

(3) 中间截词:主要用于英式英语和美式英语的拼写差异。用 colo*r 作为检索提问,可以将含有 color 或 colour 的文献全部检出。也可用于中文检索,如"急性*肝炎"可检出"急性中毒性肝炎"、"急性黄疸性肝炎"等。

2. 有限截词 是指检索词串与被检索词只能在指定的位置可以不一致的检索。常用?来代替一个字符或空字符。如检索词 ACID?? 可以检索 ACID、ACIDIC,但不能检索出 ACIDICTY 的文献。

(三) 位置检索

位置检索是对检索词在原始文献中相对位置的限定性检索,不同数据库位置检索的语法命令不尽相同。大致包括以下四种级别的限制。

1. 记录级 限定在数据库的同一个记录中(任何位置)。

2. 字段级 限定检索词出现在某一个字段中。

3. 自然句级 限定检索词出现在某一句话内。

4. 词组的词位限定 限定检索词组(短语)的单个词之间的位置关系,包括紧密相连顺序不变、紧密相连顺序可以颠倒、词间可以插入 n 个单词等。

四、计算机检索系统的一般特征

一般来说,计算机检索具有以下特征:

(1) 需要借助外围设备才能完成。至少要具备三个基本条件,即计算机、数据库和检索软件。

(2) 检索的入口(途径)比手工检索工具多。手工检索一般只提供分类、主题、作者等检索途径,而计算机检索可以做到数据库中的任何字段都可以作为检索入口。一般来讲,除了手工检索工具提供的检索入口外,尚有期刊名称、出版年限、文献类型、作者地址、出版地、原文语种、化学物质登记号、研究对象、性别、年龄等,不同的数据库会有所差异。

(3) 大多数的数据库都提供自由词检索。即检索输入的词不一定是主题词(规范化的检索词),输入任何一个检索词都可能找到文献。

(4) 可以限定检索词出现在某一特定的字段中。

(5) 可以输入多个检索词进行逻辑运算,一次完成检索。

(6) 需要掌握一定的检索语法和技巧。

(7) 可以对检索结果实时处理。如存盘、打印,甚至直接获取原文。

(8) 计算机检索常常是由“1 个检索平台+n 个数据库”组成的。在同一个检索平台上,可以检索多个数据库,但不同数据库的数据结构(字段组成)不尽相同。

(赵文龙)

第三节 文献检索的发展

一、发展历程

文献检索的发展是伴随着科学研究的发展而发展的。

文献检索直接发源于文摘索引和参考咨询工作。世界上第一种学术期刊《学者杂志》既是最早的期刊,也是最早以专栏和附录形式出现文摘的刊物,可谓最早的文摘性检索刊物。第一个正规的文摘性检索刊物是 1830 年创刊的《药学总览》,后改为《化学文摘》(*Chemisches Zentralblatt*),1969 年并入美国《化学文摘》。继《药学总览》之后,许多独立的文摘刊物纷纷出现,均受到了科学界的重视和推广。

索引与文摘都在 19 世纪得到了很大的发展。1851 年出现了《纽约时报索引》(*New York Time Index*),1879 年出现了第一种医学文献索引——《世界最新医学文献季度分类记录》(*Quarterly Classified Record of the Current Medical Literature of the World*),现名为 *Index Medicus*。

20 世纪中叶以前,文献存储和传播主要以纸质介质为载体,文献检索活动也主要围绕手工检索工具展开,主要使用工具书来检索文献。

20 世纪 50 年代以后,人们开始探索文献检索机械化和自动化的问题,出现了若干种检索机械,如穿孔卡片机、缩微胶片检索机等。1957 年,计算机编制索引的试验取得成功,许多文摘索引刊物相继采用计算机来编制。最具有代表性的或标志性的当数 1964 年 NLM 的“医学文献分析与检索系统”(MADLARS)成功研制并投入使用。以后,随着计算机技术和通讯技术的发展,相继出现了功能更加强大的联机检索系统,如 Dialog、Orbit 等。

20 世纪 80 年代以后,文献检索的技术和领域进一步扩大,特别是光盘的出现和因特网的发展,使得文献检索得到了空前的发展,检索文献越来越方便、快捷。

到如今文献检索的发展经历了大量的变化,检索工具从书本式到与各种数据库并存,检索手段也从手工到机检,从单机检索到网络检索,从局域网检索到因特网检索,从检索题录到文摘再到直接获取全文。

在手工检索时期,一项科学研究需要花掉三分之一的时间用于查找和消化文献。计算机检索的出现,则为人们获取文献信息提供了极大的方便,也为科学研究节约了宝贵的时间。

二、趋势与未来

现如今,文献检索已基本上实现了计算机检索,但也存在不足。主要表现在检索平台太多,检索语言太专业,检索语法规则不统一等方面。未来的文献检索将在计算机检索的基础之上，向智能化、简单化、个性化和专业化方向发展，使计算机检索更加完善、更加方便易用。

（一）检索平台通用化

目前，全世界有数万种数据库，大型的文献型数据库也不少，但这些数据库分属不同的出版商或制作者，其检索的平台、界面、语法控制以及检索方式都不相同。这就要求读者需要掌握和熟悉更多数据库的使用方法。

鉴于此，目前正在致力于开发一些通用的检索平台，其目标是将源于不同国家、不同语言、不同公司的不同数据库放在同一个检索平台，读者只需掌握一个或少数的检索系统就可以检索多个数据库，如 NCBI-Entrez、Dialog、OVID、EBSCO 等。

因特网上的搜索引擎可以算得上是另一类通用检索平台。现在流行的搜索引擎大多与 Google 相似，其检索界面和检索语法等都非常相似，甚至相同。

（二）检索语言智能化

检索语言智能化是指自然语言与受控语言的自然融合。

在检索过程中，人们往往以自己最熟悉的概念为出发点，向检索系统提交提问以期获得结果。然而，任何检索系统都有它的数据标引规则，你输入的概念在数据库中不一定存在，也就导致对检索结果的不满意。任何数据库在存储时都会对所有的数据进行标引，标引数据时所遵循的标准（如主题词、分类号等）对于一般的检索者来说是非常陌生的，但这又是检索者必须知道的，是检索的难之所在。

检索语言（受控语言）专业性太强，不太适合非专业人员使用，但仍有无法取代的优势，自然语言操作简单、方便、灵活。网络检索工具大多采用自然语言标引和检索，但是自然语言必然导致同义词、多义词和近义词得不到控制，影响主题的集中，从而降低查全率和查准率，造成漏检和误检。为了克服这一缺点，NLM 研发了一体化医学语言系统（Unified Medical Language System，UMLS）。该系统中最核心的部分是超级叙词表（Metathesaurus），该词表的词汇来源于 50 多种生物医学词表和分类表，共有 200 多万个词汇，它将相同概念的不同名称和不同形式联系在一起，并识别不同概念间的关系。

UMLS 的建立，为我们检索提供了极大的方便。UMLS 与数据库集成后，检索者可以不知道确切的主题词就能够检索到相关主题的全部内容。检索时，输入任意一个概念（不限文种），系统将会在检索系统中自动将它转换为主题词，并将输入的概念作为自由词与它一起逻辑“或”检索。这种技术已经在 PubMed 系统中实现。

（三）检索系统个性化

检索系统可以根据你的个人爱好和检索习惯订制你自己喜欢的检索界面和主题。国内外大多数据库和搜索引擎都有此功能。

（四）检索服务专业化

包括提供专业的数据库和专题信息的推送服务。如医学专业的 MEDLAS 系统，只提供生物医学领域的数据库服务。SDI 定题服务则可根据你的专业需求向检索系统订制某一（些）主题的信息，系统就定期向你推送有关主题的最新信息，如 RSS、E-mail 等信息推送服务。

三、如何学习文献检索

文献检索课讲授的主要内容是检索工具的使用，最终目标是对文献加以利用，服务于教学、科研和临床。同时渗透信息意识、信息素养的教育，是素质教育的重要组成部分。

获取学术信息的最终目的是通过对所得信息的整理、分析、归纳和总结，根据自己学习、研究过程中的思考和思路，将各种信息进行重组，创造出新的知识和信息，从而达到信息激活和增值的目的。

要学好文献检索，应做到以下几点：

(1) 了解各种文献信息来源和检索语言（即文献加工使用的标准）；

(2) 熟练使用检索工具；

(3) 能对检索结果进行判断和评价。

评价检索结果的两个指标：

查全率＝被检出相关信息量/相关信息总量（%）

查准率＝被检出相关信息量/被检出信息总量（%）

弄清检索工具的结构和工作原理，是学好本课程的关键。

检索工具主要包括手工检索工具和各种数据库。检索工具的结构对于手工检索工具而言主要指编排结构、著录格式和索引体系。数据库则主要指数据的记录格式，数据库的字段格式以及提供的检索入口。

工作原理主要指检索工具的标识系统，亦即文献加工组织（有序化）的标准，也就是说检索工具（系统）中的文献题录采用何种检索语言来进行标引著录的。

使用任何检索工具书或数据库，都要弄清以下几点：

(1) 检索工具所属的学科范围。

(2) 检索的入口（途径）有哪些。

(3) 采用何种检索语言标引文献。

(4) 数据记录的格式。

(5) 检索结果的处理方式。

(6) 有何特别之处。

检索工具很大程度上与字典相似，检索文献与我们使用字典一样。字典是我们每个人都能熟练使用的，我们相信每个同学都能学好并用好文献检索这门技能。

“全球医学教育最低基本要求”（GMER）的主要精神

1999 年 6 月 9 日，纽约中华医学基金会（China Medical Board of NewYork，CMB）理事会批准并资助成立了国际医学教育专门委员会（IIME）。该委员会提出了世界各地医学院校培养的医生都必须具备的基本素质，在此基础上制定了本科医学教育“全球医学教育最低基本要求”（Global Minimum Essential Requirements，GMER）。

“最低基本要求”含七个领域、60 条标准。其主要方面包括：①医学职业态度、行为和伦理（设 11 条具体标准）。敬业精神和伦理行为是医疗实践的核心。敬业精神不仅包括医学知识和技能，而且也包括一组共同价值的承诺，自觉地建立、强化，以及维护这些价值的责任。②医学科学基础知识（设 10 条标准）。③交流和沟通技能（设 9 条标准）。④临床技能(设10条标准)。⑤群体健康和医疗卫生系统(设9条标准)。⑥信息管理能力(设5条标准)。包括收集,检索,使用医学信息来辅助诊断、治疗和预防疾病等。⑦批判性思维(设6条标准)。

GMER中对“信息管理”的“最基本要求”:医疗实践和卫生系统的管理有赖于有效的源源不断的知识和信息。计算机和通讯技术的进步为教育和信息的分析和管理提供了有效的工具和手段。使用计算机系统有助于从文献中寻找信息,分析和联系患者的资料。因此,毕业生必须了解信息技术和知识的用途和局限性,并能够在解决医疗问题和决策中合理应用这些技术。毕业生应该能够做到以下各点:

- 从不同的数据库和数据源中检索、收集、组织和分析有关卫生和生物医学信息;
- 从临床医学数据库中检索特定患者的信息;
- 运用信息和通讯技术帮助诊断、治疗和预防,以及对健康状况的调查和监控;
- 懂得信息技术的运用及其局限性;
- 保存医疗工作的记录,以便于进行分析和改进。

(赵文龙)

第二章 搜索引擎

第一节 概 述

一、搜索引擎的概念

搜索引擎(Search Engine)又称搜索机、Web 搜索器,是通过因特网查询网络信息资源的重要工具。它是将因特网上的网站资源地址和内容收集、整理后加以分类,或进行主题标引,形成网络资源数据库,并将之又作为一种新的网络资源提供给人们使用的一种网络搜索软件。

搜索引擎实质上是一种网页或网址查询系统。这种查询系统借助不同的网站服务器帮助用户在线查询信息。有的提供分类和关键词搜索途径,有的仅提供关键词搜索途径。具有搜索面广、信息量大、信息更新速度快、特定主题的搜索专指性强等特点。常用的搜索引擎有综合性和专业、专题性搜索引擎。

总之,搜索引擎是以 WWW 为平台,以超文本链接技术为基础,对 Internet 上的信息资源进行搜集、过滤、组织,并提供搜索的网络信息在线搜索工具。

二、搜索引擎的发展

随着 HTML 的出现和网络资源数量的剧增,搜索引擎发展快速。从研制发展过程来看,从诞生到现在短短 20 年内,搜索引擎的发展大致经历了短暂的雏形阶段,已经发展成熟的第一代、第二代及正在发展与形成中的第三代。

(一) 搜索引擎雏形阶段

简单的互联网信息查询工具。1990 年加拿大麦吉尔大学学生 Alan Emtage 开发了一个软件 Archie。Archie 是第一个自动索引互联网上匿名 FTP 网站文件的程序,它通过定期搜集并分析 FTP 系统中存在的文件名信息,提供查找分布在各个 FTP 主机中文件的服务。当用户输入精确的文件名时,Archie 便告诉用户哪一个 FTP 地址可以下载该文件。Archie 是公认的现代搜索引擎的鼻祖。

1993 年,内华达大学开发了一个 Gopher(Gopher FAQ)搜索工具(Veronica FAQ)。Gopher 是一种用菜单方式来查找资源的工具,通过层层菜单指引找到所需资源,与 FTP 的目录结构类似。

(二) 第一代搜索引擎

以 Yahoo、AltaVista、Infoseek 等为代表的搜索导航工具,主要依靠人工目录分类,采用分类式搜索。

1994年1月,美国德克萨斯大学推出了第一个可供搜索的网络分类目录。1994年4月,美国加利福尼亚州斯坦福大学两名博士共同创办了雅虎(Yahoo)。Yahoo的诞生开辟了搜索引擎的新纪元。

随后的几年内,相继出现了Lycos、AltaVista和Inktomi系统。其中,Lycos和Inktomi提供了网络蜘蛛功能,真正实现了搜索内容的动态更新。Alta Vista则是一个支持自然语言搜索的搜索引擎,支持用户自己提交网站数据,快速上线。但是这些工具并没有从真正意义上占据市场,很长时间内,Yahoo是行业公认的垄断者。

(三) 第二代搜索引擎

以Google、百度为代表。主要依据机器人抓取信息,并建立在超链接分析基础上的网页搜索,采用关键词搜索。

第一代搜索引擎由于技术的限制,很难覆盖整个互联网的大部分网站。链接分析技术的引入,真正提高了自动搜索引擎的结果质量。1998年9月7日,Google诞生,它是目前市场上最流行的搜索引擎之一,2001年10月22日百度搜索引擎正式公布,该搜索引擎支持多媒体信息和网页信息的搜索,是目前全球最大的中文搜索引擎。

(四) 第三代搜索引擎

目前正在发展和形成中。主要以概念搜索为特征,当用户输入查询词时,它能理解用户的意图,从而给出多个搜索提示,引导用户快速准确地定位自己所关注的信息内容,从而建立起人-机互动搜索机制,充分体现搜索引擎的个性化和智能化。目前该类搜索引擎以Ask(http://ask.com)为代表。

三、搜索引擎的原理

搜索引擎虽然品种繁多、功能不一,但是它们的总体结构和基本的工作原理都是一样的。它根据搜索规则和从其他信息服务器上得到数据后对数据进行加工处理,自动建立索引,并通过搜索接口为用户提供信息查询服务,能够自动对WWW资源建立索引或进行主题分类,并通过查询语法为用户返回匹配的信息。

搜索引擎的工作原理一般包括三部分:数据采集机制、数据组织机制和用户搜索机制。数据采集机制是采用一定的技术和方法,对网络上的各种信息资源进行采集,并将采集到的网络信息和网页信息储存到临时数据库中;数据组织机制是采用一定的技术和方法对临时数据库中的网络信息和网页信息进行标引、排序等,整理后形成各种倒排档,并相应地建立索引数据库;用户搜索机制是提供用户搜索界面,受理用户提交的搜索请求,并根据搜索要求访问相应的索引数据库,然后将符合搜索要求的结果按一定的规则排序后返回给用户。

具体可以看作三步:从互联网上抓取网页→建立索引数据库→在索引数据库中搜索排序。

(一) 从互联网上抓取网页

1. 程序自动抓取 利用能够从互联网上自动收集网页的系统程序,自动访问互联网,并沿着任何网页中的所有 URL 爬到其他网页,重复这过程,并把爬过的所有网页收集回来。

由于 Internet 上的信息资源庞杂,变化多端,依靠人工收集、加工这些信息非常困难。因此,大型搜索引擎一般都采用被称为网络搜索机器人(Robot)、网络蜘蛛(Spider)、网络漫游者(Webwander)等自动跟踪标引软件对网络资源进行收集、整理。这些跟踪标引程序定期(几天、几周、几月或不定期)遍历 Web 空间,不断从一个站点移动到另一个站点,自动建立索引,并加入(更新)到网页数据库中。除了这些网站自动跟踪软件自动收集网站资源外,您也可向搜索引擎提交网站信息,通知网站自动跟踪程序来对您的整个网站进行索引。

2. 手工目录索引 依靠用户提交注册信息并依赖搜索引擎的管理人员来增加索引的数目,也称作分类数据库(Category Database)。一些专业的搜索引擎,其资源数量不大,可通过人工在 Internet 上收集得到后,由管理人员对这些资源进行分类和主题标引,建立起网络资源数据库。

互联网虽然只有一个,但各搜索引擎的能力和偏好不同,所以抓取的网页各不相同,排序算法也各不相同。大型搜索引擎的数据库储存了互联网上几亿至几十亿的网页索引,数据量达到几千吉字节甚至几万吉字节。但即使最大的搜索引擎建立的索引数据库,也不能占到互联网上普通网页的 30%,不同搜索引擎之间的网页数据重叠率一般在 70%以下。

为了能够获取更多的信息,我们常常使用不同的搜索引擎来搜索,其原因也在于此。另一方面,互联网上还有更大量的内容是搜索引擎无法抓取索引的,也是我们无法用搜索引擎搜索到的,也就是说搜索引擎不是万能的,我们还要借助其他的搜索手段来获取信息。

(二) 建立索引数据库

由分析索引系统程序对收集回来的网页进行分析,提取相关网页信息(包括网页所在 URL、编码类型、页面内容包含的关键词、关键词位置、生成时间、大小、与其他网页的链接关系等),根据一定的相关度算法进行大量复杂计算,得到每一个网页针对页面内容中及超链中每一个关键词的相关度(或重要性),然后用这些相关信息建立网页索引数据库。

(三) 在索引数据库中搜索排序

当用户输入关键词搜索后,由搜索系统程序从网页索引数据库中找到符合该关键词的所有相关网页。因为所有相关网页针对该关键词的相关度早已算好,所以只需按照现成的相关度数值排序,相关度越高,排名越靠前。

最后,由页面生成系统将搜索结果的链接地址和页面内容摘要等内容组织起来返回给用户。

四、搜索引擎的分类

随着搜索引擎的数量巨增,搜索引擎的种类也越来越多。按组织信息方式分为目录式、全文式;从信息覆盖范围分为综合性和专业性搜索引擎等;按搜索范围的不同,又分为独立和元搜索引擎。尽管以不同的划分标准,搜索引擎有不同的类型,但按其工作方式(搜索方式)总体可分为三种,分别是全文搜索引擎(Full Text Search Engine)、目录索引类搜索引擎(Search Index/Directory)和集成搜索引擎/元搜索引擎(Meta Search Engine)。

(一) 全文搜索引擎

全文搜索引擎是名副其实的搜索引擎,国外具代表性的有 Google、Fast/AlltheWeb、AltaVista、Inktomi、Teoma、WiseNut 等,国内著名的有百度(Baidu)。它们都是通过从互联网上提取的各网站的信息(以网页文字为主)而建立的数据库中,搜索与用户查询条件匹配的相关记录,然后按一定的排列顺序将结果返回给用户,因此它们是真正的搜索引擎。

(二) 目录索引类搜索引擎

目录索引虽然有搜索功能,但在严格意义上算不上是真正的搜索引擎,仅仅是按目录分类的网站链接列表而已。用户完全可以不用进行关键词(Keywords)查询,仅靠分类目录也可找到需要的信息。目录索引中最具代表性的莫过于大名鼎鼎的 Yahoo。其他著名的还有 Open Directory Project(DMOZ)、LookSmart、About 等。国内的搜狐、新浪、网易搜索也都属于这一类。

(三) 集成搜索引擎/元搜索引擎

集成搜索引擎(All-in-One Search Page)亦称为"多引擎同步搜索系统",在一个 WWW 页面上链接若干种独立的搜索引擎,搜索时需点选或指定搜索引擎,一次搜索输入,多引擎同时搜索,搜索结果由各搜索引擎分别以不同页面提交,其实质是利用网站链接技术形成的搜索引擎集合,而并非真正意义上的搜索引擎。在搜索引擎发展进程中,集成搜索引擎只是元搜索引擎的初级形态,以其方便、实用在网络搜索工具家族中占据一席之地。典型的集成搜索引擎有"搜索之家"(http://so.web165.com)、"网际瑞士军刀"(http://free.okey.net/~free/search1.htm)、生物谷(http://www.bioon.com/multisearch.htm)的多个引擎搜索系统等。

元搜索引擎(Meta Search Engine),也有人称为聚类搜索引擎,是用户同时利用多个引擎进行网络搜索的中介。它没有自己独立的数据库,基本的工作原理是在接受用户查询请求后,同时在其他多个引擎上进行搜索。

搜索时,元搜索引擎根据用户提交的搜索请求,调用源搜索引擎进行搜索,对搜索结果进行汇集、筛选、删并等优化处理后,以统一的格式在同一界面集中显示。著名的元搜索引擎有 InfoSpace、Dogpile、Vivisimo 等,中文元搜索引擎中具代表性的有搜星搜索引擎。在搜索结果排列方面,有的直接按来源引擎排列搜索结果,如 Dogpile;有的则按一定的规则(聚类分析)将结果重新排列组合,整理后返回给用户,如 Vivisimo。

> 元搜索引擎是一种调用其他独立搜索引擎的引擎,是"搜索引擎之母(The Mother Of Search Engines)"。"元"(Meta)为"总的"、"超越"之意,元搜索引擎就是对多个独立搜索引擎的整合、调用、控制和优化利用。相对元搜索引擎,可被利用的独立搜索引擎称为"源搜索引擎"(Source Engine)或"搜索资源"(Searching Resources)。

元搜索引擎预先配置好多个搜索引擎,每条搜索指令都自动通过预先配置的搜索引擎执行,免去了用户逐一记忆和单独使用每个搜索引擎的麻烦。

元搜索引擎分为并行处理式和串行处理式两大类。并行处理式元搜索引擎将用户的查询请求同时转送给它所调用链接的多个独立型搜索引擎进行查询处理,串行处理式元搜索引擎将用户的查询请求依次转送给它所调用链接的每一个独立型搜索引擎进行查询处理。元搜索引擎虽没有网页搜寻机制,亦无独立的索引数据库,但在搜索请求提交、搜索接口代理、搜索结果显示等方面,均有自己研发的特色元搜索技术支持。如提交搜索请求时,根据源搜索引擎的特点和技术参数,指定优先顺序,并对搜索时间、搜索结果数量进行控制。

目前运营的元搜索引擎各具特色,功能各有侧重,但完全"理想"的尚不多见。一些元搜索引擎在某些方面较为优秀,而其他功能则欠缺或需改进。大多元搜索引擎不支持多语种,尤其是汉语搜索;一些元搜索引擎实现搜索语法转换的能力有限,不支持指定字段搜索,不能充分发挥各个独立搜索引擎的高级搜索功能;部分元搜索引擎无源搜索引擎列表,用户不能自主选择和调用源搜索引擎;大部分元搜索引擎仅支持调用 AltaVista、Excite、GoTo. com、Yahoo、Infoseek、Lycos 等常用的搜索引擎,一些大型搜索引擎如 NorthernLight、HotBot 等被排除在外,人为地限制了搜索资源的利用;在搜索结果上,元搜索引擎只能返回十几、数十条"相关度"较高的结果,大量可能有价值的源搜索引擎的搜索结果被忽视,影响搜索结果的全面性。

元搜索引擎的功能受着源搜索引擎和元搜索技术的双重制约:一方面,源搜索引擎各具特色的强大功能在元搜索引擎中受到限制而不能充分体现;而另一方面,任何一种元搜索技术都不能发掘和利用源搜索引擎的全部功能。

五、搜索引擎的使用方法

搜索引擎虽然种类繁多,但基本原理相同,使用方法也相似。目前,国内外大多数搜索引擎都提供了分类浏览和关键词搜索两种方式。

(一) 分类浏览

从分类目录浏览得到的一般是某个网站的链接。使用方法比较简单,进入搜索引擎页面,根据其提供的分类目录,选中欲查看的类别,逐层点击即可。一般的分类目录都是从大范围到小范围,从大学科到小学科,逐级展开,最后进入站点的 URL,通过链接进入相应的站点。

(二) 关键词搜索

大多数的网络搜索引擎除了提供分类浏览外,还提供关键词的搜索。即在特定的搜索输入框中输入欲搜索的信息内容的片段,可以是一个词、一个词组、一个短语甚至是一句话,搜索引擎就会在数据库中搜索并返回含有搜索词的网页列表。

一般的搜索引擎都提供简单(基本)和复杂(高级)搜索两种搜索模式。简单搜索模式只有一个对话框,在对话框中输入搜索提问内容(可以带有一定的语法),单击【搜索】按钮即可;而复杂搜索则提供了多种限制,多个搜索提问框。

搜索引擎的分类目录也称网络目录(Web Directory),不同的网站其分类的标准不尽相同,有的是自己制订的,有的是按照权威图书资料分类法。网络目录在使用分类时有两种方式:主题分类和学科分类。

主题分类法是以一些热点事物为主题目录,并将与此事物相关的内容全部集中在一起。主题法一般设置14个到18个一级主题目录(如Yahoo设置了14个),层次多为4级,在最后一级列出超文本的链接,多数链接点同时有相应网页的内容介绍。这种分类法以事物为纲,适应交叉主题的内容。

学科分类目录是以学科作为分类的标准,一级类目比主题分类法中的一级类目要多。专业搜索引擎一般采用这种分类目录,如Medical Matrix、HealthAtoZ医学搜索引擎的网络分类目录。HealthAtoZ的分类目录按医学学科的性质特点划分,呈多级结构,一般类目是三级,有的大类目可分为四到五级结构。

利用关键词搜索,其搜索提问依据不同的搜索引擎有不同的提问方式,常用的搜索(提问)方式有以下几种。

1. 词组或短语搜索　几乎所有的搜索引擎都支持词组或短语搜索,即如果用双引号(有的系统允许其他符号,如连字符)将一个词组或短语引起来,系统将搜索出与其完全一致的搜索结果。这是最常用的搜索方式,也是使用搜索引擎的首选方法。

Notice

使用英文词组搜索时,由于英文的词组常由两个或数个单词构成(如liver cancer),为了使搜索的查准率更高,搜索引擎一般都有对搜索提问的限制,包括Exact phrase(完全匹配,搜索结果与搜索提问完全一致,单词与单词间的位置完全一样)、All words(含有所有的单词,没有位置关系,词序可以颠倒,相当于逻辑"与")、Any words(含有任何单词,只要出现了搜索提问中的任何一个单词即为满足了搜索要求,相当于逻辑"或")。

2. 二次搜索　多数搜索引擎允许在前次搜索的结果中,进一步搜索,以提高查准率。

3. 逻辑运算　是通过逻辑运算符号来表达搜索提问间关系的一种搜索方法。有逻辑与、或、非三种基本形式,逻辑运算符号分别用AND(+或空格)、OR、NOT(-或AND NOT),搜索引擎不同,其逻辑运算符也不尽相同。

4. 字段限制搜索　一般在复杂搜索中提供。限制欲搜索的主题出现在网页的标题、域名、链接、URL、网页创建者、网页内容中等。

5. 截词和通配符搜索　使用英文搜索引擎时可以采用这种搜索方式,可以解决因同一单词可能的不同拼写、不同词形、单复数、缩略形式等导致的漏检而采取的一种比较有效的方法。截词符一般用*,代表一串字符,常放在词头或词尾;通配符一般用?,代表一个字符,可以放在词中。至于如何使用,应根据搜索引擎提供的说明而定。

6. 大小写区分　也称大小写敏感。多数搜索引擎对大小写没有特别要求,都不区分大小写,但也有一些搜索引擎对此有严格的限制。对于人名、地名(如George Bush,Taxas)、专有词(如AIDS、Aids)搜索有帮助。

第二节 综合性搜索引擎

常用的雅虎、Google、百度、搜狐等都属于综合性的搜索引擎。

一、雅虎(YAHOO!)

(一) 简介

YAHOO! (http://www.yahoo.com)是因特网搜索引擎的“先锋”,创立于1994年。该搜索引擎有别于其他搜索引擎的地方在于它提供了全面的分类体系,将因特网上的WWW服务节点按主题建立了分类索引。站点目录分为14个大类,每一个大类下面又分若干子类,搜索十分方便。该站点连接速度快,包含范围广,数据容量大,简便易用。

早期的YAHOO! 只有分类目录,如今它也提供关键词搜索。雅虎中国网站(http://www.yahoo.com.cn)于1999年9月正式开通,它是雅虎在全球的第20个网站。

(二) 搜索功能

1. 分类浏览 根据雅虎提供的14个分类目录,依次找到所需内容所在的低层目录即可。如查找有关“非细胞肺癌(lung cancer,non-small cell)”的信息,可依次单击【View Yahoo! Sites】→【Health】→【All Health topic】→【lung cancer】,在最后一级查到相关网页的链接,打开链接即可连接相关网页。

2. 关键词搜索 有简单搜索和高级搜索两种模式。

简单搜索只要在搜索框中输入搜索提问内容即可。其提供的分类可以与关键词搜索配合使用,先选中某一分类,再在提问输入框中输入搜索提问内容,系统即在该分类目录下搜索。

高级搜索则提供了更多限制,包括搜索结果限制选项(Show results with)、更新时间(Updated)、站点/域名(Site/Domain)、Mature Content Filter、国别(Country)、语种(Language)、每页结果返回个数(Number of Results)等选项(图2-1)。

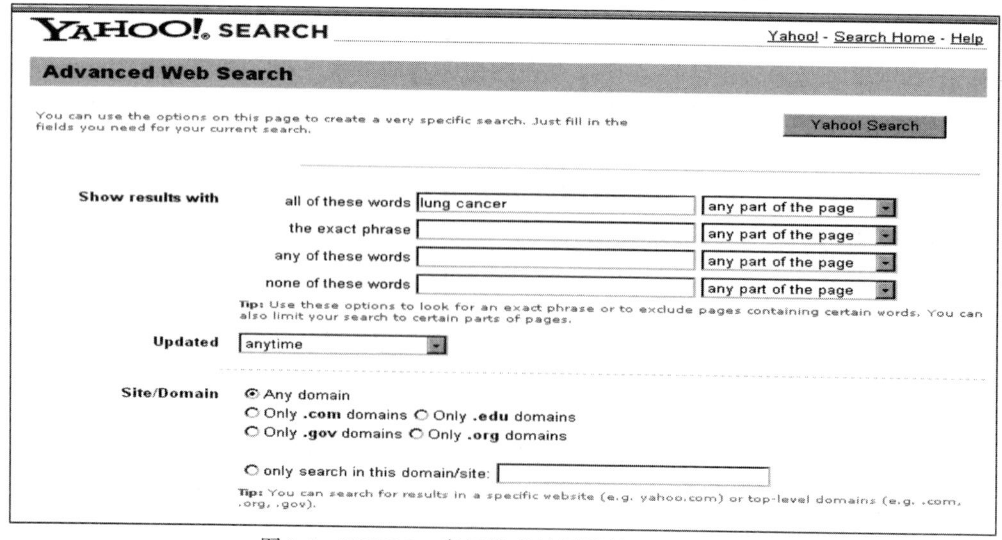

图2-1 YAHOO! 高级搜索结果限制选项对话框

搜索结果的限制选项包括 all of these words（全部单词）、the exact phrase（词组完全匹配）、any of these words（任意单词）和 none of these words（除外某些单词）四种选择。同时还可对结果出现在网页中的位置进行限制，包括 in the title of the page（在网页的标题）、any part of the page（网页的任何位置）和 in the URL of the page（网页的 URL）。

二、百　　度

（一）简介

百度（http://www.baidu.com）取名于“众里寻她千百度”，创建于 2000 年，是世界上最大的中文搜索引擎。其数据库中有超过 1 亿的网页可供搜索，对重要中文网页实现每天更新。有新闻、Flash、网站、网页、图片、mp3、信息快递等分类信息。百度还开发出中文搜索自动纠错，如果用户输入错别字，可以自动给出正确关键词提示，提供网页快照、网页预览/预览全部网页、相关搜索词、错别字纠正提示。

（二）搜索功能与规则

百度搜索比较简单，只要在搜索提问输入框中输入关键词，按“回车”键或单击【百度一下】按钮，百度就会自动找出相关的网站和资料（图 2-2）。百度会寻找所有符合您全部查询条件的资料，并把最相关的网站或资料排在前列。

图 2-2　百度搜索主页

（1）百度要求输入的搜索词（关键词）要一字不差，可以是任何中文、英文、数字或中文英文数字的混合体。例如，大话西游、windows、911、白介素-1。输入“白介素-1”和“白介素 1”的搜索结果是不一样的。

（2）关键词间的空格，默认为逻辑“与”，表示同时满足搜索要求。如“肝炎 干扰素”表示搜索的结果中同时含有“肝炎”和“干扰素”。

（3）并行搜索（逻辑“或”）使用“A|B”表示，搜索或者包含关键词 A，或者包含关键词 B 的网页。

（4）不包含特定词搜索（逻辑“非”），利用减号语法对查询词进行组配，就可在搜索结果中除去包含特定查询词的网页。如搜神雕侠侣,希望是关于武侠小说方面的内容,却发现很多关于电视剧方面的网页。那么就可以这样查询:神雕侠侣-电视剧。

(5) 字段限定搜索:①在一个或几个关键词前加“intitle:”,表示搜索的内容出现在网页的标题中,如“intitle:sars”;②在“inurl”后加文字,可以限制只搜索 url 中含有这些文字的网页,如“inurl:mp3”表示搜索 url 中含有“mp3”的网页;③site,表示将检索词语限定在某个网站;④filetype,表示限定检索结果类型为某种文件类型。

(6) 精确匹配双引号和书名号:可以通过给查询词加上双引号和书名号的方式进行精确匹配。比如,查电影“手机”,如果不加书名号,很多情况下查出来的是通讯工具——手机,而加上书名号后,《手机》结果就都是关于电影方面的了。

Notice

1. 使用减号语法时,前一个搜索词与减号之间一定要留有空格。

2. 书名号是百度独有的一个特殊查询语法。加上书名号的查询词,有两层特殊功能,一是书名号会出现在搜索结果中;二是被书名号扩起来的内容不会被拆分。

3. 使用双引号是许多搜索引擎精确搜索的一种查询语法。

4. 百度通过“错别字提示”和“拼音提示”功能,在搜索框下方实时展示最符合的提示词,帮助您轻松完成查询。

三、Google

(一) 简介

Google(http://www.google.com)由 Stanford 大学的博士研究生 Larry Page 和 Sergey Brin 于 1998 年创建,目前已成为世界头号搜索引擎,其搜索引擎技术为绝大多数门户网站或搜索引擎所采用。

(二) 搜索功能

使用方法与中文百度搜索引擎相似,提供简单搜索和高级搜索,此外还提供分类浏览。

1. 简单搜索 规则和界面与百度相似。选择“Web”搜索网页,Images 表示图片,Video 表示视频,News 表示新闻,Maps 表示地图。

I'm Feeling Lucky(手气不错):此按钮是 Google 搜索的特色功能之一,在搜索提问输入框中输入提问后,系统会自动进入它所认为与搜索提问最相关(推荐)的网站。

Preferences(参数选择):用于设置搜索的一些参数,如搜索界面的语言、搜索内容的语言、结果返回最大数设置等。

Language Tools(语言工具):可以设置搜索结果的翻译。Google 是多语种搜索引擎,如果对某些语种不熟悉,则可通过语言工具的设置,Google 在完成搜索后自动将网页翻译成你能读懂的文种,如德语翻译成英语等。

2. 高级搜索 提供网页搜索、特色主题搜索(More 菜单下)(图 2-3)、特定页面搜索(图 2-4)三种方式。

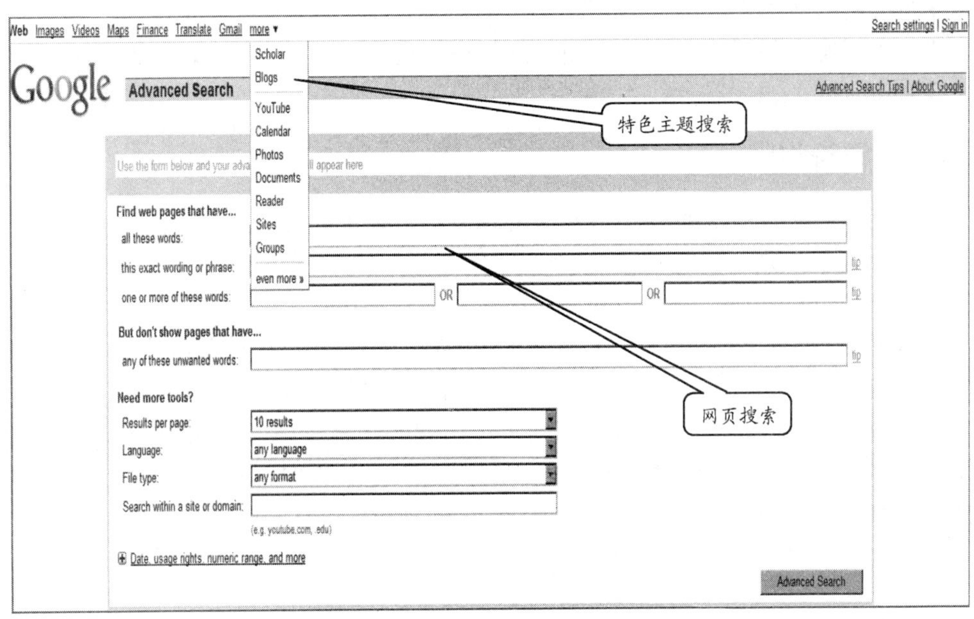

图 2-3 英文 Google 高级搜索:网页搜索、特色主题搜索

英文 Google 高级搜索中的特定页面搜索功能隐藏在"+date、usage right"类目下,通过单击"+"打开。

图 2-4 英文 Google 高级搜索:特定页面搜索

思考题

1."网页搜索"对结果的限制有哪些?

2."特定页面搜索"输入的搜索提问是什么?

网页搜索是最常用的搜索方式,在相应的提问输入框中输入搜索词或完成搜索条件限制,单击【Google Search】按钮。

特定页面搜索包括"类似网页"和"链接"搜索。前者搜索与用户输入的 URL 相匹配的类似(Similar)网页,后者搜索与该网页存在链接的网页。

特色主题搜索是设置的一些特色的超链接，包括 Apple Macintosh、BCD Unix、Linux、U. S. Government、University 等。

（三）语法规则

无论简单搜索还是高级搜索，在搜索时尚须注意以下问题：

1. 逻辑运算规则 逻辑与用“AND”、逻辑或用“OR”、逻辑非用“-”。关键词间可用空格代替“AND”，逻辑或的“OR”必须大写。如“AIDS OR hiv”。

2. 专用语搜索 在搜索名言警句、专有名词或一个句子时，只要给搜索提问加上双引号即可。如“mother in law”与 mother in law 的搜索结果是不同的。

3. 忽略语搜索 有些词或符号在网页上出现的频率过高，如 http、com、I、www 等以及数字、符号等，Google 在做索引时都做了忽略处理，如果搜索时一定要包括则要强制性地在这些词语前面加上“+”。

4. 大小写不敏感 英文 Google 不区分大小写。

四、元搜索引擎 Vivisimo

（一）简介

Vivisimo（http://www. vivisimo. com）是一个聚类搜索引擎，有目前最好的搜索结果自动分类技术。这个搜索引擎是美国卡耐基大学（Carnegie University）2000 年的作品，除了常用搜索引擎的索引与查询服务外，还提供了其他搜索引擎的集成查询功能。

（二）搜索功能

在 Vivisimo 首页选择“the web”进入聚类搜索。Vivisimo 的聚类搜索功能可分为简单搜索和高级搜索。

1. 简单搜索 在搜索提问框中输入搜索提问内容，单击【Search】按钮即可（图 2-5）。

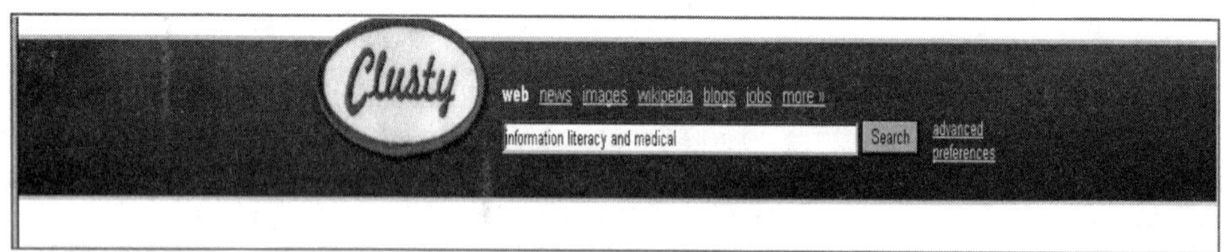

图 2-5 Vivisimo 简单搜索界面

Vivisimo 的搜索结果页面是以框架形式出现的，左边框架是搜索结果的分类群组项目（Cluster），单击旁边的“+”可以打开该类目录下的查询结果；右边框架罗列了所有的搜索结果，除了网址（URL），还有该结果的简单描述以及来源（Sources）于何种搜索引擎（图 2-6）。

2. 高级搜索 除具备简单搜索的功能外，还可选择语种、结果显示的内容（字段）、打开链接的方式、网页内容的过滤方式等（图 2-7）。

图 2-6 Vivisimo 搜索结果显示

图 2-7 Vivisimo 高级搜索界面

(三) 语法规则

Vivisimo 的语法规则包括：

(1) And,and,+,空格。查询包含指定搜索词或短语的文档。Vivisimo 默认此功能。

(2) OR,or。查询至少包含一个指定词或短语的文档。

(3) NOT,not,-。查询不包含指定词或短语的文档。

(4) “ ”精确匹配短语搜索。

(5) Domain:(域名)。查询指定的网站域名的网页。

(6) Host:或 site:主机名。查询指定主机上的网页。

(7) Link:URL text(文本)。查询所有链接到由 URL 指定的网页。

(8) Linktext:文本。查询包含在超链接文件中指定的搜索词或短语的网页。

(9) Link:文本。查询包含在页面正文部分中出现指定的搜索词或短语的网页。

(10) URL:文本。查询包含在 URL 中任何地方所指定的搜索词或短语的网页。

五、Ask/Teoma

(一) 简介

Teoma (http://www.teoma.com)取意于盖尔语(Gaelic)的“专家”之意,它采用的是

Google 型搜索技术,2000 年诞生,2001 年被 Ask Jeeves 购买。

Ask 原名 Ask Jeeves 于 1996 年创建,被设计成回答用户提问的自然语言引擎,是人工操作目录索引。Ask Jeeves 搜索技术配置在 Ask Jeeves (“http://www. ask. com”)、Teoma (www. teoma. com)和 Ask Jeeves for Kids (www. askkids. com)。除了这些站点,Ask 把它的有偿搜索技术及广告业务整合在一起,组成会员式合作网络。

(二) 搜索功能

1. 关于 Ask. com Ask. com 是 Ask Jeeves 公司的旗舰站,集合了最好的分类搜索技术,同时提供简单搜索与高级搜索。Ask Jeeves 关键词联合推广,即公司的联合广告服务,是广告主获得大量高质量目标客户的有效工具。

2. 关于 Ask. co. uk Ask Jeeves UK 成立于 2000 年 2 月,已经发展成为英国、爱尔兰地区的首要站点。Ask. co. uk 以目录分类与关键词搜索技术为用户提供快速的搜索结果。Ask Jeeves UK 是 Ask JeevesInc. 的子公司。

3. 关于 Teoma Teoma 是一项先进的网络搜索技术,是唯一可以组织分析网络的搜索技术。它以主题分类为基础的目录集合,能够返回网上最权威、最相关的搜索结果(图 2-8)。同时提供简单搜索(Search)和高级搜索(Advanced Search)。

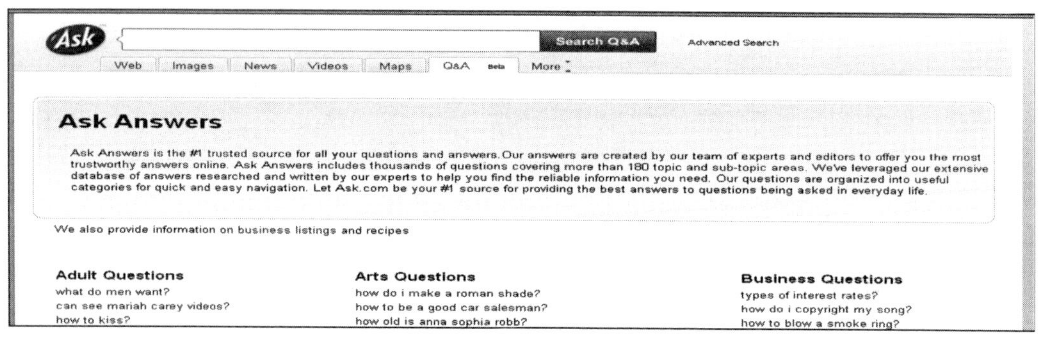

图 2-8 Teoma 主页

4. 关于 Ask Jeeves for kids AJKids. com 是 Ask Jeeves 为孩子提供的站点,也是孩子们及年轻人所喜爱的一种快捷、方便、亲切的搜索方式。Ask Jeeves for Kids 使用自然语言技术,集合了人工编辑判断和过滤技术,使孩子们能够得到相应的、内容恰当的答案。

六、AlltheWeb(fast)

(一) 简介

AlltheWeb(http://www. alltheweb. com)是当今成长最快的搜索引擎之一,目前支持 225 种文件格式搜索,其数据库已存有 49 种语言的 30 多亿个 Web 文件,更新速度快,搜索精度高,被认为是 Google 强有力的竞争对手。

AlltheWeb 属于全文搜索引擎。目前提供简单搜索(Search)、高级搜索(Advanced Search)和主题分类搜索功能(图 2-9)。

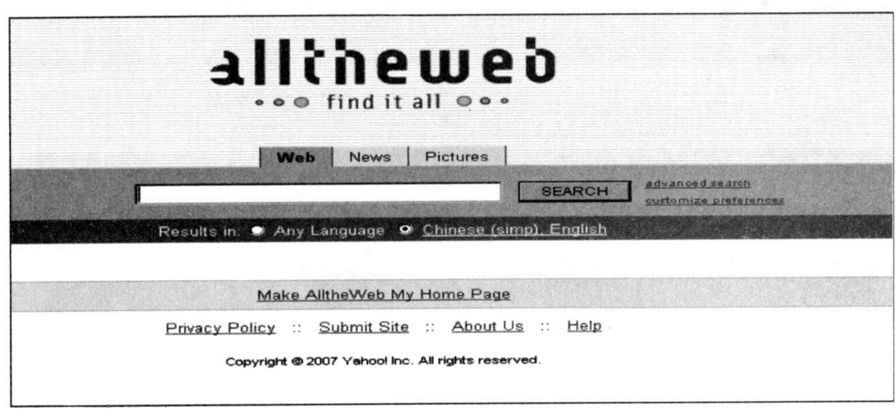

图 2-9　AlltheWeb 主页

(二) 搜索功能

1. 简单搜索　支持普通关键词搜索,以及+、-、( )等逻辑命令符号,分别对应 AND、NOT、OR 等布尔逻辑命令,并且可使用引号“”进行精确匹配搜索。

2. 高级搜索　提供限定语言、关键词过滤、域名过滤、IP 地址过滤和指定网页大小等高级搜索功能,方便用户进行更精确的查询。

3. 主题分类搜索　包括新闻、FTP 文件、图像、视频、音频、Flash 和 MP3 搜索。

第三节　医学专业搜索引擎

在互联网发展初期,网站相对较少,信息查找比较容易。但随着互联网爆炸性的发展,普通网络用户想在因特网上找到所需的资料如同大海捞针,于是为满足大众信息搜索需求的专业搜索网站便应运而生了。

一、HON

(一) 简介

HON(http://www. hon. ch)是由瑞士日内瓦的非营利性组织“网络健康基金会”(The Health on the Net Foundation)在 1996 年建立的一个医学信息站点,该站点专门诊断因特网所提供信息的正确性和可靠性,并提倡网络伦理。这个组织发展了一套用以检测网站信息的正确性和可靠性的系统,运用此系统,上网者可随时确知自己浏览的资料的可信度。

HON 网站提供英语、法语、德语、西班牙语和汉语五种语言版本(图 2-10)。单击主页上方的【CN】即可进入中文界面(图 2-11)。HON 网站提供 HONcode、HONsearch、HONtool、HONtopics 四种服务。用户可以选择“PATIENT/INDIVIDUAL(普通病人/个人)”、“MEDICAL PROFESSIONAL(医护人员)”或“WEB PUBLISHER(网站管理员)”身份进入相应界面。

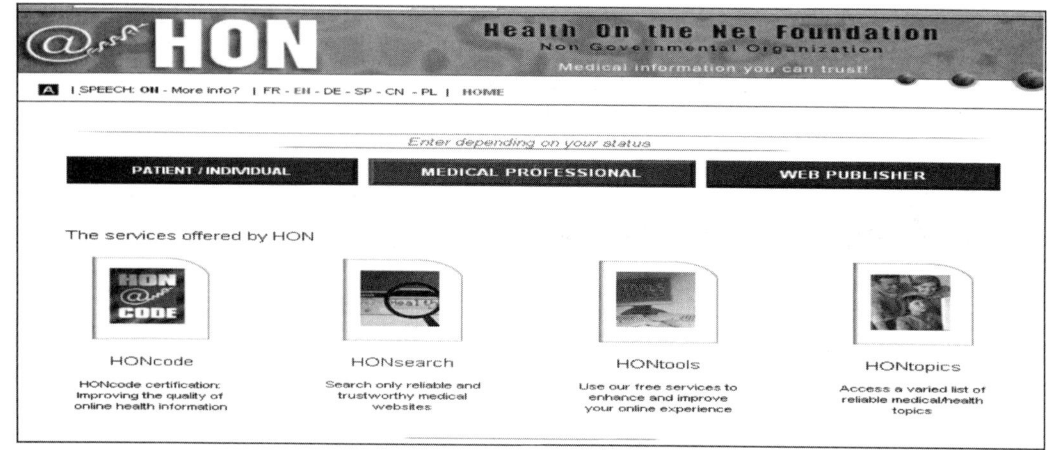

图 2-10　HON 英文主页

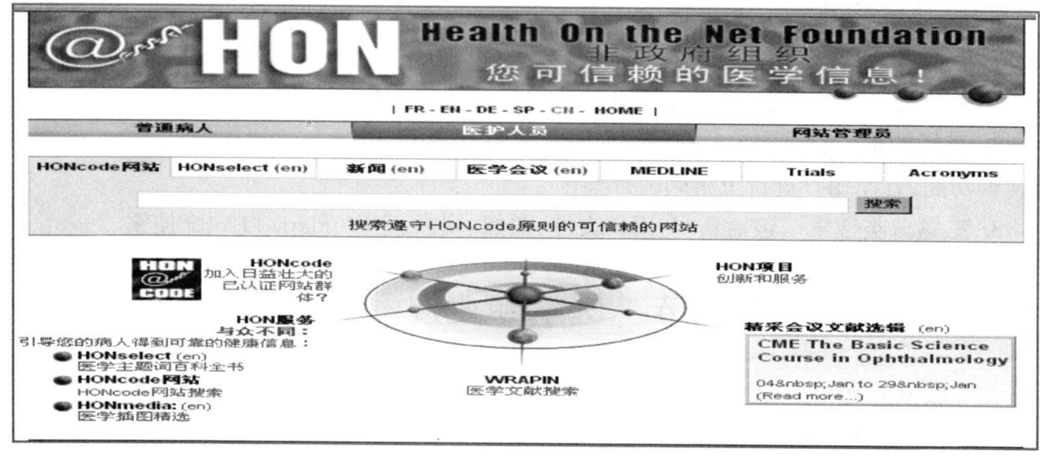

图 2-11　HON 中文主页

（二）服务功能

1. HONcode　是一个基于“有效认证标志”理念的自发认证系统，HONcode 成员网站上显示该标志，可以帮助用户确认该网站上提供的是可信赖的医学信息。

单击【HONcode】进入 HONcode 界面，在检索框中输入关键词，单击【Search】按钮，系统将仅在通过了 HONcode 认证的网站中进行搜索；也可单击左侧【Brwose certified sites】浏览、搜索经过认证的医学网站。

2. HONsearch　是 HON 搜索引擎的主要服务。以医护人员身份进入 HONsearch 服务界面。其左侧提供了众多的服务栏目（图 2-12，图 2-13），每个栏目均可展开，点击相应栏目可获取经过认证的医学网站、医学信息和罕见疾病数据库信息等。

（1）MedHunt：通过 MedHunt 搜索出来的是与检索提问相关的所有网页。只要在左侧上方检索输入框中输入欲检索主题的关键词，单击【Search】按钮即可；也可单击【Medical websites search engine：MedHunt】进入高级检索界面（图 2-12）。

在高级检索状态输入检索提问后依次完成检索语法（all the words、any of the words、adjacent words）和数据库选择（All、Hospitals、Support、Events）后，提交即可。

图 2-12 MedHunt 高级检索界面

在结果显示页面,通过点击页面上方的【HONcode site】、【All Web site】、【HON select、News】、【Conferences】、【Images】等信息类型按钮可以直接检索与前面输入的获取主题相关的各种信息。

(2) HONselect:提供了分类目录搜索和关键词搜索(图 2-13)、常用主题词表(以人类常见疾病为主)和罕见病列表浏览。

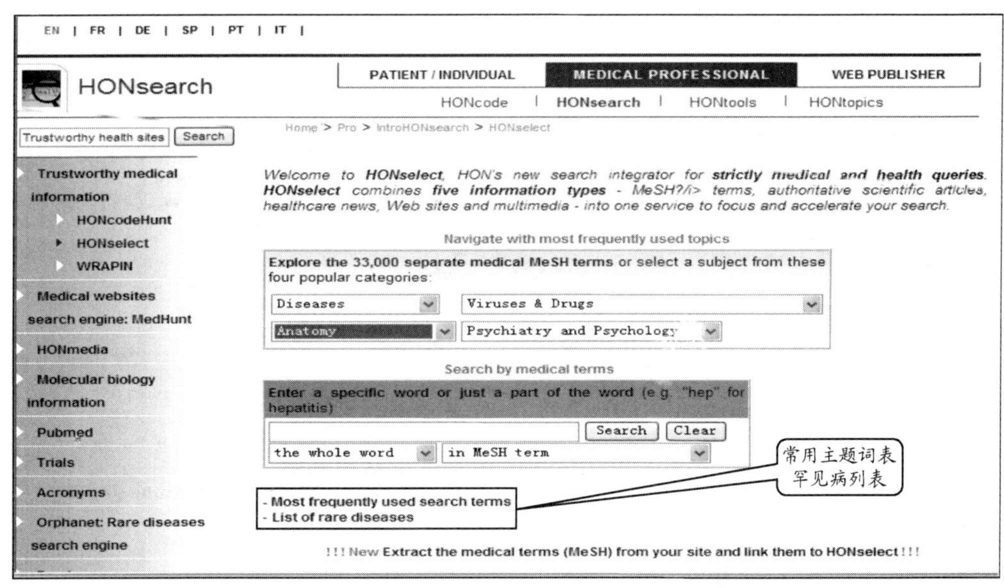

图 2-13 HONselect 检索界面

1) 分类目录可以从疾病(Diseases)、病毒和药物(Viruses & Drugs)、解剖部位(Anatomy)为入口浏览检索。

2) 关键词搜索要求输入的搜索词应是医学主题词(MeSH)。

3) 单击【Most frequently used search terms】,通过常用主题词列表浏览搜索相关主题信息。

4) 单击【List of rare diseases】,选择通过罕见疾病名列表浏览相关信息。

(3) WRAPIN:提供经认证的医学信息摘要搜索。可以通过输入"URL",分析网页,找到相关可靠的医学信息；也可通过输入关键词或文字(不限长度)，找到相关且可靠的医学信息(图 2-14)。

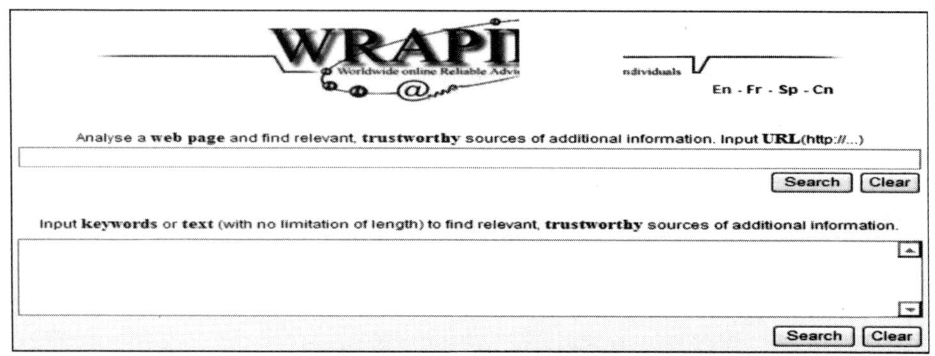

图 2-14 WRAPIN 检索界面

(三) 检索结果

在搜索结果显示页面的上方有【All Web sites】、【HONcode sites】、【News】等选项(图 2-15)，单击任何一项，系统就会将与搜索提问相关的信息显示出来。

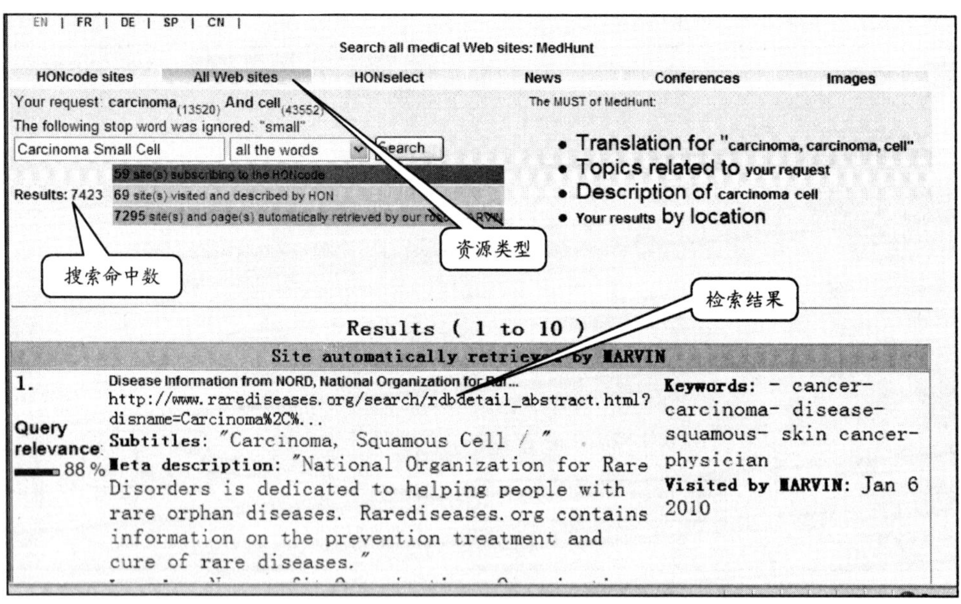

图 2-15 MedHunt 搜索结果界面

(1) HONselect：是经过专家对来源于不同网站的资源进行加工整理后的资源，分为站点资源、图像、新闻、MEDLINE 文摘、临床试验、会议等不文献类型。

(2) All Web sites(站点资源)：检出的站点资源按域名列表，在域名后列出出现在同一站点的网页数(数字即为命中的网页数)，单击“▤”图标可以展开在该站点的所有命中网页，再单击相关链接即可打开网页。

(3) Images(医学图像)：是与搜索提问相关的图片。

(4) Conferences(医学会议):是指会议预告信息。

(5) News:是指与提问有关的新闻报道。

1. HON 除了搜索服务外,还有哪些服务项目? 如何使用?

2. HONselect 结果显示中与 MEDLINE 相关的四个方面分别涉及了哪些副主题词? 在选择副主题词时,其中的 by recall 和 by precision 有何意义? 搜索结果和搜索表达式有何不同?

二、Health AtoZ

(一) 简介

Health AtoZ(http://www. healthatoz. com)是美国医学网络公司于 1996 年建立的卫生与医学专业搜索引擎,为医学工作者和健康消费者提供医学信息搜索服务。该引擎收集提供了 50 000 多个互联网上的健康和医学相关网站。所有资源都经过医学专业人员人工分类和标注,且每周进行更新,保证了搜索内容的准确性和有效性。

(二) 搜索

该网站提供了分类目录浏览和关键词搜索(图 2-16)。

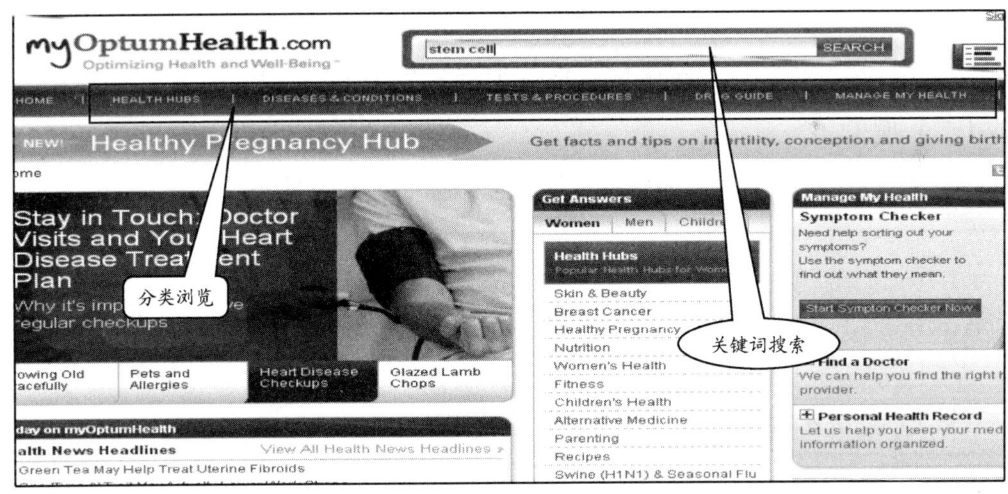

图 2-16 Healthatoz 主页

1. 分类目录浏览 单击分类目录下拉菜单可选择相关信息浏览,其中"DISEASE & CONDITION"、"TEST & PROCEDURS"、"DRUG GUIDE"下拉列表按字母顺序排列。

2. 关键词搜索 在"SEARCH"框内输入检索词,单击【SEARCH】即可获取相关信息。在显示结果界面左侧可利用"Refine Your Result"目录下的"Narrow search"或"Broaden search"修改检索策略,缩小或扩大检索范围(图 2-17)。

图 2-17　Healthatoz 检索结果界面

三、Medscape

（一）简介

Medscape（http://www.medscape.com）是美国 Medscape 公司于 1995 年投入运营的一个功能强大的医学专业搜索引擎。该搜索引擎主要为医学专业人员提供及时的、高质量的综合医学信息搜索和继续教育资源。通过免费注册，用户可搜索免费网络资源、临床医学文献全文、医学继续教育资源，参加继续教育课程，浏览专业网站和医学新闻。同时还可搜索图像、音频、视频资料，具有内容丰富、信息可靠、更新及时、搜索方便的特点。

（二）搜索

该网站通过主题分类目录浏览和关键词搜索（图 2-18）。

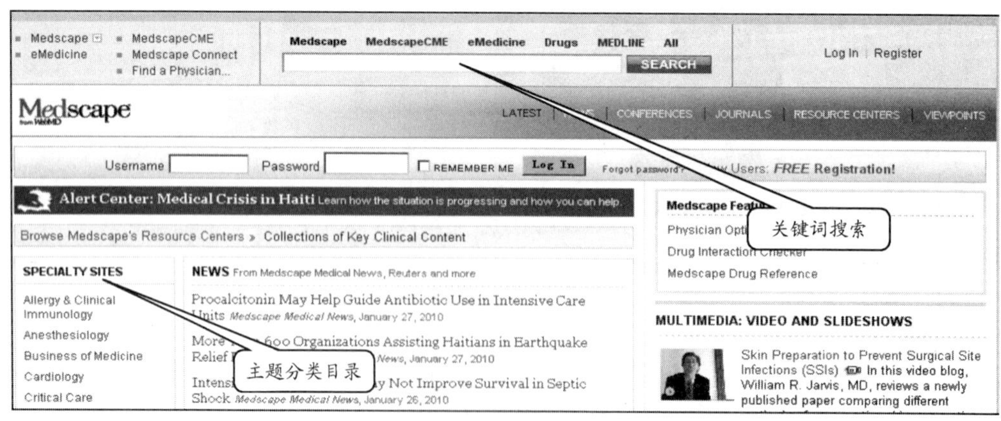

图 2-18　Medscape 主页

1. 主题分类目录浏览　单击“SPECIALITY SITES”列表下的主题，浏览医学专题信息。

2. 关键词搜索　在“SEARCH”框中输入搜索词，系统默认在 ALL Sources（即 Medscape & eMedicine）数据库中搜索。用户也可在“Medscape、Medcape CME、eMedcine、Drugs、MED-

LINE、ALL”五个不同数据库中选择搜索。在显示结果界面，单击记录标题，即可浏览其相关信息。

四、Medical Matrix

Medical Matrix(http://www. medmatrix. org)由美国医学信息学会主办，是一个以医学主题词为基础的智能型搜索引擎(图 2-19)。收集了 6 000 多个医疗网站，链接到 150 多万个网页，主要收录医学新闻、全文、多媒体、期刊、参考书、实践指南、影像学和病理切片、医学教育学、患者教育、论坛等分类信息资源。提供分类目录浏览和关键词搜索，其中关键词搜索必须付费注册后才能使用。

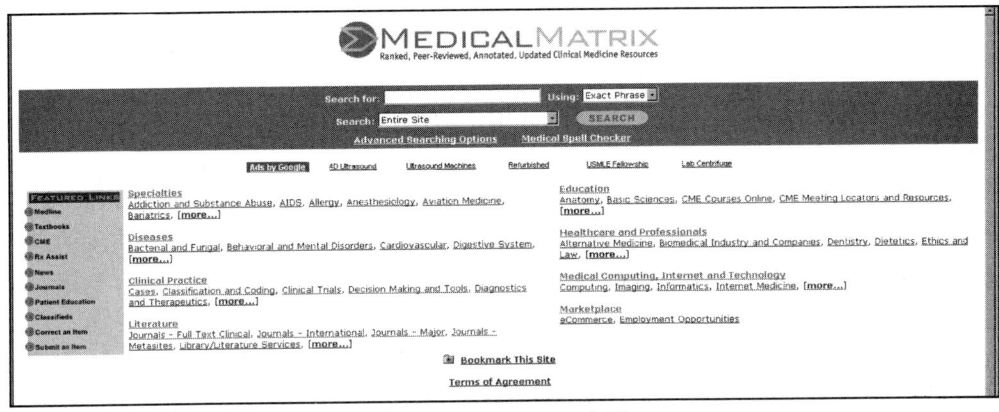

图 2-19 Medmatrix 主页

MedMatrix 对每一检索内容均有简明扼要的评论，并且对链接的网址按 1～5 个星级进行分级，星号越多，得分和质量越高，可供用户参考是否进一步阅读。

五、MedicineNet

(一) 简介

MedicineNet(http://www.medicinenet.com)是美国一个在线卫生保健媒体出版公司，于 1996 年成立。现已作为 WebMD(http://www.webmd.com)庞大网络的一部分。旨在通过有造诣、经验丰富的医学专家、医生审核收集的医学信息资源，为用户提供易于阅读、全面深入的权威医学信息。同时提供 MedicineNet 创作的韦氏新世界医学字典第三版(Webster's New World™ Medical Dictionary)在线服务。

(二) 搜索

该网站提供主题分类目录浏览和关键词搜索(图 2-20)。

1. 主题分类目录浏览 单击【Disease & Condition】、【Symptom & Signs】、【Procedures & Tests】、【Medication】(药品)主题，按字母顺序选择浏览相关信息。

2. 关键词搜索 MedicineNet 支持布尔逻辑运算符，在“SEARCH”框内输入检索词或检索式，单击【SEARCH】完成检索。

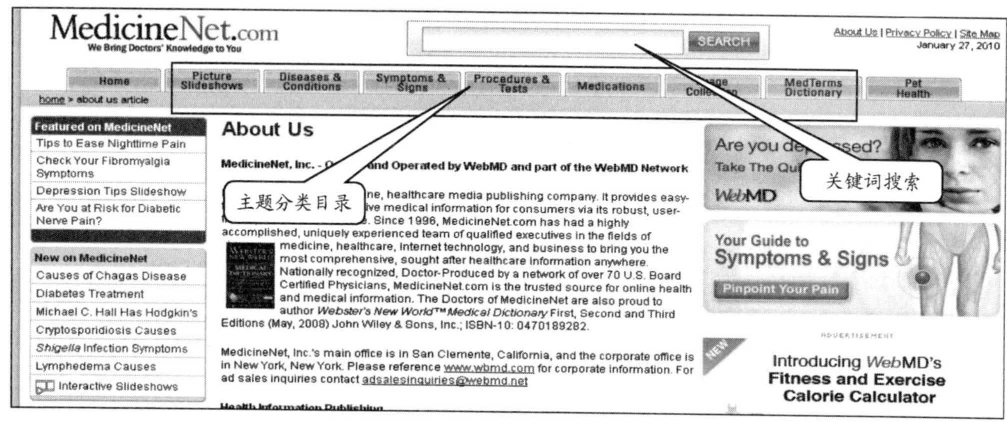

图 2-20　MedicineNet 主页

六、Oncolink

Oncolink(http://www.oncolink.com)由美国宾夕法尼亚大学癌症中心(UPCC)的医生于 1994 年建立。主要为医学专业工作者、癌症患者及其家属免费提供癌症的有关信息。信息内容涉及肿瘤的病因、诊断、治疗、普查和预防、肿瘤学最新研究进展等。有英语和西班牙语两种版本,是目前 Internet 上最好的肿瘤学信息资源网站之一。

Oncolink 提供了包括癌症的类型、治疗信息等在内的主题分类目录,单击后即可浏览相关信息。其关键词搜索包括快速搜索和高级搜索,结果按相关性排序。同时,Oncolink 还提供肿瘤方面的新闻、相关书籍、视频资料等,通过链接一些与肿瘤相关的评审期刊,可以浏览文章摘要和部分免费全文(图 2-21)。

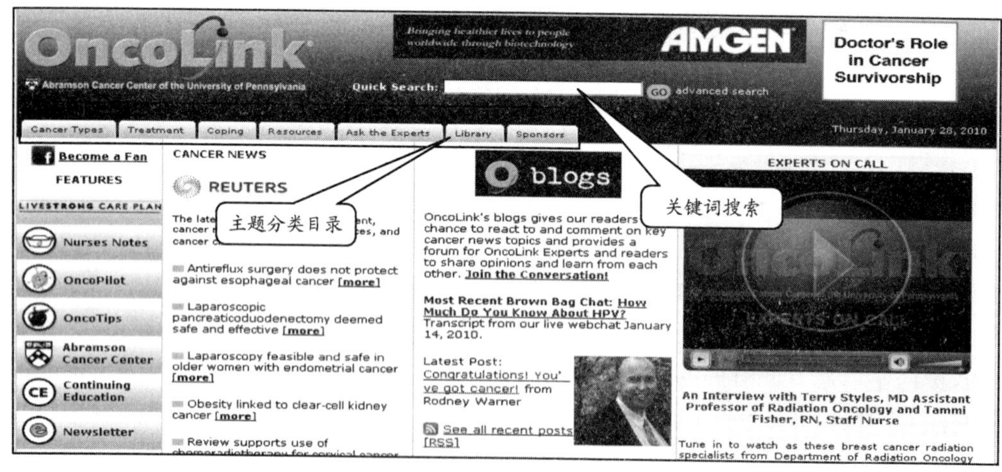

图 2-21　Oncolink 主页

七、Intute

Intute(http://www.intute.ac.uk)是英国七所大学于 2007 年合作构建的一个免费、便捷、功能强大的网络资源搜索引擎。该引擎专注于教学与研究方面的网络资源,其资源学科包括农业、建筑、生物科学、人文科学、教育学、法律、护理、心理学等。所收录的信息资源都是经过行业专家选择和评审的,从而保证了其质量。

Intute 提供主题分类目录浏览、关键词简单搜索与高级搜索。通过单击【Browse Web resources by subject】选择学科主题浏览;在检索框内输入搜索词进行简单搜索,单击【Advanced search】进入高级搜索界面,可进行学科、资源类型、地域等限定搜索;也可利用学科主题与关键词搜索相结合的方式搜索某一学科信息资源(图 2-22)。

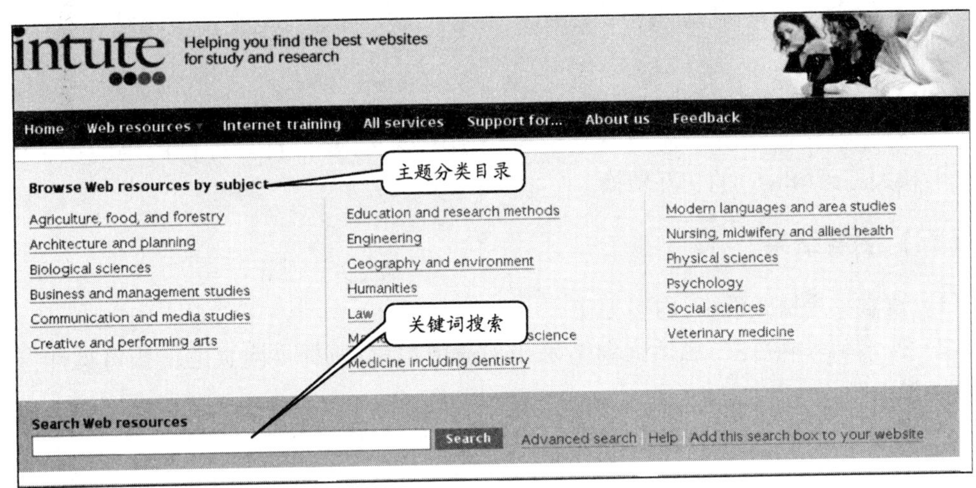

图 2-22 Intute 主页

第四节 搜索引擎评价

评价一个搜索引擎的优劣,主要看它提供查询服务的查询时间和查询质量。

一、查询时间

查询时间是指一个查询请求发出后到用户得到响应所需的时间。好的搜索引擎网络传输速度不太慢的情况下都应做到秒级查询,即查询时间越短越好。

二、查询质量

查询质量是一个综合指标,它包括搜索引擎数据库内容和规模、搜索功能、搜索结果等方面。

(一) 数据库内容和规模

主要包括:覆盖范围、索引组成、更新周期和可搜索字段。

(1) 覆盖范围应以完全索引和可搜索的网页数作为信息资源的单位,关键不在于数量,而在于经过选择的、可搜索的网页数。

(2) 索引组成应有全文、标题、小标题、网页摘要等。

(3) 更新周期涉及更新、查重、添加、删除等。

(二) 搜索功能

(1) 搜索界面简洁、易学易用。

(2) 不要求用户掌握布尔逻辑式或其他复杂的搜索语言和符号。

(3) 搜索方法多样,查找方式完备。

(4) 支持目录式分类结构,而且目录分类合理、具有一定的广度与深度。

(5) 支持全文搜索,在分类中实现全文搜索。分类目录与全文搜索相结合,有助于提高查询结果的准确率。

(6) 能够利用自然语言进行搜索。

(7) 对于中文搜索引擎还要看它能否识别中英文,能否自动进行内码转换,如国标(GB)码和大五码(Big5)的相互转换。

(三) 搜索结果

(1) 搜索结果格式清晰,内容充实。

(2) 搜索结果满意度,包括查询结果相关命中数量,所提供网页的链接可靠性,死链、断链少。

(3) 搜索结果处理,能够区分搜索结果的相关性。看是否具有相关性排序(单纯排序和注明排序分值),显示内容是否有摘要或注释及足够的相关信息(内码提示、文件大小、文件日期、作者等),输出记录数量可否选择或改变,显示格式是否可选择。

(4) 搜索结果重复记录少,返回结果应尽可能不出现重复、类似的结果。

(5) 召回率(Recall)高,搜索出的相关文档数和文档库中所有的相关文档数的比率高,衡量的是搜索引擎的查全率。

(6) 精度(Ncision)高,搜索出的实际相关文档数与搜索出的文档总数的比率高,衡量的是搜索引擎的查准率。

对于一个搜索引擎来讲,召回率和精度不可能两全其美:召回率高时,精度低;精度高时,召回率低。因为没有一个搜索引擎系统能够搜集到所有的 Web 网页,所以召回率很难计算。目前的搜索引擎系统都非常关注精度。

第五节 虚拟图书馆

一、虚拟图书馆概况

搜索引擎的出现,在一定程度上缓解了网络信息搜索的矛盾。但随着搜索引擎数据库内容的不断多样化,科技工作者得到的查询结果中出现了许多非学术类信息,增加了学术信息选择的难度。在这种背景下,产生了专门面向学术信息的虚拟图书馆(World Wide Web Vitual Library)。

虚拟图书馆采集信息的方式主要有人工和 Robot 两种形式。组织信息的方式主要有分类方法和数据库方法:分类方法组织信息的虚拟图书馆主要以网页形式提供服务,数据库方法组织信息的,则需要用户查找才能得到所需信息。目前网页形式的虚拟图书馆要远远多于数据库形式的。

二、INFOMINE 虚拟图书馆

INFOMINE(http:// infomine. ucr. edu)建于 1994 年,由加利福尼亚大学、威克福斯特大学、加利福尼亚州立大学、底特律-麦西大学等多家大学或学院的图书馆联合建立(图2-23),是为大学教师、学生和研究人员建立的网络学术资源虚拟图书馆。它拥有电子期刊、电子图书、公告栏、邮件列表、图书馆在线目录、研究人员人名录以及其他类型的信息资源 40 000 多个,是一个搜索学术信息的搜索引擎。INFOMINE 对所有用户免费开放,但是它提供的资源站点并不都是免费的,能否免费使用取决于用户所在图书馆是否拥有该资源的使用权。

图 2-23 INFOMINE 主页

(一) 数据库概况

INFOMINE 共包括九类数据库。

1. 生物、农业和医学数据库 覆盖了生命、农业和医学的大部分领域,着重于基础理论和相关的应用研究,有关遗传学、生物化学、生态学的资源均能通过特殊主题数据库和搜索工具搜索到。

2. 商业和经济数据库 覆盖了商业和经济的大部分领域,包括财政、银行组织管理、市场、人力资源、会计、收入分配、福利、环境经济、劳工政策、城市经济、经济发展、国际贸易、公共财政等。

3. 多样性文化及种族资源数据库 覆盖美国的多样性文化和种族资源领域,关于文化、文学、社会、经济和人口统计学的许多资源均包括在内。

4. 电子期刊 包括大量学术性和研究性的免费或付费期刊,付费资源能否利用取决用户所在的图书馆是否购买了该数据库的使用权。

5. 政府信息数据库 包括美国联邦、州、地方政府和国际组织的信息资源。

6. 地图和地理信息系统(GIS)数据库 包括各种类型的地图、地图设计、GIS 及 GIS 相关软件、硬件、遥感技术、人造卫星和雷达、航空摄影等。

7. 物理、工程、计算机和数学数据库 覆盖了物理、工程、计算机和数学领域的大部分学科,包括基础科学和应用科学。气候学(气象变化信息)、古生物学和环境科学中与物理学相关的部分也包括在内。

8. 社会学和人类学 覆盖大部分相关学科,与图书馆学、文学相关的资源也包括在内。

9. 视觉艺术和表演艺术数据库 包括所有的视觉艺术(含建筑学)以及表演艺术,包括音乐、戏剧、电影、博物馆、区域性文化等。

INFOMINE 报道款目的著录内容包括资源名称、简介、URL、相关资源链接、人工选择或专家选择、收费情况,并为用户提供了对资源发表评论的平台。

(二) 搜索方法

INFOMINE 的搜索界面友好,搜索方法简单易用。搜索功能包括基本搜索、高级搜索和浏览三种方式。

1. 基本搜索 在 INFOMINE 主页的搜索框中直接输入搜索词(主题词、作者、关键词等),单击【GO】或按回车键就可以搜索出相关资料。

2. 高级搜索 ①输入搜索词,可使用逻辑搜索(AND、OR、AND NOT)或特定符号(*、||、( )、" "等)来扩大、缩小搜索范围。如输入搜索词 industr*,可检出 industries, industry, industrial, industrialization 等结果;输入搜索词|rivers|,检出的结果必须和 rivers 完全匹配,包括大小写;输入"new mexico"表示引号内的词必须完全紧密相连。这些逻辑搜索的使用方法与其他数据库基本相同。②通过点选菜单和下拉菜单的组合使用,可以限定搜索范围,如关键词、主题词、资源描述、作者、标题等,限定搜索的数据库范围,限定资源的类型和路径,以及搜索结果的显示方式,每页显示的搜索结果数和搜索结果的排序方式。③单击【GO】或按回车键就可以检出相关文献。

3. 浏览 对普通用户而言,浏览是一种有效和常用的搜索方式。INFOMINE 在基本搜索、高级搜索和每个数据库的页面下,都提供了浏览功能,可以从目次表、美国国会主题词表、标题、关键词和作者等途径进行浏览,查找所需的资料。

(肖凤玲)

第三章 图书资源检索

随着计算机技术和信息技术的快速发展,信息载体形式的多样化,电子图书(Electronic book)应运而生,图书馆馆藏及其检索模式也随之发生改变。传统的卡片式书目查询方式被联机公共检索目录(Online Public Access Catalog,OPAC)取代。OPAC 是通过网络查询馆藏信息资源的联机检索系统,使用 OPAC 用户通过网络可以在任何地方查询各图书馆的馆藏目录资源。

电子图书作为纸质图书数字化的表现形式,与印刷型图书相比具有体积小、出版周期短、制作简单、修订再版容易、检索功能强、图文声并茂、发行和传递速度快等优势。因此,电子图书备受人们关注,并取得了长足发展。电子图书的阅读需借助专门的软件,阅读器提供了文字识别功能和图像复制功能。如超星电子书阅读器(SSReader)、方正电子书阅读器(Apabi Reader)等。

目前国内外的电子图书有“超星”电子图书、方正阿帕比电子图书、书生之家电子图书、中国高等教育文献保障系统(China Academic Library & Information System,CALIS)、OCLC 以及网络上一些免费的电子图书资源等。

第一节 超星/读秀

一、“超星”数字图书馆简介

“超星”数字图书馆(http://www.ssreader.com.cn)成立于 1993 年,是国家“863” 计划中国数字图书馆示范工程项目,2000 年 1 月在互联网上正式开通。目前拥有数字图书 100 万种,是国内数字图书资源最丰富的数字图书馆。

收录了 1977 年至今国内出版的中文图书,学科范围涉及哲学、宗教、社科总论、经典理论、民族学、经济学、自然科学总论、计算机等 51 个学科分类。

由于“超星”电子图书绝大多数是基于图像的,因此在阅读时必须借助于阅读器。首次使用“超星”数字图书时,应先安装超星阅读器。

二、检索方法

超星数字图书馆提供了多种检索入口,如分类导航、快速检索(单条件检索)、高级检索等(图 3-1)。

(一) 分类导航阅读图书

“超星”数字图书馆的分类导航按照《中国图书馆分类法》将图书划分为 22 个大类。单

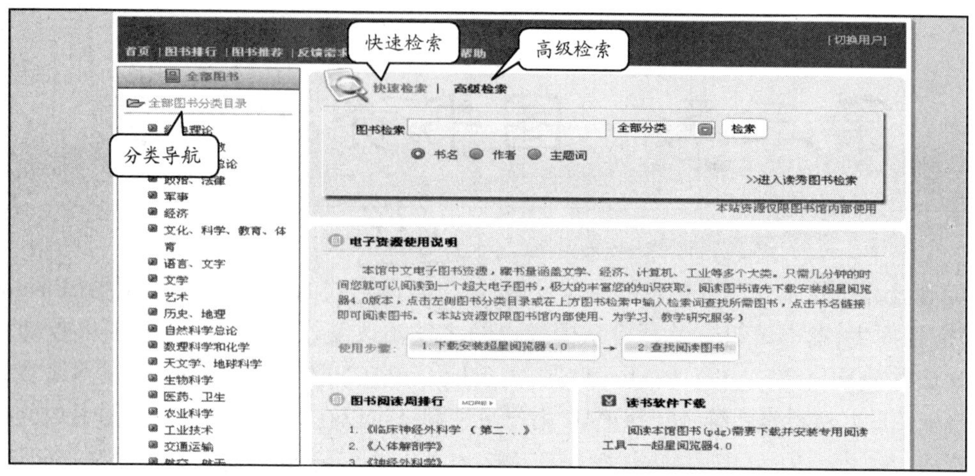

图 3-1 检索入口

击每一个大类,系统将自动展开其次级类目,如果次级类目左侧有图标,说明该类目还可以进一步细化,逐步打开直到出现图标。在其右侧出现该类目下的图书书目信息,单击图书书名即可进入该书的阅读状态。如查消化系肿瘤类的图书,可以通过单击【医药、卫生】类,展开该大类的 17 个二级类目,单击二级类目【肿瘤】进一步展开其次级类目,最后单击【消化系肿瘤】,系统分页显示该类目下的所有书目信息。

(二)快速检索(单条件检索)

快速检索,即单条件检索,该检索途径提供了图书的书名、作者、主题词等检索项的单项模糊查询(图 3-1)。如读者查询医药、卫生学科中关于护理的图书,检索步骤如下:

(1) 检索输入框中输入“护理”,选择“主题词”检索项,并在检索范围下拉菜单中选择想要查询的大类——医药、卫生。单击【查询】按钮。

(2) 检索结果显示出来后,选择按书名或出版日期进行排序,单击书名直接进入该书的阅读页。

(三)高级检索

高级检索可以实现对图书的多重条件查询。在“超星”电子图书数据库的高级检索界面中,将该系统提供的三个检索项集成在一个页面上,能够一次性将多重检索需求表达出来。在检索框下方限定出版时间。如检索医药、卫生中书名含有“试卷”,作者为“郑长青”,出版日期为 2008 年的图书。检索步骤如下:①进入“高级检索”界面,在检索项为书名的检索框中输入“试卷”;②在检索项为作者的检索框中输入“郑长青”;③“选择检索范围”处选择【医药、卫生】,并将出版日期设定为“2008”,单击【检索】图标。

1. 出现同名同姓的不同作者时,可以通过什么方法来排除干扰项?

2. 请用不同的三种检索途径查找孙万邦 2000 年以来写的关于免疫方面的图书。

三、读秀知识库

读秀是超星公司在超星数据库基础上开发的电子图书数据库产品,是由海量中文图书资源组成的庞大知识库及检索系统,能为用户提供深入图书内容的书目和全文检索,以及部分文献的全文试读,并可通过自动的文献传递服务获取文献资源,是一个知识搜索及文献服务平台(图3-2)。

图3-2　读秀搜索主页

(一)概况及特点

1. 概况　"读秀"提供了近300多万种中文图书的题录检索以及200多万种中文图书的全文检索,每年以十几万种新书的速度增加。可通过与图书馆系统的挂接,实现图书馆各种图书(纸质和电子)资源在读秀平台上的整合,通过读秀还可查询区域以及全国范围内所有"读秀"用户的馆藏记录,更为直观地揭示其他图书馆的收藏情况。

2. 特点　①搜索更加深入,提供图书的封面页、版权页、书名页、前言页、章节目次及全文的深度检索;②获取便捷,通过"读秀"学术搜索,读者能一站式检索馆藏纸质图书、电子图书以及其他学术文献资源。

(二)检索模式

1. 基本搜索　进入读秀首页,在搜索框内输入关键词,查找书目和全文信息。在系统检索时默认的是对所有文献形式的查找,包括图书、期刊论文、学位论文、会议论文及信息资讯等。如在检索框内输入"COPD 预防"查找全文信息时,系统将在图书、期刊论文等全文信息中模糊匹配该检索词,并显示该检索词在图书中的具体定位页以及其他文献形式如期刊论文的题录信息。

2. 二次搜索　为了进一步缩小检索范围,读秀提供了二次搜索。对于查找学位论文、会议论文、标准、专利等不提供高级检索的文献时,通过二次搜索可达到类似复合检索条件的检索需求。

3. 高级搜索　读秀针对"图书"和"期刊"提供了高级搜索。高级搜索界面有多个检索输入框,可以同时输入多个检索条件。图书高级搜索提供了书名、作者、主题词、出版社、ISBN、分类等检索项,在期刊高级搜索提供了全部字段、标题、作者、刊名、关键词等检索项,并可以通过逻辑关系限定词间关系。

（三）结果处理

检索获得结果后，读秀提供三种图书获取信息：馆藏纸本、电子全文、试读（图 3-3）。

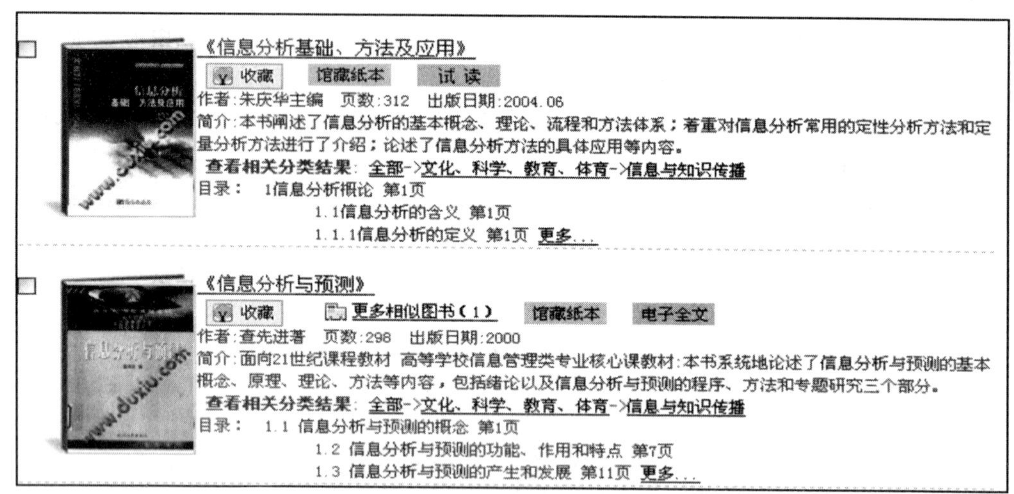

图 3-3 读秀图书搜索结果

获得授权的图书可以直接在线阅读或下载后阅读。未获授权的图书则可试读，试读完成后若想继续阅读该书的其他部分，或者想获取更多文献资源，则可通过其他图书馆借阅、文献互助平台、图书馆文献传递中心、按需印制服务等途径获得该书。

试读包括版权页、前言页、目录页和试读页等。

使用"图书馆文献传递中心"进行文献传递时，步骤如下：①进入"图书馆文献传递中心"；②填写表单，填写需要浏览的文献范围页数以及 E-mail 地址，输入验证码，单击"确认提交"；③获取文献资源：读秀会将您需要的资料以邮件方式将所需文献发送到邮箱中，登录邮箱查看回复。

（马 佳）

第二节 方正阿帕比

一、概 况

方正阿帕比（Apabi）数字图书系统是由北大方正电子有限公司创办的，自 2000 年 12 月开始提供服务。已出版电子图书 10 万余种，其中教学参考书 23 000 余种，且以平均每月 5 000 本的速度递增。其覆盖的学科范围包括计算机、文学、艺术、语言、历史、经济、法律、政治、哲学、数理化、生物科学、医药卫生、交通运输等各个学科领域。另外还可检索 30 种年鉴。

Apabi 中五个字母表示 Author、Publisher、Artery、Buyer、Internet 的第一个字母，分别代表作者、出版社、分销渠道、读者（购买者）和因特网，可以理解为以因特网为纽带，将传统出版社和图书馆结合在一起，以电子图书为基本元素，在数字版权保护技术基础上发展起来的数字图书馆。

二、检索前的准备

（一）下载并安装阅读器

在阅读全文前首先需要到方正阿帕比主页(http://www.apabi.cn)或镜像站下载并安装最新版的专用阅读器 Apabi Reader。Apabi Reader 集电子书阅读、下载、收藏等功能于一身，可用于阅读 CEB、XEB、PDF、HTML 格式的电子图书及文件。Apabi Reader 界面友好，操作简单。在阅读时，可以直接进行关键词查找，还能在电子书上进行加着重、圈注、批注、划线、插入书签等操作；亦具备快速点选网上书店、书架管理及网页浏览等功能。其中的“文档管理器”可以方便的实现电子书以及各种 CEB、PDF 文档资源的分类及管理，还可进行文档搜索。

（二）登录

要在方正数字图书馆进行阅读和下载，必须登录。登录方式有“有密码用户”和“无密码用户”两种。

三、检　　索

方正阿帕比电子图书系统提供三种检索方式：快速查询、高级检索和分类浏览。

（一）快速查询

这种检索方式提供书名、责任者、出版社、年份等检索入口，还提供全面检索和全文检索。全面检索是指对书名、责任者、主题／关键词、摘要、出版社等字段进行多字段检索，只要输入的检索词在任何一个字段当中出现，都能检出。在此状态下，可进行书名、责任者或主题等检索条件的快速查询(图 3-4)。

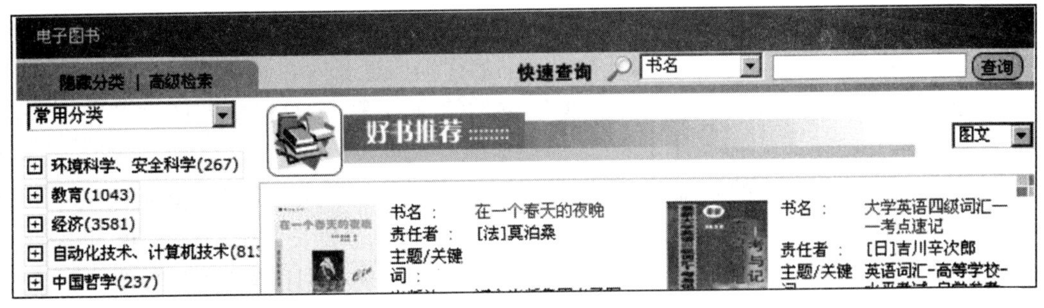

图 3-4　方正阿帕比快速查询界面

通过快速查询、高级检索及分类浏览三种方式当中的任何一种检出结果后，还可在快速查询输入框当中输入检索词，选择“结果中查”，在当前结果中增加检索框中的条件后再进行检索；也可选择“新查询”，重新进行一次新的快速检索。

（二）高级检索

高级检索(图 3-5)提供 34 个检索入口字段，最多可对 5 个检索词进行逻辑组配检索，可选的逻辑运算关系有“并且”(逻辑与)和“或者”(逻辑或)。检索步骤为:选择【本库查询】或【跨库查询】,若是跨库检索,还需选择要查询的数据库;选好检索入口字段;输入检索词;确定检索词之间的逻辑运算关系;单击【查询】。

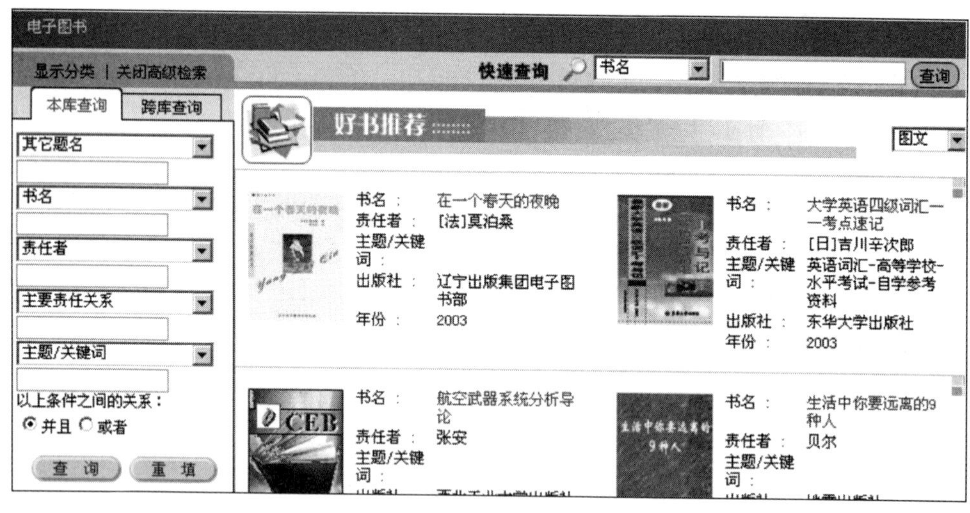

图 3-5 方正阿帕比高级检索界面

(三)分类浏览

快速查询页面左侧可直接进行分类浏览。也可在高级检索状态下单击【显示分类】。系统列出“常用分类”,也可选择【中国图书馆分类法】,通过系统列出的分类导航,单击相应类目,即可浏览该类目下的所有图书。

四、结果处理

在检索结果页面,系统会列出检索结果的总数,同时显示每一本书的书名、责任者、出版社、出版时间及封面。单击书名即可查看该书的详细信息及内容摘要。

方正阿帕比模拟传统图书馆对印刷型图书的管理方式,可对检出的图书进行在线阅读、借阅、续借和归还。

在查看图书详细信息的状态下,单击【在线浏览】,系统即自动启动 Apabi Reader 下载图书,并可直接进行在线阅读,在线阅读有一定时间限制。若要长时间阅读该书,可进行借阅。在查看图书详细信息的状态下,单击【借阅】则该书出现在阅读器的“整理架”下“我的书架”中,打开阅读器,“我的书架”中列出用户借阅的所有图书,尚未阅读的图书标有“未阅”字样。双击书的封面就可打开阅读图书全文,并对文献进行加着重、圈注、批注、划线、插入书签等操作。

对于借阅的图书,在“整理架”下“我的书架”中选中该书,右击即可续借或归还图书。

(胡 虹)

第三节　Google 图书

一、概　　况

谷歌(Google)关注印刷品的数字化由来已久。2004 年 10 月谷歌的创始人 Sergey Brin 和 Larry Page 在德国法兰克福书展上对外宣布了"Google 图书搜索"。首批加入该计划的出版商有 Blackwell、Springer、剑桥大学出版社、芝加哥大学出版社等多家出版社。

2004 年 12 月,谷歌宣布开始"Google Print"图书馆计划,与哈佛大学图书馆等 5 所机构合作,将这些著名图书馆的馆藏图书扫描制作成电子版放在网上供用户阅读。"Google Print"在 2005 年 11 月底改名为"Google Books"。Google 图书搜索的宗旨是为公众提供对数字图书资源便捷的在线全文搜索服务,其目标是要实现在世界的任何地方,搜索到任何语言的图书馆藏书。到 2007 年 12 月为止,图书搜索界面已提供 35 种以上语言支持,来自 100 多个国家/地区的 10 000 多个出版商和作者参与了图书搜索合作商计划,参与图书馆计划的合作商数已增至 28 个。

二、检　　索

直接输入 Google 图书的 URL(http://books.google.com),或查看 Google 搜索的"更多",单击【图书】,均可进入 Google 图书简单搜索界面。

Google 图书提供三种检索模式:简单搜索、高级搜索(图 3-6)及主题浏览检索。其检索规则与 Google 搜索完全相同,支持自然语言搜索,可进行逻辑组配(参见第二章第四节)。

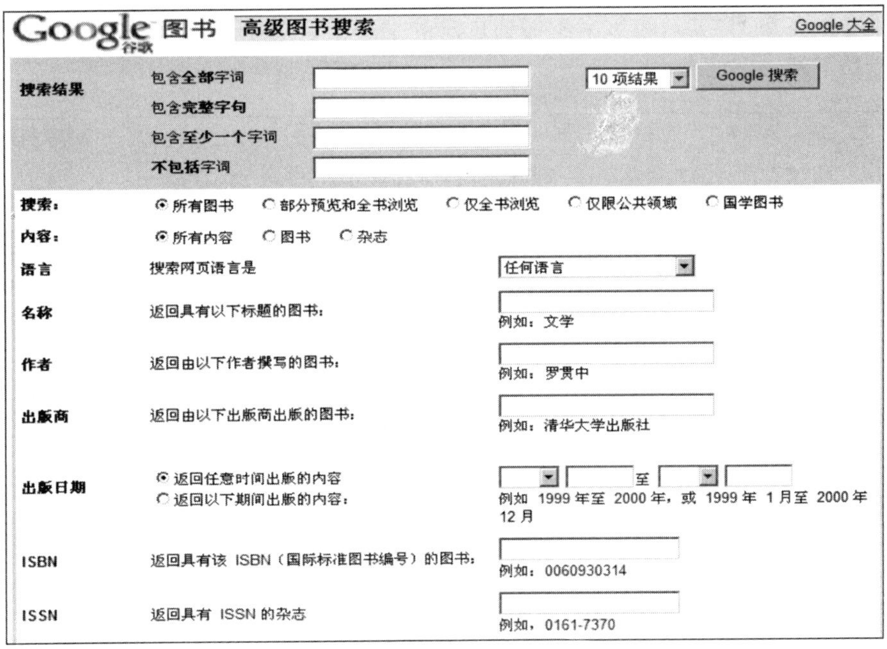

Google 谷歌 图书　高级图书搜索　Google 大全

搜索结果　包含全部字词　包含完整字句　包含至少一个字词　不包括字词　10 项结果　Google 搜索

搜索：　所有图书　部分预览和全书浏览　仅全书浏览　仅限公共领域　国学图书

内容：　所有内容　图书　杂志

语言　搜索网页语言是　任何语言

名称　返回具有以下标题的图书：　例如：文学

作者　返回由以下作者撰写的图书：　例如：罗贯中

出版商　返回由以下出版商出版的图书：　例如：清华大学出版社

出版日期　返回任意时间出版的内容　返回以下期间出版的内容：　至　例如 1999 年至 2000 年，或 1999 年 1 月至 2000 年 12 月

ISBN　返回具有该 ISBN（国际标准图书编号）的图书：　例如：0060930314

ISSN　返回具有 ISSN 的杂志　例如，0161-7370

图 3-6　Google 图书高级搜索界面

进入后默认的是简单搜索界面，直接在检索输入框中输入检索词（可以是单词、词组或整句话以及布尔逻辑运算式）即可开始检索。

在简单检索界面下单击左侧栏【浏览主题】下的相关主题，即可检出 Google 图书所收录的该主题所有图书，进行浏览选择。

高级搜索可帮助构建布尔逻辑运算式，选择检索对象（文献出版类型：所有内容、图书、杂志；文献浏览类型：所有图书、部分预览和全书浏览、仅全书浏览、仅限公共领域、国学图书）；还可对语种、书名、作者、出版商、出版日期、图书的 ISBN 号和杂志的 ISSN 号进行字段限定检索，可帮助完成一个复杂的检索。

三、结果处理

Google 图书的检索结果提供封面视图和列表视图两种显示方式，封面视图方式显示图书的书名、作者、出版年及页码；列表视图还显示图书的部分内容、浏览状态（有限预览、全书浏览）及相关信息。

图书通常可分为公共领域和有版权的图书。对于公共领域的图书，Google 可直接将其数字化后放入搜索平台，用户可直接使用全文；对于有版权的图书，若版权所有者未明确许可，图书标记为“无预览可用”，用户最多只能看到该书的目录信息以及几段摘录内容（即与其搜索字词相关的几个句子）；如果版权所有者同意显示更多内容，检出图书标有“有限预览”或“全文浏览”，用户方可阅读部分或全部内容。

单击检出图书的标题或封面，即可进入该书的详细信息显示状态（图 3-7）。在此状态下可查看该书的评论或对该书进行评论；还可在图书馆或书店中查找本书，对图书进行获取。登录 Google 账号后，可将该书添加到自己的书架上。对于可以全文浏览的图书，此状态下可直接下载该书的全文。

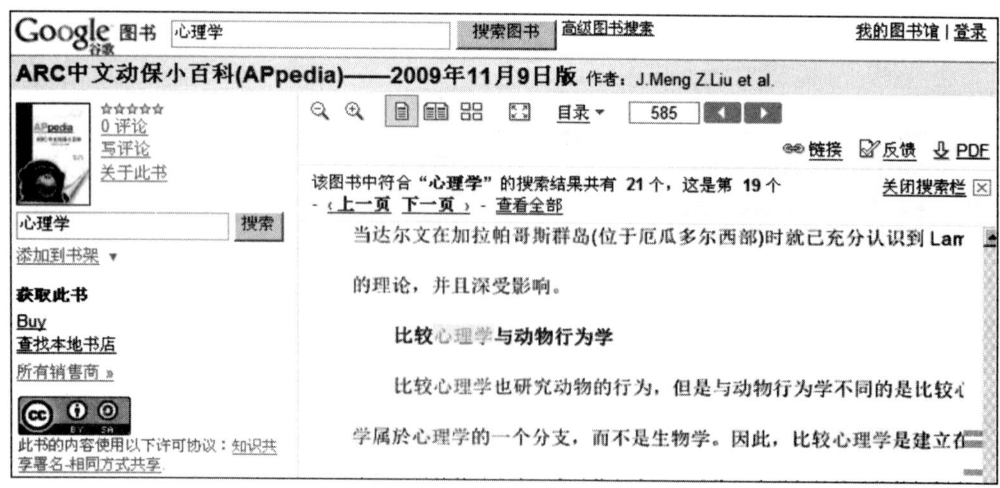

图 3-7 Google 图书可全文浏览的图书详细显示界面

（胡 虹）

第四节 网络书店

网络书店提供在线销售图书的服务。其价格优惠,检索方便,而且一般可查看图书的内容简介、目录甚至部分内容,较之图书馆中的 OPAC 显得更为直观,便于查找、选择图书资源。

一、当 当 网

当当网上书店(http://www.dangdang.com)成立于 1999 年 11 月,目前当当网也销售其他产品。进入其“图书”栏目即可查找图书。

当当网提供的检索途径有基本搜索、高级搜索和分类浏览。

当当图书的默认检索界面提供基本搜索(图 3-8)。只需在检索输入框中输入检索词,系统就会将书名、作者、出版社、内容简介、目录等任意字段中含有该检索词的记录全部检索出来。若同时输入多个词,无论用何种符号连接这些词,或不使用符号连接,系统会将任意字段含有这些词的文献检索出来。如输入“药理学 人民卫生出版社”、“药理学+人民卫生出版社”、“药理学-人民卫生出版社”、“药理学人民卫生出版社”,其检索结果完全相同。若输入“药理学指导”,可检出《药理学学习指导与习题集》、《临床药理学学习与指导》以及在内容简介中出现“指导”一词、目录中出现“药理学”一词的《实用内科学》等文献。

图 3-8 当当图书基本检索

当当网图书的高级搜索界面提供书名、著译者、出版社、ISBN 号等多个字段限制检索,在多个输入框中同时输入的检索词之间是逻辑与的关系。这种检索模式有助于提高查准率。

在基本检索界面左下方提供了图书的分类浏览。单击相应类目,可对该类图书进行浏览选择。例如选择【医学】→【药学】,显示结果如图 3-9 所示。这种方法可以在不知到底要找什么书的时候使用。

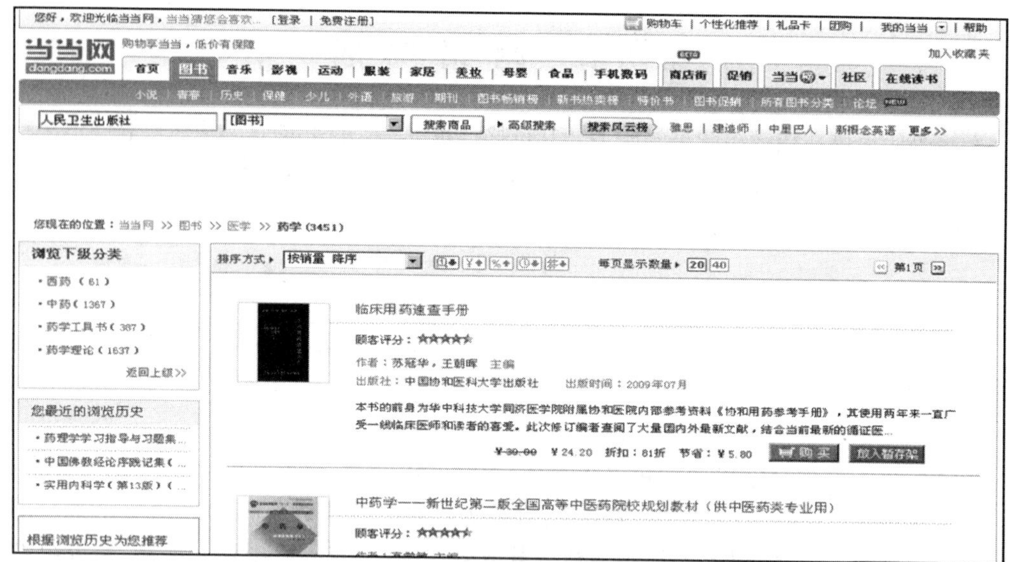

图 3-9　当当网图书结果显示

二、卓越亚马逊

卓越网(http://www.amazon.cn)正式发布于2000年,最初主营图书和音像制品。2004年被亚马逊收购,2007年正式更名为卓越亚马逊。目前除图书和音像制品外,也销售数码、玩具、家具、化妆品和其他产品。

卓越亚马逊的检索途径与当当网类似,有基本搜索、高级搜索和分类浏览。但其分类浏览的分类体系与当当网不同,最好将检索词用空格分开,不要连在一起检索。

（胡　虹）

第四章 期刊文献检索

随着现代科技的飞速发展和计算机、网络技术的普及，计算机检索工具的应用越来越广泛，且有逐步取代传统手工检索工具的趋势。目前国内外检索工具有：中国生物医学文献服务系统、中文生物医学期刊数据库（CMCC）、中华医学会数字化期刊、中国期刊全文数据库（CJFD）、维普信息资源系统（VIP）、万方数据资源系统、西文生物医学期刊文献数据库、生物医学外文医学服务系统、FMIF外文期刊整合服务系统、MEDLINE、PubMed、BIOSIS、CA、DIALOG、OVID LWW、EBSCO、Springer、BMJ、High Wire Press、Oxford University Press（OUP）、EM、IDEAL、ProQuest、Elsevier、DOAJ、Academic Medicine、New England Journal of Medicine、CANCERLIT®、PASCAL、SciSearch®等。本章主要对国内外最常用的数据库进行介绍。

第一节 中国生物医学文献服务系统

一、概 述

中国生物医学文献服务系统（SinoMed）是由中国医学科学院医学信息研究所/图书馆开发研制的综合性医学文献数据库。它整合了中国生物医学文献数据库（CBM）、西文生物医学文献数据库（WBM）、北京协和医学院博硕学位论文库等多种资源，是集检索、免费获取、个性化定题服务、全文传递服务于一体的生物医学中外文整合文献服务系统。中文数据库有三种，分别为：中国生物医学文献数据库、中国医学科普文献数据库和北京协和医学院博硕学位论文库，可分别查到1978年以来的1 600多种中国生物医学期刊、汇编、会议论文的文献题录和文摘，2000年以来国内出版的近百种医学科普期刊和1981年以来北京协和医学院培养的博士、硕士研究生学位论文。其中，中国生物医学文献数据库是该系统的主要数据库，收录的期刊多，年增长量约40万条，并且1989年以后的题录与维普全文数据库链接后可直接获取全文。

CBM数据库的收录范围涉及基础医学、临床医学、预防医学、药学、中医学及中药学等生物医学的各个领域。

1. SinoMed的文献是否都可以查找全文？

2. SinoMed里的中文数据库均可查到1978年后的文献吗？

CBM的全部记录均根据美国国立医学图书馆的《医学主题词表》（即MeSH词表）以及中国中医研究院图书情报研究所出版的《中国中医药学主题词表》进行主题标引，并根据《中国图书馆分类法·医学专业分类表》进行分类标引。

本节主要介绍SinoMed跨库检索和中国生物医学文献数据库检索。

二、检 索 界 面

中国生物医学文献数据库(CBM)已从原来的光盘版(CBMdisc)发展到了网络版(CBM-Web)及 SinoMed,其检索界面也相应发生了改变,其中网络版检索界面兼容性好,特别是 SinoMed。其系统与 PubMed 具有良好的检索兼容性。

进入 SinoMed 后,首先出现跨库检索界面,可单击【中国生物医学文献数据库】(CBM)和其他库将分别进入相应数据库,下面将分别介绍 SinoMed 跨库检索界面和 CBM 检索界面。

(一) SinoMed 跨库检索界面

通过用户登录或者注册进入系统后可见到检索系统主界面,主界面分为数据库简介区、页面跳转区、跨库检索区和数据库选择区(图 4-1)。简介区下方可选择我的空间,即个性化定题服务和全文的获取。

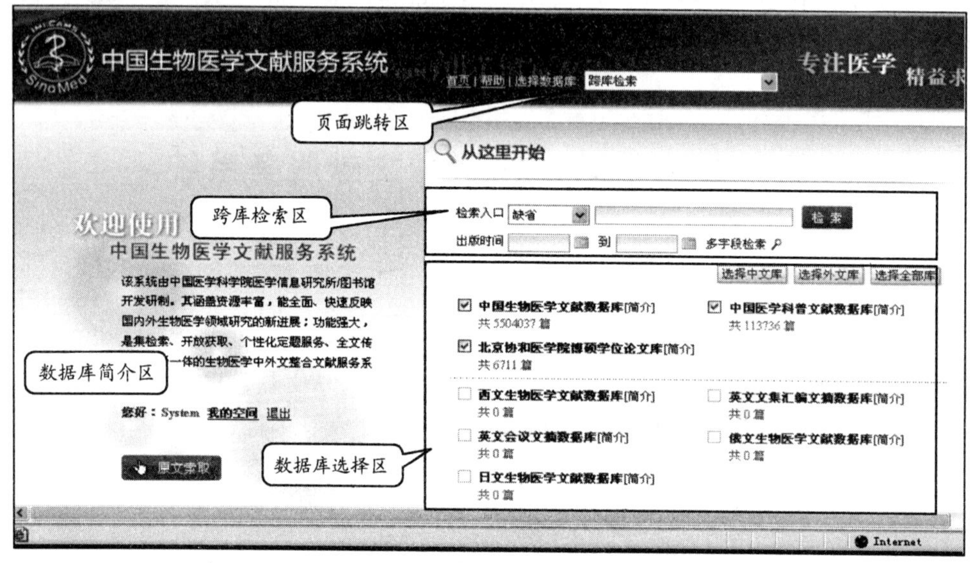

图 4-1 SinoMed 检索主界面

跨库检索区分检索入口和出版时间,默认为一个检索入口(图 4-2 上),若需选择多个检索入口可单击多字段检索或逻辑组配符可得出两个或更多检索入口(图 4-2 下)。减少检索入口时可单击逻辑组配旁的⊖,切换单字段检索时,单击单字段检索即可。每个检索入口可输入检索词或者是检索式,每个检索入口间需选择逻辑组配。

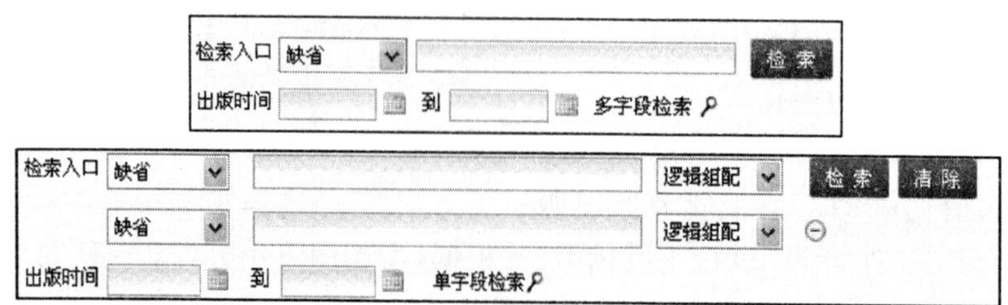

图 4-2 单、多字段检索区

（二）CBM 检索界面

在数据库选择区或者是跨库检索下拉菜单单击【中国生物医学文献数据库】即可进入 CBM 检索主界面(图 4-3)。

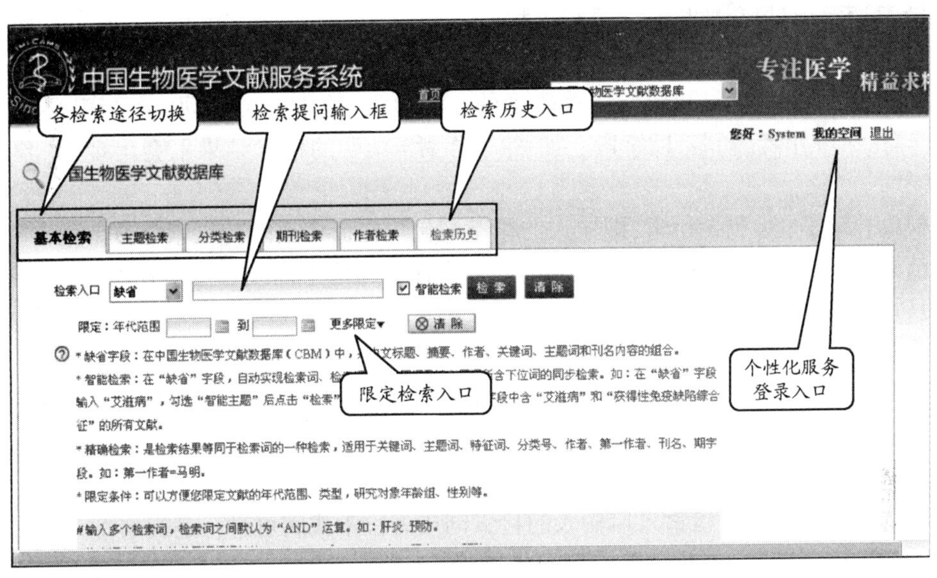

图 4-3　CBM 检索主界面

检索主界面包括各检索途径切换、检索提问输入框等主要内容，以及检索历史入口、限定检索入口和个性化服务登录入口的辅助检索内容。

检索途径切换包括：基本检索、主题检索、分类检索、期刊检索和作者检索，默认为基本检索，单击各模式按钮可进入相应检索界面。

1. 检索字段　检索入口默认为“缺省”字段，单击其后的“⌄”按钮，系统会弹出一个下拉式菜单，用于选择检索的字段，包括：

(1) 缺省字段：SinoMed 根据各数据库的特点，对常用检索字段进行组合后设置的“缺省字段检索”入口。CBM 缺省字段包括中文标题、摘要、作者、主题词、关键词、刊名等 7 个字段。

> Notice
>
> 缺省字段支持智能检索，即能够自动实现检索词、检索词对应主题词及该主题词所含下位词的同步检索。如在中国生物医学文献库(CBM)的“缺省”字段输入“艾滋病”，勾选“智能检索”后单击【检索】按钮，系统自动检出“中文标题”、“摘要”、“关键词”、“主题词”等字段中含“艾滋病”、“AIDS”和“获得性免疫缺陷综合征”的所有文献。
>
> 智能检索不支持逻辑组配检索，如需逻辑组配可分步检索后再在检索历史中完成。

（2）全部字段：表示在所有可检索的字段中查找用户输入的检索词。

（3）指定字段：指仅在某一指定字段内检索用户输入的检索词，如“中文标题”、“摘要”、“作者”、“作者单位”、“文献来源”等。

2. 按钮 主要按钮功能如下：

【检索】系统对提交的检索式进行查找。

【二次检索】指在当前检索式检索结果的范围内进行进一步查询。

【精确检索】是检索结果等同于检索词的一种检索，适用于关键词、主题词、特征词、分类号、作者、第一作者、刊名、期字段。如：第一作者＝黎明的检索结果不会出现“张黎明”的作者文献。

【模糊检索】亦称包含检索，即输入的检索词包含在命中文献的检索字符串中。

【清除】为清除检索提问按钮（如果提问框中输入的检索词或者检索式不正确则可单击此按钮后重新输入）。

【重新选库】在跨库检索中用于重新选择数据库（仅限于跨库检索）。

【更多字段】可选择【单字段检索】或【多字段检索】，默认为“单字段检索”。“单字段检索”时只有一个检索入口，可输入检索词或检索式，每个入口默认为缺省检索，单击其下拉菜单有全部字段、标题、摘要、作者、作者单位、文献来源可供选择；单击【多字段检索】后可见多个检索入口，且每个检索入口输入的检索词或者检索式间可进行逻辑组配。

【我的空间】提供个性化服务的登录入口，与 PubMed 的 My NCBI 一致。

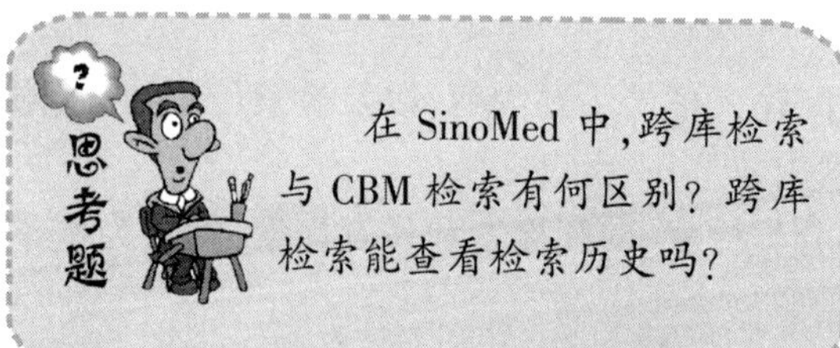

【检索历史】可查看、保存检索历史，最多可保存 100 条，可从中选择一个或多个检索表达式并用逻辑运算符 AND、OR、NOT 组成更恰当的检索策略，如 #1 OR #2 或选择相应的逻辑运算符按钮。根据需求选择一个或多个有意义的检索表达式保存为特定的“检索策略”。在“我的空间”中可定期调用该检索策略，及时获取最新信息。对无意义的检索表达式选中后单击【删除检索史】可进行删除。系统退出后，检索历史清除。

【更多限定】可打开除限定年代范围外的更多限定检索，包括文献类型、年龄、语种、性别、研究对象类型（人或者动物）及其他（妊娠、体外研究）。

三、检 索 方 法

SinoMed 支持跨库检索和单库检索。跨库检索时检索只能在基本检索下完成，而单库检索时则可选择基本检索、主题检索、分类检索、期刊检索、作者检索、智能检索、限定检索、多知识点链接检索等多种模式（图 4-4）。

（一）跨库检索

进入 SinoMed 后默认为跨库检索，跨库检索实现了同一词或检索式在多数据库中一次性进行检索，可根据需要选择多个数据库进行检索，可用单字段检索，也可选择多字段检索。具体操作如下：

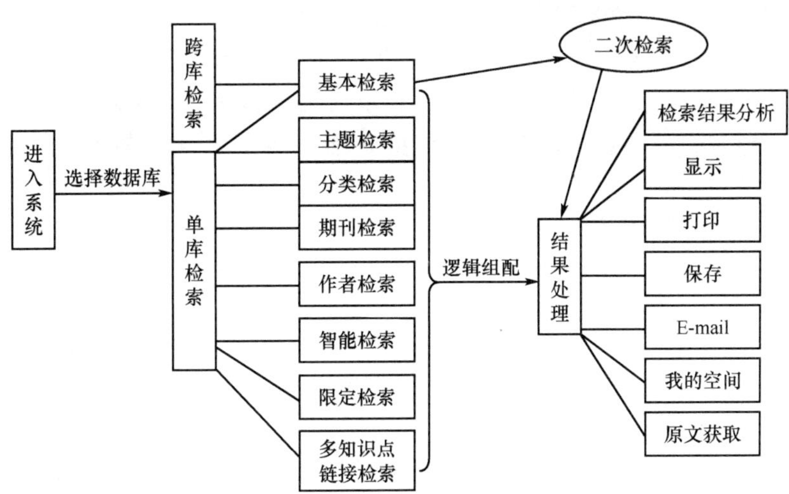

图 4-4 SinoMed 检索功能示意图

1. 单字段检索 检索步骤为:选择所需检索的数据库→将检索词或检索式输入检索提问框→单击【检索】按钮→查看命中文献。

如检索 2000-2009 年中文数据库中关于艾滋病流行病学方面的文献。

(1) 方法一:一次性地完成。①在跨库检索中选择所有中文数据库;②选"缺省"字段,在提问输入框中输入检索式:"(aids OR 艾滋病 OR 获得性免疫缺陷综合征) AND 流行病学";③在"出版时间"框里分别输入"2000、2009";④单击【检索】按钮即可得出检索结果。

在检索结果中可查看其所有检索结果为 3 597 篇,其中中国生物医学文献数据库 3 561 篇;中国医学科普文献数据库 32 篇;北京协和医学院博硕学位论文库 4 篇(图 4-5),分别单击其检索结果可查看在相应数据库中所检索的文献。

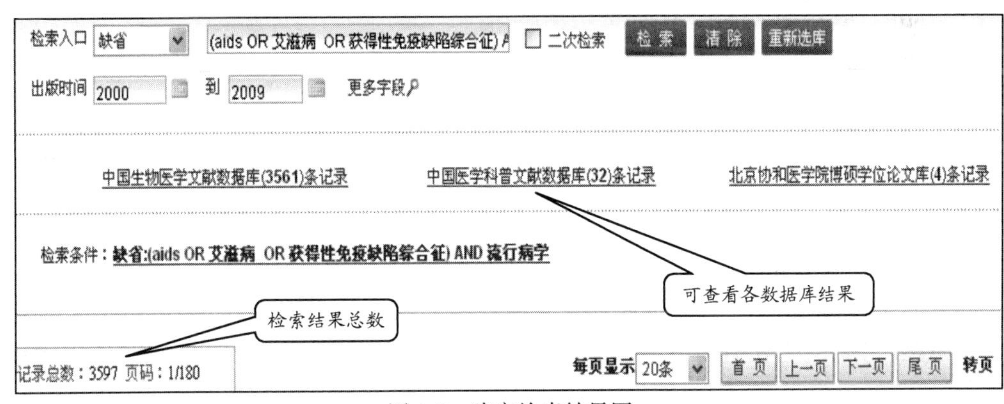

图 4-5 跨库检索结果图

(2) 方法二:通过二次检索完成。①选择数据库;②在检索提问框输入检索式"aids OR 艾滋病 OR 获得性免疫缺陷综合征";③在"出版时间"框里分别输入"2000、2009",单击【检索】按钮;④再在检索提问框输入"流行病学",单击【二次检索】后即可得出与方法一相同的检索结果。

2. 多字段检索 检索步骤为:选择所需检索的数据库→单击【多字段检索】(图 4-2 下)→输入检索提问内容,并选择逻辑组配符→单击【检索】按钮。

1. 单字段和多字段检索有何不同？多字段检索如何使用？

2. 在 SionMed 中，如何查找中国生物医学文献数据库和北京协和医学院博硕学位论文库中关于“2000-2009 中国医学科学院刘德培发表的论文”？

（二）单库检索

SinoMed 系统中的 CBM 的主要检索模式有基本检索、主题检索、分类检索、期刊检索、作者检索；辅助检索包括智能检索、限定检索、链接检索、检索历史。各种检索模式的使用方法介绍如下。

1. 基本检索 是 SinoMed 系统默认的检索状态，打开系统界面，即可进入基本检索窗口。在基本检索的缺省状态下，检索框内可以输入简单的检索词或检索式，单击【检索】按钮执行检索。基本检索默认为缺省状态，它的下拉菜单可提供多种检索字段（图 4-6）。

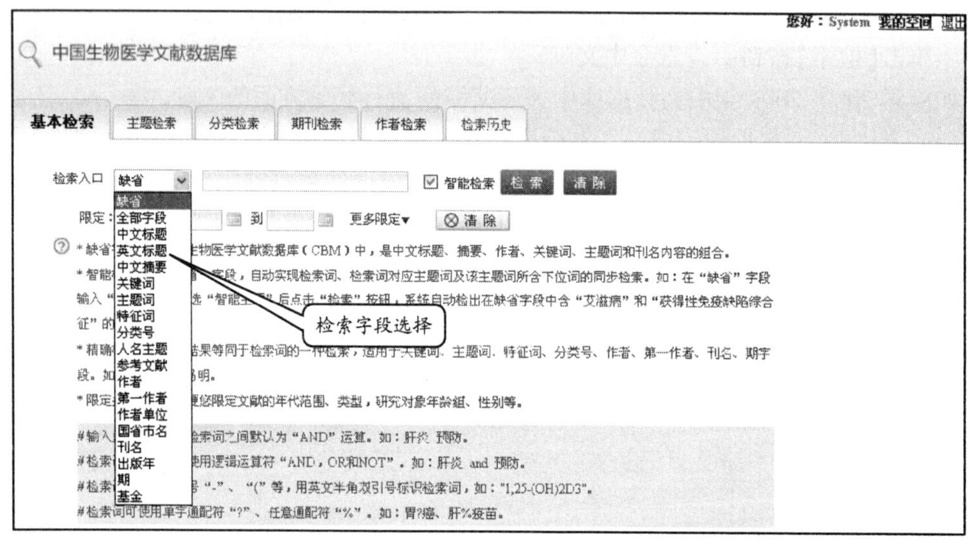

图 4-6　CBM 基本检索及检索字段选择界面

对于较为复杂的课题，可以运用逻辑组配检索。

（1）方法一：直接在检索框中输入逻辑组配检索表达式。如查找“关于新生儿患艾滋病的文献”，可用“新生儿 AND（艾滋病 OR 获得性免疫缺陷综合征 OR AIDS）”检索式直接检索。

（2）方法二：先分别检索各检索词，然后打开检索历史将检索式编号进行逻辑组配检索。

2. 主题检索 是指利用本数据库中规范化的主题词或者主题词组配副主题词进行检索。

（1）主题检索步骤：①单击【主题检索】；②在检索入口中输入检索词后单击【查找】按钮，系统将出现中文主题词轮排表（图 4-7）；③在表中找到需查找的主题词并单击该词后，屏幕即刻显示该主题词的相关信息（主题词扩展检索、加权检索和副主题词）（图 4-8）和基

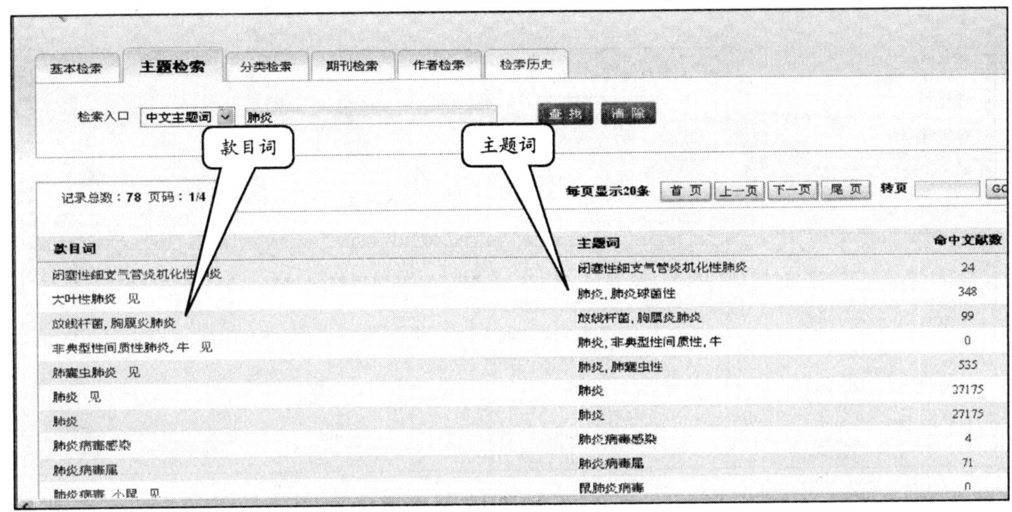

图 4-7　CBM 的主题词轮排表

本信息，即主题词的中英文名称、款目词、树状结构号、标引注释、主题词详解、主题词树状结构（图 4-9）；④选择是否“扩展检索”、“加权检索”及“副主题词扩展检索”后，再选择“副主题词”；⑤单击**检索**按钮，系统即开始检索并按选项要求显示检索结果。

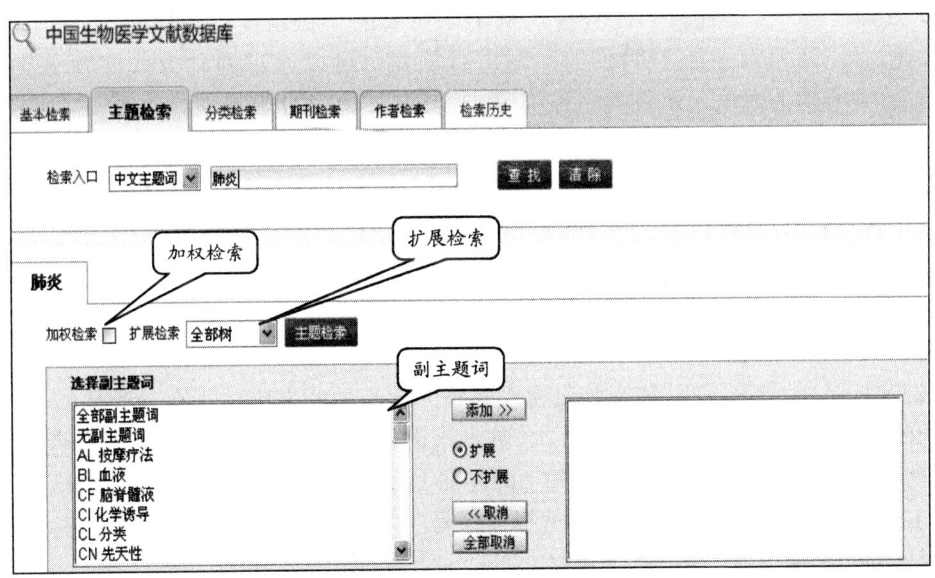

图 4-8　CBM 主题检索的相关信息

（2）主题词加权检索、扩展检索及树状结构的作用：①主题词加权检索：主题词加权表示该主题词是本文论述的重点，不加权为本文的次重点。选择“加权”检索，表示要检索用主要概念主题词（即带＊主题词）标引的文献，即检索时追求“少而精”；反之，系统就同时检索用主要概念主题词和次要概念主题词标引的全部文献。②扩展检索：包括扩展主题词检索和扩展副主题词检索，系统默认为扩展全部树和扩展全部副主题词。用“扩展全部树”检索是指对当前主题词及其下位主题词进行检索；若单击扩展检索的下拉按钮选择【不扩展】检索时，则只对指定的单个主题词进行检索；扩展副主题词以此类推，例如选择治疗应

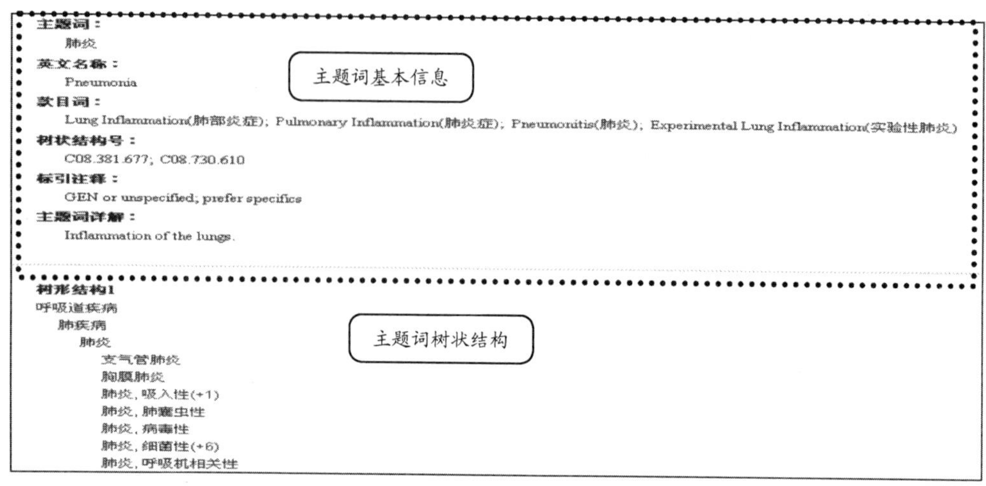

图 4-9　主题词基本信息

用为副主题词时，在扩展副主题词情况下可检出治疗应用、投药和剂量、中毒、副作用、禁忌证；选择不扩展时则只能检索出治疗应用的文献。③主题词树状结构：在主题词注释页面的下方（图 4-9）列出主题词的树状结构，供逐级查看其上位词和下位词，可据需要更改主题词，选择更泛指的上位词或更专指的下位词进行检索。

3. 分类检索　分类检索的优势在于从文献所属的学科角度进行检索，有利于族性检索。除此之外，还可对主题不明确的课题进行检索。可以通过两种方式实现分类检索：①在类名、类号输入框输入学科类名或类号来实现；②通过分类导航逐级展开来实现。具体操作步骤：

（1）利用分类途径查找：①单击工具栏上的【分类检索】进入分类检索界面；②在检索入口中选择【类名】或【类号】；③根据所选入口，在检索框中分别输入相应的类名或类号后单击【查找】按钮，系统将显示所输检索内容的相关信息（图 4-10）；④指定类名或类号，选择【扩展检索】或【不扩展检索】、【选择复分号】，单击【分类检索】按钮，系统便返回检索结果。

（2）通过分类导航实现：如查脑血管疾病病因学方面的文献。①在分类导航中查找需检索词的类目（神经病学与精神病学）；②单击该类目旁的⊞，再单击神经病学旁的⊞，即可浏览到您所需要的类目“脑血管疾病”（图 4-11）；③单击脑血管疾病进入分类检索主界面（图 4-12）；④选择【扩展检索】，并在“选择复分号”里添加病因学，单击【分类检索】按钮，系统便返回检索结果。

4. 期刊检索　从专业、主题、出版地、出版单位等了解期刊分布情况，也可以进一步了解某刊收录、更名及期刊的详细信息等，并浏览该期刊刊载的文献。

5. 作者检索　可检索出指定作者所发表的所有文献或以第一作者发表的所有文献。在此检索模式下还可限定第一作者单位，检索某单位某人作为第一作者所发表的文献。

6. 限定检索　限定检索只能在基本检索下使用，通常用来限定检索框内的年限、文献类型、年龄、性别等。限定检索中有很多组，组内之间的选项关系为“OR”，组外间的选项关系为“AND”，限定检索时，对限定检索内的选项选定后先确认，再检索。

分类名	分类号	命中文献数
药理学	R96	4658
中药药理学	R285	1635
免疫药理学	R392.5[]	82
化学药理学	R962	576
分子药理学	R962.1	30
生化药理学	R963	368
实验药理学	R965	2208
免疫药理学	R967	196
遗传药理学	R968.1	247
量子药理学	R968.2	0
老年药理学	R968.3	1

图 4-10　分类检索界面

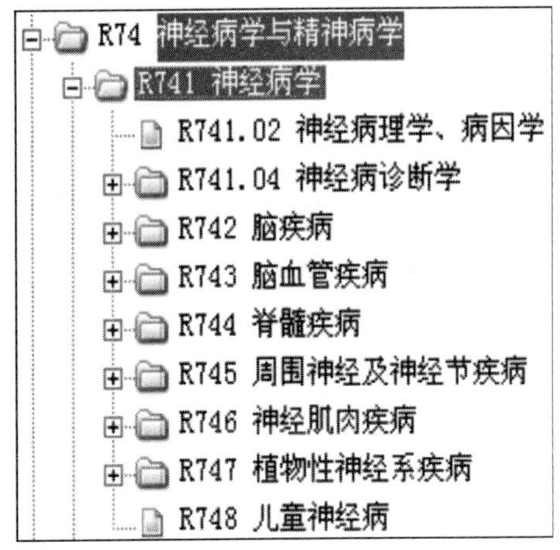

图 4-11　部分导航图

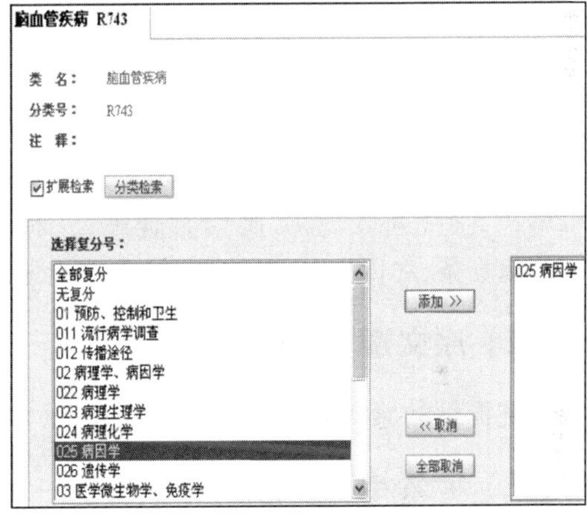

图 4-12　脑血管疾病检索示意图

7. 利用检索史检索　主要用于检索过程中调用检索史进行检索。可从中选择一个或多个检索式并用逻辑算符 AND、OR 或 NOT 组成更恰当的检索策略。

8. 链接检索　在检索结果中，自动实现作者、出处、关键词、主题词、主题词/副主题词、主题相关等知识点的快速链接。在浏览检索结果的同时，如想对某一主题进行深入学习，或是想对某一作者的研究领域作全面了解，或是想看看当前论文所参考的文献，进一步扩展自己的研究或检索思路时，便可对感兴趣的内容通过链接功能进一步详细了解。

1. 智能检索下支持逻辑检索吗？
2. 欲想查找同义词、近义词及下位词等可通过哪些方式查找？
3. 跨库检索和所有单库检索都可用限定检索？可查看检索历史吗？
4. 欲想进一步扩展自己的研究或检索思路可通过什么方式实现？

四、检索结果的处理

(一) 检索结果浏览和输出设置

SinoMed 对结果处理包括打印、存盘和 E-mail,并可更改参数设置(图 4-13)。

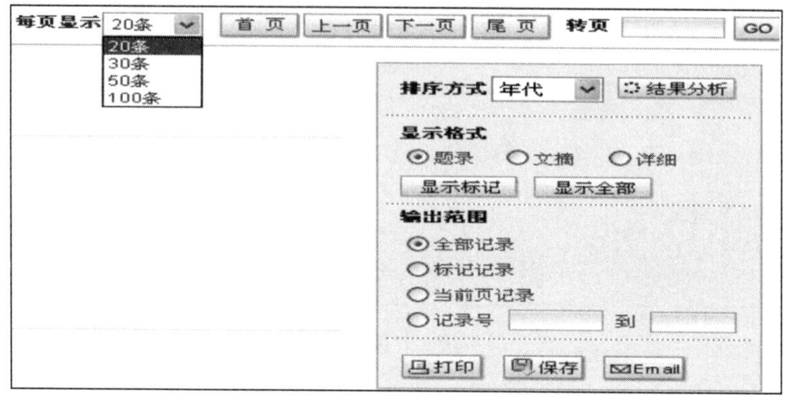

图 4-13 检索结果浏览和输出设置

每页显示的命中记录数,从 20 到 100 条提供选择,系统默认每页显示 20 条。可按“年代”、“作者”、“期刊”和“相关度”四种排序方式,系统支持的最大排序记录数为 65 000 条。显示格式支持“题录”、“文摘”和“详细”三种检索结果显示格式。每次存盘保存的最大记录数为 500 条,单次“E-mail”发送的最大记录数为 50 条。

(二) 原文索取

系统提供的原文索取,可以直接进行原文传递。

(三) 检索结果分析

SinoMed 可从作者、出版时间、作者单位、来源期刊、加星主题词和文献类型等不同角度对检索出来的文献进行统计分析,以了解该领域的主要研究人员、领域研究热点、领域学科发展轨迹和趋势、领域核心期刊等信息。目前,SinoMed 系统中 CBM、WBM 均提供在线文献分析功能。其方法为:

(1) 在检索结果界面中单击【结果分析】按钮,进入结果分析界面。

(2) 根据需要进行参数设置,参数设置包括:“分析内容”、“分析数量”、“分析结果显示”和“排序”。在分析内容里可选择作者、出版时间、作者单位、加星主题词、文献类型及来源期刊。

(3) 单击【结果分析】按钮,即可查看分析结果。

(4) 详细记录浏览,在分析结果中选择目标记录序号,单击【记录浏览】按钮即可。

(5) 在详细记录浏览界面,重复上述步骤,可对分析结果进行二次分析。

(四) 我的空间与个性化服务

在 SinoMed 中,可通过“我的空间”保存一个或多个检索策略、定期跟踪某领域最新文献和储存感兴趣的检索结果。其个性化服务主要通过“我的空间”来提供服务,需要进行简单注册。

1. 申请方式：分集团和个人用户（集团用户是指以单位名义或 IP 地址进行系统注册的用户；个人用户是指以个人名义进行注册的用户）。

2. 注意事项：SinoMed 的“个人用户”无需二次注册，直接使用系统注册时所用的用户名和密码即可登录“我的空间”；但“集团用户”下的子用户则需要单独注册“我的空间”后才可登录使用。

1. 注册“我的空间”　①登录 SinoMed，单击界面右下方的【我的空间】按钮，进入“我的空间”登录界面；②单击【注册】按钮进入注册界面，设置您的个人用户名和登录密码并提交即可。登录后，系统右上方会同时显示您所在的集团用户名和您的个人用户名。

2. 使用“我的空间”　“我的空间”主要提供检索策略的存储调用和在线保存检索结果。

（1）保存检索策略：①进入检索历史界面；②单击【保存策略】按钮；③选择需要保存的检索策略序号，可一项或者多项；④在“策略名”后输入框内输入此次保存的策略名称；单击“策略名”下方的【确定】按钮（图 4-14）。保存成功后，系统会提示“策略保存成功”。

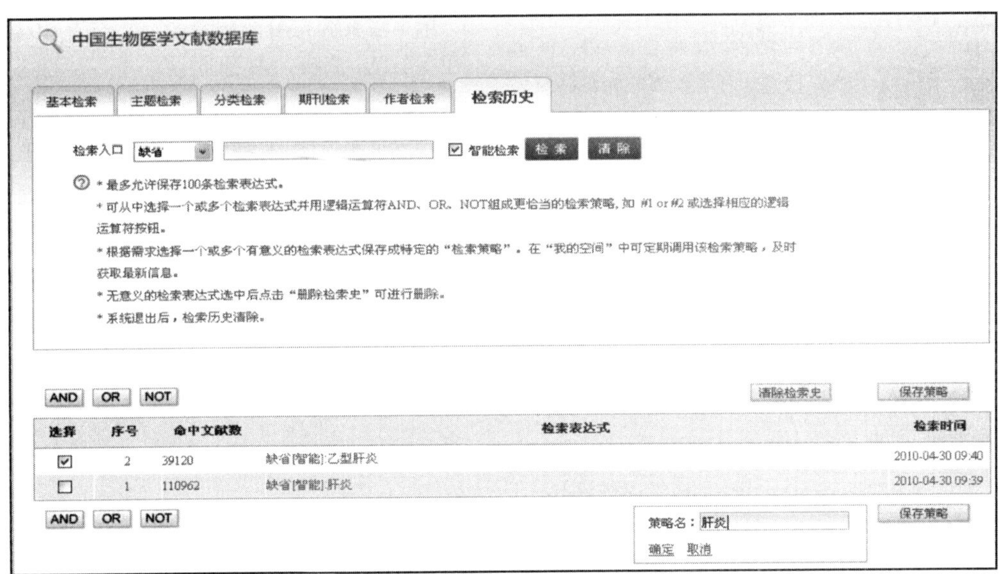

图 4-14　保存检索策略界面

（2）调用检索策略：①打开“我的检索策略”标签；②勾选您定制的检索策略；③单击【策略操作】按钮，执行下一步。

“重新检索”是对数据库中的所有文献进行再次检索，“最新文献检索”是在末次检索后数据库更新添加的文献中进行检索。

（3）在线保存检索结果：完成检索后，单击每条记录下方的“我的数据库”按钮，便可将该条记录在线保存到“我的数据库”中去（图 4-15），最多可保存 500 条记录。

4. 乙型肝炎相关性肝病肝移植术后影响因素分析

原文索取 我的数据库

作者： 王军(1); 胡翠兰(3); 肖非(1); 蒋继平(2); 邢铭友(1); 陈知水(2); 曾凡军(2); 黄加权(1)

作者单位： (1)华中科技大学同济医学院附属同济医院感染科,武汉430030; (2)华中科技大学同济医学院附属同济医院器官移植研究所,武汉430030; (3)潜江市中心医院感染科

出处： 腹部外科 2009; (5) : 290-292

相关链接： 主题相关

图 4-15 在线保存检索结果界面

五、检 索 举 例

（一）利用 SinoMed 查找 2000-2009 年中文数据库中关于预防人感染猪流感的文献

1. 步骤 1 选择数据库：根据要求进入 SinoMed 后在跨库检索中选择中文数据库。

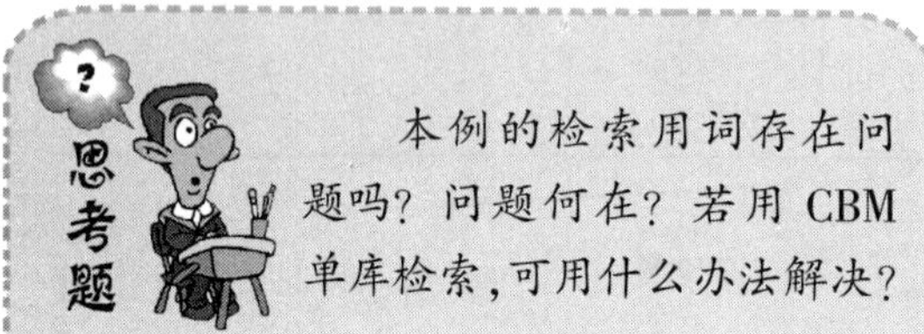

2. 步骤 2 在缺省状态下分别输入下列检索式，得出相应检索结果：

检索式	结果
人感染猪流感 AND 预防	10 篇
甲型 H1N1 流感 AND 预防	253 篇
(甲型 H1N1 流感 OR 人感染猪流感) AND 预防	256 篇

3. 分析 从三个检索式所得检索结果可以看出：第三个检索式所检结果较为全面，除检索了人感染猪流感外，还检索了其同义词甲型 H1N1 流感。

（二）利用 CBM 数据库检索中华内科杂志上关于消化系统肿瘤方面的文献

1. 步骤 1 选择数据库：CBM。

2. 步骤 2 选择检索途径及实施检索：从题目看，可用基本检索、主题检索和分类检索，其检索结果如下：

#1	10154	刊名 = 中华内科杂志
#2	338	(缺省【智能】：消化系统肿瘤) AND 刊名 = 中华内科杂志
#3	178085	主题词：消化系统肿瘤/全部树/全部副主题词
#4	395	(刊名 = 中华内科杂志) AND 主题词：消化系统肿瘤/全部树/全部副主题词
#5	175253	分类号 = R735/扩展全部复分
#6	383	(刊名 = 中华内科杂志) AND (分类号 = R735/扩展全部复分)
#7	422	#2 OR #4 OR #6

从结果中看出：#2、#4、#6 分别为基本检索、主题检索和分类检索，其检索结果分别为 338 篇、395 篇和 383 篇，#7 为三种并列检索结果，可看出均比分别检索多。故在检索中常常采用多种方法检索，比起单用更能达到意想不到的结果。

（李小平）

第二节　中文科技期刊数据库(VIP)

一、数据库概况

《中文科技期刊数据库》是重庆维普资讯有限公司于1989年创建的查找国内期刊论文的综合性全文数据库,原名为《中文科技期刊篇名数据库》。目前收录了1989年至今的9 000余种期刊,累计1 400余万篇文献,每年增加文献记录数300余万篇。

《中文科技期刊数据库》收录的期刊文献按照《中国图书馆分类法》进行分类,分别为社会科学、自然科学、工程技术、农业科学、医药卫生、经济管理、教育科学和图书情报8个专辑,8个专辑又细分为36个专题。其服务模式有镜像站、网上包库、流量计费、阅读卡、单篇支付等多种形式。《中文科技期刊数据库》的镜像版和网络版的界面分别如图4-16和图4-17所示。

图4-16　中刊库的镜像版主页

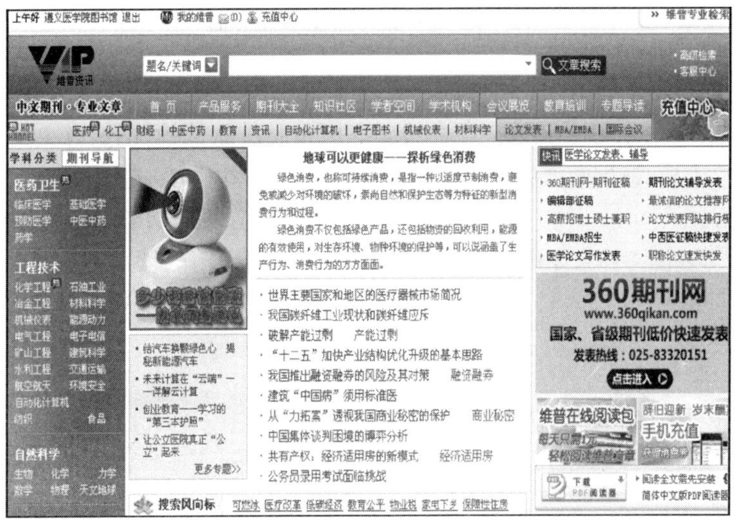

图4-17　中刊库的网络版主页

二、检 索 途 径

《中国科技期刊全文数据库》(以下简称中刊库)镜像版(图 4-16)和网络版(图 4-17)的检索途径和方法基本一致,现以镜像版为例介绍该库的检索方法。中刊库的镜像版为读者提供了五种检索模式:快速检索、传统检索、高级检索、分类检索、期刊导航。中刊库提供的检索入口较多,读者可从多个角度查找所需文献,如题名、关键词、作者、第一作者、刊名、文摘、机构、基金资助、栏目信息、作者简介。

(一) 快速检索

快速检索是中刊库镜像站点的默认检索模式(图 4-18)。当检索需求较简单时,读者可使用该检索途径,在检索框内输入检索词,并相应地选择检索入口及检索匹配方式,单击【搜索】即可。

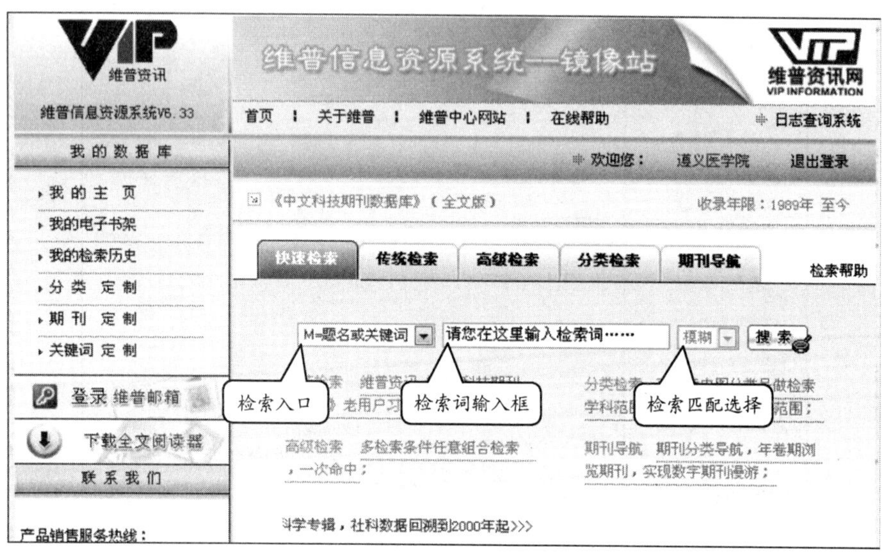

图 4-18 中刊库的快速检索界面

中刊库的检索匹配分“模糊”和“精确”两种,但仅当检索项为“关键词”、“作者”、“第一作者”、“分类号”等时可以选用,其他字段的检索匹配是系统默认的,不能自主选择。“精确”属于完全匹配的检索模式,即数据库在检索文献时要求检索标识和存储标识必须完全一致。如查找黎明所发表的文献,如果采用“模糊”匹配模式的话,检索结果中会出现作者名中含有黎明两字的其他作者的文献(图 4-19),如选择“精确”,检索结果则仅限于作者为黎明的文献。

快速检索途径的输入框只有一个,如检索需求涉及多个检索项及多个检索词时,需要使用高级检索。

对检索结果不满意时,读者可以通过检索结果页面(图 4-19)“重新搜索”、“在结果中搜索”、“在结果中添加”、“在结果中去除”等调整检索范围,以检索出比较满意的检索结果。

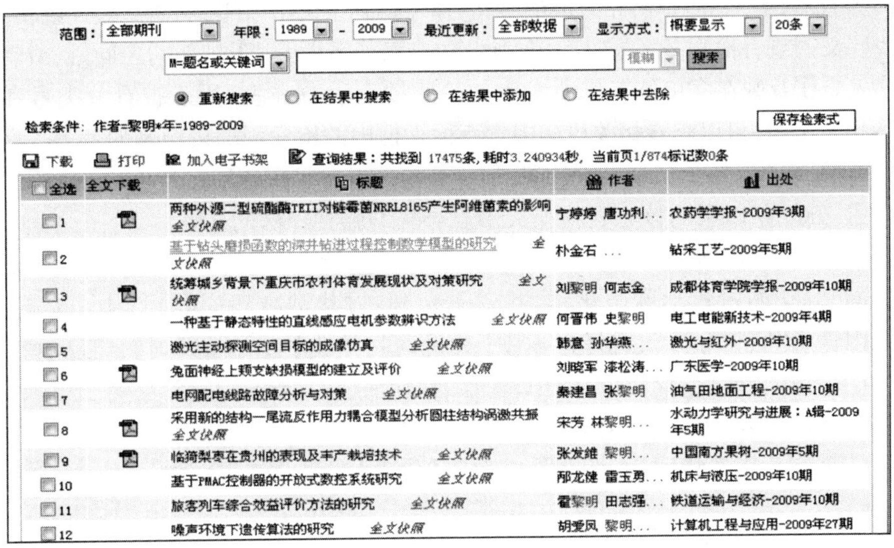

图 4-19　使用“黎明”模糊匹配的检索结果

（二）高级检索

高级检索（图 4-20）的检索词输入框可增加到 5 个，可以同时输入多个检索词，并根据各检索项之间的检索需求，在“检索项”前选择相应的“逻辑关系”。

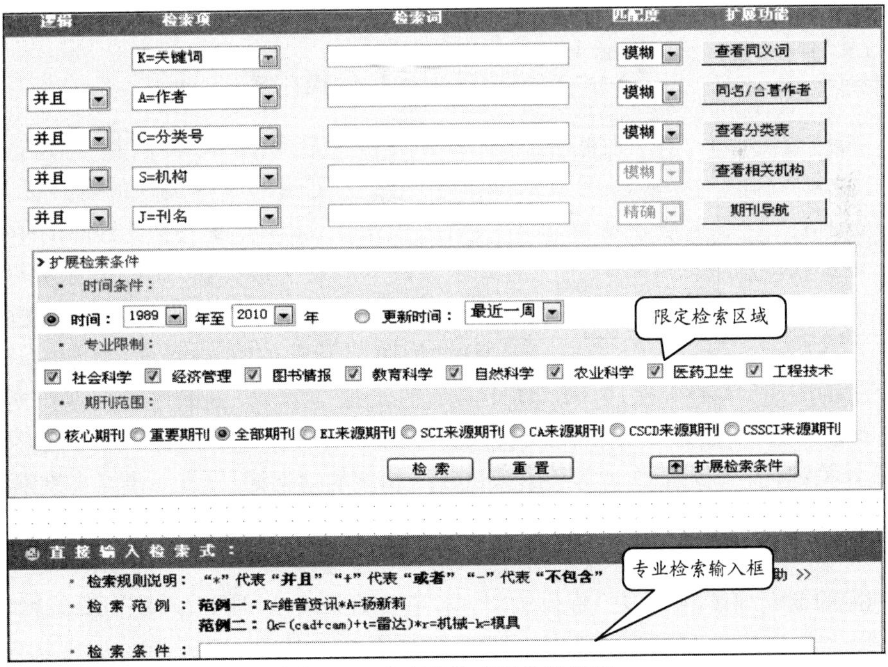

图 4-20　中刊库的高级检索界面

高级检索界面的多字段检索、词扩展功能及扩展检索条件等能帮助检索者更好地制订和调整检索策略，以检索出合适的检索结果。在高级检索界面中，可通过扩展查看同义词、同名/合著作者、查看分类表、查看相关机构、期刊导航等功能按钮，使用时只需要在输入框中输入需要查看的信息后单击相对应的按钮，即可得到系统给出的提示信息。“查看同义词”用于查找同义词或者检索多义词时使用；“同名/合著作者”可用于排除同名同姓，或者检索该作者与多家合作及曾在多单位工作所发表的论文；“查看分类表”用于查看分类号和分类类名；“查看相关机构”可以查看相关机构中含有检索框内的检索词的机构名的列表。高级检索界面中的[扩展检索条件]提供了文献出版时间、学科专业范围和期刊来源范围等限定条件。

如检索2000年以来的核心刊物上关于冠心病的膳食疗法的文献。

检索步骤为：①检索框内输入“冠心病”，选择检索项“关键词”，单击【查看同义词】，将冠心病的同义词（如冠状动脉硬化、冠状动脉疾病、冠状动脉病变等）选中，单击【确定】；②检索框内输入“膳食疗法”，选择检索项【关键词】，单击【查看同义词】，将膳食疗法的同义词（如饮食疗法、饮食治疗、食疗作用、食疗、食疗法、食疗学、食物疗法等）选中，单击【确定】；③单击[扩展检索条件]，展开限定区域，选择时间从2000年至2010年；④专业限制选择【医药卫生】；⑤期刊范围选择【核心期刊】；⑥单击【检索】按钮，执行检索。

高级检索界面还提供了中刊库的专业检索输入框，在该检索框内可以通过使用逻辑运算符“*”（相当于“AND”）、“+”（相当于“OR”）、“-”（相当于“NOT”）将检索词连接起来，以构造复合检索式查找所需文献。输入检索词时需要对该词进行字段限定，如查找“刘德培”发表的文献，要输入“A=刘德培”，其他字段的缩写如表4-1所示。

如检索遵义医学院2000年以来发表的核心期刊论文的情况。

检索步骤为：①在专业检索框内输入“S=遵义医学院”；②单击[扩展检索条件]，展开限定框，选择时间从2000年至2010年；③期刊范围选择【核心期刊】；④单击【检索】按钮，执行检索。

表4-1 专业检索字段代码对照表

代码	字段	代码	字段
U	任意字段	S	机构
M	题名或关键词	J	刊名
K	关键词	F	第一作者
A	作者	T	题名
C	分类号	R	文摘

（三）分类检索

分类检索提供分类表供检索时选择（图4-21），左框内列出的是分类表的每一级类目，由类目名和分类号构成，每一个类目前的[+]表示的是该类目下还有次级类目，单击该标示可展开次级类目。如查找先天性心脏血管病的文献，可以通过“R医药卫生→R5内科学→R54心脏、血管（循环系）疾病→R541心脏疾病→R541.1先天性心脏血管病”的顺序逐级定位所需分类号，通过单击[>>]将所需的分类号添加到右边一栏中。在分类检索界面下方有检索输入框，可通过选择关键词、题名词、作者等检索入口输入相应的检索词，以进一步缩小检索范围。

（四）期刊导航

中刊库的期刊导航（图4-22）提供按期刊首字母进行查找、期刊学科分类导航等浏览和查找期刊。“期刊导航”的期刊列表中还可以查看核心期刊，用五角星进行标示（如图4-23）。单击其期刊名，系统转入该期刊信息介绍页，在该页面中有该刊物的栏目介绍、联系地址等信息，该页面还提供了检索框，可在该刊所发论文中检索某一方面文献，同时读者还可以通过选择具体的出版年、卷期等浏览该期刊某一期发表文献的情况。

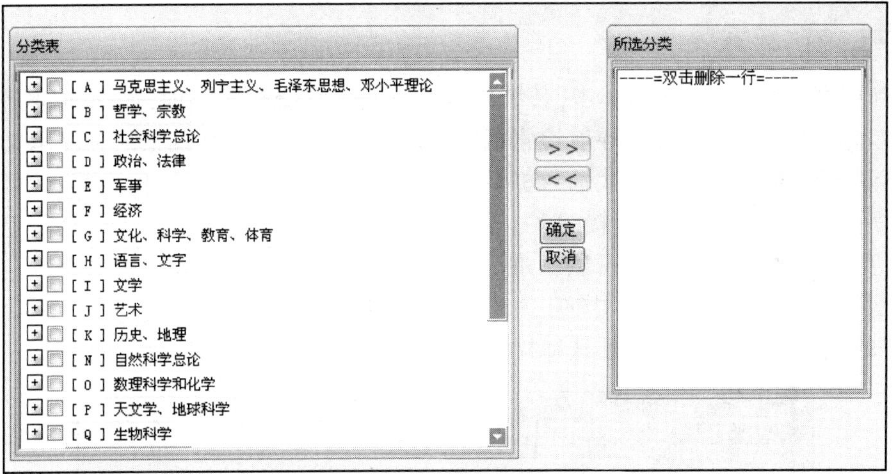

图 4-21 中刊库检索分类表

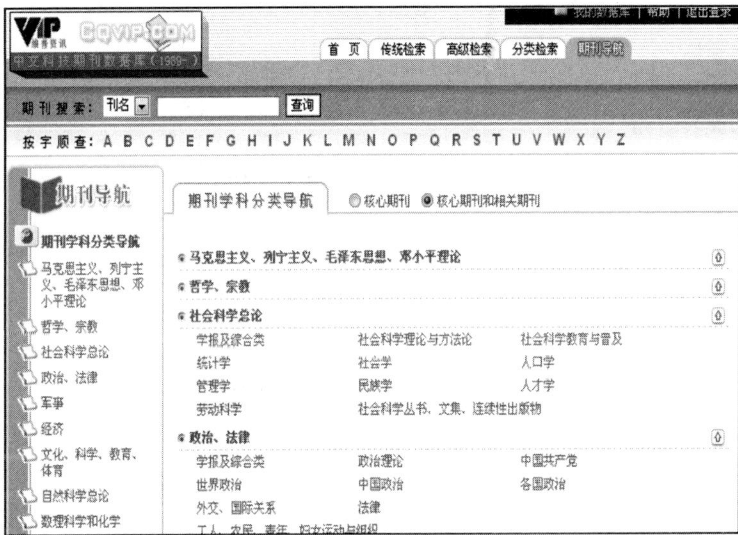

图 4-22 期刊导航页

首页－期刊导航－ 内科学 ： 134 种

→ 期 刊 搜 索： 刊名 查询 在结果中查询 重新查询

→ 按 字 顺 查： A B C D E F G H I J K L M N O P Q R S T U V W X Y Z

→ 按 学 科 查：

★ 核心期刊

序号	刊名	ISSN	CN	核心期刊
1	风湿病学杂志			★
2	国际脑血管病杂志	1673-4165	11-5541/R	★
3	肝脏病杂志	1007-3418	51-1498/R	★
4	高血压杂志	1006-2866	35-5448/R	★
5	国外医学：脑血管疾病分册	1004-6690	32-1359/R	★
6	华人消化杂志			★
7	临床心血管病杂志	1001-1439	42-1130/R	★
8	起搏与心脏	1001-4535	42-1162/R	★
9	实用内科杂志	1001-084X	21-1177/R	★
10	世界华人消化杂志	1009-3079	14-1260/R	★

图 4-23 内科学核心期刊列表

（五）传统检索

在首页检索方式切换区域单击【传统检索】，即进入传统检索界面，如图 4-24 所示。传统检索界面设有标准检索区和导航检索区及显示检索结果题录的概览区和显示文摘的细览区。标准检索区提供了检索式输入框，在检索框内可以输入单个的检索词，也可以输入由逻辑算符“ * ”、“+”、“-”等连接的多个检索词组成的检索表达式。在检索框的上方提供了期刊范围、出版年等限定，还可以通过选择同义词和同名作者来调整检索范围。导航检索区分别有“专辑导航”、“分类导航”、“刊名导航”等导航系统，还提供了“高级检索”和“分类检索”的选择，读者可根据需要选择检索方式。

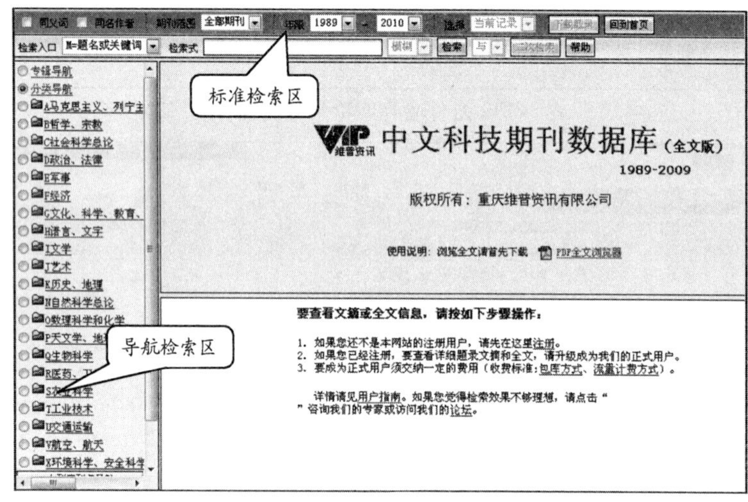

图 4-24 中刊库传统检索界面

三、检索结果的输出和处理

（一）检索结果显示

中刊库的检索结果有三种显示方式，即概要显示、文摘显示和全记录显示。可设定每页显示记录数。其中“概要显示”相当于题录格式显示，是默认的显示方式，提供文献的题名、作者、出处信息（期刊名、出版年、卷期和页码）；“文摘显示”在“概要显示”的基础上增加文摘；“全记录显示”除题录和摘要以外的信息，还提供分类号、作者机构、关键词等信息。

（二）全文下载

中刊库提供了全文查看和下载功能，阅读方式默认为 PDF 格式，查看和下载全文需先安装 Acrobat Reader 软件，文献检索结果显示的任意一种方式都提供了下载文献的 PDF全文下载 按钮，单击该按钮将文献下载保存即可查看全文。

（三）我的数据库

1.“我的数据库” 是维普为读者提供的个性化服务平台，读者可根据自己的需要在“我的数据库”中进行关键词定制、期刊定制、分类定制、保存检索式、保存文章（电子书架）等操作，通过“我的数据库”实现课题定题和跟踪。使用之前，读者需要申请一个属于自己的个人标识码和验证码。使用时单击首页的“我的数据库”或通用工具栏上的“我的数据库”进入个性化服务页面（图 4-25）。单击分类定制、期刊定制、关键词定制将需关注的学科分类、期刊和关键词等加入到“我的数据库”中。下次登录时，单击该检索词即可检索到需要的信息。

图 4-25　“我的数据库”界面

2. “电子书架”　可以存放读者感兴趣的文章，通过在检索结果页面上勾选文章后，单击 加入电子书架 按钮即可保存（电子书架中最多能保存 50 篇文献）。

3. “我的检索历史”　能够将读者需要定题的检索式进行保存，读者可在检索结束后，单击检索结果页面上显示的 保存检索式 按钮保存到“我的检索历史”中（检索历史中最多能保存 20 个检索式）。

（李小平）

第三节　中国学术期刊网络出版总库

一、概　　况

中国学术期刊网络出版总库（China Academic Journal Network Publishing Database，CAJD）是中国知识基础设施工程（China National Knowledge Infrastructure，CNKI，http://www.cnki.net）中的重要项目——中国学术文献网络出版总库（图 4-26）系列数据库之一。该库是目前世界上最大的连续动态更新的中国学术期刊全文数据库，收录了 1915 年至今的国内 7 000 余种学术期刊，内容覆盖自然科学、工程技术、农业、哲学、医学、人文社会科学等各个领域，可免费浏览和下载文摘和题录。

CAJD 分为基础科学、工程科技Ⅰ、工程科技Ⅱ、农业科技、医药卫生科技、哲学与人文科学、社会科学Ⅰ、社会科学Ⅱ、信息科技、经济与管理科学等 10 个专业文献总库，168 个专题数据库。

二、检 索 方 法

CAJD 提供了标准检索、快速检索、专业检索、作者发文检索、科研基金检索、句子检索、来源期刊检索七种面向不同需要的检索方式(图 4-27)。

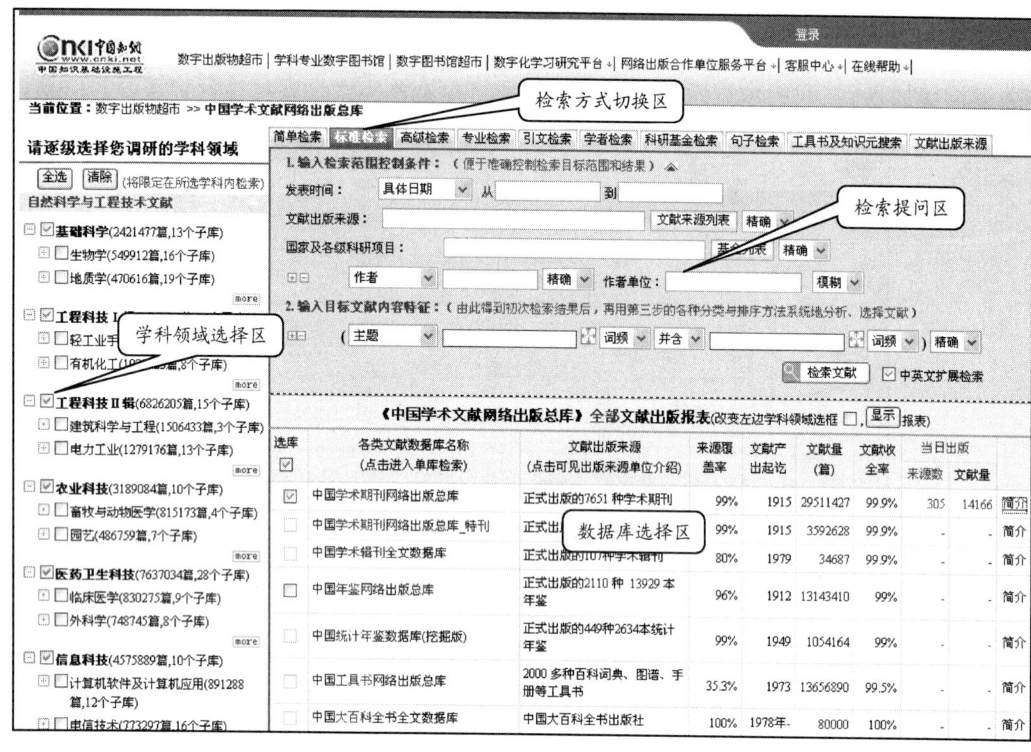

图 4-26　中国学术文献网络出版总库主页

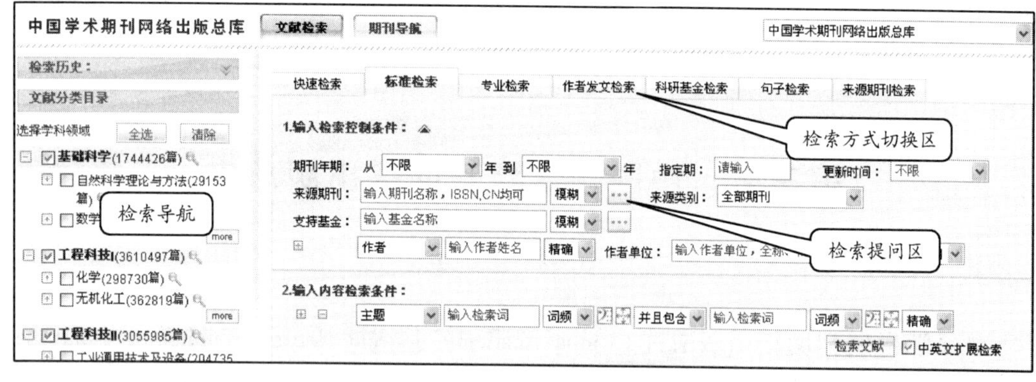

图 4-27　CAJD 检索界面(标准检索)

(一) 标准检索

标准检索是系统默认的检索方式,也是最常用的检索方式之一。通过直观的列表方式将检索的内容条件和限制条件全部列出,用户根据需要输入或选择适当的检索概念和限制条件便可完成检索。

检索步骤可规范为三个步骤:

第一步:输入时间、支持基金、文献来源、作者等检索控制条件。

第二步:输入篇名、主题、关键词等内容检索条件。

第三步:对检索结果的分组排序,反复筛选修正检索式得到最终结果。

如检索2006–2008年关于白血病的文献,要求检索词出现在篇名中且发表在核心期刊上。

在图4-27检索导航区选择“医药卫生科技”→期刊年期限项选“2006”、“2008”→来源类别选“核心期刊”→输入内容检索条件选择“篇名”,并输入“白血病”→点击【检索文献】按钮,便可找出符合要求的文献。

输入内容检索条件有主题、篇名、关键词、摘要、全文、参考文献、中图分类号。

来源类别包括全部期刊、SCI来源期刊、EI来源期刊、核心期刊,默认为“全部期刊”。

作者限制选项可只检索以第一作者身份发表的文章。

点击[+]或者[−]可增加或者检索逻辑检索行进行多项单词逻辑组合检索。

在检索框中输入一个关键词后,点击检索框后的扩展按钮,系统会推荐中心词为该关键词的一组扩展词,可查找该词同义词、近义词及下位词等。

勾选“中英扩展检索”可以用英文查对应的中文内容,中文内容查对应的英文内容。但只有在选择“匹配”中的“精确”时,“中英文扩展”功能才可用。

(二)快速检索

快速检索提供了类似搜索引擎的检索方式,用户只需要输入所要找的关键词,点击【快速检索】按钮即可找到相关的文献。

(三)专业检索

使用逻辑运算符和关键词构造检索式进行检索。可用主题、题名(篇名)、关键词、摘要、全文、作者、第一责任人(第一作者)、机构(单位)、中文刊名 & 英文刊名(刊名)、引文(参考文献)、发表时间、年、基金、中图分类号、ISSN、统一刊号、ISBN和被引频次等检索字段构造检索表达式。

逻辑运算符:AND、OR、NOT、英文半角圆括号( )。

(四)作者发文检索

本检索是通过作者姓名、单位等信息,查找作者发表的全部文献及被引下载情况。通过作者发文检索不仅能找到某一作者发表的文献,还可以通过对结果的分组筛选情况全方位的了解作者主要研究领域,研究成果等情况(图4-28)。

(五)科研基金检索

本检索是通过科研基金名称,查找科研基金资助的文献。通过对检索结果的分组筛选,还可全面了解科研基金资助学科范围,科研主题领域等信息。在检索中,可直接在检索框中输入基金名称的关键词,也可以点击检索框后的[…]按钮,选择支持基金输入检索框中。

(六)句子检索

由于句子中包含了大量的事实信息,通过检索句子可以查找有关事实或问题的答案。

图 4-28 作者发文检索及结果显示界面

输入的两个关键词，在同一段或同一句话中进行检索，查找同时包含这两个词的句子。

同句指两个标点符号之间，同段指 5 句之内。

(七) 来源期刊检索

本检索是通过输入来源期刊的名称、类别和年期等信息，来查找包含相关信息的期刊。

三、检索结果处理

(一) 显示、存盘、全文下载

1. 显示 摘要显示和列表显示。完成任何一项检索后，系统都将结果自动以列表形式显示(图 4-28)。

点击任何一篇文献标题，便可打开该篇文献的节点信息。节点文献信息包括：篇名(中文/英文)、作者、作者机构、摘要(中文/英文)、关键词(中文/英文)、基金、文献出处、DOI、节点文献全文搜索、知网节下载，其中文献出处显示内容为：刊名(中文/英文)、编辑部邮箱、年期(图 4-29)。

2. 存盘 提供检索结果的书目信息保存。如要保存书目信息，需勾选需要保存的文献。每次存盘不能超过 50 篇。CNKI 提供的存盘选项包括多种格式(图 4-30)，下载时可以根据需要选择相应的输出格式。

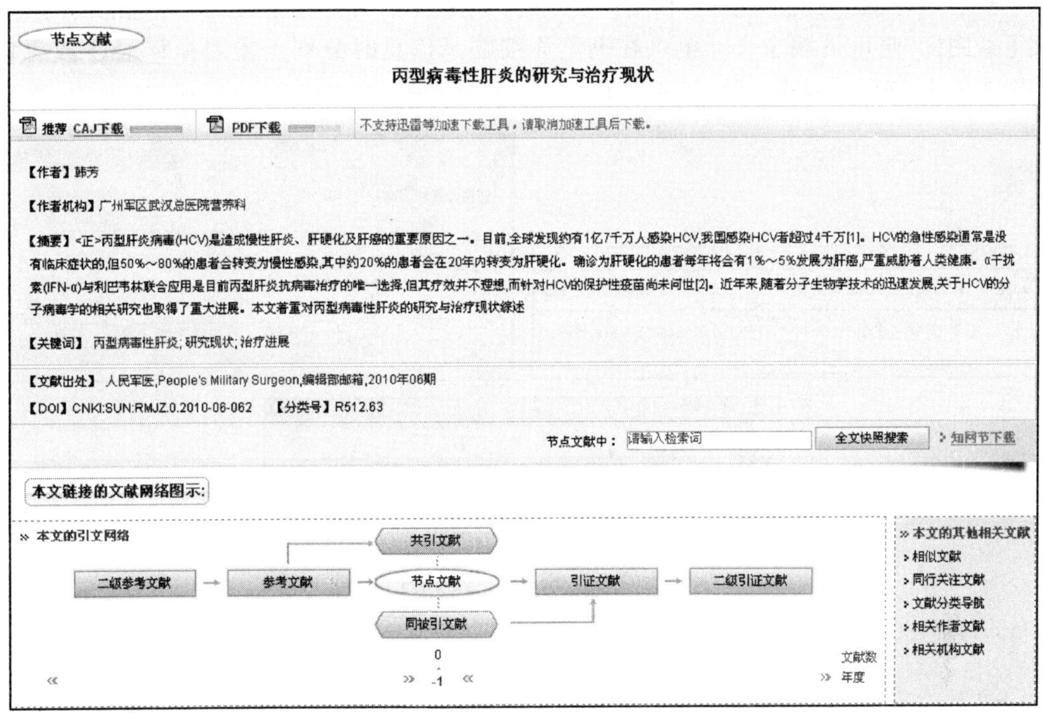

图 4-29　节点文献信息

处理结果：共有50条结果　　预览　输出到本地文件　打印

○ 简单　○ 详细　○ 引文　○ 自定义　○ RefWork　○ EndNote　○ NoteExpress　○ 查新　○ 同方知网pdl

	题名	作者	中文刊名
1	开环核苷类抗病毒药物的研究概况	王世谦; 段洪东; 孟霞; 秦大伟; 王利振; 李晓萌;	北京联合大学学报(自然科学版)
2	丙型病毒性肝炎的研究与治疗现状	韩芳;	人民军医
3	聚乙二醇干扰素α-2a联合利巴韦林治疗慢性丙型肝炎效果评价	刘元元; 朴荣利; 叶春艳; 牛俊奇;	吉林大学学报(医学版)
4	核苷类似物抗乙型肝炎病毒的治疗	刘士敬;	中国社区医师
5	健脾清化方对干扰素联合利巴韦林治疗慢性丙型肝炎疗效的影响	孟胜喜; 赵文霞; 张照兰; 马素平; 刘江凯;	光明中医
6	干扰素治疗乙型肝炎的临床护理体会	高乐;	中国实用医药
7	α-干扰素联合胸腺肽治疗慢性乙肝疗效分析	曲鹏; 方翠艳; 杨金枝; 袁红; 谌建军; 李振军;	中国实用医药
8	从中西医免疫观探讨"湿性黏滞"的本质	吴先林; 陈孝银;	辽宁中医杂志
9	大黄　虫丸随机对照试验方法学质量评价	宋俊生; 熊俊; 高岑; 薛晓焕; 周煜凡; 商铁刚;	辽宁中医杂志
10	聚乙二醇化干扰素联合利巴韦林治疗慢性丙型肝炎临床分析	姜真实;	中国当代医药
11	慢性乙型肝炎患者抗病毒治疗依从性现状及干预效果	孟繁敏;	现代医药卫生
12	国外	黄欣茹;	中国处方药

图 4-30　检索结果题录保存

保存题录操作步骤：选择题录(全选、单选)→存盘→选择存盘格式(简单、详细、引文、自定义、EndNote 等文献管理工具格式)→预览→输出本地文件。

选择不同的保存格式，再点击【预览】，则可按选择的格式浏览题录。

点击【打印】按钮，即可将题录按选中的输出格式进行打印。

3. 全文下载 CAJD 允许授权用户下载期刊全文。点击列表显示文献标题前面的全文下载图标,便可下载全文。也可在浏览详细题录信息时分别点击图标 CAJ 或者 PDF,按提示进行下载或打开(图 4-31)。

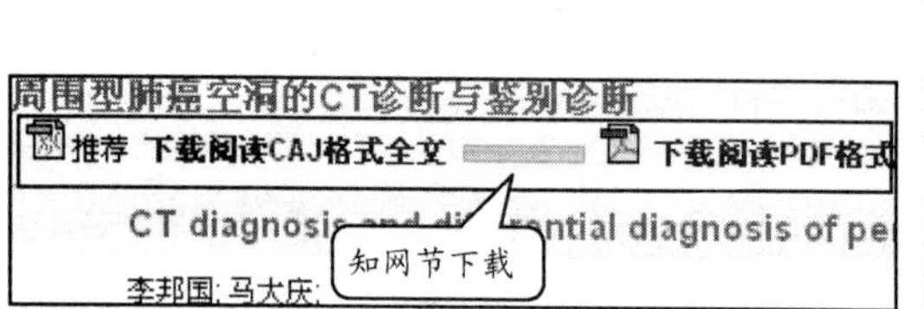

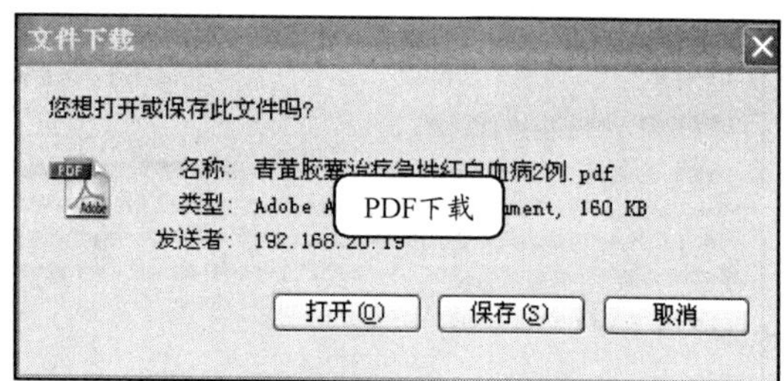

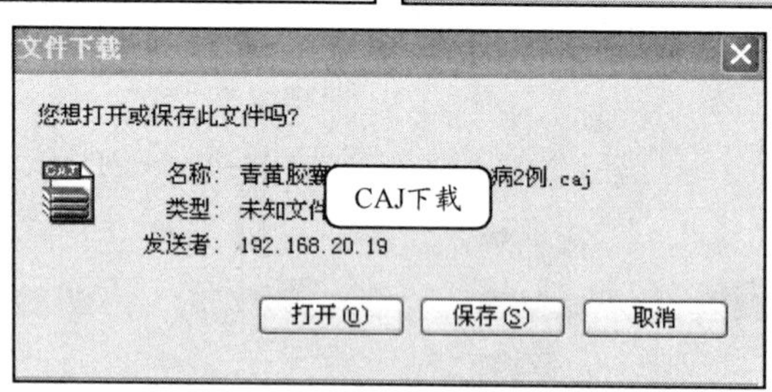

图 4-31 节点文献下载界面

由于 CNKI 期刊网的期刊全文采用特殊的文件格式储存,如果要阅读全文必须使用专门的阅读工具 Cajviewer 去阅读,可从 CNKI 的中心站和镜像站点免费下载。CNKI 数字图书馆的文献资源为 CAJ 格式和 PDF 格式两种格式,也可使用 Acrobat 浏览器。CAJ 全文浏览器比 Acrobat 浏览器功能更强,建议使用 CAJ 全文浏览器。

(二) 检索结果分组

检索结果可以按照学科类别、期刊名称、研究资助基金、研究层次、文献作者、作者单位、中文关键词进行分组显示,方便结果筛选。

(三) 检索结果排序

除了分组筛选外,还可按发表时间、相关度、被引频次、下载频次、浏览频次等排序方式显示检索结果。

四、辅 助 功 能

CAJD 除了提供一般的检索和全文浏览外,尚有几个特别的检索功能。

(一) 本文的引文网络

“本文的引文网络”包括:二级参考文献、参考文献、引证文献、二级引证文献、共引文献、同被引文献(图 4-32)。

(1) 参考文献:反映本文研究工作的背景和依据。

(2) 二级参考文献:本文参考文献的参考文献。进一步反映本文研究工作的背景和依据。

图 4-32 引文网络的引证文献显示

(3) 引证文献:引用本文的文献。本文研究工作的继续、应用、发展或评价(图 4-33)。

(4) 二级引证文献:本文引证文献的引证文献。更进一步反映本研究的继续、发展或评价。

(5) 共引文献:与本文有相同参考文献的文献,与本文有共同研究背景或依据。

(6) 同被引文献:与本文同时被作为参考文献引用的文献。

(二) 本文的其他相关文献

这包括相似文献、同行关注文献、文献分类导航、相关作者文献和相关机构文献。

(1) 相似文献:与本文内容上较为接近的文献。

(2) 同行关注文献:与本文同时被多数读者关注的文献。同行关注较多的一批文献具有科学研究上的较强关联性。

(3) 文献分类导航:从导航的最底层可以看到与本文研究领域相同的文献,从上层导航可以浏览更多相关领域的文献。

(4) 相关机构文献:显示 16 个"相关机构"列表,默认显示第一个机构内作者发表的文献,点击其他机构名称则显示该机构内作者发表的文献。

(5) 相关作者文献:显示 30 个"相关作者"列表,默认显示为第一个作者发表的文献,点击其他的作者名则显示该作者发表的文献。

(三) 检索历史

在检索结果页的左上方可见查看检索历史和我收藏的检索式界面，点击“查看检索历史”，即可在此查看各检索式的检索结果和调用任意检索式(图4-33)。

检索历史(共有6条)

1	检索条件：（（主题=中英文扩展(肝炎)））（精确匹配），专辑导航：全部； 检索方式：单库检索 数据库：中国学术期刊网络出版总库
2	检索条件：（（主题=中英文扩展(肝炎)））（精确匹配），专辑导航：全部； 检索方式：单库检索 数据库：中国学术期刊网络出版总库
3	检索条件：（（作者=王正国 或者 中英文作者=王正国））（精确匹配），专辑导航：全部； 检索方式：单库检索 数据库：中国学术期刊网络出版总库
4	检索条件：（全文=干扰素、肝炎 在同一句中）（精确匹配），专辑导航：全部； 检索方式：单库检索 数据库：中国学术期刊网络出版总库
5	检索条件：（（第一责任人=王正国））并且（（机构=重庆））（模糊匹配），专辑导航：全部； 检索方式：单库检索 数据库：中国学术期刊网络出版总库
6	检索条件：（（第一责任人=赵文龙））并且（（机构=重庆））（模糊匹配），专辑导航：全部； 检索方式：单库检索 数据库：中国学术期刊网络出版总库

图4-33 检索历史显示图

(四) 词条解释

在结果显示页面的左下方，系统根据输入的检索词(如肝炎)，提供该词在各种工具书中的权威解释，帮助全面了解输入的关键词，并找到感兴趣的工具书。

(五) 当前检索词的相似词

系统提供与输入检索词相似的部分词供选择，以修正或补充检索词的不足。点击其中的某一个相似词，系统自动执行以该词为关键词的检索。

(赵文龙)

第四节 中国期刊全文数据库(镜像版)

一、概　　况

中国期刊全文数据库(Chinese Journal Full-text Database, CJFD)是连续动态更新的中文期刊全文库，隶属于中国知识基础设施工程(China National Knowledge Infrastructure, CNKI)系列数据库，其镜像版默认检索界面(图4-34)。

CJFD按《中国图书馆分类法》进行分类，分为理工A、B、C、农业、医药卫生、文史哲、经

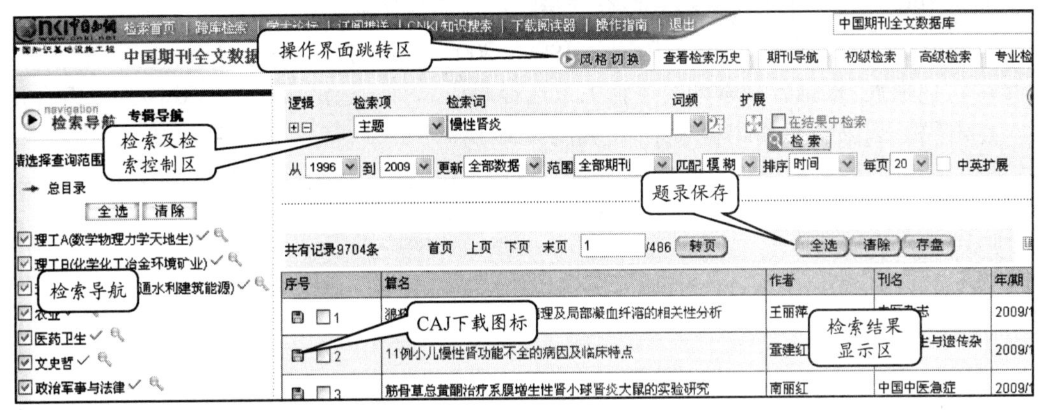

图 4-34　CJFD 初级检索界面

济政治与法律、教育与社会科学综合、电子技术与信息科学、经济与管理十大专辑,126 个专题文献数据库。其中医药卫生专辑收录了医学、药学、中国医学、卫生、保健、生物医学等学科领域的期刊全文。

二、检 索 方 法

CJFD 提供的检索模式有:期刊导航、初级检索、高级检索和专业检索。

1. 期刊导航　可指引我们从不同角度查看各种期刊。期刊导航分专辑导航、数据库刊源导航、刊期导航、出版地导航、主办单位导航、核心期刊等。

2. 初级检索　为默认的检索模式。选择一定检索项,输入检索提问即可检索。

如检索 2006—2008 年关于白血病诊断方面文献,要求检索词出现在篇名中且发表在核心期刊上。

检索框的输入

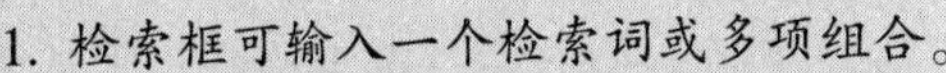

1. 检索框可输入一个检索词或多项组合。

2. 检索框输入检索式时不能直接采用 AND、OR、NOT 组配,只能用 * 、+和-,切记与截词区分。

3. CJDF 不支持截词检索。

检索步骤:在图 4-34 检索导航区选择【医药卫生】→检索项选【篇名】→输入“白血病”→检索年限输入“2006 到 2008”→检索范围选择【核心期刊】→点击【检索】按钮,得出按要求查找“白血病”的文献→在检索结果上方的检索提问框内输入“诊断”,检索项选择篇名→勾选【二次检索】后点击【检索】按钮,得出符合要求的文献。

3. 高级检索　高级检索与初级检索的主要区别在于可进行多项双词逻辑组合检索,多项双词逻辑组合检索中的多项是指可选择多个检索项,逻辑是指每一检索项之间可使用逻辑与、逻辑或、逻辑非进行项间组合,双词是指一个检索项中可输入两个检索词,每个检索项中的两个词之间可进行五种组合:即并且、或者、不包含、同句、同段。同一检索项中的两个检索词可分别使用词频、最近词、扩展词。

如查 1999-2009 年干扰素联合白介素治疗白血病的文献。

首先根据题目要求，检索时间限定为 1999—2009，检索词为干扰素(IFN)、白介素(白细胞介素)、白血病；根据各检索词的逻辑关系选择相应算符。选定后用多项双词逻辑组合检索。点击【检索】按钮后得出检索结果，如图 4-35 所示。

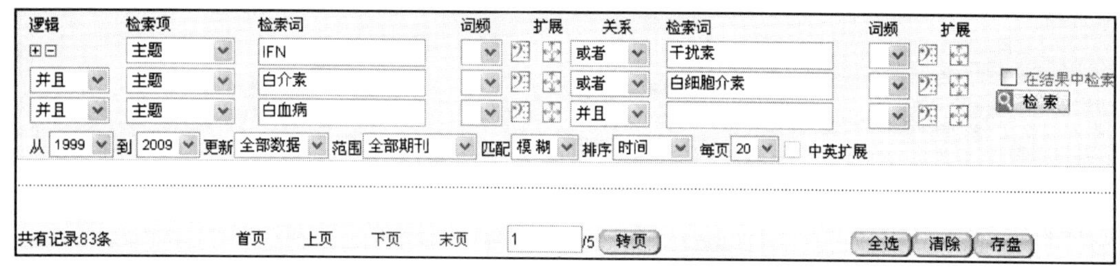

图 4-35　多项双词逻辑组合检索结果

4. 专业检索　专业检索比高级检索功能更强大，但需要检索人员根据系统的检索语法编制检索式进行检索，适用于熟练掌握检索技术的专业检索人员。CJFD 专业检索执行各自的检索语法表，但由于各库设置不同会导致有些检索式不适用于所有选择的数据库。CJFD 专业检索表达式可使用“AND”、“OR”、“NOT”进行组合，运算时请将优先检索内容在英文或半角下输入括号括起。

专业检索表达式中检索词均限定检索项，检索项名称见检索框上方的“可检索字段”，构筑检索式时需采用“()”前的检索项名称，切忌使用“()”内的。如：第一责任人(第一作者)，专业检索时只能使用第一责任人；同样，机构(单位)：在专业检索中只能用机构，不能用“单位”。

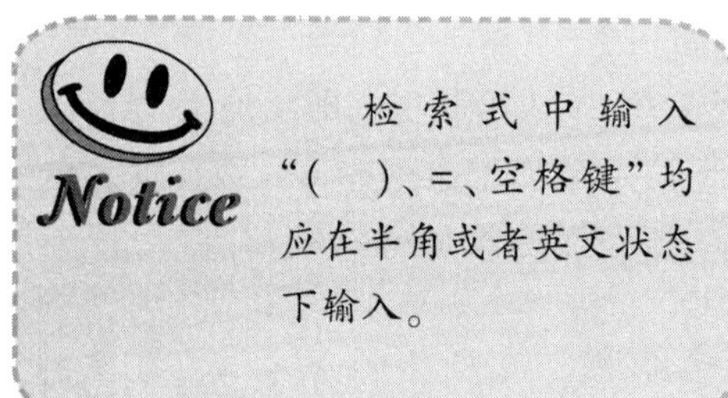

如检索 1999—2009 年干扰素联合白介素治疗白血病的文献，要求干扰素、白介素在篇名中出现。

方法：选择专业检索后，按要求在检索框中输入检索式：(题名 = 干扰素 OR 题名 = IFN) AND (题名 = 白介素 OR 题名 = 白细胞介素) AND 主题 = 白血病；并选定检索年限从 1999 到 2009，单击【检索】按钮，得出检索结果。

1. 专业检索是否直接输入检索式？如肝炎的诊断能否用肝炎 AND 诊断？
2. 检索项应该如何限定？
3. 初级检索、高级检索和专业检索的检索项表达是否一致？
4. 专业检索中能将括号里的相同检索项提取在括号外吗？

三、检索结果的显示和全文下载

(一) 题录、文摘的浏览、保存及打印

1. 提供保存题录的格式　“题录”是指文献的基本信息，也称为目录。包括题名、作者、

关键词、作者机构、文献来源、摘要等。选择保存题录是指当获得检索结果后,如需要将检索结果的目录保存以供他用时,可在检索结果的简单页面上选择条目进行保存。

系统提供四种保存格式为:简单格式、详细格式、引文格式、自定义格式。题录保存操作全过程在检索结果简单页面完成。可通过显示页面选择 10 到 50 篇不等,但系统最多允许在一个题录文件中最多保存 50 条题录。

2. 浏览、保存及打印的操作步骤

(1) 选择题录:可采取"全选"和"单选"。"全选"只要点击右页面的【全选】按钮,即可将当前页面的题录全部勾选;单选则是一一勾选所要保存的题录。系统允许在一次检索页面中连续勾选 50 条题录。

(2) 保存:点击【存盘】按钮,系统弹出一个窗口将选中的文献记录以默认的引文格式显示。除引文格式外,还可选择简单、详细、自定义和文本格式。当选择"自定义"时,则系统提供以下信息项供选择:题名、作者、关键词、单位、摘要、基金、刊名、ISSN、年、期、第一责任人。预览不同格式后,按需要的格式将题录进行复制保存或者另存文件保存。

(3) 预览(浏览):选择不同的保存格式,再点击【预览】,则可按选择的格式浏览题录。

(4) 打印:点击【打印】按钮,即可将题录按选中的输出格式进行打印。

保存题录操作步骤:选择题录(全选、单选)→存盘→选择存盘格式(简单、详细、引文、自定义)→预览→打印(或复制保存)

(二) 全文下载

由于 CNKI 期刊网的期刊全文采用特殊的文件格式储存,如要阅读全文必须安装 Cajviewer 或 Acrobat 浏览器,此软件可从 CNKI 的中心站或镜像站点免费下载。前者可直接点击图 4-34 中 CAJ 下载图标即可,后者则需打开文章详细格式进行下载,见图 4-36。

四、辅 助 功 能

CJFD 除了提供一般的检索和全文浏览外,尚有几个特别的检索功能。

(一) 相关链接功能及其使用

1. 查看字段　点击知网节文献篇名上方按钮可相应链接该文献首页外的相应字段(图 4-36),如参考文献、引证文献、共引文献、同被引文献、二级引证文献、相似文献、相关研究机构、相关研究者等,可根据需要选择要查看的字段。

2. 聚类检索　打开知网节后分别点击文献的分类号、作者、机构、关键词等即可检索出相应的文献。如查找作者,系统将出现该作者在不同数据库搜索的对话框,再点击图中的各库,便可得相应库的检索结果,以此类推。

3. 链接全文　点击参考文献、引证文献、共引文献、同被引文献、二级参考文献、二级引证文献、相似文献的篇名可链接该文献的详细内容。

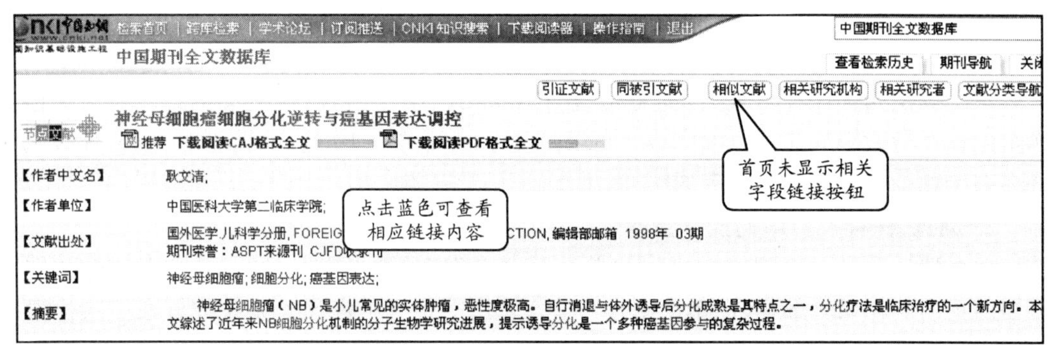

图 4-36 知网节界面的相关链接

(二) 查看和保存检索历史

检索历史一方面用于检索过程中调用和查看检索式使用;另一方面还可将其检索内容保存下来以备下次检索时调用。

(1) 查看检索历史:选择 CJFD 首页上方风格切换按钮的查看检索历史即可。

(2) 保存检索历史:打开检索历史后,用文件另存的形式可将检索历史以网页的形式按指定的路径将所有检索历史全部保存在指定的文件名中。

(三) 引文检索

CJFD 没有专门的引文检索途径,但可从检索项的下拉菜单指定检索字段为“参考文献”后,分别从文献的参考文献中的作者、期刊、篇名查找其相应内容的引用情况。

(四) 被引链接

可通过知网节的引证文献链接到引用该篇文章的文献,即检索哪些文章引用了该篇文章。

(李小平)

第五节 WinSPIRS 系统的 MEDLINE

MEDLINE 是由美国国立医学图书馆(http://www.nlm.nih.gov)建立的,是目前世界上最大的、公认的医学权威数据库。SPIRS 是美国银盘公司(SilverPlatter,已被 OVID 公司收购)研制的用于其发行的数据库检索的通用平台,该公司提供的 MEDLINE 数据库基本数据来源于 NLM。SPIRS 系统基本功能如下:

1. 主要检索方式 自由词检索(Searches)、主题词词表检索(Thesaurus)、索引检索(Index)。

2. 语法命令　支持逻辑检索，运算符为 AND、OR、NOT、(　)。

3. 匹配模式　支持截词符为 * 号，如 hepat *；字段限制用 in、=、>、<、>=、<=；词组位置算符 near、with。

4. 检索入口　有近 20 多个字段可作为检索项。

5. 特色与拓展服务　主题词检索、主题词建议(suggest)、词组位置限制检索。

一、主界面介绍

(一) 检索前的准备

WinSPIRS 检索软件须安装在装有 Windows 系统的计算机中。打开程序组中的 Winspirs. exe 文件，启动 WinSPIRS，进入用户登录和数据库文档选择界面(图 4-37)，用鼠标在"Choose from these Databases"选中欲检索的文档，然后单击【Add】按钮将选中的文档添加到"Use these Databases"框中，可以如此选多个文档，完成选择后单击【OK】按钮进入检索系统。

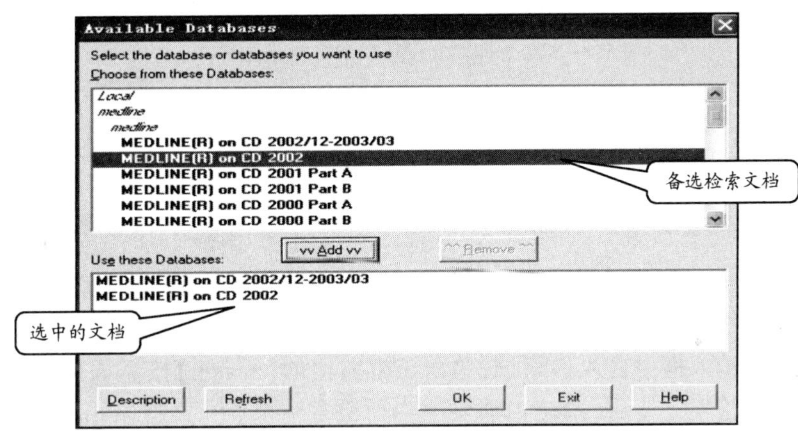

图 4-37　WinSPIRS MEDLINE 数据库文档选择

(二) 检索主界面

检索主界面由三部分组成：检索区、检索历史区和结果显示区(图 4-38)。

1. 检索区(Search)　屏幕的最上方是系统主菜单，由 File、Edit、Utilities、Records、Mark、Options、Views、Help 组成，菜单提供的功能与工具按钮基本一样。

2. 检索历史区(Search History)　用于记录检索过程，显示检索步骤序号(No.)、记录条数(Records)、检索词或逻辑检索表达式(Search)。

3. 检索结果显示区(Retrieved Record)　显示当前检索结果(默认状态以简略字段方式显示)。

在结果显示区的最下方尚有四个功能按钮【Next Hit】、【Previous Hit】、【Add to Search】、【All Fields/Brief Fields】，分别表示下一条记录、前一条记录、加入检索列表(屏幕选词检索)、显示命中记录全部字段/主要字段。

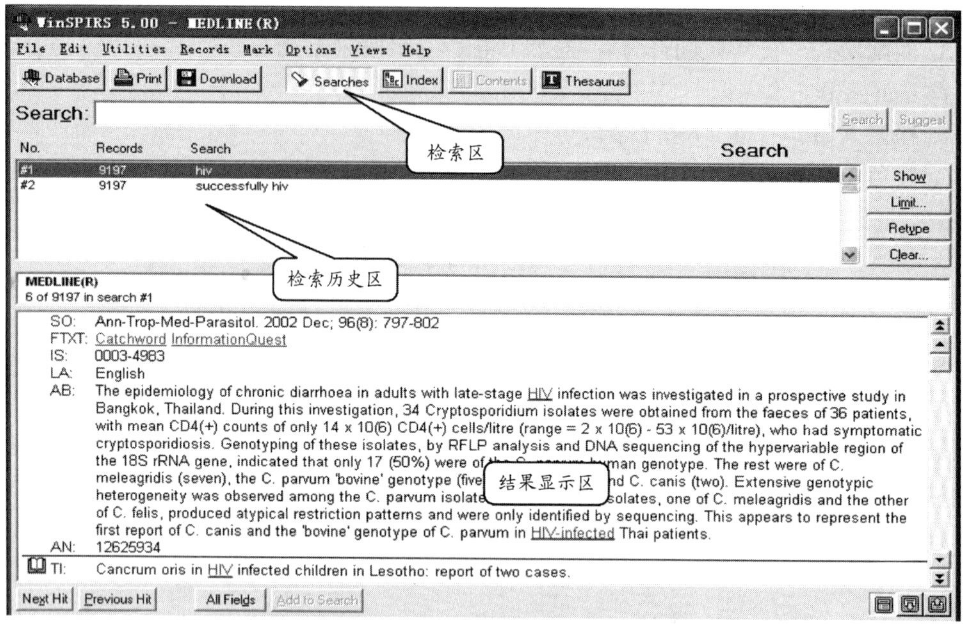

图 4-38 WinSPIRS MEDLINE 检索主界面

二、检 索 方 法

（一）自由词检索(Searches)

系统进入的状态即为自由词检索状态，是 WinSPIRS 检索系统的主界面(图 4-38)。单击第二行的工具按钮[Searches]也可进入。

在检索提问输入框中输入检索词，单击该框右边的【Search】按钮或按“回车键”，即可完成一次检索。检索完毕后，系统自动显示当前检索结果。在其检索结果中，所使用的检索词或词组用红色加亮。如检索有关 hepatitis 的文献，其检索步骤为：

(1) 单击[Searches]按钮，进入自由词检索(系统默认的检索方式)。

(2) 在检索输入框中键入“hepatitis”。

(3) 单击检索输入框最右边的【Search】按钮或按“回车键”，完成检索。

(4) 结果处理：显示(自动显示当前检索)、打印、套录(参见本节“三、结果输出处理”)。

在检索历史区显示检索序号、检索词(hepatitis)、检索命中记录数，并用蓝色加亮。在检索结果显示区则以主要字段形式显示命中结果的详细情况。

在自由词检索状态检索文献，其检索词没有多大的限制，不一定是主题词。除了一些禁用词外，其他的实词概念都可作为检索词用于检索。字段限制检索和布尔逻辑检索都在此状态完成。

Notice 禁用词是指一些本身意义不大、使用频率很高的词，主要是虚词和一些修饰词(如 usually，successfully)。在检索时，单独用禁用词不能完成检索，但出现在词组中时可以执行检索。可以在 Help 中查看禁用词列表。

(二) 主题词词表检索(Thesaurus)

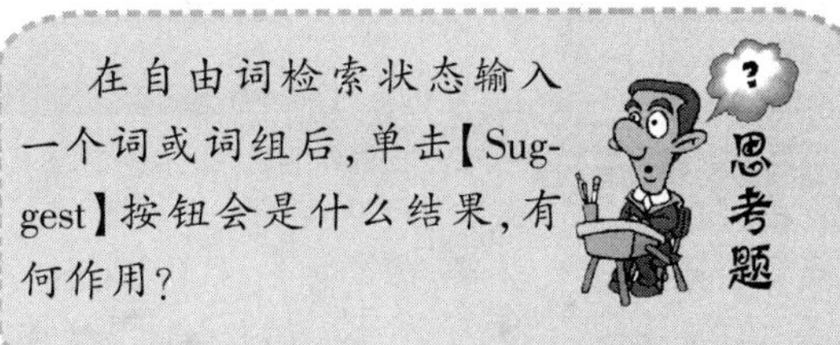

主题词词表检索是 MEDLINE 最重要的检索途径,也是最常用的检索途径,是衡量使用 MEDLINE 熟练与否的主要途径。

单击工具按钮 Thesaurus ,输入主题词后单击【Look Up】按钮或按“回车键”,屏幕上显示该词在轮排词表(Permuted Index)中的位置。单击【Term Information】或按“回车键”,显示该词的有关注释、树形结构表等情况。您可以选择单个词条检索(Single Term)或扩展检索(Explode),扩展检索指检索该主题词及其所有下位词。单击【Search Now】按钮,选择副主题词后,开始检索。

如检索有关肝炎(hepatitis)药物治疗的文献,检索步骤为:

(1) 单击 Thesaurus 按钮,出现主题词检索主界面(图 4-39)。

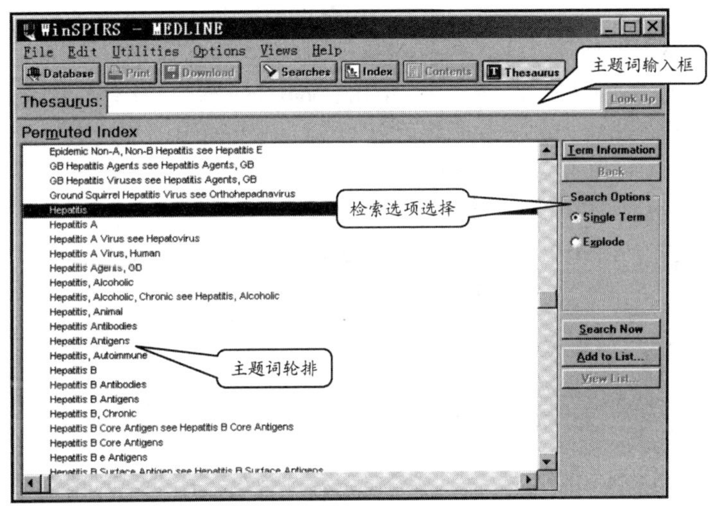

图 4-39 主题词检索主界面

(2) 在主题词输入框中键入主题词 hepatitis(大小写均可)。

(3) 按“回车键”或单击【Look Up】按钮,系统弹出以 hepatitis 开头的主题词轮排表。

(4) 选择检索选项 Explode。

(5) 单击【Search Now】按钮或【Add to List】按钮,弹出副主题词选择对话框(图 4-40)。

(6) 选择副主题词 Drug Therapy。用鼠标选中对话框左栏的 Drug Therapy,单击对话框中间的【≫Add≫】按钮,Drug Therapy 便成为了与 Hepatitis 进行组配检索的副主题词加入到 Use these Subheadings 框中,单击【OK】按钮,系统开始检索,检索完毕后自动显示当前检索结果。

(7) 结果处理。

在实际使用时,一个课题可能不止一个主题,只要重复以上操作便可进行其他主题词的检索,然后进行逻辑运算检索。

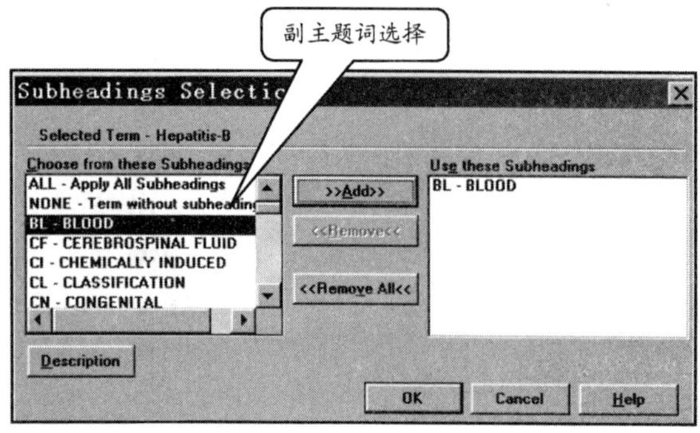

图 4-40 副主题词选择对话框

思考题：用主题词检索时，如何组配合适的副主题词？如何得到副主题词的组配帮助？

(三) 索引检索(Index)

MEDLINE 的索引有两类：自由文本索引(Free Text Index)和限制字段索引(Limit Field Index)。

1. 自由文本索引词检索 单击【Index】按钮，进入自由文本检索，输入检索词，如果检索词是词组，词与词之间用"-"连接起来，单击【Show】显示检索结果，单击【Search】将检索式列入检索历史区。自由文本检索可从著者、刊名、自由词等入手检索文献。

如用索引词方式检索 hepatitis 的有关文献，其步骤如下：

(1) 单击【Index】按钮，进入自由文本检索界面(图 4-41)。

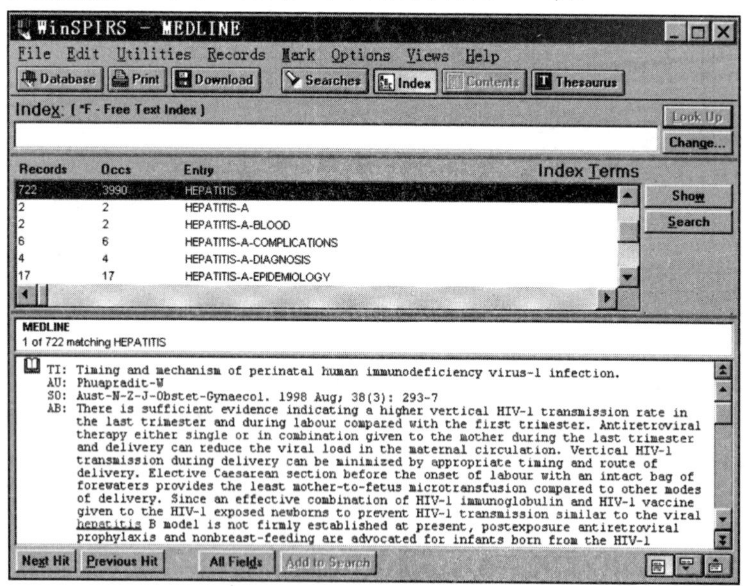

图 4-41 自由文本索引词检索界面

(2) 在检索词输入框中键入"hepatitis"。

(3) 按"回车键"或单击【Look Up】按钮，也可用【Show】按钮来显示浏览结果。

(4) 单击【Search】按钮，进行检索。

(5) 结果处理。

2. 字段限制索引词检索 步骤与自由文本索引词检索相似，进入索引词检索状态后，单击【Change…】按钮便弹出一可选对话框，对话框中提供可选择的索引限制字段，您可选择任一限制字段检索，如年代（PY）、文献类型（PT）和语种（LA）等，其结果是检索提问必须出现在相应的字段中（参考本节“字段限制检索”），如图4-42所示。

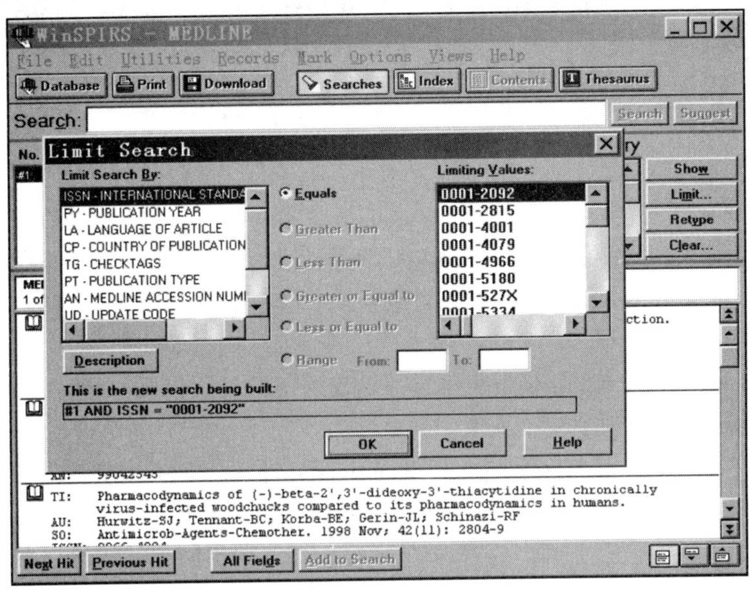

图4-42　字段限制索引词检索对话框

索引检索使用较少，一般在不熟悉检索词的情况下才通过此途径来选择检索词。

索引检索默认为自由文本索引，在TI、TO、CM、AU、AD、SO、AB、MESH、GS、PS、CN、RN、NM、SI字段内进行检索；单击【Change…】按钮则进入限制字段索引检索，在PY（出版年）、PT（文献类型）、LA（语种）、IS（国际刊号）、CP（出版国）、TG（特征词）、SH（副主题词）、AN（登录号）、UD（数据更新号）、SB（子库）、XREC（有无文摘）等字段内进行，对于普通读者只需对PY、PT、CP、TG、LA有所了解，其他限制字段索引主要用于统计分析，这些字段的索引词一般使用较少，可直接在索引词列表中选词。

（四）字段限制检索（Limit）

字段限制检索可在Searches或Index状态下进行，但常常在Searches状态下进行，极少在Index状态（参考本节“索引检索”）完成。

常用语法：用in、=、>、<、>=、<=和-符号运算，使用范围略有差异。常用的表达形式为：

“提问 in 字段”，如：hepatitis in ti、zhang-d-f in au、chongqing in ad等。

“字段=提问”，如：py=2003。

语法符号的使用

in代表模糊检索，表示只要在某字段含有该检索提问，结果就会出现，可用于任何字段，如“cancer in ti”表示只检索cancer出现在篇名的文献。

=代表精确检索，在该字段中，检索提问应与结果完全匹配。用于限制字段 AI、TG、CP、IS、LA、AN、PT、PY、SB、UD 的检索，如“PT=REVIEW”表示检索综述文献。

>、<、>=、<= 、-仅用于 PY 字段，用于时间范围限制。如 PY=2002，PY>1990，PY=1990-2003 等。

检索步骤：

（1）Searches 状态：与自由词检索（Searches）基本一样，区别在输入检索词的时候要给检索提问加上限制。如检索重庆医科大学的文献，则在输入检索词的时候应输入“chongqing medical university in ad”；又如检索 1989 年至 1999 年十年间的文献，检索式则应为：PY=1989-1999。

（2）使用 Limit 命令检索：对当前检索结果或选定的检索提问作进一步的限制，限制的字段同“索引检索”的限制字段。步骤如下：

1）在检索输入框中键入检索词，如 Hepatitis，单击【Search】按钮或按“回车键”，系统进行检索，并将检索结果显示出来；或在检索史中任选一个检索提问。

2）单击【Limit】按钮，系统弹出字段限制索引词检索对话框（图 4-42）。

3）选择限制检索的字段及范围（值）。如字段选择 PT，其范围（值）选择 REVIEW。在对话的下面系统提示当前检索词与何种限制字段进行组配检索。本例提示为：#1 AND PT=“REVIEW”。

检索作者王智彪（wang zhi biao）的文章，如何书写检索表达式？

4）单击【OK】按钮，系统开始检索，并与当前结果进行逻辑与（AND）运算。

（五）布尔逻辑组配检索

MEDLINE 数据库可进行多种逻辑组配运算检索，可对前述所有检索途径的检索式进行运算。可在检索词和（或）检索序号之间进行运算。主要有三种逻辑运算方式：AND、OR 和 NOT，另外尚有 NEAR 和 WITH 两个位置算符。

Notice

逻辑运算符大小写均可，但在运算符号的两边须空一格。逻辑检索式的形式可以是：

HIV and AIDS

#1 AND #2 or #3

hiv not hepatitis

#1 AND HIV

1. 逻辑与（AND） 用 AND 连接两个词，检出的文献必须要论及这两个主题方面的内容，如 Hepatitis AND AIDS。

2. 逻辑或（OR） 用 OR 连接两个词，检出的文献也可以只论及其中任何一个主题内容，也可以包含两个主题的内容，Hepatitis OR AIDS。

3. 逻辑非（NOT） 用 NOT 连接两个词，如 A NOT B 表示只检出含 A 主题内容的文献，排除 A 中含有 B 内容的文献。

4. NEAR 可以限制两个词的邻近程度，可将两个检索词限定在一个句子中，且不论词序。在 NEAR 后面加上一个数字,可指定两个词的邻近程度,如 Cell NEAR 3 Effect,检出的结果应是在一个句子中含有这两个词,且两词之间的单词数不超过两个。

5. WITH　限定两个词必须在同一个字段(ti,ab 等字段)中,如:(Cell WITH Effect) in ti。

(六) 屏幕选词检索

在阅读检索结果时,可用鼠标拖动的办法将欲作为检索的词或词组加亮,单击屏幕下方的【Add to Search】按钮,再单击检索表达式输入框右边的【Search】按钮即可。

三、结果输出处理

MEDLINE 数据库的检索结果输出处理与 CBMdisc 相似,均可进行打印、套录和显示,其使用方法也相同,只不过对话框是以英文形式出现的,还可通过其提供的原文链接,打开原文全文。

(一) 显示

结果显示区随时会显示当前的检索结果,一旦完成检索,系统会自动以默认方式显示当前表达式的结果,对显示的内容可根据需要,利用系统提供的参数改变来实现。方法是:单击最下方的【All Fields】按钮可显示每条记录的全部字段内容,另可选菜单中的【Options】选项,修改显示选项"Show Options…",弹出字段选择对话框(图 4-43),选择需要显示的字段,然后添加到右栏中去,确认。

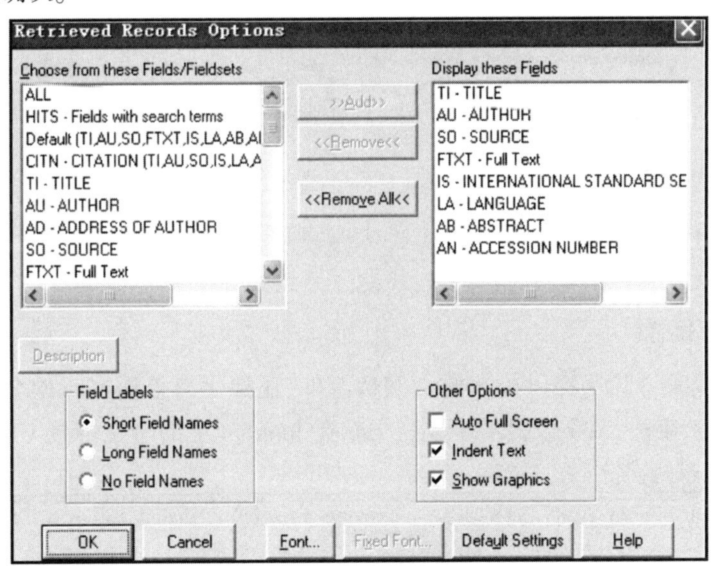

图 4-43　结果显示字段选择对话框

使用屏幕下端的三个按钮【Next Hit】、【Pervious Hit】、【All Fields / Brief Fields】或键盘"PgUp"、"PgDn"、"↑"、"↓"进行检索记录翻阅。

在阅读检索结果的过程中也可对感兴趣的记录作标记,方法是:将光标移向记录左上角的书形图标,光标自动变为笔形,单击鼠标左键,在图标处划上红钩(√)作为标记,并在该条记录的右边加上红色竖线,取消标记只需重复以上操作。

（二）存盘

单击 Download 按钮，弹出存盘对话框（图 4-44），依次完成给定文件名、选择存盘路径、存盘范围（Download Range）和套录字段（Download Fields）选项确认，单击【保存】按钮开始存盘，所存文件均为文本文件。使用 Options 改变选项完成套录字段选择，单击【Options】按钮后，系统会弹出一个字段选择对话框，与结果显示字段选择对话框相似（参看图 4-43），根据需要可选择文摘（AB）、作者地址（AD）、语言（LA）等。

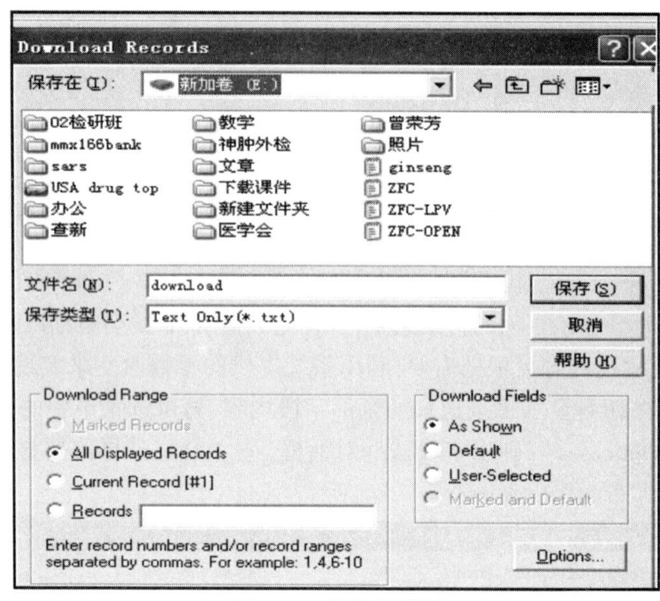

图 4-44　存盘对话框

（三）打印

单击 Print 按钮，与结果显示一样，同样会弹出一个打印字段选择对话框，按提示完成选项即可。

（四）全文链接

检索完成后，系统除了提供一般的文摘信息外，还提供有该篇文献的全文链接。在数据字段中有 FTXT 字段，该字段提供了该篇文献在 Internet 上的全文链接 URL，单击该链接便可打开该篇文献的全文（图 4-45）。

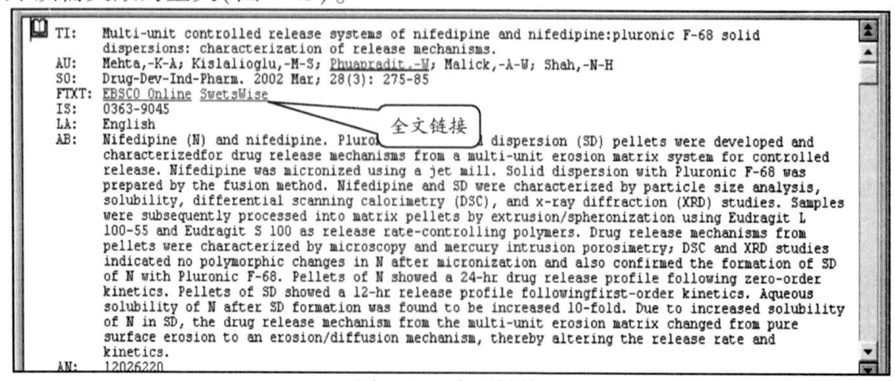

TI: Multi-unit controlled release systems of nifedipine and nifedipine:pluronic F-68 solid dispersions: characterization of release mechanisms.
AU: Mehta,-K-A; Kislalioglu,-M-S; Phuapradit,-W; Malick,-A-W; Shah,-N-H
SO: Drug-Dev-Ind-Pharm. 2002 Mar; 28(3): 275-85
FTXT: EBSCO Online SwetsWise
IS: 0363-9045
LA: English
AB: Nifedipine (N) and nifedipine. Pluro[...] dispersion (SD) pellets were developed and characterizedfor drug release mechanisms from a multi-unit erosion matrix system for controlled release. Nifedipine was micronized using a jet mill. Solid dispersion with Pluronic F-68 was prepared by the fusion method. Nifedipine and SD were characterized by particle size analysis, solubility, differential scanning calorimetry (DSC), and x-ray diffraction (XRD) studies. Samples were subsequently processed into matrix pellets by extrusion/spheronization using Eudragit L 100-55 and Eudragit S 100 as release rate-controlling polymers. Drug release mechanisms from pellets were characterized by microscopy and mercury intrusion porosimetry; DSC and XRD studies indicated no polymorphic changes in N after micronization and also confirmed the formation of SD of N with Pluronic F-68. Pellets of N showed a 24-hr drug release profile following zero-order kinetics. Pellets of SD showed a 12-hr release profile followingfirst-order kinetics. Aqueous solubility of N after SD formation was found to be increased 10-fold. Due to increased solubility of N in SD, the drug release mechanism from the multi-unit erosion matrix changed from pure surface erosion to an erosion/diffusion mechanism, thereby altering the release rate and kinetics.
AN: 12026220

图 4-45　全文链接

如想直接打开原文，必须满足以下条件：首先，要求检索 MEDLINE 的同时你所使用的计算机能够直接连通 Internet，其次，要有提供全文服务的网站的授权。

四、检 索 历 史

WinSPIRS 系统提供检索历史的存储和调用，如果想将检索过程（检索史）存盘以便下一次追踪同一课题文献，单击【File】菜单中的【Save Search History】便可将检索史存储，使用 File 菜单中的 Load Search History 就可装载并运行存储的检索史，Delete Search History 则用于删除不再使用的检索史。

单击【Clear】按钮可整理检索历史，清除不需要的检索步骤。

五、检索策略优化

当检索结果不满意时，可调整检索词/检索式，进行缩小或扩大检索范围。

（一）缩小检索范围

（1）用主题词表选择更专指的主题词及副主题词。

（2）用索引词表选择更专指的自由词。

（3）通过屏幕选词检索选择更专指的词。

（4）运用算符 AND，WITH，NEAR，NOT。

（5）指定字段检索。

（二）扩大检索范围

（1）用算符 OR。

（2）用截词符 * 或?。

（3）用索引词表选择同义词、单复数、近义词、相关词等。也可在浏览检索结果时，选择同义词、近义词扩大检索。

如：food，food-and-nutrition，food-consumption；case，cases。

（4）用主题词表选择多个相关主题词、上位词扩检。

如：选择相关主题词：cicatrix，Keloid，wound healing；选择上位词扩检：explode PAIN 则包括：abdominal pain，back pain，cancer pain。

（赵文龙）

第六节　PubMed 检索

在 Internet 上有很多免费的 MEDLINE 数据库可供查询检索,不同的网站提供的 MEDLINE 数据库的数据资源基本一样,检索途径和方法稍有区别,数据更新比 MEDLINE 光盘要快。

Internet 上最著名的免费 MEDLINE 数据库当数由 NLM 自己建立的 Free MEDLINE。1997 年 6 月 26 日,NLM 通过 WWW 方式(Internet)开始向用户提供免费 MEDLINE 数据库检索(www. pubmed. com)。

一、PubMed 资源系统

PubMed 是由美国 NLM 的生物技术信息中心(National Center for Biotechnology Information,NCBI)提供的免费数据库检索系统。该系统与多家生物医学期刊出版商联合,通过链接可获取全文(部分)。

PubMed 的检索系统与 NCBI 提供的其他免费文献数据库都是使用的同一个检索系统 Entrez,该系统使用方便,操作简单。使用过程中不需返回初始检索界面便可进行新的检索,在每一个检索界面里均有检索提问输入框,可随时输入检索提问或修正检索提问式。

(一) Entrez 检索系统

Entrez 是美国生物技术信息中心用于其提供的多种数据库的检索,最大的优点是通过其任一个数据库为入口检索,便可在其他数据库中找到相关检索提问的信息。即如通过 PubMed 检索后,可直接连入 GenBank 中找到相关的基因序列,或通过全文链接找到原文,或与相关书籍链接找到有关专著。NCBI 的数据库关联示意图可参考该网站的相关介绍(http://www. ncbi. nlm. nih. gov/Database/datamodel/index. html)。

PubMed 提供的免费 MEDLINE 数据库,除了它本身外,尚包括 PREMEDLINE。PREMEDLINE 中的数据是没有标引的 MEDLINE 数据库的数据,每天更新,收录的数据是最近一周的数据,这些数据经过标引(标引主题词、文献类型等)后,于每周周末添加到 MEDLINE 数据库中去,同时在 PREMEDLINE 中删去这些数据。因此,通过 PubMed 检索 MEDLINE 数据,最快可检索到当天出版的期刊论文。系统基本功能如下:

1. 检索模式　基本检索、限制检索、高级检索、主题词检索。

2. 语法命令　支持逻辑检索,运算符为 AND、OR、NOT,要求用大写。词组或短语检索,可用" "将该短语引起来,如"H1N1 FLU"。

3. 匹配模式　支持词汇自动转换和截词检索,截词符为 * 号,如 hepat * 。

4. 检索入口　有近 30 多个字段可作为检索项,如表 4-2 所示。

5. 特色与拓展服务　主题词检索、临床咨询(Clinical Queries)、特殊主题检索(Topic-Specific Queries)、My NCBI(保存检索式、邮件和 RSS 自动推送更新、收藏结果、文献传递设置、结果过滤、外部工具设置等)。

表 4-2　PubMed 字段类型

字段(缩写)	含　义	字段(缩写)	含　义
Affiliation [AD]	作者地址	NLM Unique ID [JID]	NLM 馆藏代码
All Fields [ALL]	全部字段	Other Term [OT]	其他概念
Author [AU]	作者姓名	Entrez Date [EDAT]	加入 PubMed 的日期
Comment Correction Type	评论修正类型	Owner	所有者
Corporate Author [CN]	合著者	Personal Name as Subject [PS]	姓名主题
EC/RN Number [RN]	CAS 登记号/酶编号	Pharmacologic Action MeSH Terms [PA]	药理学主题词
Filter [FILTER] [SB]	过滤器	Place of Publication [PL]	出版地
Grant Number [GR]	资助合同编号	Publication Date [DP]	出版日期
Issue [IP]	期	Publication Type [PT]	文献类型
Investigator [IR]	NASA 项目负责人	Secondary Source ID [SI]	二次来源标识
Language [LA]	语种	Subset [SB]	子集
MeSH Date [MHDA]	主题词使用时间	Substance Name [NM]	物质名称
MeSH Major Topic [MAJR]	主要主题词	Text Words [TW]	文本自由词
MeSH Subheadings [SH]	副主题词	Title [TI]	题目
MeSH Terms [MH]	主题词	Title/Abstract [TIAB]	题目/文摘
Unique Identifiers [UID]	MEDLINE 唯一识别号	Volume [VI]	卷

(二) PubMed 检索主界面

打开浏览器,在地址栏输入 PubMed 的网址 www. ncbi. nlm. nih. gov,选择 PubMed 进入检索主界面,也是其基本检索界面,如图 4-46 所示。

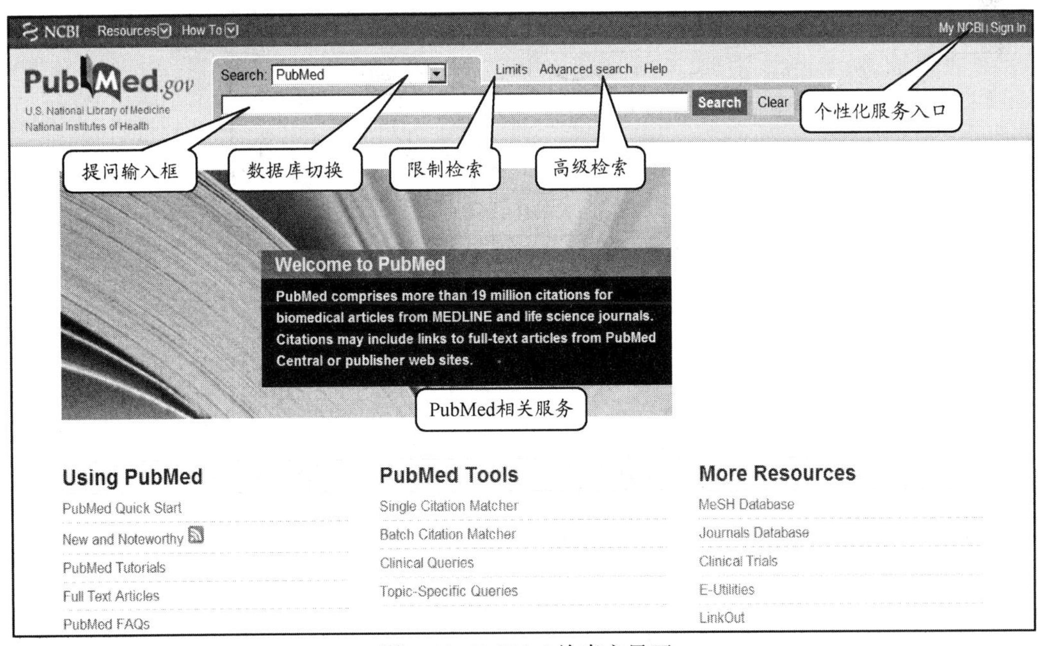

图 4-46　PubMed 检索主界面

【Search】按钮后面是 Entrez 系统数据库选择框,通过单击下拉按钮“▼”来实现。紧跟其后的是高级检索(Advanced search)入口。下一行是提问输入框,【Search】和【Clear】按钮分别为检索动作按钮(一旦在检索提问框中输入了检索提问,单击此按钮便开始检索)和清除检索提问按钮(如果输入的检索提问不正确,则可单击此按钮清除重新输入)。

在页面的下边是 PubMed 提供的服务栏目,包括对如何使用 PubMed(Using PubMed)、常用工具(PubMed Tools)、资源(More Resources)等。

在主页面的右上方有 PubMed 个性化服务(My NCBI)登录入口。

二、检 索 模 式

(一) 基本检索

与 WinSPIRS 一样,进入 PubMed 的默认界面即为基本检索(图 4-46)。只要在检索的初始界面的检索提问框中输入欲检索的内容,然后单击【Search】按钮即可完成检索,系统自动将检索结果以默认方式显示在屏幕上。

检索提问可是单个词(如 hepatitis,hepat *)、词组(如 vitamin c)、主题词/副主题词组配(hepatitis/dt 或 hepatitis/drug therapy)、布尔逻辑表达式(如 vitamin c AND hepatitis/dt)等。

基本检索类似于 MEDLINE 光盘检索的自由词检索,可进行布尔逻辑检索和截词检索,同样可进行主题词/副主题词的组配检索,语法原则与 WinSPIRS-MEDLINE 相同,但不支持 NEAR、WITH 邻近检索,请参考本章第五节。

如检索有关甲型流行性感冒(H1n1 flu)的文献,其检索步骤为:

(1) 在检索输入框中输入“h1n1 flu”(系统会自动显示关联词汇,可选)。

(2) 单击【Search】按钮。

(3) 显示搜索结果(图 4-47)。

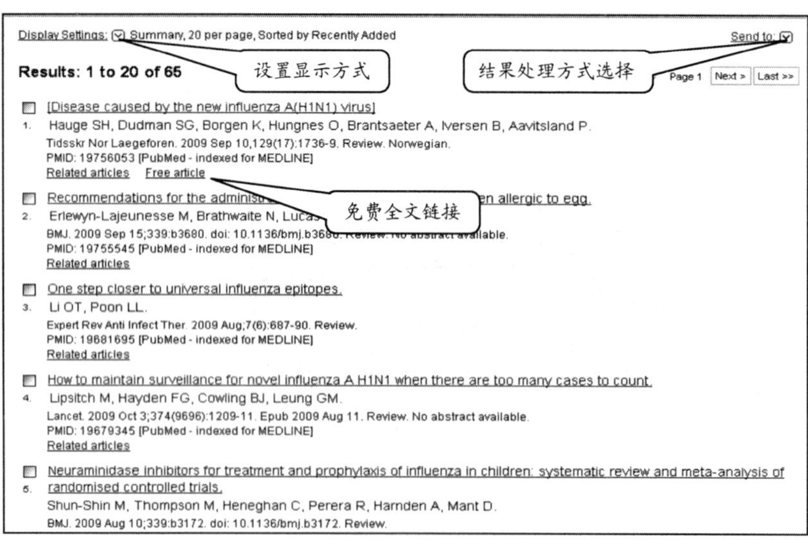

图 4-47 PubMed 检索结果

Notice

1. PubMed 具有智能检索功能，输入检索词汇时，系统提供 google 相关联词汇建议，检索时对输入的检索词自动转换成相关的主题词。系统首先将输入的检索词与 NLM 的统一医学语言系统(UMLS)中的超级词表进行比对，自动将检索词转换为主题词，然后与输入的检索词(自由词)通过逻辑"或"在系统中查找。如输入 vitamin h，PubMed 会自动将 vitamin h 转换为 biotin(MeSH 词汇)，实际执行的检索式为 vitamin h[Text Word]OR biotin[MeSH Terms]。

2. 输入多个检索词或短语时，词间用空格分开，如 vitamin c common cold，系统实际执行的检索式为 (("ascorbic acid"[MeSH Terms]OR vitamin c[Text Word]) AND ("common cold"[MeSH Terms]OR common cold[Text Word]))。

3. 如果要求用词组或短语检索，可用" "将该短语引起来，如"H1N1 FLU"。

4. PubMed 的逻辑运算符为 AND、OR、NOT、(　)，要求用大写。

(二) 限制检索

提供更多的条件限制检索(图 4-48)。如最近的出版时间(Published in the Last)、文献类型(Type of Article)、原文语种(Languages)、研究对象(Human or Animal)、性别(Gender)、子集(Subsets)、年龄范围(Ages)、学科主题(Subsets)、全文链接选项(Text Options)、字段限制(Field)等。检索时，输入检索提问后，根据需要选择合适的条件，单击【Search】按钮便可完成检索。

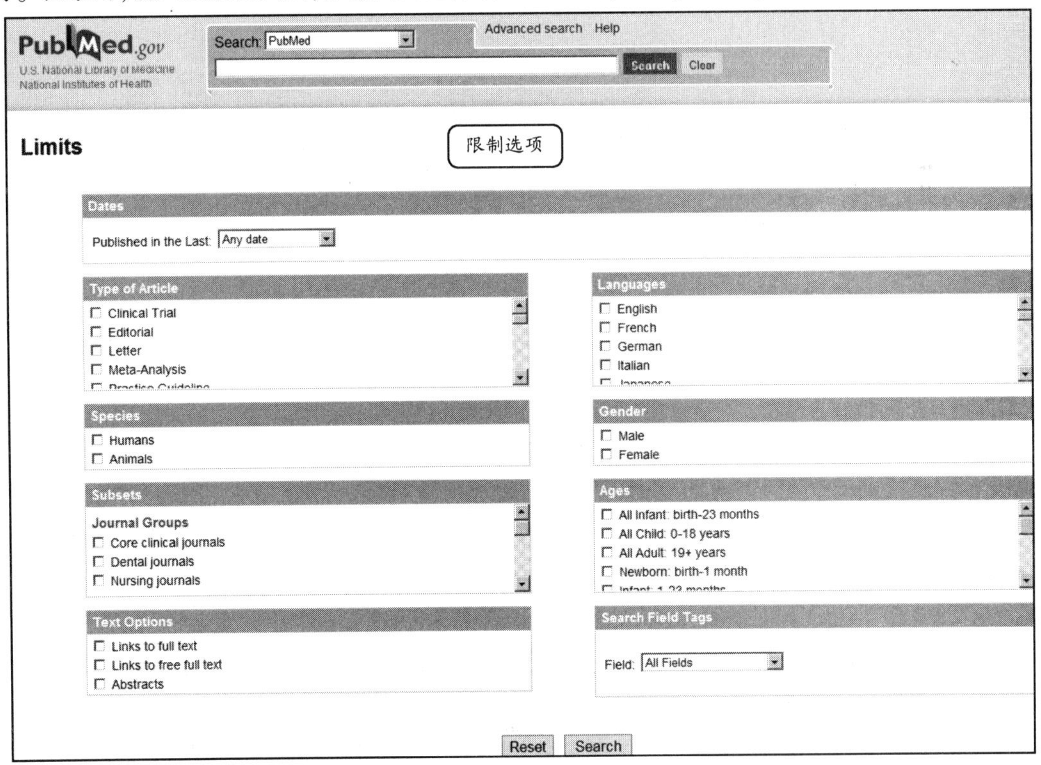

图 4-48　限制检索界面

如检索2003年以来与维生素C相关的综述全文文献,其步骤如下:

(1) 单击【Limits】按钮进入限制检索。

(2) 在提问输入框中输入"vitamin c"。

(3) 选择最近出版时间项的"Specify date range",在其后的输入框中输入"2003/01/01"(起始时间),截止时间填写操作日期。

(4) 选择文献类型"Review"。

(5) 全文链接选项,勾选Links to full text(全文链接)。

(6) 单击【Search】按钮,完成检索。

(7) 显示结果。

(三) 高级检索

PubMed的高级检索(Advanced Search)可进行检索策略构建和利用检索史检索。

单击主页面的【Advanced Search】进入高级检索,界面如图4-49所示。单击【Search】按钮执行检索,系统返回结果;单击【Preview】按钮,系统仅将命中结果数返回到检索历史区,便于决定是否扩大或缩小检索范围。

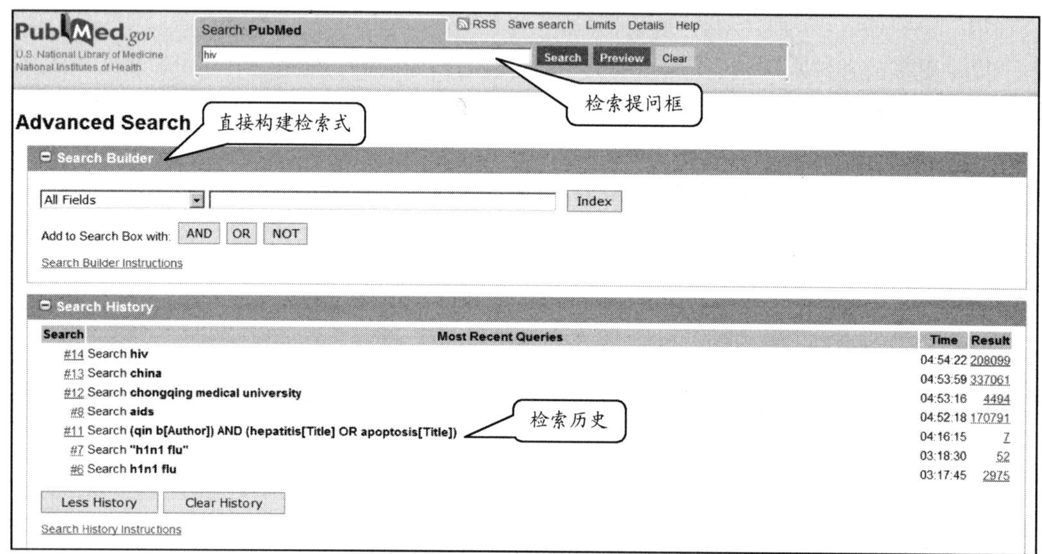

图4-49 PubMed高级检索界面

1. 构建检索式 高级检索可通过字段限制的下拉菜单限制提问的位置和直接选择逻辑运算符构建检索式。

如检索作者秦波(Qin bo)发表的文章标题中含有"肝炎"(hepatitis)或"细胞凋亡"(apoptosis)的文献,其步骤如下:

(1) 选择字段Author,输入Qin Bo。

(2) 点击逻辑运算符AND,系统在检索提问框中自动生成检索提问"qin bo[Author]"。

(3) 选择字段Title,输入hepatitis。

(4) 点击逻辑运算符AND,此时检索提问变成"(qin bo[Author]) AND hepatitis[Author]"。

（5）选择字段 Title，输入 apoptosis。

（6）选择逻辑运算符 OR，此时发现检索提问输入框的检索表达式如下：((qin bo[Author]) AND hepatitis[Title]) OR apoptosis[Title]，分析该检索式，如果按此检索策略进行检索，其结果不符合要求，需调整为：(qin bo[Author]) AND (hepatitis[Title] OR apoptosis[Title])；

高级检索状态只提供逻辑运算符的选择，但其运行的优先顺序需由用户个人根据需要进行调整，优先顺序的调整主要通过"(　)"的位置来控制。Notice

（7）在提问输入框中修改检索表达式。

（8）单击【Search】按钮，执行检索，返回检索结果，完成检索。

2. 检索历史　检索历史区显示检索序号、检索提问、检索时间、命中数等信息。可通过【Less History】、【More History】两个按钮来控制检索历史显示的数量，通过【Clean History】按钮删除检索史。

用鼠标左键单击任何一个检索历史序号，系统弹出对该检索提问的处理菜单，包括进一步与其他检索提问间的逻辑运算（AND、OR、NOT）、删除（Delete）、查看该检索的结果（Go）、实际执行的细节（Details）、存储到 My NCBI（Save in My NCBI）等。

1. 分别用 h1n1 flu 和"h1n1 flu"为检索提问，体会基本检索的过程。

2. 限制检索的实例具体执行的检索表达式是什么？通过何处可以查看？【Preview】按钮有何作用？

3. 仔细查看图 4-49 的检索历史显示区，会发现相同的检索词，其检索结果有的相同，而有的差异很大，为什么？

（四）主题词途径检索

虽然在 PubMed 基本检索时可以自动将检索词转换为主题词检索，但从主题词途径入手检索文献，可以对主题词进一步做限制，使其检索的专指性（即查准率）更强，更能满足检索的需求。

通过主题词途径检索，可以进行主题词扩展、加权和副主题词组配检索。

如检索"肝炎的药物治疗"，检索步骤如下：

（1）单击主页【More Resources】下的 MeSH Database，进入主题词检索界面。

（2）在检索提问输入框中输入欲检索的主题词 hepatitis，单击按钮【Go】或按"回车键"。

（3）系统显示含有 hepatitis 的全部主题词（图 4-50）。

（4）选择 hepatitis，单击主题词 hepatitis，展开其树状结构并出现副主题词选择界面。

（5）选择副主题词 drug therapy。

（6）单击【Send to】选项，选 Search Box with AND，系统自动将检索命令发送到 PubMed 检索提问框中（图 4-51）。

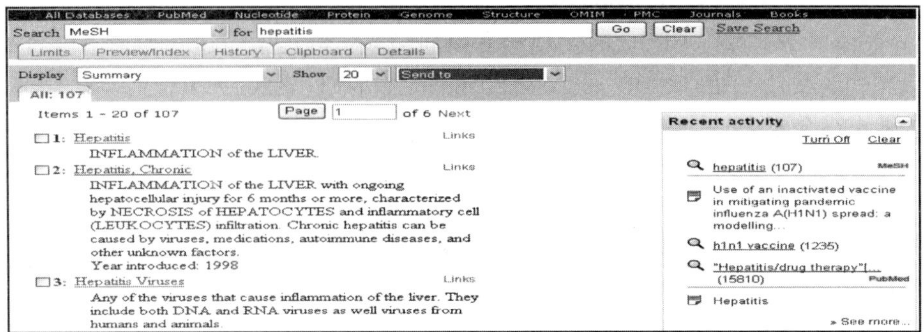

图 4-50 主题词轮排显示

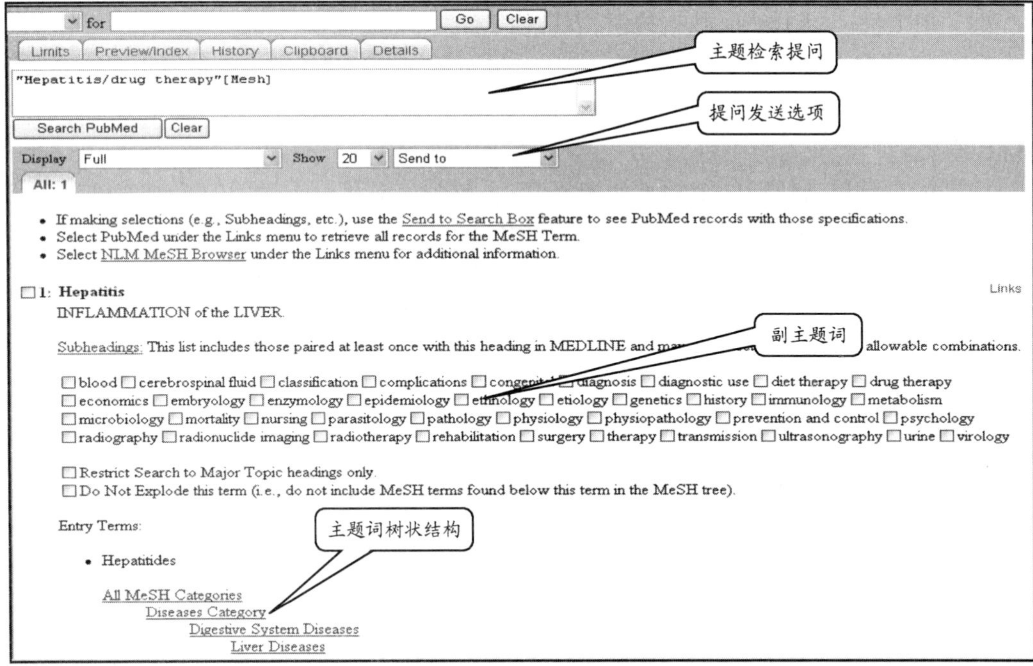

图 4-51 检索提问发送到提问框后的界面

可以重复(1)~(6)步,选择其他主题词和副主题词,实现主题词与主题词的逻辑组配检索。

(7) 单击【Search PubMed】按钮,即可完成检索。

主题词检索方式提问框的下方,有 Limits、Preview/Index、History、Clipboard 和 Details 五个功能按钮,分别表示限制检索、浏览/索引检索、检索史、剪贴板和检索提问细节。

Limits(限制检索):使用 Limits 功能检索,可限制检索在记录类型、注册号、范畴注释、物质名称等。

Preview/Index(浏览或索引):使用 Preview/Index 可以查看检索史和增删检索策略。可从屏幕下端的检索提问输入框中输入检索提问,并可限制在特定字段进行布尔逻辑运算。

History(检索史):用于查看检索史,最多显示 100 条检索史。

Clipboard(剪贴板):用于临时存放检索结果,但最多不超过 500 条。

Details(细节):用于查看系统执行的当前检索的检索表达式。

在副主题词下方有两个选项:①“Restrict Search to Major Topic Headings only”表示限定在主要主题词中检索,功能类似于《中国生物医学文献数据库》中主题检索中的加权检索。②“Do Not Explode This Term”则表示只检索单个主题词,而不扩展检索其下位主题词,系统默认的是扩展检索。

主题词检索与自由词检索相比,具有以下优势:①主题词检索克服了同一概念由于拼法不同而导致的漏检或误检,例如维生素 C 有“Vitamin C”和“Ascorbic Acid(抗坏血酸)”两种拼法,使用 MeSH 词“Ascorbic Acid”可将两种拼法的文献都检索出来。②主题词检索具有下位词扩展检索功能。例如再生障碍性贫血(Anemia,Aplastic)的下位主题词还有先天性再生低下性贫血(Anemia, Hypoplastic, Congenital)、先天性纯红细胞再生障碍性贫血(Anemia, Diamond-Blackfan)、范可尼贫血(Fanconi anemia),使用主题词扩展检索功能可以把再生障碍性贫血的下位概念都检索出来。③主题词检索支持副主题词限定功能,使检索更具专指性。④可以限定查找主要主题词,使检索的结果更加准确。

1. PubMed 主题词途径检索如何扩展主题词进行检索?如何进行单一主题词(不扩展)的检索?

2. 在主题词途径,如何实现多个主题词/副主题词的逻辑组配检索?

3. 主题词检索界面(图 4-51)的【Send to】有几个选项,分别表示什么意思?

(五) 利用检索史(History)

PubMed 将每次检索的检索策略储存在检索史中,在高级检索状态可以查看检索策略,包括检索序号、检索策略、检索时间、命中条数(图 4-49,4-51)。要查看某一检索的结果,单击结果(Result)下的数字即可。也可以在检索提问框中对检索式进行组配或为现有的检索式(以“#”加检索序号的形式)加入新的检索词。如#1 AND (#2 OR LIVER)。

三、结 果 处 理

(一) 显示

检索完成后,系统会自动显示文献的一些简单信息,包括作者、篇名、出处等信息,可以通过浏览选择需要的文献(单击文章标题前面的方框),文献内容则可详细显示或进行下载(图 4-52)。如要显示其他如文摘信息,可使用【Display Settings】设置显示相关选项(图 4-52)。

Display Settings: Summary, 20 per page, Sorted by Recently Added　Send to

Format	Items per page	Sort by
Summary	5	Recently Added
Summary (text)	10	Pub Date
Abstract	20	First Author
Abstract (text)	50	Last Author
MEDLINE	100	Journal
XML	200	Title
PMID List		

Apply

图 4-52 PubMed 显示设置对话框

根据需要设置显示格式(Format)、每页显示的数量(Items per page)和排序方式(Sort by),完成设置后,单击【Apply】按钮,系统刷新并重新显示。

(二) 套录存盘

在图 4-52 的右上方有【Send to】按钮,其后的选择框中有【File】、【Clipboard】、【E-mail】、【Order】等选项(图 4-53)。

图 4-53 PubMed 下载对话框

File:如果选择了 File,系统弹出文件下载对话框,根据提示,依次完成即可存储检索结果(图 4-53)。

Collection:将检索结果在线保存在个人账户中。

Clipboard:将检索结果暂时存放在剪贴板中(类似购物车,最多存放 500 条,暂存时间 8 小时),待检索全部完成后,再批量处理。

E-mail:通过电子邮件的形式将检索结果(最多 200 条)发送到你的邮箱中。按照提示,正确填写你的电子邮件地址,单击【E-mail】按钮即可。

Order:向 NLM 索取原文(需要注册)。

(三) 打印

一般情况下不主张联机打印,因为这样比较费时。如果需要联机打印,直接用浏览器的打印功能即可。建议采用脱机打印,即先将需要打印的文献套录下来,然后打开本地文件打印。

四、特色功能与服务

(一) 临床咨询

临床咨询(Clinical Queries)是 PubMed 设立的一个专供临床医生查找与临床有关的检索系统,采用过滤器(filter)模式将无效或不适用信息滤掉,只保留有助于解决临床问题的信息。该模式不需复杂的检索策略,就可直接检索到所需的临床研究文献。

1. Search by Clinical Study Category 检索临床研究类文献(图 4-54),如随机对照试验、队列研究、病例对照研究、病例报告、临床试验。在检索框中输入某一疾病名称(如 Hepatitis B),选择所要检索的临床研究类别,包括病因(etiology)、诊断(diagnosis)、治疗(therapy)、预后(prognosis)和临床预测指南(clinical prediction guides),再选择检索范围(scope)确定查全率(broad, sensitive search)或查准率(narrow, specific search),即可完成检索。选择“broad, sensitive search”项,系统会强调“查全”,检出的文献会多一些;选择“narrow, specific search”系统会强调“查准”,检出的文献会少一些,但与检索提问的相关性要大一些(精确些)。

2. Find Systematic Reviews 检索系统评价类文献,如 Meta 分析、临床试验综述、循证医学和临床指南。包括 PubMed 所收录的期刊上的系统评价文献和 Cochrane 协作网提供的部分系统综述的文摘。

3. Medical Genetics Searches 检索医学遗传学类文献。设有遗传诊断

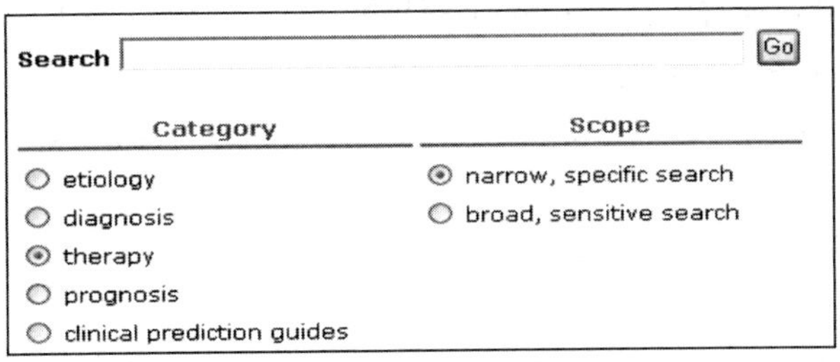

图 4-54　PubMed 临床研究文献检索

(Diagnosis)、鉴别诊断(Differential Diagnosis)、遗传疾病临床症状(Clinical Description)、遗传咨询(Genetic Counseling)、分子遗传学(Molecular Genetics)、遗传学检测(Genetic Testing)等。

(二) 特殊主题检索

特殊主题检索(Topic-Specific Queries)是针对不同的用户、不同的学科专题以及不同类型的期刊而设立的专项信息检索服务。例如电子健康档案(Electronic Health Records)、人人健康 2010(Health People 2010)、艾滋病(AIDS)、生物伦理学(Bioethics)、癌症(Cancer)、替代医学(Complementary Medicine)、健康素养(Health Literacy)等专题检索。

(三) 个性服务

个性服务(My NCBI)是 PubMed 提供的个性化服务,用户需注册(免费)后才可使用。允许用户在 PubMed 建立个人空间,保存检索史、检索结果、设置过滤器筛选检索结果等,便于方便获取全文、查询馆藏、跟踪检索以及与他人共享检索结果。

单击 PuMed 主页面右上方的【My NCBI】,完成登录后界面如图 4-55 所示,包括我的存储(My Saved Data)、检索过滤器(Search Filters)、参数设置(Preferences)三方面。

1. 我的存储　包括存储的检索式(Saved Searches)、在线收藏(Collections)、个人书目数据(Bibliographies)、近期行为(Recent Activity)四个方面(图 4-55)。

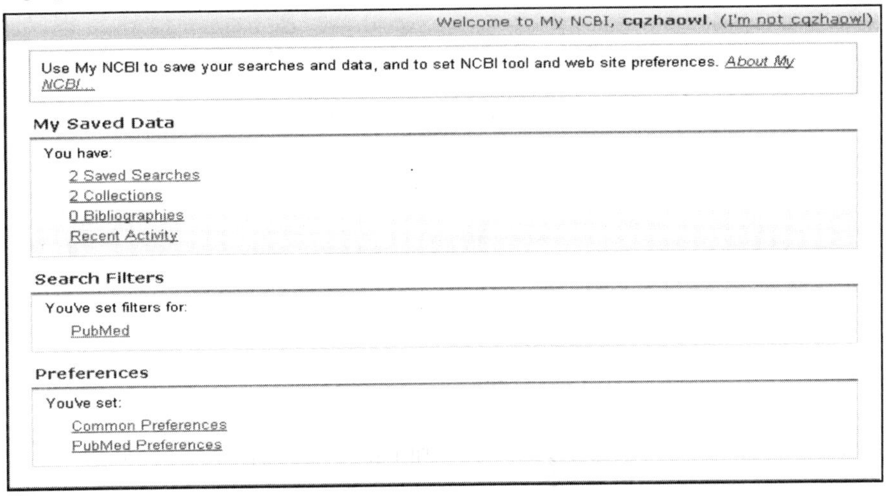

图 4-55　My NCBI 主界面

(1) 检索式调用和存储:进入 PubMed 的 My NCBI 后,便可调用存储的检索式,更新检索。打开【Saved Searches】,系统会将储存的检索式显示出来,选中其中的某一个检索式,单击【Show What's New】按钮,系统会自动检索从前一次检索时间到当前时间段更新的文献。

Saved Searches 或 Collections 前面的阿拉伯数字代表什么意思?

检索式的存储则在完成某项检索后进行,其步骤如下:①单击屏幕右上方的【Save Search】按钮,进入检索史存储界面;②在"Name of Search"后的空框中填入检索式的名称(自定义);③单击【Save】按钮,出现检索式存储设置界面(图 4-56),依次完成各项选择;④单击【Save】按钮,完成检索式存储。

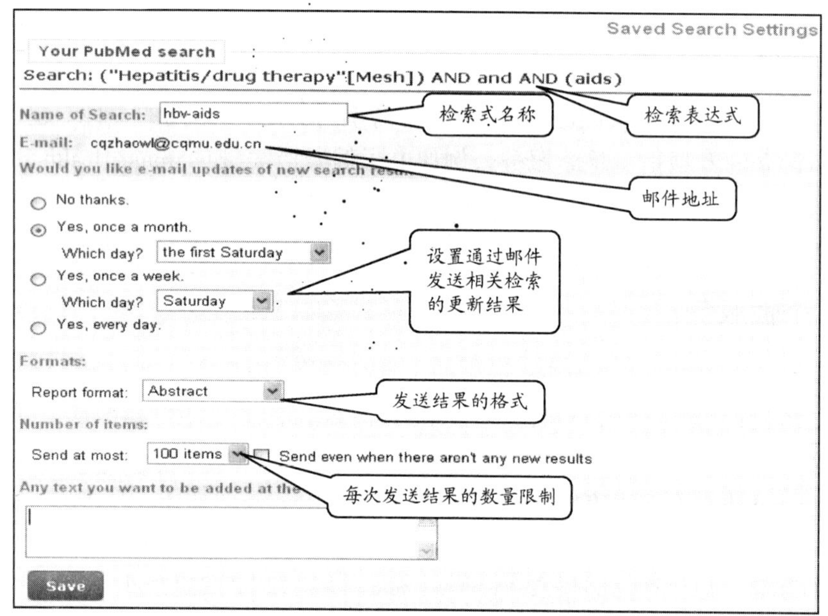

图 4-56 PubMed 检索式存储设置界面

王教授希望通过电子邮件形式从 PubMed 定期(每周星期一)获得有关 HIFU 在肿瘤领域的研究文献,请问如何解决?

(2) 在线收藏:完成检索后,系统允许将检索结果(书目或文摘)在线保存在 PubMed 的网站,方便用户随时随地查看,并可将结果与他人共享。

思考题

如何将检索结果在线保存?怎样实现个人收藏与课题组成员共享?

(3) 个人书目数据:PubMed 提供的个人数目数据存储功能,允许用户手工添加平时收集的期刊文献、会议摘要、手稿、图书章节、ppt、专利等文献信息,建立个人图书馆。

（4）近期行为：记录用户最近6个月在PubMed的检索操作，保存其检索历史。

2. 检索过滤器　在PubMed数据库可设置常用过滤器（Frequently Requested Filters）、结果浏览过滤器（Browser Filters）、过滤器查找（Search for Filters）、自定义过滤器（Custom Filters）四大类。

（1）常用过滤器：是最常用的文献筛选设置，如综述、临床试验、全文、免费全文、英语和人类、文摘等，根据需要勾选相应选项前的方框即可完成设置。

（2）结果浏览过滤器：用于对检索结果进行进一步筛选，包括外部链接（Link Out）、内部关联（Links）和属性（Properties）设置三个方面。

1）外部链接：外界资源提供者的链接标识。有化学信息（Chemical Information）、全文链接（Literature）、图书馆（Libraries）、医学在线资源（Medical Resources）、分子生物学数据库（Molecular Biology Databases）、研究资料（Research Materials）等。

设置外部链接过滤器的主要作用是帮助用户在完成检索后，可以对结果进行快速处理。单击相应的过滤器，直接筛选检索结果（图4-57）。

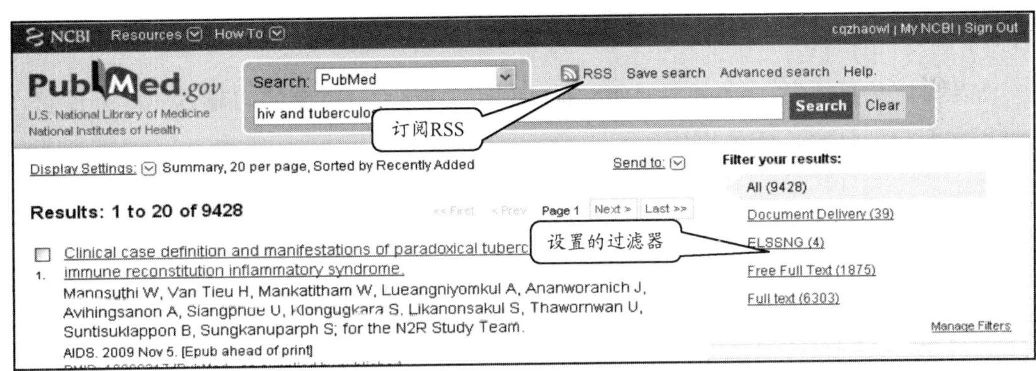

图4-57　设置浏览过滤器后的显示页面

全文文献链接分多种类型，包括聚合体（数据库集成服务商，如EBSCO）、出版商（如Elsevier）、文献传递、图书、图像等。

2）内部关联：从PubMed检索获得的结果如在Entrez系统的其他数据库有关联信息，可通过Links直接获取，而不需退出PubMed，重新进入相关数据库检索。

> **思考题**
> 某作者所在单位订购了Elsevier的全文期刊数据库，他希望完成PubMed检索后，查看哪些文献在Elsevier可以直接下载，利用Link Out如何解决？

3）属性设置：对年龄组、性别、出版类型、PubMed专题、临床咨询、出版时间等进一步限制。

（3）过滤器查找：PubMed数据库有数以百计的过滤器，可通过检索，查找需要的过滤器。如欲想知道通过PubMed可以获取我国哪些图书馆的馆藏信息，就可使用“China”作为检索词检索有关过滤器，浏览其结果发现中国医科大学、中山大学、CDC等都在其中。

3. 参数设置　查看和修改My NCBI的设置情况。

（四）信息聚合推送

PubMed除了可通过电子邮件方式定期提供最新文献外，也可通过信息聚合（RSS）实时推送最新信息。通过 RSS 获取最新信息的需预先在终端计算机安装 RSS 阅读器，RSS 阅读器可从网上免费下载。

设置步骤如下：①完成检索后，单击屏幕上方的【RSS】图标（图 4-57）；②完成每次推送文献的数量和 RSS Feed 名称设置；③单击【Create RSS】按钮，出现 RSS Feed 对话框；④单击【XML】按钮，弹出文件保存框，保存文件；⑤将保存的文件配置到 RSS 阅读器中，完成设置。

（五）匹配检索

匹配检索是 PubMed 的查找工具，包括单篇文献查找和批量文献查找。

（1）Single Citation Matcher（单篇文献查找）：查找某篇文献的准确信息。已知期刊名称、卷、期、作者、起始页码等信息便可以单篇匹配查找的方法找到所需文献。出版时间（date）书写方式：yy/mm/dd，不需全部给出。

（2）Batch Citation Matcher（批量文献查找）：需要密码，适合于核对批量的文献信息。提问式的格式为：

Journal_Title|year|volume|first_page|AuthorName|Your_key|（期刊刊名|日期|卷|首页码|作者姓名|用户核对文献的标识）。

如果某项信息缺失，可不填写。每一提问式单独成行，一次最多可输入 100 条提问式。返回的结果将标有该文献的 PMID。

（赵文龙）

第七节 BIOSIS Previews 数据库

一、数据库简介

BIOSIS Previews®（BP）数据库是由原美国生物学文摘生命科学信息服务社（Biosciences Information Service of Biological Abstracts，BIOSIS）（现隶属于 Thomson Reuters）编辑出版的文摘、索引型数据库，是世界上规模较大、影响较深的著名生物学信息检索工具之一。它由期刊文献数据库《生物学文摘》（*Biological Abstracts*，BA）和非期刊文献数据库《生物学文摘/报告、述评、会议资料》[Biological Abstracts/RRM（Reports，Reviews and Meeting）]组合而成。BIOSIS Previews 由资深的生物学家建立，其收录了 1926 年以来世界上 90 多个国家和地区的 5 000 多种生命科学方面的期刊和 1 650 多个国际会议、综述文章、图书、专利文献（1985 年以来的美国专利）以及报告等，总计超过 1 800 万条记录，数据每周更新，并以每年 56 万条记录的速度递增，内容覆盖了所有生命科学的相关学科领域：生物学、生物化学、生物技术、植物学、临床医学、药理学、动物学、农业科学、兽医学等。

目前，BIOSIS Previews 数据库可通过 Ovid 和 ISI Web of Knowledge 等不同的检索平台进行检索，现以 ISI Web of Knowledge 检索平台为例进行介绍，该平台界面有中文和英文两种界面，默认为中文界面。

二、数据库检索

(一) 检索规则

1. 通配符号 可以用于检索词的不同变化形式。

(1) “*”代表0个到多个字母,如:输入“proteo*”命中结果包括proteome、proteometabolism、proteomic、proteomics等。

(2) “?”代表1个字符,如:输入“Car?”命中结果包括Cars、Care等。

(3) “$”表示0或1个字母,如:输入“Cell$”命中结果包括Cell、Cells、Cello等。

2. 布尔逻辑算符 用于组配检索词和检索结果。

(1) AND:检索表达式A AND B表示检索结果中必须同时出现含有A和B这两个检索词。

(2) OR:检索表达式A OR B的检索结果中至少出现A和B中的任何一个,当检索词有多种拼法或有几个同义词时,使用OR进行扩检。

(3) NOT:检索表达式A NOT B的检索结果中出现含有A,但不含有B的文献。

(4) SAME:属于临近检索符号,检索表达式A SAME B表示检索词A和B必须同时出现在同一个句子中或者一个关键词短语里,其顺序是任意的。

如果在一个检索表达式中出现多个布尔逻辑运算时,其逻辑运算先后顺序为:SAME>NOT>AND>OR,可利用圆括号来提前运算优先级。

3. 短语检索符号 双引号。

平台检索不区分大小写,但可使用双引号对一个特定的短语进行检索,如:“Heart Attack”,这样可以精简检索结果。若不用引号,系统会按照“Heart AND Attack”的方式进行检索。

(二) 主要字段

1. 主要概念(Major Concepts) 适用于1993年以来公开的文献,目前共有77个上位主题概念,其中22个上位主题概念包含有下位主题概念,共有91个下位主题概念,用于标识原始文献所涉及的生命科学领域168个主要学科领域,可按字母顺序和概念层级顺序查看。

2. 概念代码(Concept Code) 概念代码是一个五位数的编码,代表生命科学中的广泛的学科领域,每一个编码对应着一个学科名称,概念代码与名称用于标引自1993以来的BIOSIS的文献记录。现有571个五位的概念代码,可以通过概念代码或分类主题进行检索。例如:toxicology的概念代码为22501-22508,可通过通配符*检索225*而获得。

3. 分类数据(Taxonomic Data) 包括上位生物分类、分类注释、生物体分类、生物体名称、详细信息等部分。

(1) 上位生物分类(Super Taxa):表示在生物分类结构表中位置处于上位的生物分类术语,用以扩展生物体分类。

(2) 分类注释(Taxa Notes):Common names of broad groups of organisms and microorganisms discussed in the source document by the author。

(3) 生物体分类(Organism Classifier):生物体分类代码是五位数字的编码,用以代表上位学科分类。

(4) 生物体名称(Organism Name):包括所有生物,上位生物分类或者细胞序列的正式名称或俗名。

4. 疾病数据(Disease Data) 包括植物、动物、人类疾病的术语名称,疾病类型。

5. 化学数据(Chemical Data) 包括1969—1992年间的数据,分为化学名称、化学名称的不同形式和化学登记号。

6. 方法与设备数据(Methods and Equipment Data) 包括1998至今出版的数据,分为方法、设备和技术的名称,术语名称的变化形式和详细信息三项。

7. 器官/系统/细胞器数据(Parts and Structures Data) 包括一些生物体的器官、系统和细胞器的数据(图4-58)。

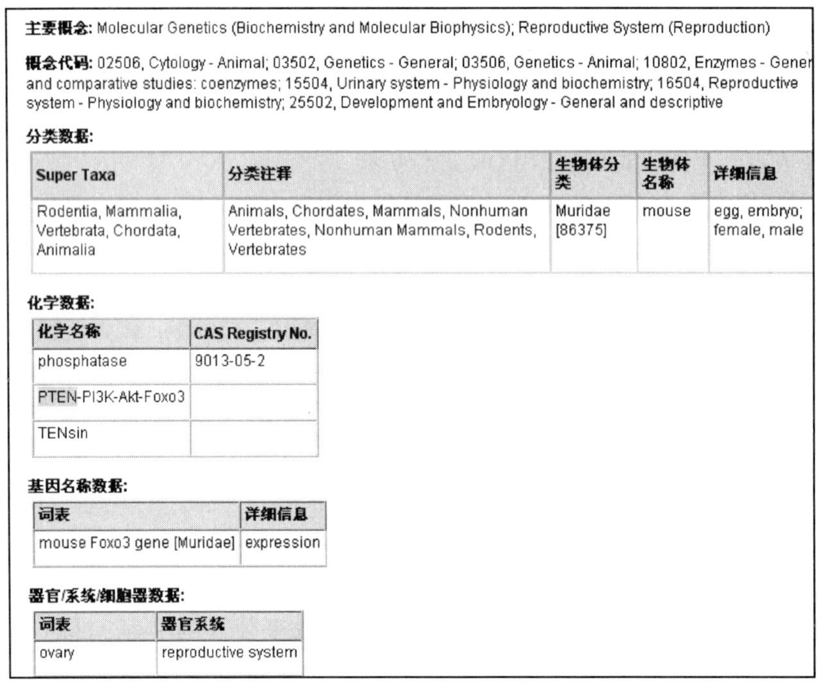

主要概念: Molecular Genetics (Biochemistry and Molecular Biophysics); Reproductive System (Reproduction)

概念代码: 02506, Cytology - Animal; 03502, Genetics - General; 03506, Genetics - Animal; 10802, Enzymes - Gener and comparative studies: coenzymes; 15504, Urinary system - Physiology and biochemistry; 16504, Reproductive system - Physiology and biochemistry; 25502, Development and Embryology - General and descriptive

分类数据:

Super Taxa	分类注释	生物体分类	生物体名称	详细信息
Rodentia, Mammalia, Vertebrata, Chordata, Animalia	Animals, Chordates, Mammals, Nonhuman Vertebrates, Nonhuman Mammals, Rodents, Vertebrates	Muridae [86375]	mouse	egg, embryo; female, male

化学数据:

化学名称	CAS Registry No.
phosphatase	9013-05-2
PTEN-PI3K-Akt-Foxo3	
TENsin	

基因名称数据:

词表	详细信息
mouse Foxo3 gene [Muridae]	expression

器官/系统/细胞器数据:

词表	器官系统
ovary	reproductive system

图4-58 Biosis Previews部分数据结构

(三) BIOSIS Previews主界面

通过图书馆主页进入ISI Web of Knowledge℠平台,单击选择一个数据库进入数据库选择界面,选择BIOSIS Previews®进入BIOSIS Previews数据库检索界面(图4-59)。

(四) 一般检索

进入BIOSIS Previews数据库主界面的默认检索界面即为一般检索界面(图4-59),该界面为字段逻辑组合检索界面。

检索步骤:①输入检索词或检索式;②选择检索字段;③选择逻辑运算符;④选择检索时段;⑤单击检索进行检索。

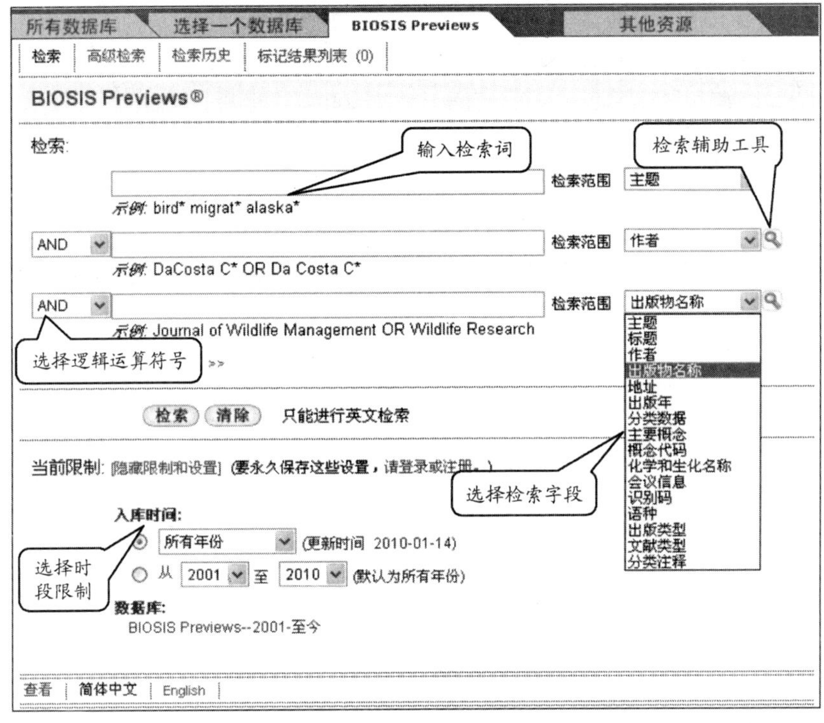

图 4-59　BIOSIS Previews 数据库检索界面

在一般检索中，每一个字段前面的检索框中均可以使用逻辑运算符号，如在选择作者字段的情况下，可以输入表达式“DaCosta C * OR Da Costa C *”。几个检索框之间的逻辑运算顺序为 NOT>AND>OR，其形成的最终逻辑表达式可以在检索后得到，另由于其逻辑限制相对较简单，不能表达更为复杂的情况，如有需要，用户可以使用高级检索自己定义更为灵活的逻辑表达式。

（五）高级检索

单击 BIOSIS preview 数据库检索界面【高级检索】链接，进入高级检索界面（图 4-60）。高级检索界面由检索框、检索提示（包括检索字段标识、逻辑运算符号）、检索时段限制、限制检索项（语种、出版物类型、文献类型、生物物种分类）、检索历史等几部分组成。用户可以在检索框中使用由两个字母组成的字段标识、布尔逻辑运算符、括号和引号等灵活检索表达式。检索结果显示在页面底部的检索历史中。

检索步骤：①在检索框直接输入检索表达式；②选择检索时段，以及其他辅助检索限制选项；③单击检索进行检索。

高级检索的字段标识

TS = 主题	MC = 主要概念	PS = 器官/系统/细胞器数据
TI = 标题	CC = 概念代码	MQ = 方法和设备数据
AU = 作者	CH = 化学	GE = 地理数据
SO = 出版物名称	GN = 基因名称数据	GT = 地理时间数据

AD＝地址　SQ＝序列　DE＝综合叙词
PY＝出版年　CB＝化学和生化名称　AN＝专利权人
TA＝分类数据　CA＝CAS 注册号码　IC＝识别码
DS＝疾病名称　MI＝会议信息

检索表达式示例：TS＝(ultrasound SAME cancer) AND AU＝Wu F

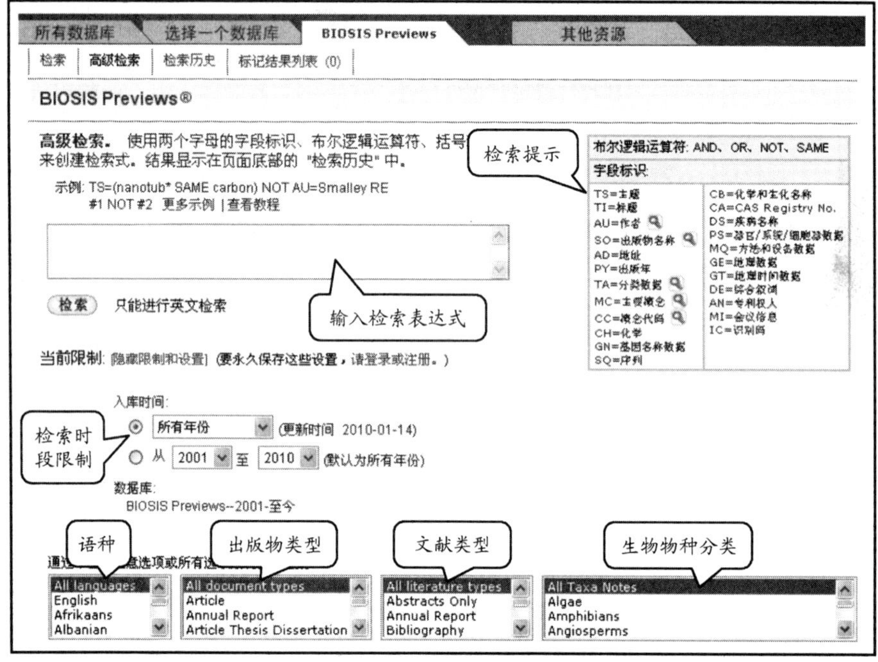

图 4-60　BIOSIS Previews 数据库高级检索界面

（六）辅助索引检索

普通检索和高级检索页面在作者、出版物名称、分类数据、主要概念、概念代码等检索字段中都提供了检索辅助工具。

以作者途径检索为例，其检索步骤如下（图 4-61）：①在普通检索和高级检索页面单击🔍进入检索辅助工具；②单击字母列表浏览检索词或者直接输入检索词的词干、词组和检索式并单击【移至】按钮；③在索引表中根据需要选择合适的检索词语，并单击【添加】按钮将该检索词显示在页面底部的检索词语显示框中；④单击【确定】按钮将已经选择的检索词语发送到检索页面并生成检索表达式；⑤单击【检索】按钮得到检索结果。

（七）二次检索

在进行一般检索、高级检索及辅助索引检索后，其检索结果显示页面上还可以继续进行二次检索（图 4-62），对检索结果进行更进一步的限定。在【结果内检索】下面的检索框中输入检索词，单击【检索】按钮完成二次检索。

（八）逻辑组配检索

BIOSIS Previews 的一般检索、高级检索以及检索历史均可以进行逻辑组配。在一般检

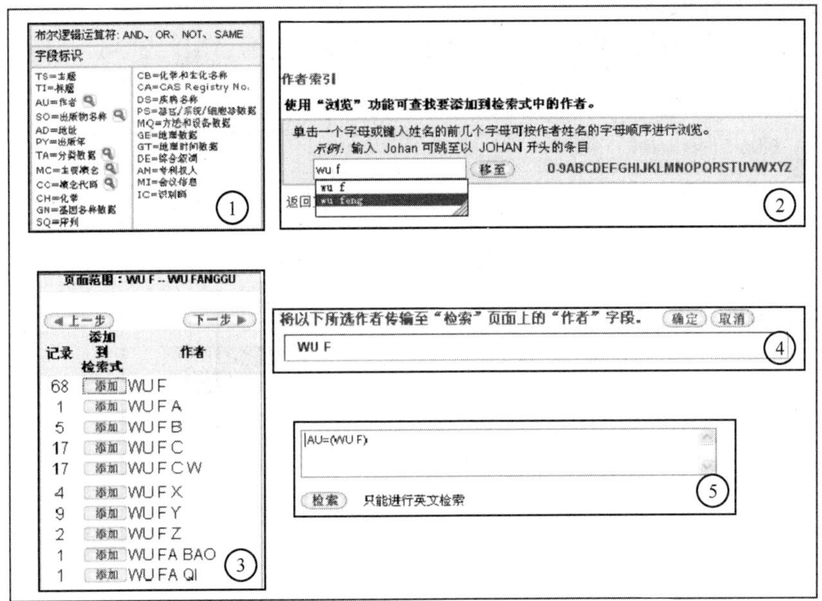

图 4-61　BIOSIS Previews 数据库辅助索引检索步骤

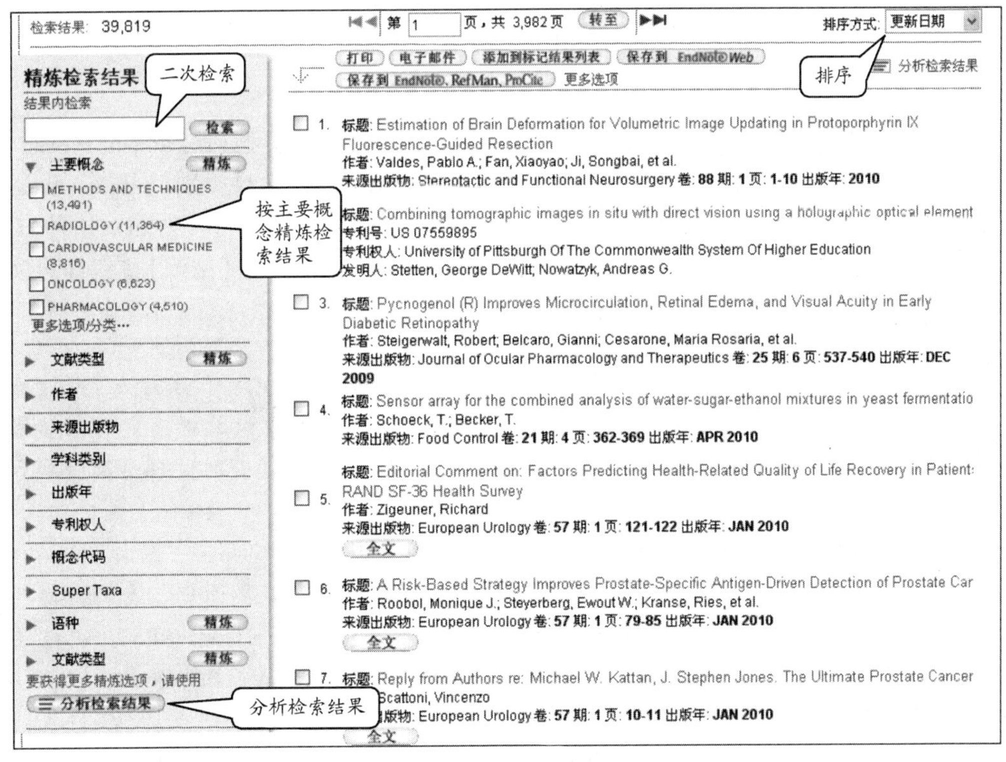

图 4-62　BIOSIS Previews 结果显示界面

索和高级检索中,用户可以输入逻辑组配符号和检索词进行组配检索,而检索历史中的则需要借助鼠标进行单击即可完成逻辑组配检索。

单击【检索历史】链接,进入检索历史界面,显示有用户所有检索过程。在每一条检索历史后均有两个复选框，第一个复选框为逻辑组配复选框（图 4-63），用户可以根据自己的需要选中几条检索历史后的复选框，然后选择逻辑组配符号 AND 或 OR，然后单击【组配】按钮即可完成逻辑组配。

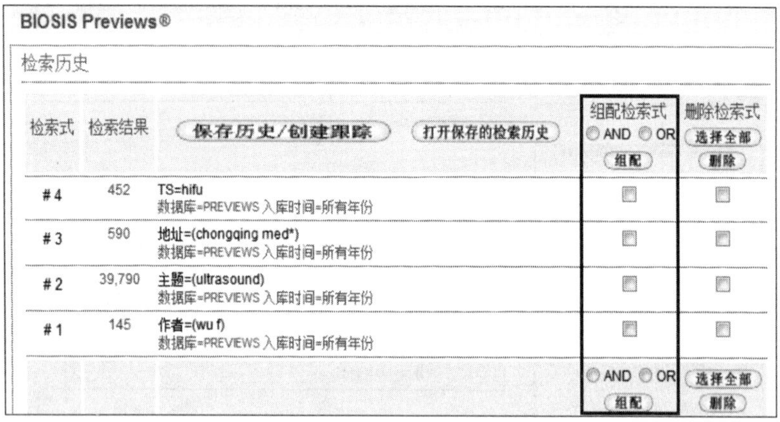

BIOSIS Previews®

检索历史

检索式	检索结果	保存历史/创建跟踪　打开保存的检索历史	组配检索式 AND OR 组配	删除检索式 选择全部 删除
#4	452	TS=hifu 数据库=PREVIEWS 入库时间=所有年份		
#3	590	地址=(chongqing med*) 数据库=PREVIEWS 入库时间=所有年份		
#2	39,790	主题=(ultrasound) 数据库=PREVIEWS 入库时间=所有年份		
#1	145	作者=(wu f) 数据库=PREVIEWS 入库时间=所有年份		
			AND OR 组配	选择全部 删除

图 4-63　BIOSIS Previews 检索历史界面——组配检索

三、检索结果的处理

（一）精炼检索结果

在检索结果界面首先设置主要概念（Major Concepts）、文档类型（Document Types）、作者（Authors）、来源出版物（Source Titles）、专利权人（Assignees）、学科类别（Subject Areas）、出版年（Publication Years）、概念代码（Concept Codes）、生物学分类（Super Taxa）、语种（Languages）、文献类型（Literature Types）等的下级分类复选框，然后单击【精炼】按钮即可实现对检索结果进行精炼，达到缩小检索范围。

Notice

1.“精炼检索结果”的原理　该 Web of Knowledge 平台提供了对检索结果进行精炼的功能，其精炼的原理是系统对检索结果按设定的分类进行统计分析，在每一类后标注命中的文献篇数，让读者通过分类及时找到自己所需要的文献。

2. Literature Types 与 Document Types 的区别　Document Types 一般译为“文档类型”，Literature Types 一般译为“文献类型”，在 BP 系统中文版界面中二者均翻译为“文献类型”。但二者的下级分类不同，Literature Types 包括 MEETING ABSTRACT（会议摘要）、MEETING POSTER（会议海报）、LITERATURE REVIEW（文献综述）、EDITORIAL（编辑说明）、MEETING SUMMARY（会议概要）、ERRATA（勘误表）、OBITUARY（讣告）、BIOGRAPHY（人物传记）、BIBLIOGRAPHY（文献目录）、TAXONOMIC KEY 等；Document Types 包括 ARTICLE（论著）、MEETING（会议）、PATENT（专利）、LETTER（通信）、BOOK CHAPTER（图书章节）、BOOK（图书）等。因此，Literature Types 其实际意义还是为“文献类型”。而 Document Types 应译为“文档类型”。

(二) 分析检索结果

系统的分析检索结果主要从专利权人、作者、概念代码、文献类型、语种、文档类型、主要概念、出版年、来源出版物、学科类别、生物种属分类等方面进行分析。通过分析检索结果功能,用户可以发现某研究领域隐含的发展趋势、把握学科领域的最新动态、了解某特定课题在不同学科的分布情况和获取某学科领域的核心研究人员的信息。在检索结果界面单击【分析检索结果】按钮即可进入分析检索结果界面(见图 4-62)。

(三) 检索结果排序

在检索结果显示界面右上角通过单击【排序方式】旁边的下拉列表(图 4-62),可以选择检索的排序方式,其排序方式有:更新日期、相关性、第一著者、来源出版物、会议标题、出版年等。

(四) 检索结果的显示

1. 结果列表显示　检索结果以列表方式显示,每条记录包括标题、著者、来源出版物三个字段,默认每页显示 10 条记录,在页面底部可以设置为每页显示 25 或 50 条记录。如果某一条记录有全文,则可以单击【全文】按钮获取全文。可以对检索结果进行标记,也可以在页面底部对所有检出文献进行标记。

2. 全记录显示　单击文献题名可浏览该文献全记录(包括摘要、地址、主要概念、概念代码等所有字段)。若订购了 Web of Science,就可以直接连接到这篇记录的参考文献、施引文献和相关记录。单击【全文】按钮,可以获取全文。

(五) 检索结果的输出

系统检索结果的输出页面有三个页面:第一个是检索结果显示的检索结果列表页面;第二个是详细记录页面;第三个是检索结果标记列表页面。

1. 检索结果列表页面的检索结果输出步骤如下

(1) 选择需要输出的记录:①选择当前页面上的记录(使用复选框选择记录);②选择当前页面上的所有记录(0~50);③选择一定范围内的记录,例如 5~15。

(2) 选择需要输出的字段:①书目字段:包括作者,标题和来源期出版物信息,或带摘要;②全记录:包括全记录页面上所显示的所有字段。

(3) 选择输出选项:①打印;②电子邮件;③保存到 Endnoteweb(需要用户有 EndnoteWeb 账号);④保存到 Endnote, RefMan, ProCite 等文献管理软件:只有在安装了 Thomson ResearchSoft 的输出插件后,才能够看到【Export To Reference Software】按钮,(http://thomsonisiresearchsoft. com/support/export);⑤保存:可以在其他参考文献管理软件中保存为 html 格式、纯文本格式、制表符分隔的格式(Windows)、制表符分隔的格式(Mac);⑥将记录添加到标记列表中:这样可以起到临时保存的作用,用户可以分次检索不同的检索题目,并将需要的检索结果添加到标记列表,在完成所有检索后,进入检索结果标记列表统一进行打印、保存等操作,检索结果标记列表能够容纳的记录最多为 500 条。

2. 详细记录页面的检索结果输出步骤

(1) 单击检索结果列表中的某一条记录的标题即可进入详细记录页面。

(2) 选择书目字段或全记录格式。

(3) 选择检索结果输出方式:打印、发送到电子邮件或文献管理软件,即可完成。

3. 检索结果标记列表页面检索结果输出步骤

(1) 选择字段,其字段包括 BIOSIS 入藏号、发明人、标题等 28 个字段。

(2) 根据需要将检索结果进行保存、打印、保存到 Endnoteweb 等文献管理软件中、以其他格式进行保存、发送到电子邮箱等。

(六) 保存检索历史和创建定题跟踪服务

可将检索策略保存在本地计算机或者 ISI 服务器上。保存在本地的检索策略可以再次打开并运行。保存在服务器上则允许用户创建定题跟踪服务并更容易管理检索历史。

可以通过检索历史页面或者高级检索页面保存检索策略。如果希望创建定题跟踪服务,注意定题跟踪服务是基于最后一个检索式而提供的。在每个检索历史中最多可保存 20 个检索式。

四、个性化服务

用户注册后,可以访问更多 Web of Knowledge 功能,包括每次访问自动登录该平台并自动进入特定数据库检索界面而非所有数据库检索界面;可以将检索式保存到服务器以便以后继续检索时打开使用;可设置定题跟踪服务和引文跟踪服务,还可以利用免费的文献管理工具 EndNote Web 来管理检索结果等。

(杜志银)

第八节 美国化学文摘数据库

一、数据库简介

美国化学文摘(*Chemical Abstracts*,CA)由美国化学会(The American Chemical Society,ACS)的化学摘服务社(Chemical Abstracts Service,CAS)(http://www.cas.org)编辑出版,创刊于 1907 年,是涉及学科领域最广、收集文献类型最全、提供检索途径最多、部卷也最为庞大的一部著名的世界性检索工具。

CA 的出版形式分为印刷版(Print)、光盘版(CA on CD)和 SciFinder 网络版。CAS 针对不同的用户又分别开发了 SciFinder 和 SciFinder Scholar 两种网络版本,目前这两个网络版均提供客户端版和 Web 版的两种访问方式。本书主要介绍 SciFinder Scholar 客户端版。

SciFinder 和 SciFinder Scholoar 的区别

SciFinder 是设计用于工业环境,而 SciFinder Scholar 专门设计用于高校和科研院所,二者都提供访问相同 CAS 数据库内容和使用许多强大功能的通道,而 SciFinder 与 SciFinder Scholar 不同之处在于 SciFinder 具有 SciFinder Scholar 所没有的专用功能:(1)“即时通报”(一项自动的最新资料通报功能);(2) Panorama(可视化及分析软件);(3) BLAST(序列搜索)。

SciFinder Scholar(SFS)报道了世界上200多个国家、60种文字出版的10 000多种科技期刊、科技报告、会议论文、学位论文、资料汇编、技术报告、图书及视听资料中的各种化学研究成果，摘录了世界范围内约98%的化学化工文献，所报道的内容几乎涉及化学家感兴趣的所有领域。

SciFinder Scholar整合了Medline医学数据库、加拿大知识产权局(CIPO)、欧洲专利局(EPO)、日本专利局(JPO)、德国专利局(DPMA)、世界知识产权组织(WIPO)、美国专利&商标局(USPTO)等57家合法专利授权机构发行的专利，以及化学文摘1907年至今的所有内容。其涵盖的学科包括了应用化学、化学工程、普通化学、物理、生物学、生命科学、医学、聚合体学、材料学、地质学、食品科学、农学等诸多领域，其数据每日更新。

通过SciFinder Scholar可以得到很多方面的信息：①文献信息：标题、作者(公司信息)、专利信息、文摘、索引、引文；②物质信息：化学物质名称、CAS注册号、分子结构、结构框图、含有GenBank和专利注释的序列信息、化学物质的供应商信息、化学物质参加的反应等；③反应信息：反应框图(包含反应物、试剂、产物、催化剂、溶剂反应条件等信息)、化学反应相关文献，以及与参与反应相关的化学物质的相关信息；④序列信息：序列名称和GenBank号码、CAS注册号、序列长度和结构、GenBank和专利注释等信息；⑤通过ChemPort ®链接查阅电子期刊全文；⑥重要的化学药品管理资讯；⑦化学药品目录资讯；⑧链接互联网；⑨利用SciFinder去获取与研究课题相关的额外资讯：引用文献、核心化合物、链接eScience网站；⑩通过SciFinder Scholar还可以访问美国化学文摘社(CAS)的多个数据库，包括CAplus(Patent and Journal References)、CAS REGISTRY(Substance Information)、CHEMLIST(Regulated Chemicals)、CASREACT(Chemical Reactions)、CHEMCATS以及MEDLINE等六个数据库(表4-3)。

表4-3　SciFinder Scholar可检索数据库

数据库名称	简　介
CAplus	世界最大的化学化工专利与期刊数据库。收录了150多个国家、50多种语言、9 500多种期刊的2 700余万篇文献以及全球50多个合法专利机构的500余万条专利文献。覆盖1907年至今的所有文献以及部分1907年以前的44 000多条期刊记录。包括期刊、专利、科技报告、论文、会议摘要、网络预出刊等，涵盖所有化学化工领域包括农业科学、生物与生命科学、工程与应用化学、食品科学、普通化学、地质科学、材料科学、医药科学、物理学、聚合物科学。目前大约有2 700万条参考书目记录，每天更新3 000条以上。可以用研究主题、作者姓名、机构名称、文献标识号进行检索
MEDLINE	包括OLDMEDLINE，收录了70多个国家、5 000多种期刊的生物医学文献，覆盖1950年至今的所有文献，以及尚未完全编目收录的最新文献。目前大约有1 600万参考书目记录，每周更新4次。可通过研究主题、作者姓名、机构名称等方式进行查询
CAS REGISTRY	世界上最新、最大、最全面的物质数据库，提供3 300多万种有机化合物、无机化合物、元素、金属、合金、矿物质、配位化合物 、同位素、高分子、蛋白质、核酸等，涵盖了从1957年至今的特定的化学物质，包括在CA中引用的物质以及特定的注册。每天更新12 000多种物质或序列，每种化学物质有唯一与之对应的CAS注册号。提供超过200万实验特性，1亿计算特性和接近20万谱图(NMR, IR, Mass Spectra)。其查询方式为物质查询(结构、分子式等)
CASREACT	化学反应数据库，提供CA收录之有机化学期刊及专利，收录了1840年至今的单步或多步反应信息(尤其专利中的反应)。包括有机反应、有机金属反应、无机反应、生化反应等。目前大约有1 400多万条反应记录和60多万条期刊论文和专利记录，每周更新约600~1 300条新反应。SciFinder可以显示反应物、试剂、产物、催化剂、溶剂、反应条件、参考信息

续表

数据库名称	简　介
CHEMCATS	商业应用物质和供应商数据库，目前大约有 1 600 多万种商业可用化学物质的列表，900 家厂商的 1 000 多个化学物质目录。可以容易而便捷的获得全球化学商品供应商的相关信息（联系信息、价格情况、运送方式）。CHEMCATS 信息通过物质查询间接获得
CHEMLIST	管制化学品数据库，收录了 1779 年至今的管制化学品的信息。目前有来自中国、美国、澳洲、欧洲以及以色列等大约 19 个国家和国际性组织 100 个管制化学品目录，24 万多备案或管控物质，每周添加 50 多种新物质或现有物质的附加记录到数据库。CHEMLIST 信息通过物质查询间接获得

二、检索前准备

（1）下载并安装客户端程序：在当地图书馆网上下载 SciFinder2007. exe（为目前最新程序），同时建议下载 ViewerLite（查看 3D 模型的软件），然后可以进行安装，安装的时候建议关闭所有程序。点击 SciFinder2007. exe 进行安装，安装时需要注意：①系统默认安装目录为 C:\SFSCHLR（建议采用），用户也可以自行设定安装目录；②安装，当系统出现对话框“Do you have a disk labeled custom site files?”请选择“否”；③系统需要 Microsoft . Net FrameWork 1. 1 支持，当出现需要安装的对话框的时候，请选择“I agree”并点击“Install”进行安装；④当系统提示安装完成，是否需要测试连接（“Test Connection”），由于是初次安装，SciFinder Scholar 还没有配置好，因此，这里暂不选，直接点 Finish 即可。

（2）将下载的 site. prf 文件拷贝到 SciFinder 安装目录下。

（3）安装用于查看三维化学结构式的 ViewerLite 软件。

三、数据库检索

进入 SciFinder Scholar 查询界面，单击【New Task】按钮，可见其检索方式有三种：Explore（检索界面）、Locate（精确查找特定物质或文献）和 Browse（浏览期刊目录）。

（一）Explore 检索

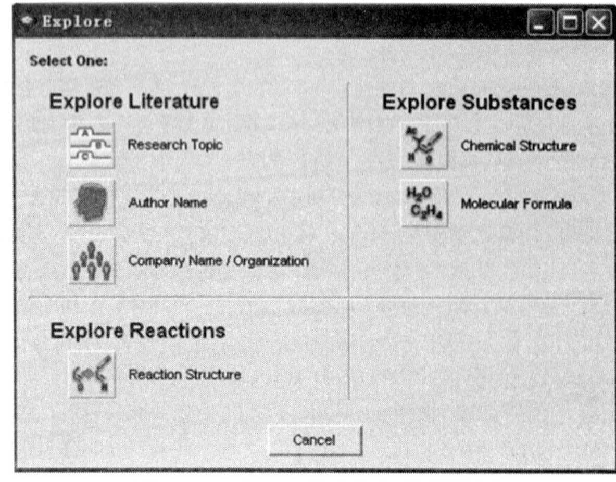

图 4-64　Explore 检索方法选择界面

Explore 检索分为 Explore Literature、Explore Substances 和 Explore Reactions 三种（图 4-64）。

1. 文献检索（Explore Literature）

（1）研究主题检索（Research Topic）：可以查找用户关注方向上的参考文献。其检索步骤：①单击 Explore 界面上的【Research Topic】链接，进入主题检索界面（图 4-65）；②在“I am interested in”的对话框内输入描述检索主题的短语或几个词语；③选择【Filter】按钮可以从出版年、文献类型、语种、著者、公司名称五个方面进行限制；④单击【OK】，弹出“Topic Candidates”对话框，列出与用户相关的几种不同角度检索结果并给出了相应的文献数（比如输入表达的精确匹配的文献数、表达式中主要主题词出现在同一句话中命中的文献数、主要主题词出现在任何位置的文献数、主要主题词分别命中的文献数等）；⑤根据需要选择具体的检索角度并单击【Get Reference】检索全部参考文献。

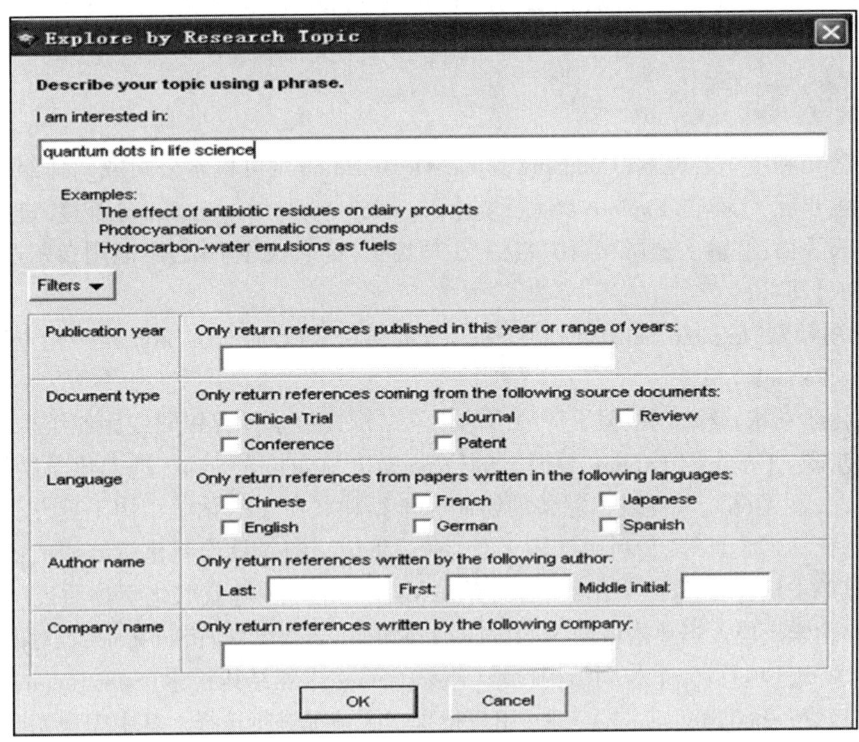

图 4-65　Research Topic 检索界面

主题检索窍门

1. 主题检索的表达式可以是短语、几个词或一句话，一般最好输入 2~3 个关键词。
2. 可以使用介词和连接词等。
3. 不能使用逻辑组配符号，如 AND、OR、NOT。
4. 不能用！或 * 等截词符或通配符。
5. 输入的词大小写均可。
6. 输入的词可以是任意长度。
7. SciFinder 主题检索能够自动识别输入词语的同义词、近义词、缩写，并有截词和断词等功能，如输入“biocatalytic”可以检索出“biocatalytic，Biocatalysis，Biocatalysts”等。

（2）作者检索（Author Name）：可检索到该作者发表的文献。检索步骤：①点 Explore 界面上的“Author Name”链接，进入作者检索界面；②输入作者姓名，Last Name（姓，必须输入）、First Name or initial（不是必须的）和 Middle Name or initial（不是必须的）；③单击【OK】，弹出“Author Candidates”对话框，列出与用户输入相关的所有作者及其所发表的文献数;④选择需要的作者,单击【Get Reference】检索结果。

作者检索注意事项

①输入作者的姓名(一定要输入英文或拼音,不能输入中文);②必须填入 Last name(姓),如果不能确认则可选择下面的选项(Look for alternative spellings of the last name);③不区分大小写;④对于复姓如 O'Sullivan, Chace-Scott, or Johnson Taylor 可直接输入;⑤如果带有元音变音的,输入字母即可,或在后面接一个 e,会同时搜索名、姓;⑥对于不确认的名,可以输入首字母。

(3) 公司和组织名检索(Company Name/Organization):可检索公司或团体组织发表的文献。检索步骤:①单击 Explore 界面上的【Company Name/Organization】链接,进入公司和组织名检索界面;②输入公司和组织名,大小写均可,键入顺序不限,不能用布尔逻辑算符;③单击【OK】即可。

2. 物质检索(Explore Substances) 包括化学结构式(Chemical Structure)检索和分子式(Molecular Formula)检索。

(1) 化学结构式检索:根据用户画出的化学结构式检索具有相同或相似结构的化学物质。检索步骤:①单击图 Explore 界面上的【Chemical Structure】链接,进入化学结构式检索的绘图界面(图 4-66),其提供了完备的绘制化学结构式所需的化学结构工具、反应检索工具、原子与化学键工具等;②利用结构工具、原子和化学键工具绘制化学结构式;③绘制完成后,可以单击【Preview】预览化学结构,单击【Get Substances】获取化学物质或【Get Reactions】获取化学反应。当单击【Get Substances】按钮时,会弹出"Get Substances"对话框(图 4-67),检索方式选项有:完全相同结构检索(Exact search)、亚结构检索(Substructure search)、相似结构检索(Similarity search)三种,用户根据实际情况进行选择。其中完全相同结果检索要求返回的结构完全一致,可获得物质的聚合物、混合物、配合物等;亚结构检索要求所绘制的结构必须存在;相似结构检索只会显示 60 分以上的相似结构结果,最多只能显示 20 000 个相似结果。另外,还可以对检索结果进行限定,包括物质分类、结构组分、

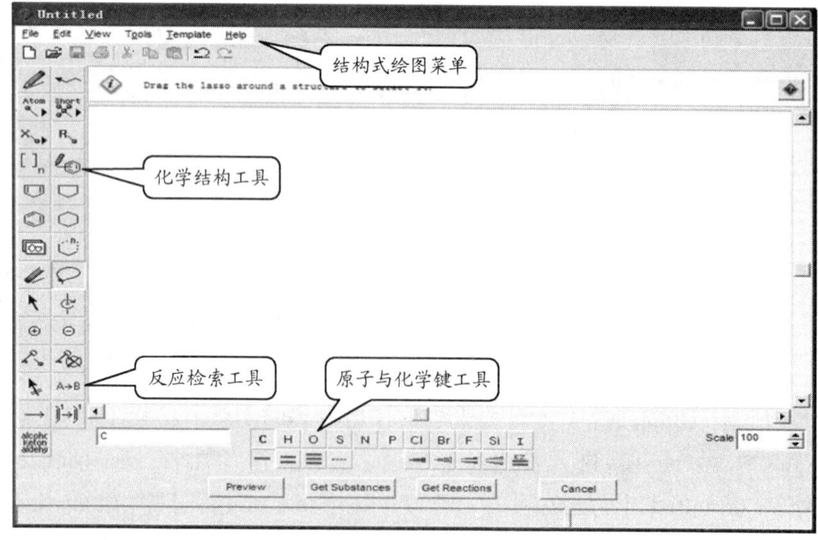

图 4-66 化学结构式绘图窗口

是否商业来源、参考文献数和研究类型。④单击【OK】按钮查看具体的命中记录(图4-68),当单击物质记录左上方按钮可以看到物质的详细数据;单击按钮查看该物质的相关参考文献;单击按钮显示物质立体结构;单击按钮显示物质管制和注册数据;单击按钮显示物质的供应商信息;单击按钮显示物质的反应数据。

Get Substances

Get substances that match your query using:
- Exact search
- Substructure search
- Similarity search

Filters

Substance class	Return substances that are: Alloys Coordination compounds Incompletely defined Mixtures Polymers Organics, and others not listed above
Structure components	Only return substances that are single components
Commercial availability	Only return substances that are commercially available
References	Only return substances having one or more references
Studies	Only return substances having these reported studies: Analytical Biological Preparation Reactant or Reagent

OK　Cancel

图4-67　"Get Substances"对话框界面

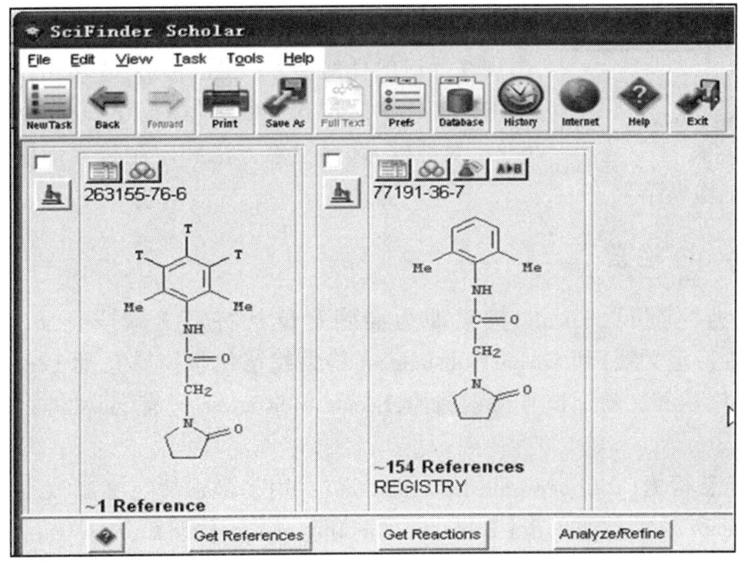

图4-68　Get Substances 命中记录

(2) 分子式检索:根据分子式可以检索到有特定分子式的物质,还可以检索CAS注册号,化学名称等。检索步骤:①单击Explore界面上的【Molecular Formula】链接,进入分子式检索界面;②输入分子式;③单击【OK】按钮查看具体的命中记录,单击【Get References】显示物质参考文献。

分子式检索注意事项

分子式输入要区分大小写以消除模糊含义,原子排列可以任意,如 H_4SiO_4,若输入 si 则既可以指硅原子又可以是硫和碘原子;分子式的元素之间可以有空格,如 H_4SiO_4,H_4O_4Si,H_4 Si O_4。如果输入的原子是模糊的,则弹出窗口提示修改,如元素符号的上标、下标,元素符号之间以空格隔开等(多数情况下会自动修正);如果是多组分的物质如聚合物、盐类等,则各个组分之间以英文的句号“.”隔开,如 Component1.Component2。

SciFinder Scholar 会分析所输入的分子式,并重新编排原子,使之成为能被计算机识别的分子式,搜索 CAS Registry 数据库,并显示匹配结果。

3. 反应检索(Explore Reactions) 可以让用户通过化学结构或者官能团来查找反应信息。通过反应检索,可以定义每一物质在反应中的角色;可以使用亚结构检索的全部功能;可以允许或者禁止进行附属取代或者环系变换。同时提供以下信息:①符合或包含用户查询的亚结构式和/或官能团反应;②指定物质的制备方法;③反应物质的商业来源;④物质的管制化合物列表;⑤详细描述反应的文摘和参考文献。

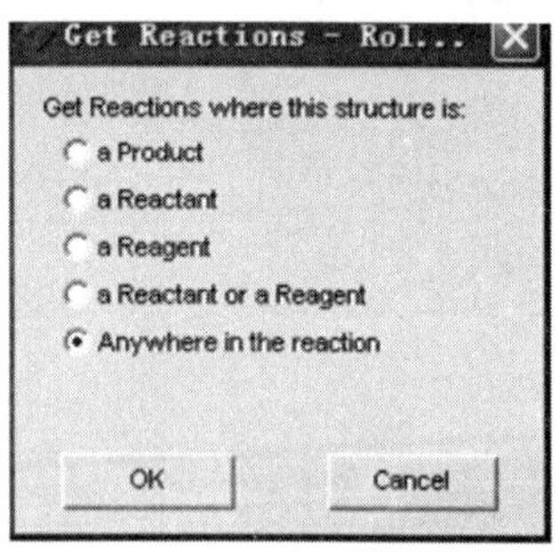

图 4-69 定义参与化学反应的化学结构式的角色

检索步骤:①单击 Explore 界面上【Explore Reactions】下面的【Reactions Structure】进入化学结构式绘制界面;②绘制所有的反应参与物质,可以使用反应箭头或反应作用来定义每个物质的反应角色。③点选【Get Reactions】,开始查询,弹出“Reactions Roles”对话框,定义所画结构式的角色:产物(Product)、反应物(Reactant)、试剂(Reagent)反应物或试剂(Reactant or Reagent)或任一角色(Any role)(该结构式可以出现在反应的任何地方)(图 4-69);④单击【OK】按钮,然后单击绘制化学结构式界面的【Get Reaction】,弹出“GetReactions”对话框,选择检索方法和限制检索范围;⑤单击【OK】进行检索,得到检索结果。

(二)Locate 检索

Locate 意为“定位”,Locate 检索即为准确定位某特定文献或物质,其分为 Locate Literature(检索特定文献)和 Locate Substances(检索特定化学物质),而 Locate Literature 又分为书目信息检索和文献标识号检索两种,Locate Substances 只有 Substance Identifier(物质标识符检索)。

1. 书目信息检索(Bibliographic Infor-mation) 用于检索特定文献或专利资料。检索步骤:①在 Locate 检索界面单击【Bibliographic Information】链接,进入书目信息检索界面(图 4-70);②界面上有两个选择:期刊文献(Journal Reference)和专利文献(Patent Reference),二者只能选择一种。如果选择期刊文献,可以尽可能输入用户知道的信息,包括作者姓(Last Name)、第一个名的首字母(First Initial)、中间名首字母(Middle Initial)、期刊名称、出版年、文献标题关键词等;如果选择专利文献,可以输入专利号进行检索。

如果这些限制项目还不能满足需求，可以单击对话框右上角的【More】按钮获取更多限制项。③单击【OK】按钮得到检索结果。

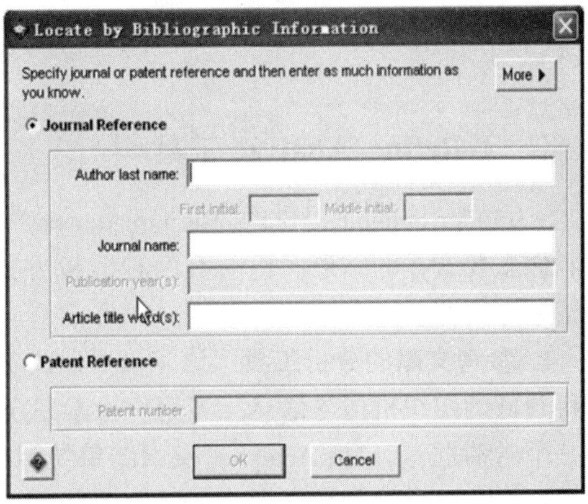

2. 文献标识号检索(Document Identifier)　用专利号和CA文摘号等文献标识号查找特定文献，包括专利申请号和优先权申请号对应的文献。检索步骤：①在Locate检索界面单击【Document Identifier】进入文献标识号检索界面；②输入文献标识号，一行只能输入一个号码，比如CA97：38705，除了直接输入外，还可以从本地电脑调入文献标识号文件进行检索(Read From file…)；③单击【OK】得到检索结果。

图4-70　Locate检索的书目信息检索界面

3. 物质标识符检索(Substance Identifier)　利用物质标识符查找物质的相关文献，而物质标识符包括特定物质的名称和号码，如CAS注册号、化学物名称、分子式等。检索步骤：①在Locate检索界面单击【Substance Identifier】进入物质标识符检索界面；②输入化学物质的名称(包括化学名、俗名、商品名)或号码(如CAS注册号)，一行只能输入一个，除了直接输入外，还可以从本地电脑调入物质标识符文件进行检索(Read From file…)；③单击【OK】得到检索结果。

(三) 浏览期刊目录/内容(Browse)

在SciFinder Scholar查询界面单击"Browse"图标进入浏览期刊目录/内容界面；选择需要的期刊，单击【View】按钮，也可以单击【Edit】菜单选择【Find】进入期刊查找对话框，输入自己知道的期刊名称的全称或期刊标题关键词进行检索，二者均可以帮助读者查找到需要的期刊；默认结果显示的是该刊最新一期的目录，目录格式包括文献标题、作者、数据库名称、文献页码等。单击页面右侧的滚动条上下滚动浏览目录内容，也可以单击【Previous Issue】和【Next Issue】查看前后期的目录，也可以单击【Select Issue】浏览特定期的目录。在每一条文献后均有两个图标，单击显示所选期刊的信息，单击启动ChemPort链接全文。单击【Get Related】可以查看相关信息。

(四) 智能检索

智能检索是在化学结构检索中的一种高技术功能，允许用户以自己熟悉的方式绘制化学结构，智能检索将用户的结构作适当调整以适应化学家的各种习惯，智能检索能智能地处理绘制的结构，允许各种与绘制的结构相匹配物质的最大相关检索。

智能检索自动查找包含与用户所绘制的原子和化学键相同排列的所有物质。检索可包括与用户绘制的结构完全相同的结构、立体异构体(包括醛-烯醇)、互变异构体、配位化合物、带电化合物、原子团或离子团、同位素和绘制结构作为其中单体的聚合物。

四、检索结果的处理

(一) Refine/Analyze 工具

SciFinder Scholar 提供的“Refine/Analyze”工具的功能非常强大,可以用来搜寻、评价和查看你想要查找的结果。目前有两种分析方式:一种对参考文献进行分析,另一种是对物质信息进行分析。

1. 参考文献的分析工具 该工具可以浏览到学科的发展前沿、确定重要研究者和某个学科领域的组织机构等信息。当用户检索到众多的参考文献后,按【Refine/Analyze】按钮弹出一个对话框,其包括 Analyze(检索结果统计分析)、Refine(对检索结果进行进一步限定)和 Categorize(对检索按主题和物质名称进行分类)。其中 Analyze 工具可以对检索到的文献资料按照作者姓名、CAS 注册号、期刊名称、语种等 11 个指标分别进行统计分析(图 4-71)。

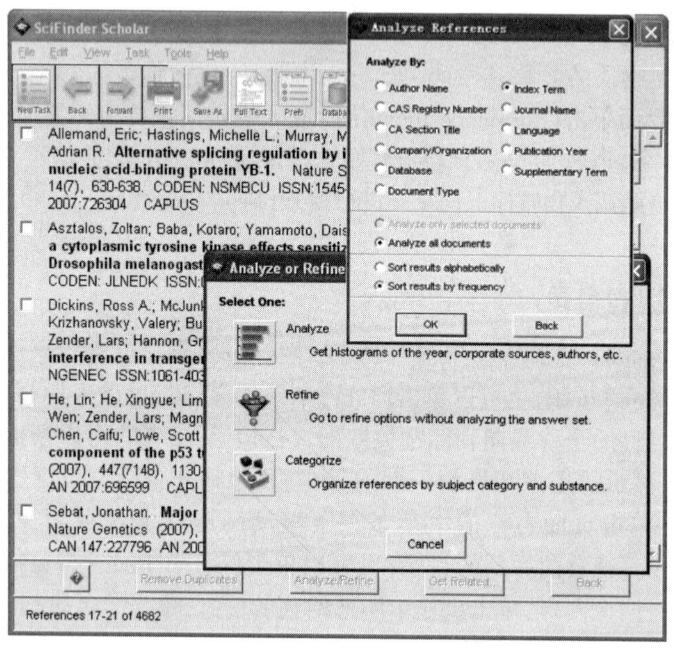

图 4-71 Refine/Analyze 参考文献分析界面

2. 对物质信息的分析工具 Refine/ Analyze 工具可帮助用户对环骨架、立体化学、特定原子、变量的存在等六个方面进行统计分析,并可以对检索进行进一步精炼。

(二) 结果保存与全文获取

选【File】菜单下或工具栏的【Save AS】按钮,弹出【Save AS】对话框:①选择要保存文件的文件夹位置;②在“File name”方框内输入文件名;③选择文件保存的格式,如 Rich Text Format (. rtf) 格式;④单击【Save】即可将检索结果保存到本地硬盘。在检索到文献信息页面或化学物质信息页面均有获取全文的按钮,单击【获取全文】即可获取全文。

（三）打印

选【File】菜单下的【Print】按钮弹出“Print”对话框，选定打印选项后单击【OK】即可。

（杜志银）

第九节　Dialog 数据库联机检索系统

一、概　　况

美国 Dialog 联机检索系统创建于 1963 年，1972 年开始投入商业运营，是目前世界上最大的计算机联机检索系统，客户遍及全球 100 多个国家，终端用户遍布科技、商业、学术、政府等机构。

（一）收录范围

Dialog 平台收录了全球 600 多个知名的数据库，占世界机存文献量的 50% 以上。涵盖了各行各业，可检索内容包括深入和广泛回溯几十年的科学数据、技术数据、专利知识产权数据，信息覆盖了科技、医学与制药、知识产权、社会科学、商业金融等学科领域。Dialog 收录的信息涉及的专业范围广泛，按涉及学科的领域分为 20 类。其数据库类型主要有四种，即文献型、数值型、名录字典型、全文型，涉及 40 多个语种。

（二）文档介绍

Dialog 联机检索系统的 600 多个数据库。分别由唯一的文档号进行标识，如图 4-72 所示，其中 155 号文档是 MEDLINE 数据库；34 号文档是 SCI 数据库；351、352 号是查找专利的权威数据库。Dialog 通过数据库目录、蓝页详细地向用户介绍了每个数据库的检索技术（包括文档描述、学科范围、时间范围、更新频率、进入 Dialog 的日期、信息的来源、记录的样式，可用来限制检索的基本索引与辅助索引、显示方式、打印格式、收费情况等），是用户构造检索策略必不可少的参考工具。

（三）服务与利用

Dialog 提供的服务项目有：追溯检索、定题检索、查新服务、联机订购文献、文献递送服务、知识索引、跨库检索等。检索功能强大，数据库更新及时，数据库中收录的文献年限也较长。使用 Dialog 系统之前，要先申请账号，交纳开户费，每年要交年费和数据库使用费。以前主要通过专线联机检索，通信费用较高，现在可以采用远程登陆（Telnet）、万维网（Web）等方式来连接 Dialog 系统。

二、DIALOG 检索平台

Dialog 是目前世界上最大的计算机联机检索系统，根据检索人员的检索水平和检索目的不同，可分为八种不同的检索平台和界面：DataStarClassic™ Web、DataStar® Web、DialogLink 5、DialogClassic Web®、DialogWeb、DialogSelect™、Dialogl、Dialog Intranet Toolkit Custom Solutions and Dialog®Pro。本节介绍几个最常用的检索平台。

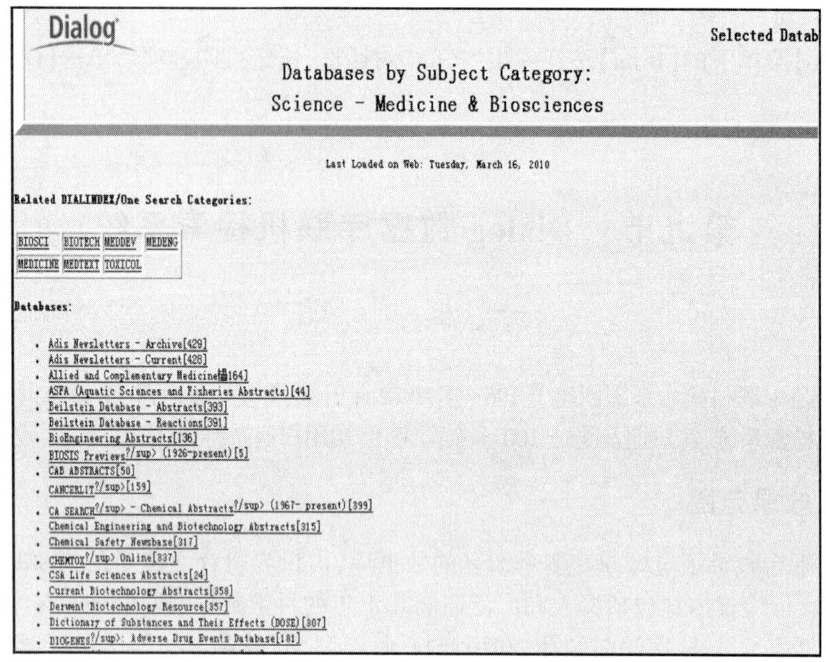

图 4-72 Dialog 生物医学类数据库

(一) 简易平台 DialogSelect/Open Access

DialogSelect(www.dialogselect.com)检索平台(图 4-73)是按行业细分建立的简易检索平台,该检索界面直观人性化,不需要检索人员掌握复杂的检索指令,检索费用相对较低。DialogSelect 是 Dialog 的免费检索平台,但该平台只支持 Dialog 的 300 多个数据库,检索方法单一,不支持指令检索,多库检索时不能对检索结果进行去重。DialogSelect 页面左侧设置了一排红色按钮,将其所支持的 300 多个数据库按照学科范围划分为商业、化学、能源、食品、政府、知识产权、医学、新闻、药学、索引技术等 11 个学科领域。用户可以按自己的需要选择某一学科领域息进行检索。

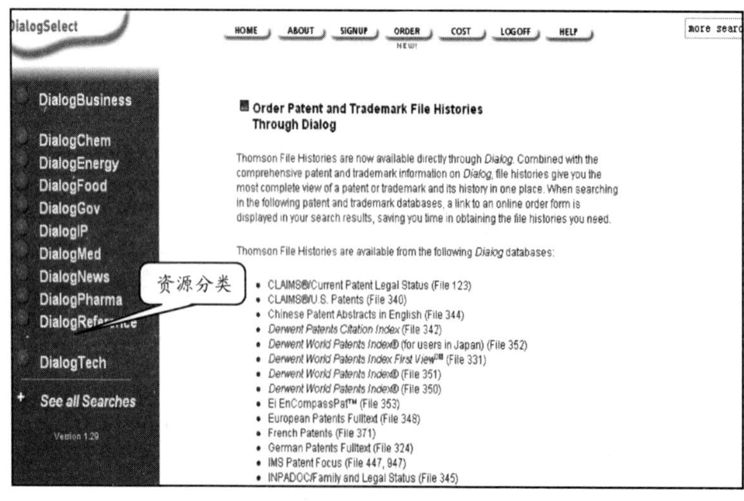

图 4-73 DialogSelect 检索平台

(二) 专业指令检索软件平台 DialogLink(Dlink 5.0 软件)

DialogLink 是 Dialog 系统的专用通信软件,针对 DOS,Windows,Macintosh 等操作系统有不同的版本,使用前需要进行安装,是 Dialog 系统中应用最高级的软件。DialogLink 检索速度快,而且为检索者提供了方便直观的操作环境和人性化的软件帮助,如 Report 功能、结构式检索等;还可将每次检索的策略式保存下来,以便总结整理。但只支持指令检索,收费较其他平台贵。一般来说,Dlink 适用于课题检索、科技查新、专利检索等。目前该软件的最新版本是 Dlink 5.0,检索界面如图 4-74 所示。

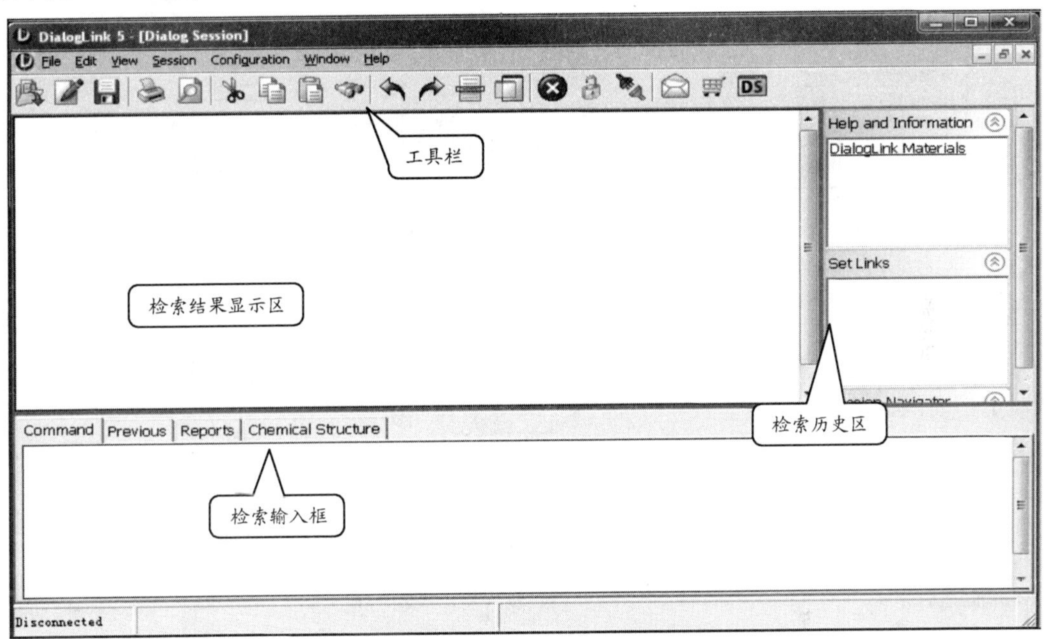

图 4-74　DialogLink 5.0 检索平台

(三) 综合平台 DialogWeb

DialogWeb(http://www.dialogWeb.com)是初级和专业兼顾的综合检索平台(图 4-75),需要以用户名和密码进行登录。检索界面友好,操作方便,直观的超文本检索界面让使用者无需牢记过多的指令和限制字段,随时可打开联机帮助窗口。DialogWeb 针对普通用户和专业检索人员分别提供了 Guided 检索和 Command 检索两种检索模式。其中 Guided 检索灵活简便,不要求使用检索指令;Command 检索提供全面精确的指令检索模式。同时,各数据库介绍、使用说明、限制字段、检索费用等信息可随时调阅。在 DialogWeb 检索平台中,只要不具体开库,检索时不收取联机费用。

(四) 专业指令检索 Web 平台 DialogClassic Web

DialogClassic Web(http://www.dialogclassic.com)平台(图 4-76)是 Dialog 高级检索界面,只支持指令检索,是专业检索人员比较常用的检索界面。检索界面单一,检索速度快,而且该检索平台能自动保存检索记录,检索全程可以一次复制,便于检索和查看、保存检索式和检索结果,帮助检索人员修改检索要求,最终找到所需文献。适用于课题检索、科技查新、专利检索等。

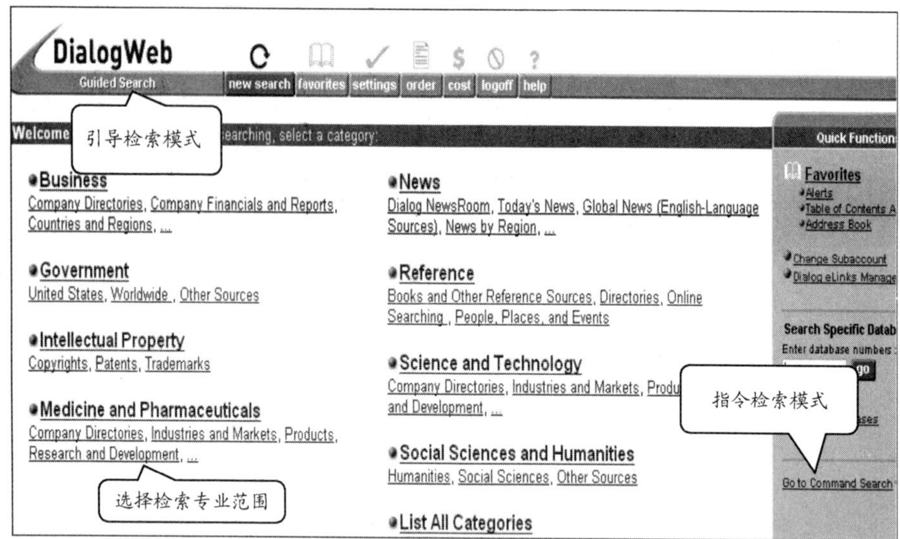

图 4-75 DialogWeb 检索平台

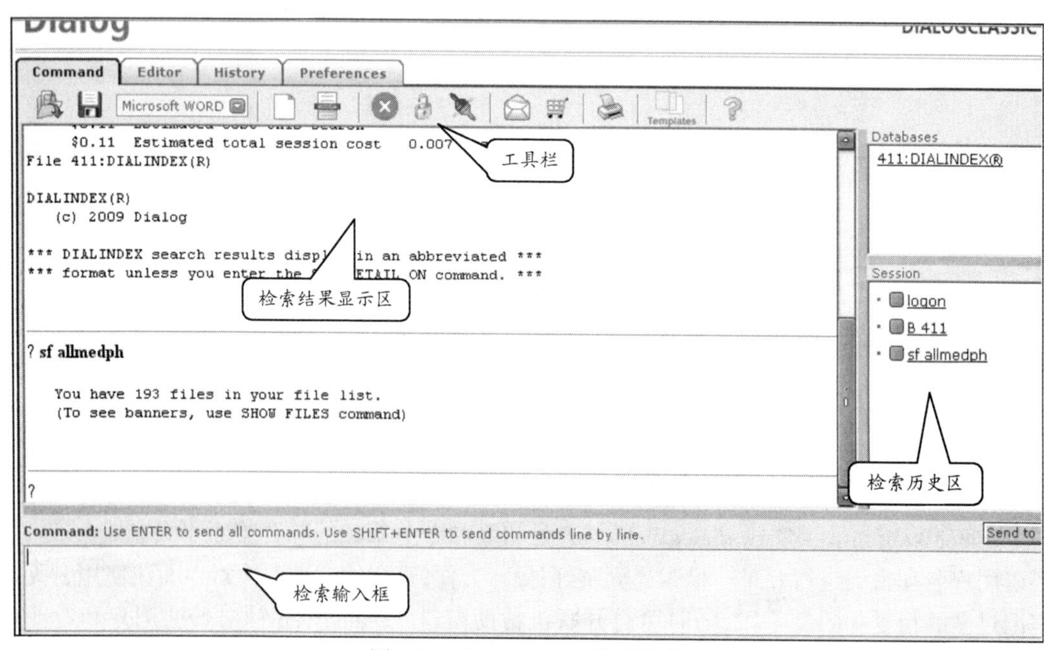

图 4-76 DialogClassic 检索平台

三、检索技巧

在常用的 Dialog 检索平台中,除了 DialogSelect 和 DialogWeb 中的 Guide search 只需使用鼠标单击目录进行查询所需信息外,其他 Dialog 检索平台的检索是需要通过识别用户输入系统设置的检索指令来完成的。Dialog 系统通过精确的指令语言技术,能实现跨库检索的同时,还能对重复的文献进行去重,并且能执行专项检索和系统分析等服务,适用于课题检索、科技查新、专利检索。

(一) Dialog 指令系统的应用

1. begin, b 打开数据库文档, Dialog 系统的开库指令。使用格式为 b fileno 或 b filegroup,多个文档号之间要用逗号隔开,注意逗号要在英文输入状态或者半角状态下输入,否则系统不能正常识别。例如:b 5 意思是打开 5 号文档;b 34,434 代表打开 34 和 434 号文档;b biotech 代表打开生物技术组库。

Filegroup 是组库的意思,组库是 Dialog 系统将同一个学科领域下属的数据库文档的集合。如 allmedph 是医学相关的所有数据库,共有 193 个文档;biotech 是所有收录生物技术相关数据库的文档集合,含有 BA、medline 等数据库文档共 27 个。

2. select,s　Dialog 系统的检索命令。s 后空一格跟单个检索词(组)或复合检索式。Dialog 系统中规定词组之间的空格用(　)来代替,以保证单词之间固定的前后位置关系。如查找慢性阻塞性肺疾病的文献,检索式为:s chronic(　)obstructive(　)pulmonary(　)disease。Dialog 系统中对于检索词(组)之间的逻辑关系通过布尔逻辑运算符来体现。如检索慢性阻塞性肺疾病诊断的文献,检索式为:s chronic(　) obstructive(　)pulmonary(　)disease and diagnosis。

3. remove duplicates,rd　去重指令,对检索结果中重复的记录进行处理,去重后保留唯一的记录。格式为:rd S#。在 Dialog 系统中多库检索时,同一篇文献可能被多个数据库同时收录。因此,对其检索结果进行去重的操作是非常必要的,除了能节约查看重复文献的时间,还能节约下载文献的费用。

4. type,t　显示检索结果的命令。格式为 t 检索式(记录号)/记录格式(记录字段)/记录数。例如:t s1/5/1-5 表示显示检索式 1 检索结果中 1 至 5 记录的 5 格式;t s3/6/all 表示显示检索式 3 的所有检索结果的 6 格式;t s3/ti,au,so/10 表示显示检索式 3 的第 10 条检索记录的题目、作者和出处字段。

5. logoff,logoff hold　断开连接,退出 Dialog 系统。执行 logoff 指令后,系统断开用户与主机的连接,显示检索时间和费用。logoff hold 是 logoff 的姐妹指令,使用 logoff hold 可以将系统暂时脱机,系统保存上次检索式打开的数据库和检索指令号,用户可在半个小时内再次联机并继续操作,不需要重新使用 b 指令开库检索,缩短检索时的联机时间,并节约了检索费用。目前还有 bye、quit、logout、off、stop、log 等关机指令,效果与 logoff 一致。还可以通过强制关掉检索平台来实现断开。因此,当电脑出现故障关机时,不用担心联机费用,dialog 联机系统已经强制退出。

6. set file,sf　只用于 411 文档查询,表示搜索指定文档,使用格式为 SF fileno 或 SF filegroup。如 B 411;SF 2,5,34,72,155,399(多个文档号之间要用逗号来隔开)。

Notice

411 文档(DIALOGINDEX)是 Dialog 联机检索系统的索引库,在 411 文档中用户可以选择一组供浏览的数据库;可输入唯一的 SELECT 命令来找出有多少条记录包含用户的检索词。用 DIALOGINDEX 可避免检索某些包含很少或根本不包含检索结果记录的数据库时造成的浪费。在 DIALINDEX 中,用户不能浏览显示记录;不能输入多个 SELECT 命令;不能把检索序号进行逻辑组配。因此,411 文档的主要作用是用来选库,以节约实体库昂贵的联机费用。

7. expand,e E 是 Dialog 系统中的辅助检索指令,表示扩展。可以对检索词进行扩展,当不太确定检索词的正确写法时,可使用该指令对文献进行检索后,再从中找出需要的记录。相当于 medline 的索引检索功能。输入某一片段进行检索,在检索结果中选择满意的词条再进一步检索文献。如输入检索指令 E CS=BENZ 查找公司名为 BENZ 的所有扩展名,再进一步从检索结果中选择符合检索需要的文献记录。

8. Sort 对检索结果进行排序的指令,能实现对检索结果按照指定记录字段的升序或者降序的排列。Dialog 的检索结果默认的是按录入时间进行排序,如果有特殊需要,可按用户的需要对检索结果进行重新排序。Sort 的指令格式:sort s#/记录范围/字段名:如 sort S1/all/py 表示检索结果按照出版年进行排序;sort s1/all/au from 155 表示 155 库 S1 的检索结果按照作者进行排序。

9. rank Rank(统计分析)指令对检索结果中的单个字段进行抽取排列。实际上是对大量检索结果进行分析的重要手段。例如,在检索结果中,需要从作者、时间、出版物等角度对数据进行分析,就需要使用 rank 指令。指令格式为 rank 字段名 s# 记录范围,如 rank pa:按专利权人对当前全部记录进行统计(记录范围不注明时,默认统计所有的记录);rank pa s1 1-100 表示按专利权人对 s1 结果中前 100 条记录进行统计分析。

10. report Report(生成报告格式)指令多应用于对商业数据库的检索结果处理后生成报告。该指令可对检索结果中需要的字段通过报告的形式输出,以便于阅读和统计。对于药物专利数据库,report 可以按照专利到期时间统计一份报告,包含专利号、专利到期时间。格式为 report s#/字段名,字段名/记录范围,例如:report s3/na,pn,pa,ed/all 表示对 s3 结果的全部记录输出报告,包括药物名称、专利号、专利权人、专利失效日期。

Dialog 系统的所有文档并非全都支持 report 指令,可以在 dialog 蓝页中查看其是否支持该指令。

11. map Map(在检索结果中进行数据抓取)指令在很多文献中被翻译成“字段映射”,是指在不同的数据库之间建立起映射和批量检索的桥梁。因为建立映射是为了从一个数据库中抓取数据到另外的数据库中进行对应检索,而 Map 保存映射是数据,所以可以形象地理解为“数据抓取”。

Map 可以从一个或一组记录规定的字段中自动提取和存储检索项,可在任何一个标引规定的字段中使用。格式为 map 字段名 S#,如 map PN 指的是把当前检索结果的专利号提取出来并保存。

12. save Save 为保存检索策略指令,格式为:save <name>(name 为用户保存当前检索策略的文件名)。用户根据自己的需要,对检索策略可进行如下三种方式的保存。

save<name>:当前检索策略的保存方式为在线永久保存;

save temp<name>:当前检索策略的保存方式为在线临时保存(时间为 7 天);

文献信息机构根据用户研究课题需要,通过对信息的收集、筛选、整理并定期或不定期地提供给用户,直至协助课题完成的一种连续性的服务叫作定题服务。Alerts 服务即 Dialog 系统提供的定题推送服务,当读者需要数据库将其所关注的信息在第一时间主动通知或者提交给他,便可使用该指令。

save alert<name>:保存当前检索策略,并定制 alert 服务。

(二)常用算符

1. 逻辑算符 在检索时,我们从检索需求或者课题中分析出多个检索词,在这些词之间存在一定的逻辑关系,如相交、并列或者排除。因此,在制订检索式时,我们要使用逻辑运算符将这些词连接起来。Dialog 系统中的逻辑运算符分别为 AND,OR,NOT。

逻辑算符 AND:AND 的作用是表示相交关系,要求连接的两个检索词必须同时出现。如 AIDS AND diagnosis。

逻辑算符 OR:OR 的作用是表示并列关系,要求连接的检索词出现其中任何一个或多个。如 AIDS OR Acquired( )Immunodeficiency( )Syndrome OR Acquired( )Immunologic( )Deficiency( ) Syndrome。

逻辑算符 NOT:NOT 的作用是表示排除关系,要求连接的两个检索词之间的关系满足 NOT 前的检索词的文献集合中排除含有 NOT 之后的检索词。如 Lymphoma NOT Non( ) Hodgkin( )Lymphoma。

2. 位置算符(proximity operators) 检索词可能是名词词组或者短语,组成名词词组或短语的单词之间存在一定的位置关系,这些单词的位置有时是可以互相交换的。因此,如果只用其中一种表达形式可能会漏掉一部分文献记录,为了降低漏检率,可以采用位置符对这种关键词进行连接。在 Dialog 检索系统中支持的位置算符有 W 算符、N 算符、S 算符。

(1) W 算符:一般用法为词一(nW)词二,表示词一与词二之间至多可以插入 n 个其他词,同时词一和词二之间保持前后顺序。如:magnetic(w)resonance(w)spectroscopy(w) imaging 相当于 magnetic( )resonance( )spectroscopy( )imaging;breast(1W)cancer 可以检索出含有 breast ovarian cancer、cancer of breast 等检索词组的文献。

(2) N 算符:一般用法为词一(nN)词二,表示词一与词二之间至多可以插入 n 个其他的词,同时词一和词二之间的顺序可以交换。如 Acute(2N)Pancreatitis,可以查到 acute severe biliary pancreatitis、severe acute pancreatitis、acute edematous pancreatitis、acute severe pancreatitis 等关于急性胰腺炎的文献。

(3) S 算符:一般用法为词一(S)词二,表示词一与词二必须在同一子字段(subfield)(同一标题、同一段落或同一句话中)。如查找磁共振波谱成像用于前列腺疾病的检查(要求磁共振波谱成像与前列腺疾病在同一个字段):(magnetic( )resonance( )spectroscopy( )imaging or MRSI)(s)prostat?。

3. 截词符(truncation) 所谓截词检索,就是把检索词截断,让计算机按照词干或不完整的词形与索引词对比进行检索。这样既可以节约输入和确定检索词时间,又可以提高查全率。截词符用"?"表示。具体用法为:

(1) 1 个? 代表任意长字符(0~n 个)。如检索 child? 可查找 child、children、childhood 等含有 child 前缀的所有词;也可放在词中,用法与词尾相同。

(2) 两个问号,中间有空格,"? ?"代表 1 个字符的用法:可以放在词尾,也可放在词中。例如 cell? ? (问号之间有一个空格),能检索到 cell,cells 的文献。Wom? ? n 能检索 women 或 woman 的文献。

(3) 两个问号,中间不空格,"??"意为截两个字符:可以放在词尾和词中,表示词尾和词中 0 到 2 个。例如 comput?? (问号之间没有空格)能检索到 compute,computer。

(三) 限定检索

Dialog 系统为了对检索项目有精确的输出,设置了基本索引和辅助索引。基本索引(Basic Index)是一种主题性质的索引,它将检索项限制在叙词(/DE)、标引词(/ID)、题目(/TI)、文摘(/AB)四种主要的后缀中,后缀代码放在检索项后面。有的数据库还有其他一些基本索引的后缀代码。附加索引字段(Additional Index)是 Dialog 数据库文档中以前缀方式限定的字段。因此,在使用 Dialog 数据库时可以通过参考检索词表所在字段达到 Dialog 限定检索的功能,表 4-4 Dialog 为大家介绍常用的索引字段名、缩写形式和用法。

表 4-4 Dialog 常用字段及其检索实例

字段符	字段全称	格式	例子
AB	Abstract	/AB	S chronic( ) obstructive( ) pulmonary( ) disease/AB
TI	Title	/TI	S AIDS/TI
AU	Author	AU=	S AU=WANG D L
ID	自由标引词	/AD	S COPD/ID
DE	Descriptor	/DE	S ANIMALS/DE S Molecular(w) genetics/DE
DS	Diseases and Disease Modifiers	/DS	S Chronic( ) obstructive( ) pulmonary( ) disease/DE
GE	Gene name	/GE	S Tetranychus(w) Kanzawai/GE
MC	Major concept	/MC	S Molecular(w) genetics/MC S systematics "and" Taxonomy/ MC
MH	MeSH Heading	/MH	S Ribotyping/MH S Lung Neoplasm? /MH
AD	Application Date	AD=	S AD=19970102
AC	Application Country	AC=	S AC=EP
CO	CODEN	CO=	S CO=UEPEDY
CL	Patent Classification Number	CL=	S CL=C01B-025 S CL="C01B-025/32A"
CS	作者单位	CS=	S CS=(e( ) china(normal( ) univ( ) dept( ) math)
JN	刊物名称	JN=	S JN=physical( ) review?
PY( )	出版年份	PY=	S PY=1994(还可以跟>或者<)

(四) 禁用词

在检索系统中有禁用词,即常用的介词、连词、代词等作为数据库的非检索用词,Dialog 联机检索的禁用词为:an,for,the,and,from,to,by,of,with。在检索时碰到禁用词,有两种处理方式:

(1) 用单元词标引的,检索时用位置算符(W)或(N)替代提问词的禁用词;

(2) 用词组标引的,检索时用双引号("")将整个词组引起来。

(马　佳)

第十节　外文期刊全文数据库

外文期刊全文数据库主要有两种,一种是由数据库集成商提供的服务,如 Ovid、EBSCO 等;另一种是由期刊出版商所提供的,如爱思唯尔(Elsevier)的 ScienceDirect、施普林格(Springer)的 SpringerLink 等。

一、Ovid

(一)简介

Ovid 公司的资源通过 OvidSP 检索平台提供服务,资源主要由三个部分组成:数据库(Dtatabases@ Ovid)、临床各科专著及教科书(Books@ Ovid)和期刊全文数据库(Journals@ Ovid FullText)。它所提供的期刊全文数据库目前共有 60 多个出版商出版的 1 000 余种科技及医学电子期刊全文。其主要数据有:

1. LWW 电子期刊　LWW 是世界第二大医学出版社,其临床医学及护理学尤为突出,超过半数的期刊被 SCI 收录。2002 年,OVID 公司推出了 LWW 生物医学全文期刊医学专集,共收录 279 种核心生物医学期刊,是目前国内使用最多的医学全文资源之一。

2. BMJ 电子期刊　英国医学学会(British Medical Association, BMA)是世界著名的医学学会之一,其下属的 BMJ Publishing Group Ltd(BMJPG)出版 23 种医学期刊,其中 21 种期刊被 SCI 收录。

3. OUP 电子期刊　英国牛津大学出版社(Oxford University Press, OUP)是世界上规模最大的大学出版社,其出版物涉及的学科范围广泛,覆盖所有主要的医学领域(基础医学和临床医学),有 45 种期刊被 SCI 收录,期刊影响因子也较高。

此外,Ovid 可链接到网上的 Open Access(开放获取)全文期刊,如 Highwire Press 等,共提供 600 多种 OA 期刊的链接。

(二)系统登录及数据库选择

Ovid 数据库的 URL 是:http://gateway2. ovid. com,登录 Ovid 数据库系统可通过两种方式。

1. 用户名(ID)和密码(Password)　在浏览器中输入 URL 后,再输入 Ovid 提供的用户名和密码即可登录。此种方式一般由个人用户和试用用户使用。

2. IP 识别　Ovid 公司事先已将购买其数据库的单位的外连(Internet)IP 地址段写入其数据库检索系统,其用户直接在浏览器中输入 URL 即可登录。单位用户一般采用这种方式。

登录后即进入数据库选择界面。不同单位订购的数据库权限不同,所显示的数据库选择页面也有所不同。需要查找 Ovid 全文时,选择标有单位名的"Ovid fulltext"即可进入本单位所订购的期刊全文数据库检索和查看全文界面。

(三)检索规则

1. 布尔逻辑运算符　"AND"表示逻辑与,"OR"表示逻辑或,"NOT"表示逻辑非。逻辑运算符可连接检索词(如:liver cancer AND hepatitis)或检索序号(如:4 OR 5)。若单词之间未使用逻辑运算符,系统则默认各个单词之间的逻辑关系为 AND。

2. 截词符 截词符包括 * 、#、? 三种。

“ * ”为无限截词,“ *n”中 n 表示所截字母数。如 infect * 可检索出含有 infect、infects、infection 或 infectious 等的记录,infect * 1 可检索出含 infect 或 infects 的文献。

“#”可用于单词的词中或词尾,替代一个字符,并且此位置必须有一个字符。如输入“wom#n”可同时检索到含有 woman 和 women 的记录。

“?”可用于单词的词中或词尾,替代一个或零个字符。如输入“wom? n”可同时检索到含有 womn、woman 和 women 的文献。

3. 位置算符 位置运算符“ADJ”可插在两个检索词之间使用,表示检索结果中含有的两个检索词必须相邻。“ADJn”表示两个检索词之间最多允许插入 $n-1$ 个单词。

4. 字段限制检索 字段限制检索的语法命令为“检索词 . 字段名缩写 .”。如 Bronchial asthma. ti. 可检索出题名中出现 Bronchial asthma(支气管哮喘)的文献。

5. 词频限制 词频限制可限定检索词在指定字段中出现的次数,限定方法为“检索词 . 字段名缩写 . /freq = n”,例如:hepatitis. ab. /freq = 3,可检索出 hepatitis 一词至少在文摘中出现 3 次的文献。

(四) 检索模式及方法

OvidSP 有中文版操作界面(但检索词必须使用英文),提供多种检索模式,用户可根据自己的实际情况选择适当的检索模式。

1. 基本检索(Basic Search) OvidSP 默认检索界面是基本检索(图 4-77)。这种检索模式支持自然语言检索。其检索步骤如下:①输入检索词;②选择检查输入检索词或短语拼写(Check Spelling);③选择是否包含相关词汇(Include Related Terms);④选择常用限制条件(Limits):系统提供最近更新、是否有摘要、出版年等限制,还可自行编辑,对限制条件进行增加或删减;⑤单击【检索】开始检索。

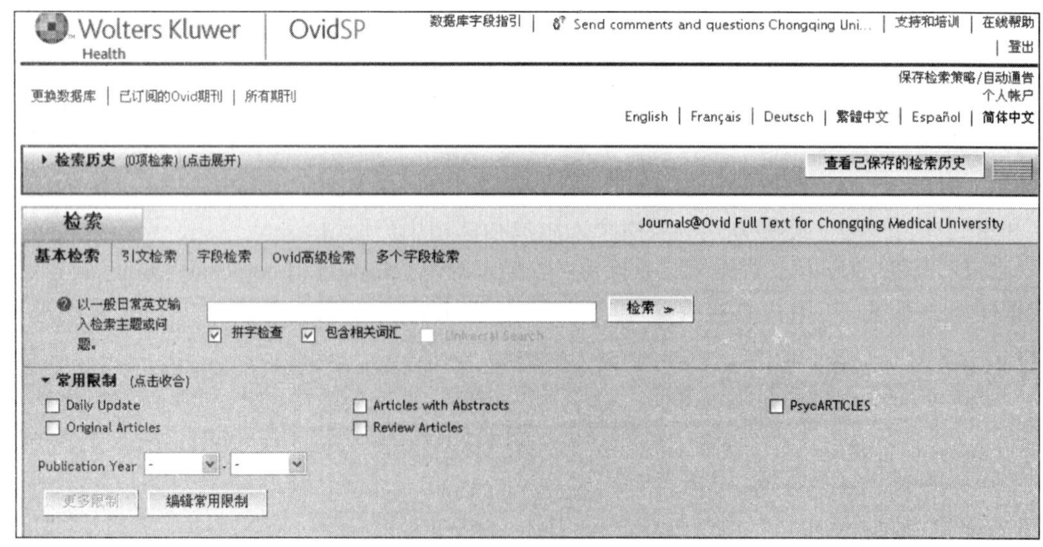

图 4-77 OvidSP 基本检索界面

2. 引文检索(Find Citation)　单击【引文检索】即可进入引文检索模式(图 4-78)。它可以通过文献的题录信息(文献标题、期刊刊名、著者姓名、卷期页、出版年份等)来检索特定文献。在已知文献某项题录信息时可用此方法来检索文献的详细信息,输入的信息越全面,越容易找到特定的文献。

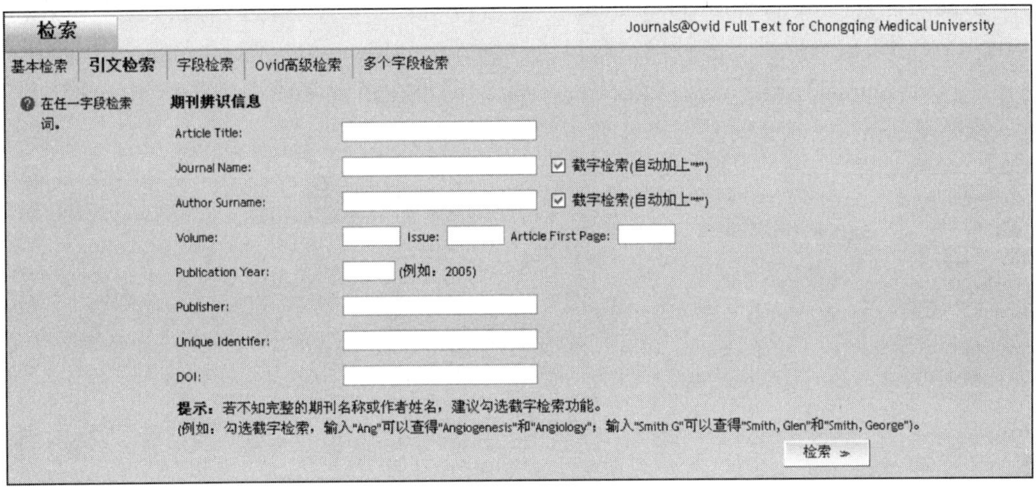

图 4-78　OvidSP 引文检索界面

此处的引文与引文索引中的引文不同,并非指被引用的文献,而是指引文格式(即题录格式)。

3. 字段检索(Search Fields)　单击【字段检索】进入字段检索模式(图 4-79)。

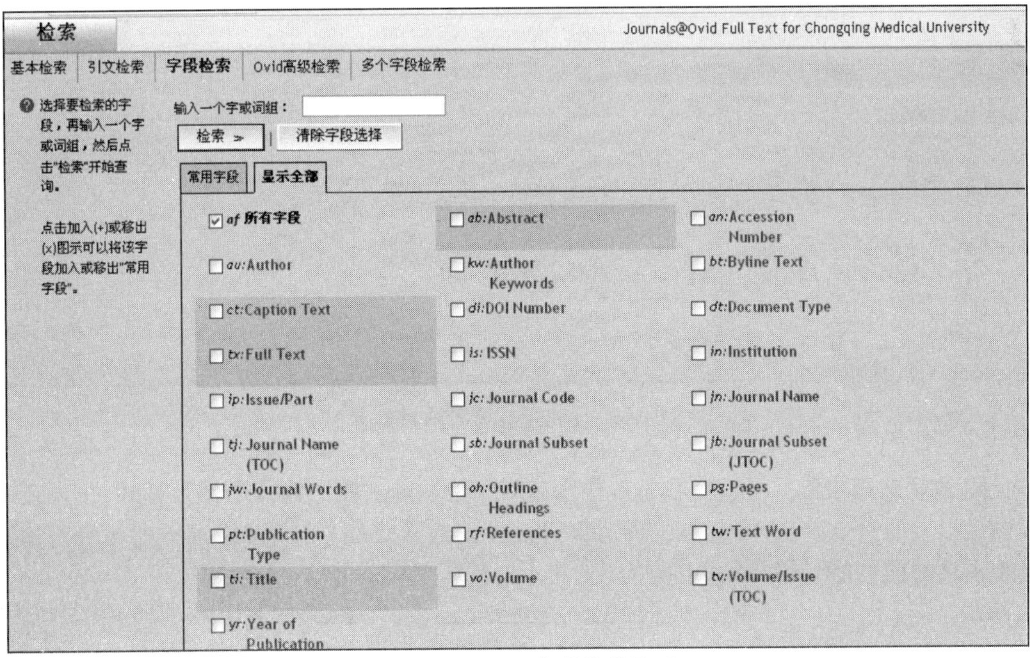

图 4-79　OvidSP 字段检索界面

可在一个或多个字段中进行检索,可限制的字段有:摘要(ab)、作者名称(au)、文本词(tw)、期刊名称(jn)、文章题目(ti)、出版物类型(pt)、卷(vo)、出版年(yr)等 27 个特定字段,也可选择“af”在所有字段中进行自由词检索。不熟悉 OvidSP 字段限制检索语法命令的用户可利用这种检索模式完成字段限制检索。

4. 高级检索(Advanced Ovid Search)　单击【Ovid 高级检索】进入高级检索模式(图 4-80)。高级检索模式提供了多种检索入口,包括关键词(Keyword)、作者(Author)、篇名(Title)、期刊名(Journal),选定入口字段,输入检索词即可在指定字段中进行检索。此状态下也可选择限制条件。检索方法与基本检索模式下相似。

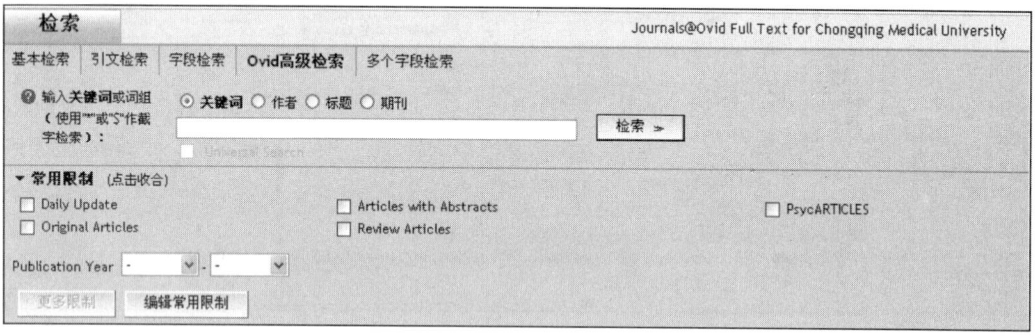

图 4-80　OvidSP 高级检索界面

5. 多个字段检索(Multi-Field Search)　单击高级检索状态下的【多个字段检索】进入多字段检索界面(图 4-81)。检索步骤如下:①选择检索字段:提供 28 个检索字段,根据具体需求选择字段进行检索;②输入检索词;③添加检索条件:若检索条件过多,三个输入框不足以输入所有检索条件,则可根据检索需求单击【新增字段】按钮增加检索输入框;④选择逻辑运算符;⑤选择限制条件:同基本检索;⑥单击【检索】开始检索。

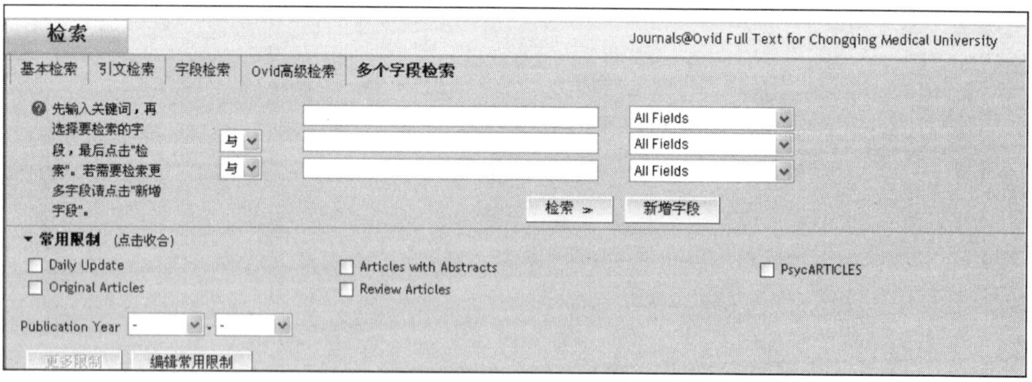

图 4-81　OvidSP 多字段检索界面

6. 逻辑运算检索　可直接在基本检索或高级检索输入框中输入逻辑运算式,也可在完成两次以上的检索后,直接输入逻辑运算符连接的检索式序号,或在检索历史显示区单击系统提供的【合并检索】(Combine)完成(图 4-82)。

检索历史 (3项检索) (点击收合)　　查看已保存的检索历史

	# ▲	检索内容	结果	检索方式	动作
☐	1	(liver cancer and therapy).af.	1231	高级	显示结果 更多
☑	2	liver cancer.af.	1924	高级	显示结果 更多
☑	3	therapy.af.	249047	高级	显示结果 更多

清除勾选项次　保存勾选项目　合并检索：与　或　RSS

图 4-82　OvidSP 检索历史显示区

(五) 结果处理

1. 显示　单击检索历史中某一检索式的【显示结果】,即可显示该检索式检出结果的题录信息,包括记录顺序号、作者、标题、文献出处和其他显示格式选择及相关链接。显示格式中,"摘要数据"(Abstract)显示该记录的文摘格式,"完整数据"(Complete Reference)显示该记录的全部字段,"期刊目录"(Table of Contents)显示刊载该记录当期期刊的目次,"Ovid Full Text"显示该记录的全文。Ovid 全文有 HTML 和 PDF 格式,HTML 不仅保留了原文中的图表,而且增加了许多超链接,如结构化文摘链接、正文内容链接、图表链接和参考文献链接等;PDF 格式方便打印和存盘。此外系统还提供馆藏、网上资源等链接。

结果显示状态下,还可利用"缩小检索范围"对检出结果进行精炼,或单击【查询相似文献】查找与本文类似的文献,单击【查询引用文献】查找引用本文的文献(图 4-83)。

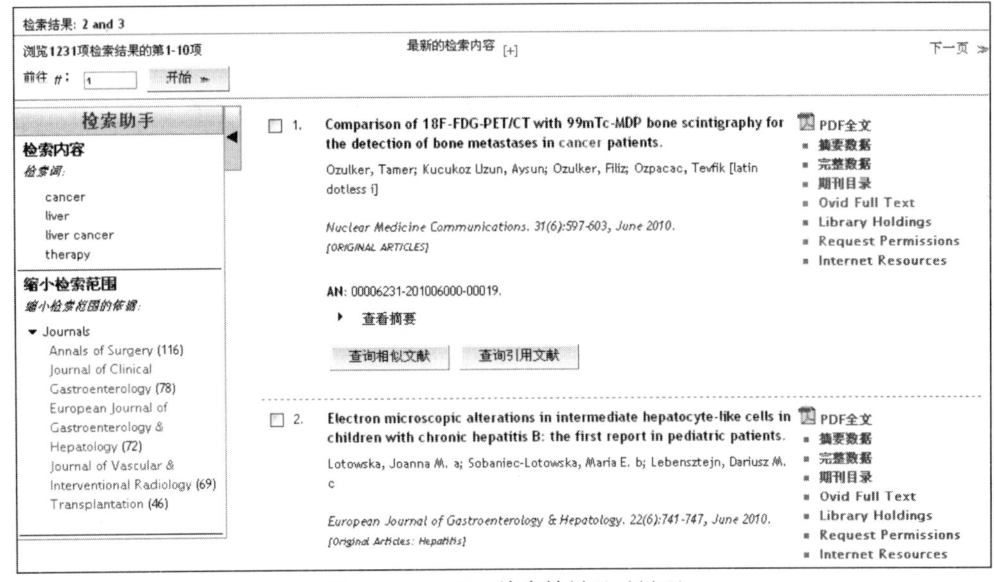

图 4-83　OvidSP 检索结果显示界面

2. 输出　在结果显示状态下,系统提供"检索结果管理员"(Result Manager)以便编辑记录输出选项。"检索结果"(Result)可选择输出范围,"字段"(Fields)可选择输出字段,"结果格式"(Result format)可选择输出格式。"排序字段"(Sort keys)栏目供选择输出记录排序。排序的字段有作者、标题、刊名、发表日期等,有升序(Ascending)和降序(Descending)两种方式,并且在第一次排序(主要字段)的基础上,可以进行第二次排序(次要字段)。设置好之后,单击"动作”(Action)下的【在线显示】(Display)、【打印预览】、【电邮发送】和【保存】(Save)按钮就可按所设定的参数对检出结果进行显示、打印预览通过 E-mail 发送和保存到本地硬盘的操作(图 4-84)。

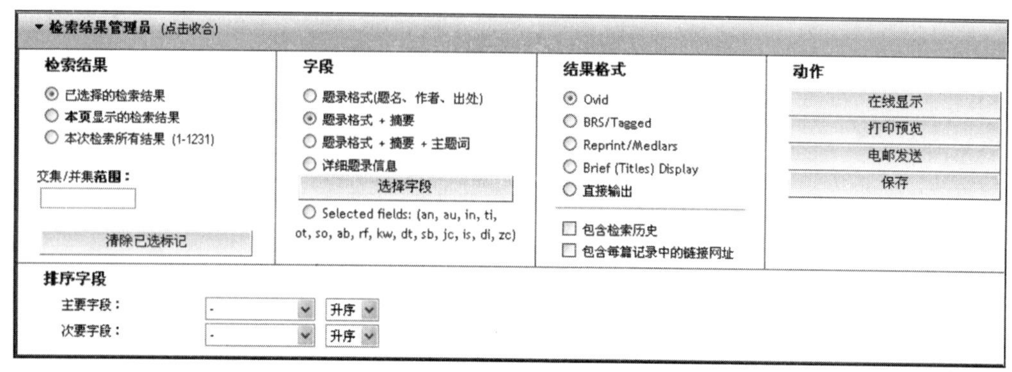

图 4-84 OvidSP 检索结果管理员

(六) 个性化服务

注册登录后,可享受系统提供的保存检索史、RSS 等个性化服务。

二、EBSCO

(一) 概述

EBSCO 公司成立于 1984 年,是全球最早推出全文在线数据库检索系统的公司之一,为用户提供了各种各样的最新文献。EBSCO 利用在线平台 EBSCOhost 提供多个数据库的检索,其中最重要的两个全文数据库是学术资源全文数据库(Academic Search Premier,ASP)和商业资源全文数据库(Business Source Premier,BSP)。

1. ASP ASP 提供全文期刊近 4700 种,其中包括 3600 多种同行评审期刊,被 SCI 和 SSCI 收录的核心期刊 993 种(全文 350 种)。学科涉及社会科学、人类学、教育学、计算机科学、工程、物理、化学、语言学、艺术与文学、医药、民族学等,基本上覆盖学术研究的各个领域。全文最早回溯至 1990 年,其中 100 多种期刊可追溯至 1975 年或更早年代,索引和文摘最早回溯至 1984 年。数据库每日更新。

2. BSP BSP 是世界上最大的全文商业数据库,提供全文的期刊有 2 300 余种,被 SCI 和 SSCI 收录的核心期刊为 398 种(全文 145 种)。涉及的主题范围有:国际商务、经济学、经济管理、金融、会计、劳动人事、银行等学科领域。全文最早回溯至 1965 年或创刊年,可检索的参考文献回溯至 1998 年,索引和文摘最早回溯至 1984 年,数据库每日更新。

(二) 系统登录及数据库选择

只有授权用户才能使用 EBSCO。目前,中国高等教育文献保障系统(CALIS)集团引进了 EBSCO 数据库,通过 IP 地址控制访问权限,为 CALIS 集团成员提供 EBSCOhost 检索服务,其 URL 为 http://search. ebscohost. com。授权用户可直接在浏览器中输入网址或通过本校图书馆的 EBSCO 链接进入。登录后进入 EBSCO 数据库选择页面,可选择一个或多个数据库后单击【继续】按钮进入检索界面。

(三) 检索规则

1. 布尔逻辑检索　用 AND、OR、NOT 表示逻辑与、或、非。若单词之间未使用逻辑运算符,系统则默认各个单词之间的逻辑关系为 AND。

2. 截词检索　可使用? 和 * 截词,其中 * 只能用于词尾。如输入"Re? d"可找到 Read、Reid 和 Reed 等,输入 Walk * 可找到 Walk、Walked、Walking 和 Walkway 等。

3. 字段限制检索　字段限制检索的语法命令为"字段名缩写 检索词"。

4. 强制短语检索　在短语外面加半角双引号(" "),表示把双引号内的所有内容当作一个整体进行检索。

(四) 检索模式及方法

EBSCOhost 提供中文版操作界面(但检索词必须使用英文),有基本检索(Basic Search)、高级检索(Advanced Search)和视觉搜索三种检索模式。此外还提供出版物、科目术语、图像及索引等辅助检索。

1. 基本检索　进入 EBSCOhost 后的默认界面为基本检索。也可单击【基本检索】按钮进入基本检索状态。单击检索输入框下方的【检索选项】则如图 4-85 所示。左上角为所使

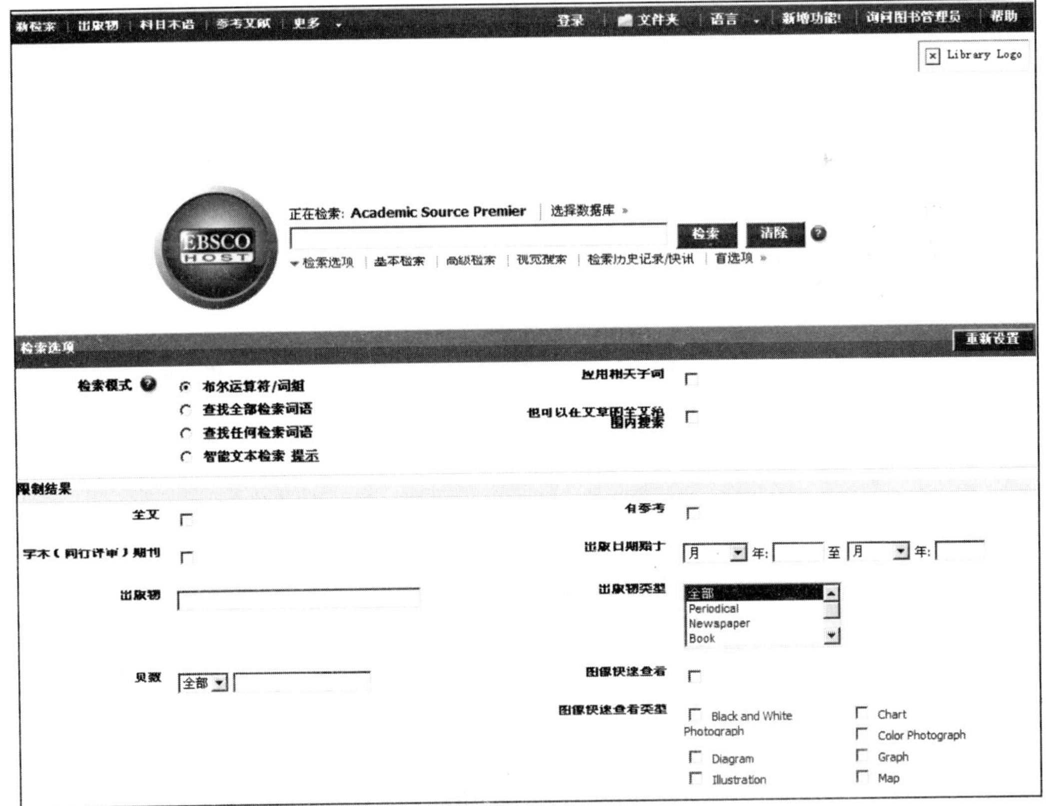

图 4-85　EBSCO ASP 基本检索界面

用数据库提供的辅助检索功能。检索输入区内可输入关键词、词组、字段限定命令或布尔逻辑运算式等。若输入的检索式没有进行字段限定,则默认在所有字段中进行检索。检索选项区中提供了可以对检索结果的范围进行限定或扩大的多个选项。

2. 高级检索 高级检索提供3个检索输入框,还可根据需要单击【添加行】增加输入框(图4-86)。每个输入框后提供了检索入口字段选择,各输入框之间可选择适当的逻辑组配符。高级检索下方同样有检索选项区,提供了比基本检索更多的限定条件。根据要求设置好检索式和限定条件后,单击【检索】按钮进行检索。

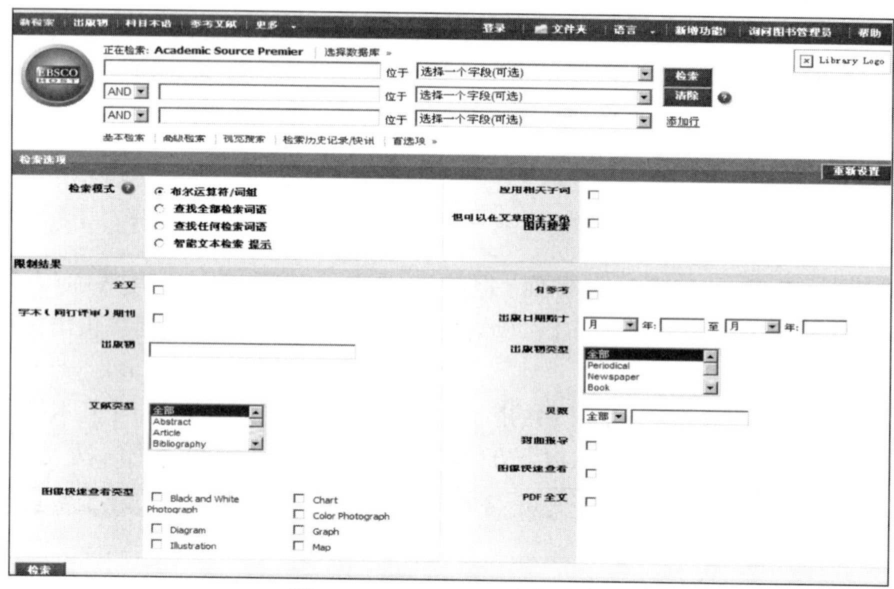

图4-86 EBSCO ASP 高级检索

3. 可视化检索 该检索模式可对结果进行聚类、排序、按日期进行过滤等,以可视化的方式方便用户选择检索结果。如图4-87中显示了检索liver cancer的结果。

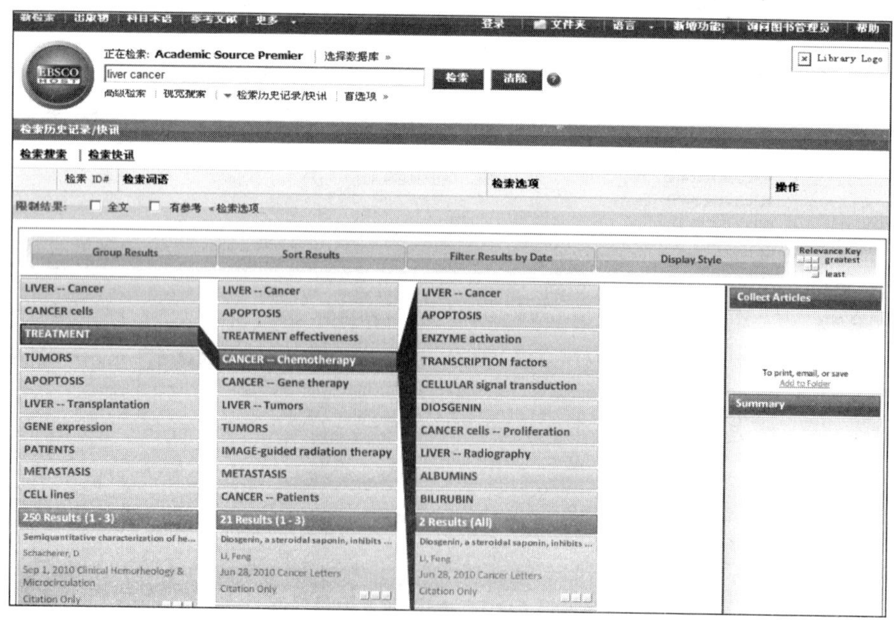

图4-87 EBSCO ASP 可视化检索

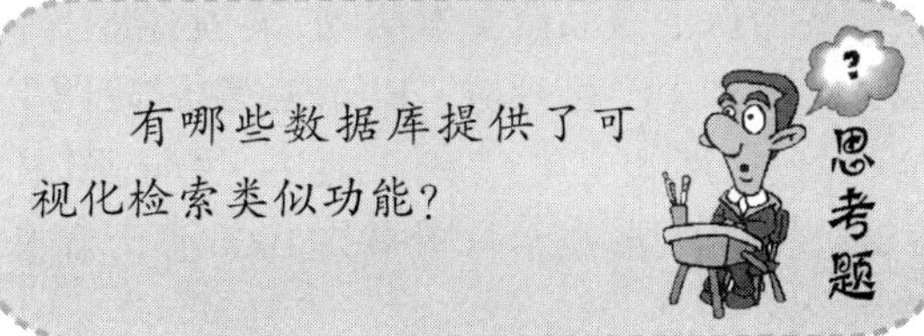

4. 辅助检索 不同数据库的辅助检索功能各有不同。例如 ASP 提供参考文献的辅助检索,而其他数据库不提供。若同时选中 ASP 和其他多个数据库,则无法进行参考文献检索。以 ASP 的辅助检索为例:

(1) 出版物检索:此检索模式提供按字母顺序、按主题和说明和匹配任意关键词以及在文本框中输入特定出版物名称进行浏览的功能。在检索结果中单击某一刊名,即可浏览该刊的详细信息;还可浏览该刊某年某卷某期上的文献。

(2) 科目术语检索:此检索模式可使用规范的主题词来提高检索效率和准确性。在检索输入框中输入检索词,然后从系统给出的主题词列表中选择适当主题词及适当的逻辑组配方式添加到输入框中。重复操作,可构建有多个主题词逻辑组配的复合检索式,最后单击【检索】按钮完成检索。不同数据库所用的主题词表不同。

(3) 参考文献检索:此检索模式提供参考文献作者、篇名、出处、出版年和所有字段 5 个检索入口,同时输入的多个检索条件之间为逻辑与的关系。单击【检索】后检出相应参考文献,还可查看引用此文的文献。

(4) 图像检索:此检索模式主要用于特定类别的图像检索。在检索输入框中输入检索式,其检索选项提供图像类型限定,如人物照片、自然科学照片、地点照片、地图、国旗和历史照片、黑白照片或彩图等。若不限定类型,系统默认在全部图片中检索。

(5) 索引检索:此检索方式相当于检索式构建器,适合不熟悉检索规则的用户使用。用户可选择特定字段,在输入框中输入检索词浏览系统提供的含有该词的索引词列表,从中选择所需检索词和适当的逻辑运算符添加到检索框中,重复操作,构建复合检索式,最后单击【检索】按钮进行检索。

(五) 检索结果处理

1. 显示 每条记录显示文章题名、编著者、来源出版物、出版时间、页码页数、图片图表、馆藏收录信息、全文链接等。EBSCO 提供的全文有 HTML、XML、PDF 三种格式。

2. 输出 对检索结果可进行添加到收藏夹、打印、保存及发 E-mail 等操作。系统提供的收藏夹可用于临时保存文章。在一次检索的过程当中,检索者可随时将需要进一步处理的文章存入收藏夹中,以便所有检索完成后集中处理。在检索结果页面,单击每条记录后面的【Add】按钮可将选中记录加到收藏夹,也可将本页的所有文献添加至收藏夹中。根据需要进行打印、保存及发送到 E-mail 等操作。

3. 检索历史记录/快讯 系统提供的这一功能可显示已有检索历史,对已有检索式进行逻辑组配、重新检索或打印检索历史。注册登录后,可将检索史保存为快讯,以便进行定题检索。

三、Elsevier

(一) 概况

Elsevier 是荷兰一家世界著名的学术期刊出版商,已有 100 多年的历史,其出版的期刊是世界公认的高品位学术期刊,其内容涉及物理科学及工程学、医学、生命科学、社会科学及人文等多个学科领域。Elsevier 在因特网上通过检索平台 ScienceDirect 提供对其出版的文献(包括期刊全文、参考工具书、手册、图书等)进行检索和下载服务。ScienceDirect 提供 2 200 余种期刊、数千种图书共 1000 多万篇全文文献。

(二) 系统登录

无论是否是 Elsevier 期刊的订购用户,在浏览器中输入 Elsevier 的在线检索平台 ScienceDirect 的 URL(http://www. sciencedirect. com)均可进入系统进行检索。非订购用户可查看文献题录、摘要及免费全文,订购用户可查看、下载免费全文及其订购的全文。

(三) 检索规则

1. 布尔逻辑运算 分别用 AND、OR、NOT 来表示逻辑与、或、非,但运算符必须要大写。若单词之间未使用逻辑运算符,系统则默认各个单词之间的逻辑关系为 AND。

2. 位置运算符 使用 NEAR 和 ADJ。ADJ 表示两词相邻,前后顺序固定;NEAR(*n*)表示两词相邻,中间可插入 *n* 个或少于 *n* 个单词,前后顺序可以发生变化,没有(*n*)则系统默认两词相隔单词数不超过 10 个。

3. 强制短语检索 使用半角双引号(" "),表示把双引号内的所有内容当作一个整体进行检索。

(四) 检索模式及方法

1. 快速检索(Quick Search) 在 ScienceDirect 的任何网页的上端都有快速检索(Quick Search)输入区(图 4-88)。这种检索模式可进行所有字段、作者、期刊名/书名及卷期页码的查询。

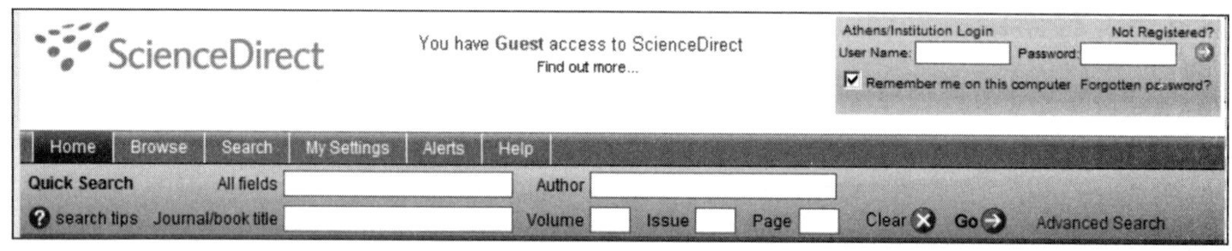

图 4-88 Elsevier 快速检索界面

当不同的检索输入框中都输入了检索词时,各个检索输入框列出的检索条件之间为逻辑与的关系。

2. 浏览(Browse) 浏览模式下可按出版物名称首字母浏览,也可按学科分类浏览。首页左下侧的【Browse】提供浏览,也可单击快速检索输入区上方的【Browse】标签进入浏览模式(图 4-89)。浏览后选择需要阅读的出版物;若是期刊,再选中需要阅读的特定卷期,即可检出该卷期的所有文章。

3. 高级检索(Advanced Search) 单击【Search】或快速检索输入区右方的【Advanced Search】进入高级检索模式(图 4-90)。可输入两组检索词,检索输入框后提供入口字段选择,还可选择检索的出版物类型(图书或期刊,或两者同时检索)及主题(可同时选中多个主题)。

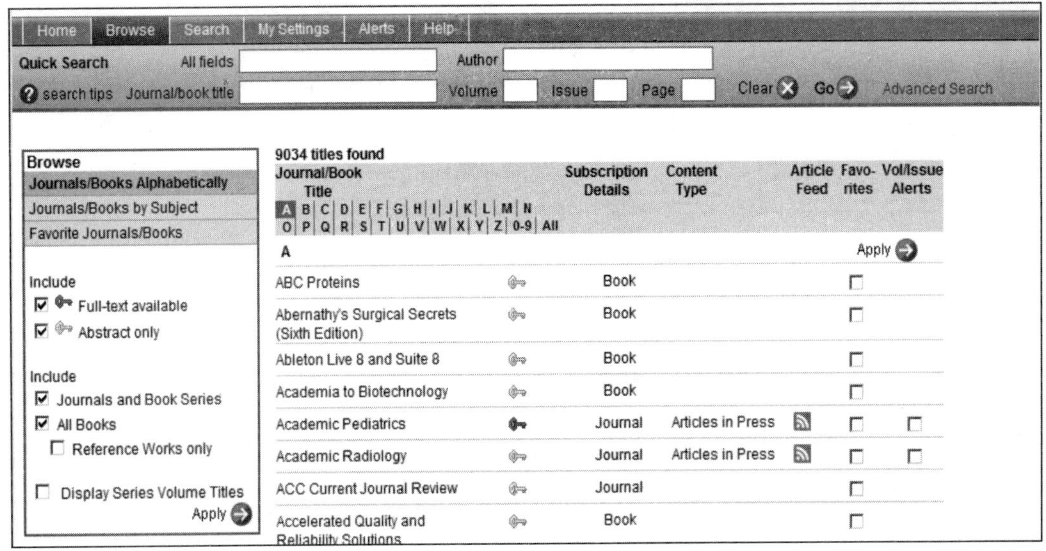

图 4-89　Elsevier 浏览选择界面

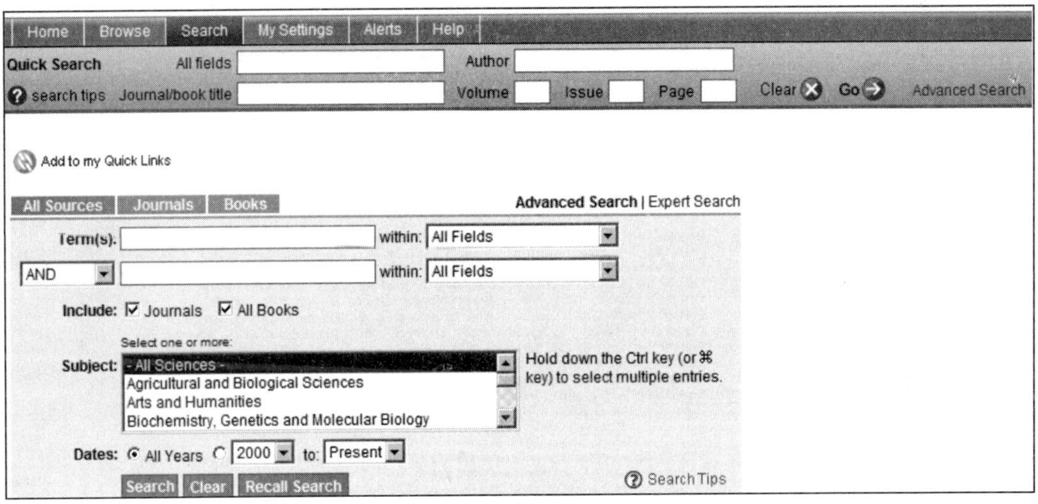

图 4-90　Elsevier 高级检索界面

4. 专家检索(Expert Search)　在高级检索模式下单击【Expert Search】即可进入专家检索界面(图 4-91)。此状态下可直接输入复合检索式进行复杂检索,适合熟悉检索技术的用户使用。

(五) 结果处理

在检索结果显示页面显示所检出文献题录信息(图 4-92)。此时可对结果进行二次检索(Search Within Results),或通过文献类型、出版物名称、主题、出版年对检出结果进行精炼。可按相关性或日期对检出结果进行排序。单击检出结果上方的【Open All Previews】可显示所有检出结果的文摘和文中各部分的标题;单击每篇文献下方的【Preview】可预览该篇文献的摘要和文中各部分的标题。单击文献题名或"Preview"下的文中各部分标题,可看到网页格式的全文。此外系统还提供 PDF 格式的全文。

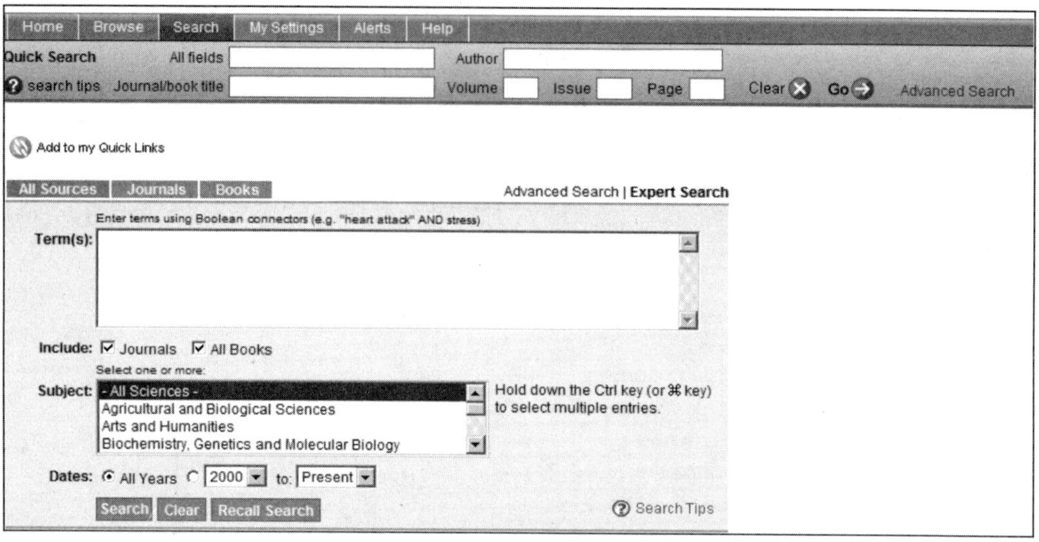

图 4-91 Elsevier 专家检索界面

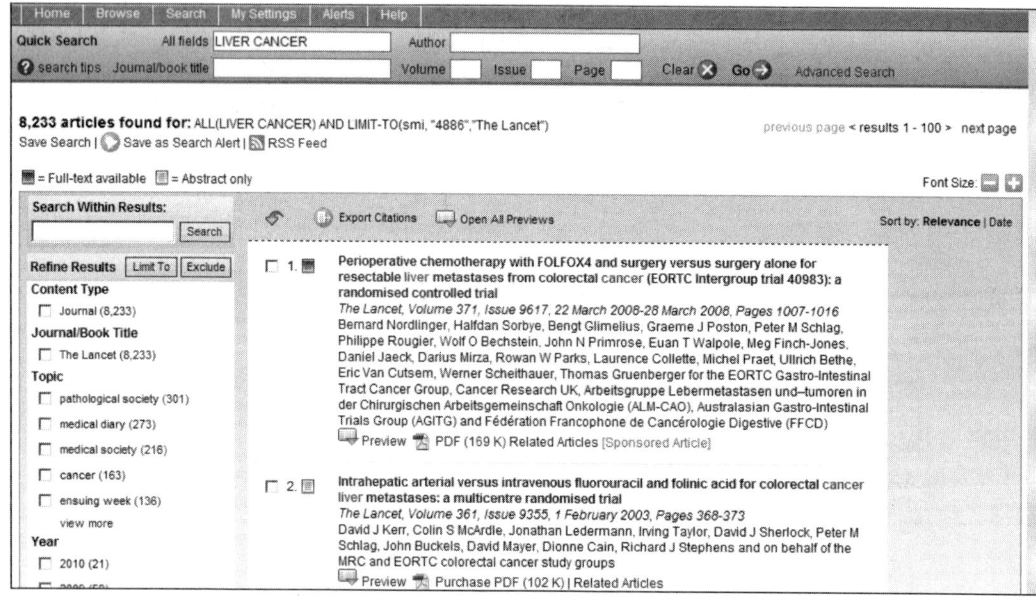

图 4-92 Elsevier 结果显示界面

(六) 个性化服务

注册登录后可使用 Elsevier 提供的各项个性化服务，包括保存检索史、追踪自己关注的期刊(Favorite Journal/Book)或特定主题的文献(Search Alert，RSS Feed)、了解自己关注文献的被引用情况(Citation Alert)等。

四、Springer

(一) 概况

德国施普林格(Springer)出版社是世界著名的综合性出版公司，从 1996 年开始通过

SpringerLink 平台提供基于 Internet 的电子文献全文服务，包括电子期刊、电子图书、电子工具书和电子丛书等多种资源，提供 2 000 种以上的期刊和 30 000 余本在线电子书，且每年增加超过 3 000 本电子书、电子参考工具书和电子丛书。目前 SpringerLink 上的资源分为医学、生物医学和生命科学、行为科学、数学和统计学等 13 个学科，由此构成了 SpringerLink 的 13 个全文电子图书馆。

（二）系统登录

无论是否是 Springer 的订购用户，在浏览器中输入 Springer 的在线检索平台 SpringerLink 的 URL（http://springerlink.com）均可进入系统进行检索。非订购用户可查看文献题录和摘要，订购用户可查看、下载其订购的全文。

（三）检索模式及方法

SpringerLink 提供浏览（Browse）和检索（Search）两种使用方式（图 4-93）。在任何状态下，单击页面左上角的 SpringerLink Logo，均可返回此界面。

1. 浏览　可以按出版物或文献的名称或学科进行浏览。单击【所有内容类型】，即可按文献题名字顺进行浏览；单击【出版物】，则按图书、期刊等出版物名称字顺进行浏览；也可选择特定的出版物类型进行浏览。单击【学科分类】，则可按文献题名浏览特定学科的文献（图 4-93）。

图 4-93　SpringerLink 主页

Protocol：实验室指南，是详细、精确的实验操作记录，主要面向生物化学、分子生物学以及生物医学等学科。

2. 检索 提供简单检索和高级检索两种选择。支持自然语言搜索。若要进行词组检索只需加上双引号(" "),则将引号内的词组作为整体进行检索。系统有自动纠错功能,可在检索时对检索词进行自动纠错。

(1) 简单检索:SpringerLink 主页上的检索输入框可进行简单检索(图 4-95)。

(2) 高级检索:单击【高级检索】进入高级检索状态(图 4-94)。此状态提供多个字段的检索词输入,同时输入的多个检索条件之间是逻辑与的关系。还可指定检索结果的排序方式。

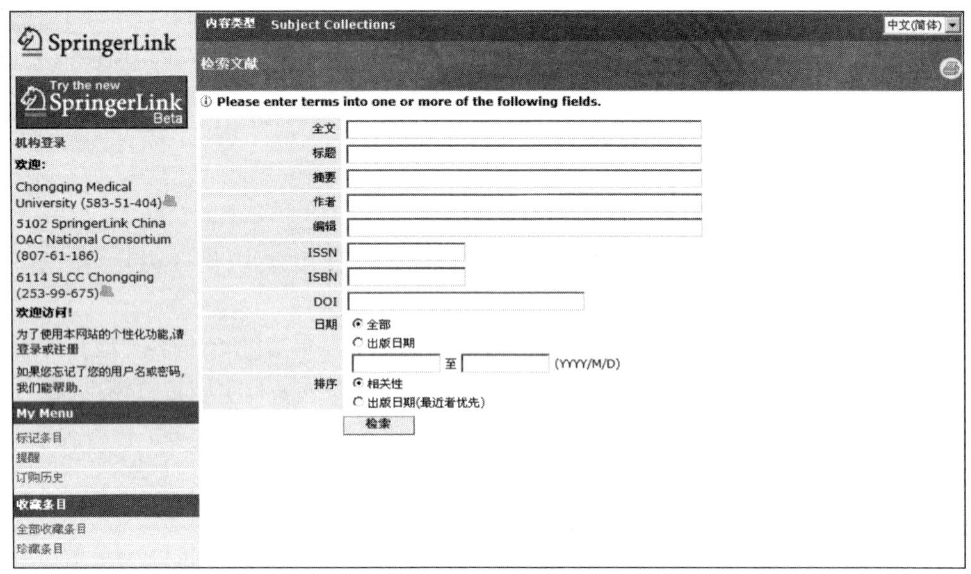

图 4-94 SpringerLink 高级检索界面

(四) 结果处理

系统默认检索结果以概要方式显示(图 4-95),可在结果中进一步检索,或查看某篇文献的详细内容,或进行输出处理。

图 4-95 SpringerLink 结果概要

1. 显示 系统默认以概要格式显示,单击文献题名即可查看该篇文献的详细内容。系统默认将检索词突出显示,可单击【关闭突出显示】取消。在结果显示状态,可在右上角输入框中输入检索词,选择【在检索结果之内进行检索】;也可输入或选择文献题名的起始字母,只查看题名以该字母开头的文献;还可按文献类型、更新时间、学科类别等对检索结果进行精炼(图 4-95)。

2. 输出 可对检索结果进行下载、RSS、发送到邮件或保存到自己的个人账号中。

(五) 个性化服务

注册登录后,可使用 SpringerLink 的个性化服务,包括保存和查看前一次的检索、保存已标记的文献、定制快讯、订购历史、收藏文献等。

思考题

1. 请比较各外文期刊全文数据库的收录范围和检索方法,阐述其优缺点。

2. 请查找一些本章未列出的外文期刊全文数据库。

(胡 虹)

第五章 引文检索

第一节 概 述

一、文献引证现象

在科研活动中，无论是研究开始前的准备活动还是在研究过程当中，参考别的研究成果都是非常重要的。相应的，在将科研结果形成论著的科学著述活动中，作者往往要适量引用已发表的著述，并将其作为参考文献列在正文之后，一般给出文献题名、著者及出处。这就是文献引证现象。

清代著名音韵学家陈澧在《引书法示端溪书院诸生》中写道："前人之文，当明引不当暗袭……（明引）足见其心术之笃实，又足征其见闻之渊博。若暗袭以为己有，则不足见其渊博，且有伤于笃实之首。"

由此可见，引用他人文献并标明出处，可以提供文章的佐证，提供历史背景材料，加强论述的可信度，帮助读者更好地理解作者的观点，还能反映作者对学术领域的把握，彰显作者的学术道德以及对他人研究成果的尊重。而文献被他人引用，则体现了文献的学术水平。一般来说，一篇文献被引用的次数越多，说明其学术水平越高。

二、引文索引的概念、产生及历史

文献引证将某些具有相同观点的论文联系在了一起，一篇文献与其参考文献之间必然存在着联系。引文检索（Citation Index）就是按照文献的引证与被引证的关系编排而成的一种特殊检索工具，用以揭示科技文献之间引用和被引用关系。它以某一文献（包括作者、题名、发表年份、出处、作者单位等基本数据）作为标目，标目下著录引用或参考过该文献的文献题录，以供用户从被引用的参考文献查找引用它的文献，或从一篇文献查找其参考文献。

传统的检索工具采用主题语言或分类语言来揭示文献内容，所用标引词越多，对文献内容的描述就越全面。但标引词太多会提高标引成本，还会给用户选择所需文献造成困难；而标引词太少又无法全面反映文献内容，容易造成漏检。为了解决这一问题，美国著名情报学家尤金·加菲尔德（Eugene Garfield）博士借鉴美国学者谢泼德（Shepard）1873 年出版的供律师查阅法律判例的检索工具《谢泼德引文》（Shepard's Citation），于 1955 年在 Science 杂志上发表论文，首次提出了"引文索引"这一概念，将一篇文献作为检索字段，从而跟踪课题的发展过程。引文索引采用作者列出的参考文献作为标引词，可以解决标引成本与标引深度之间的矛盾。据调查，一篇科学论文的参考文献平均为 15

篇,因此,引文索引的平均标引深度就是15,标引深度较高;而且引文索引是从文献之间的联系入手,并不限制文献的主题或学科,有利于提高检索效率,跨越学科之间的局限。在美国政府的资助下,他于1958年创建了美国科学信息研究所(Institute for Scientific Information,ISI),1961年创办了《科学引文索引》(Science Citation Index, SCI),1973年创办了《社会科学引文索引》(Social Science Citation Index, SSCI),1978年创办了《艺术与人文科学引文索引》(Arts and Humanities Citation Index, A&HCI),这就是ISI著名的三大引文检索工具,为学术界广泛采用。在加菲尔德的引文索引影响下,美国普林斯顿大学、苏联阿塞拜疆科技情报所等也编制了引文索引,停刊多年的《谢泼德引文》也更名重新出版。此后加菲尔德和美国科学史专家D. J. de S. 普赖斯又在引文索引的基础上研制出引文分析技术。

在我国,1987年中国科技信息研究所研制出《中国科技论文索引引文数据库》(CSTPCD);1989年中国科学院文献情报中心成功研制了《中国科学引文索引》(CSCD);1998年南京大学出版发行了《中文社会科学引文索引》(CSSCI),并出版了光盘版和网络版。近年来,CNKI和VIP也分别开发了《中国引文数据库》和《中文科技期刊数据库》(引文版)。

三、相关概念

引文(Citation):被引用的文献。其出现位置一般是文献末尾的"参考文献"(references)或文中"脚注"(footnotes),其作者被称为引文作者或被引作者(Cited Author)。

来源文献(Source Item, Source Document):提供引文的文献,包括期刊论文、会议论文等各类文献,其作者称为引用作者(Citing Author)或来源文献作者。刊载来源文献的出版物(如期刊或图书等)被称为来源出版物(Source Publication)。

引文耦合(Bibliographic Coupling):若文献甲、文献乙同时引用或参考了另外一篇文献丙,则称文献甲和文献乙为引文耦合,而文献丙就是它们的引文耦。引文耦愈多,其相应文献之间的相关性愈高。

同被引(Co-citation):若文献甲、文献乙共同被后来的一篇或多篇文献所引用,则称文献甲和文献乙之间有同被引关系。同被引频次(或称同被引强度)愈高,则其相应文献间的关系愈密切。

自引(Self-Citation):来源文献的著者引用自己先前发表的作品,则被称为自引。自引一般可以反映某项或某些研究工作间的承接关系。

四、引文索引的作用

除了与其他检索工具一样用来检索文献以外,引文索引还有以下作用:

(一)追踪

通过引文索引,可查出一篇文献的参考文献及后来引用它的文献,从科学的角度查明文献与其他文献的引证关系,反映各项研究之间的联系,从而了解其所论述问题的产生原因和目前的研究进展,追踪课题的来龙去脉。

同时,综合性引文索引通过揭示文献之间的联系,可以使读者追踪学科之间相互交叉渗透的过程,看到科学出版物之间的联系,从中了解本学科及其密切相关学科的研究。

(二) 评价

1. 评价学术论文的价值和影响力 通常情况下,高质量文献被引用的次数多,有生命力的论点被引用的年限长。因而文献被引用的情况有助于评价文献的科学价值和影响力,帮助用户选择文献。其评价指标包括文献的参考文献数量和质量、文献的被引率、文献的自引率等。

2. 评价学者的科研水平和影响力 对于经常被引用的论文,其作者往往是在某一学科领域中卓有成效的人。因此,作者所发表文献的被引用情况有助于评价作者的科研水平和影响力。例如,通过SCI检索出1967年被引用最多的50个作者,可发现其中有两人在1969年获得诺贝尔奖。除了被引频次、篇均被引次数等评价指标外,加利福尼亚大学圣地亚哥分校统计物理学家赫希(E. Hirsch)在2005年发明的h指数(h-index)也是目前广泛采用的一个评价指标。

一名科研人员的h指数是指他有h篇论文分别被引用了至少h次。h指数能更准确地反映作者的整体科研水平。h指数的计算非常简单,利用引文索引检出某作者的文献,按被引次数从高到低排列,从上往下核对,直到某篇论文的序号大于该论文被引次数,此序号减去1就是h指数。例如:作者A和B都发表了5篇文献,按被引次数排列如下:

序号	作者A 被引次数	作者B 被引次数
1	10	5
2	1	3
3	0	3
4	0	0
5	0	0

两位作者的篇均被引次数均为2.2,作者A的h指数为1,作者B的h指数为3。

h指数最初是用来衡量作者的学术水平,现在已扩展应用到引文评价的各个方面,也用于评价期刊、专题、出版社等。要注意的是,h指数与其他引文评价指标一样,不适用于跨学科的比较。

3. 评价学术期刊的整体质量 学术期刊所刊载论文的被引用情况可以用来对期刊进行评价。其评价指标有:影响因子(impact factor)、即年指标(immediacy index)、被引半衰期(Cited Half-life)、总被引频次(Total cites)、篇均被引次数等。例如,ISI利用其引文数据库的数据,开发了《期刊引证报告》(Journal Citation Reports, JCR),对其收录的学术期刊进行了详细的评价,早已成为国际期刊评价的权威工具,也是指引读者投稿和图书馆选刊的重要工具。中国科技信息研究所按照美国JCR模式,结合中国的具体情况,以中国科技论文与引文数据库(CSTPCD)为基础,选择数学、信息与系统科学、物理学、力学、化学等多个学科的 1 000 多种中国出版的中英文科技期刊作为来源期刊，开发了《中国科技期刊引证报告》，根据来源期刊的引文数据，计算总被引频次、影响因子、即年指标、被引半衰期、论文地区分布数、基金论文数和自引总引比等十余项科技期刊评价指标，并按照期刊的所属学科、影响因子、总被引频次和期刊字顺分别进行排序，也已经成为评价国内期刊的一个重要工具。

影响因子：指该期刊近两年文献的平均被引用率，即该期刊前两年发表的论文在评价当年每篇论文被引用的平均次数。例如：

某刊 2007 年的文章在 2008 年的被引次数：	294	该刊 2007 年的发文量：	1034
该刊 2006 年的文章在 2008 年的被引次数：	853	该刊 2006 年的发文量：	1046
合计：	1147	合计：	2080

此刊 2008 年的影响因子：1147/2080 = 0.5514

即年指标：又称当年指数、立即指数，即为某期刊发表的论文在发表当年被引用的平均次数，是一个表征期刊即时反应速率的指标。例如：

某刊 2008 年的文章在 2008 年的被引次数：	59
该刊 2008 年的发文量：	989

此刊 2008 年的即年指标：59/989 = 0.0597

4. 评估机构、城市、国家和地区的宏观科研水平 一个机构、城市、国家和地区的整体科研实力如何，可以通过其科技论文的发表数量和被引用情况来判断。

SCI 系列引文数据库收录了全世界的 10 000 多种权威的学术期刊，覆盖了世界上较为广泛的国家和地区，学科齐全，数据丰富，同时具有独特的统计和检索功能，已经成为国际上最有影响力的科研评价工具。得到一些国家和国际著名学术机构的认可，被用于国家、地区、研究机构之间科技水平的分析和研究。

我国自 1987 年起，由国家科技部下属的中国科技信息研究所对我国机构和作者在国内外发表论文和论文被引用情况进行统计，其数据来源主要有：国际论文部分主要来自 SCI、EI、ISI Proceedings 三大检索工具；国内论文部分主要来自中国科技信息研究所开发的《中国科技论文统计与分析数据库》，每年定期向社会公布上一年度我国各省市、高校、研究机构、医疗机构等发表论文排名情况。

（三）分析

上文中的各项评价指标都可通过检索引文索引，查出相关数据从而进行计算和分析。同时，通过检索引文数据库，可以查出各个国家、地区、学科领域的高被引论文，利用引文分析法从中了解学科的研究热点。通过引文分析得到的这些数据可以被科研人员用来确定研究方向与领域，被政府科研管理部门用来分析和追踪国际研究热点，判断科学发展的宏观态势，并确定科研资助的重点。

五、引文索引的局限性

引文索引使用简单方便,有多种作用,但使用时还应注意其局限性。

(一) 引文关系上可能存在假联系

引用文献的原因多种多样,两篇论文可能出于完全不同的原因或从不同的角度引用同一篇早期文献,一篇可能是引用其方法,另一篇可能是引用其结果,那么这两篇文献在内容上的联系就有可能是虚假的。有些引文是发生在前言和篇名中,有些是发生在正文中,有些发生在结论或讨论中。不同情况下作者对文献的引用内容和程度是不相同的,引文对来源文献的重要性也各不相同。利用引文索引时应注意鉴别。

(二) 文献被引用次数与其价值之间的关系不是绝对的

一般情况下,文献被引用次数多说明其学术价值高。但也有例外,如某些观点或结论错误的论文,后人出于批评商榷的目的也可能会被多次引用。另一方面,被引次数较少的文献也不能一概认为不重要。文献被引用受到许多因素的限制,如发表的时间、语种、学科专业等。被引次数上的细微差别也不能完全说明文献质量上的优劣。此外,有研究指出,作者引用文献受文献可获得性的影响很大,同时还受到著者语言能力、文献本身年龄和流通周期以及检索工具报道的影响,而且在文献引用方面也存在马太效应,人们往往以"名著"、"权威"作为选择引文的标准。这些情况都有可能会影响文献引用的真实性和有效性。

(胡 虹)

第二节 ISI 引文检索

ISI 是世界著名的科技信息服务机构,1958 年由尤金·加菲尔德(Eugene Garfield)博士创建,1992 年被并入汤姆逊科技信息集团(Thomson Scientific),2008 年 4 月并购路透社(Reuters)后更名为汤姆森路透(Thomson Reuters)。ISI 出版发行了享誉世界的 SCI、SSCI、A&HCI 等多种引文数据库。为了便于读者使用,ISI 在 2001 年推出了 ISI Web of Knowledge 平台,用户可通过该平台对 ISI 所有网络数据库进行跨库检索,并且可以将检索到的文献与期刊全文数据库、图书馆 OPAC 系统等实现无缝链接。

一、ISI 三大引文数据库及相关工具

ISI 所提供的 SCI,SSCI 及 A&HCI 这三个引文数据库是引文文献检索领域最为重要的检索工具,被广泛应用于文献分析、科研绩效考评、科研水平评估等多个方面。通过 Web of Knowledge 下的小范围检索平台 Web of Science,可以直接检索 ISI 的三大引文数据库、化学

数据库以及会议录索引(ISI Proceedings)。此外,ISI Web of Knowledge 还提供 JCR 等分析工具数据库及其他辅助工具和服务。

(一) SCI

由 ISI 于 1961 年创建,是世界著名的自然科学领域综合性的期刊文献引文检索工具。收录全世界出版的数、理、化、生物、医学、农业、天文、地理、环境、材料、工程技术等自然科学的 150 多个学科领域,来源自 60 多个国家/地区、80 多种文字的期刊。SCI 分为三个版本:印刷版、光盘版、网络版(扩展版),印刷版和光盘版的数据来源一致,截至 2008 年共收录期刊 3 700 多种,SCI 扩展版(Science Citation Index Expanded,SCI-Expanded)收录期刊 7 600种。目前,其数据可以回溯到 1900 年,每周大约更新 19 000 条文献记录以及 423 000 条参考文献。

(二) SSCI

SSCI 是 ISI 于 1973 年创建的对社会科学论文进行统计分析的大型引文检索工具。截至 2008 年已收录世界上最重要的社会科学期刊 2 325 种,内容覆盖人类学、法律、经济、历史、地理、心理学等 55 个领域,收录文献类型包括研究论文、书评、专题讨论、社论、人物自传、书信等。数据可以回溯到 1956 年,每周更新数据 2 900 条记录以及 60 000条参考文献。

(三) A&HCI

A&HCI 是 ISI 于 1978 年创建的综合性艺术与人文类文献数据库。截至 2008 年已收录艺术与人文科学 25 个学科的期刊 1 225 种,内容涉及各个艺术领域,如视觉、音乐、表演、文学、工艺、历史、宗教等,还有人文科学的各个方面,其主题范围包括考古、建筑、艺术、亚洲研究、古典著作、舞蹈、电影、历史、人文、语言学、文学、音乐、哲学、诗歌、广播、宗教、电视、戏剧等。数据最早可以回溯到 1975 年。

(四) 分析工具

1. JCR　收录 60 多个国家超过 3 300 个出版商出版的包括自然科学、工程技术及社会科学领域的 7 600 多种学术与技术期刊,对每一种期刊均提供影响因子、即年指标(Immediacy Index)、被引用半衰期(Cited Half-life)、总被引次数(Total cites)、发表论文数(Articles)等分析评价指标,是期刊比较研究、图书馆选刊的理想工具。数据库年度更新。

2. 基本科学指标(Essential Science Indicators,ESI)　ESI 是 ISI 2001 年推出的衡量科学研究绩效、跟踪科学发展趋势的基本分析评价工具,是基于 SCI 和 SSCI 所收录的全球 9 400 多种学术期刊的 1 000 多万条文献记录而建立的计量分析数据库。ESI 从引文分析的角度,针对 22 个专业领域,分别对国家、研究机构、期刊、论文以及科学家进行统计分析和排序,主要指标包括论文数、引文数、篇均被引频次。用户可以从该数据库中了解在一定排名范围内的科学家、研究机构(大学)、国家(城市)和学术期刊在某一学科领域的发展和影响力,确定关键的科学发现,评估研究绩效,掌握科学发展的趋势和动向,可以系统地、有针对性地分析国际学术文献。作为 ISI Web of Knowledge 的一部分,ESI 为科学研究者提供了一种动态的、综合的、基于网络的研究分析环境。

3. 高被引网站(ISI HighlyCited. com) 以 ISI 引文数据库内科研人员所发表论文被引用的次数为基础,选出近 20 年来在科学及技术方面有出色成就的人物。把所有科研论文分为生命科学、医药、物理科学、工程、社会科学等 21 个学科领域,并提供每一学科在世界上最有影响力的前 250 位科学家及学者的个人信息(包括研究者联系方式、学历、任职院所、职务、获奖情况、加入各种社团情况、目前研究方向、基金资助情况、个人主页或网站等信息)。可以用来找出科学研究潜在的合作者、专家或同行;发现某个领域中的领军人物,并且了解他们现在的研究工作;了解并且追踪一个科学概念的发展;利用 Web of Science 的引文索引检索延伸研究,包括了解一篇论文逐渐形成的影响或是一个概念从初始至现今的发展史及研究方法。

(五) 辅助服务及工具

1. 个性化服务 具有访问权限的用户可注册一个 ResearcherID,登录后即可浏览自己保存在 ISI 服务器上的检索策略和检索结果,享受各项个性化服务。

2. 文献管理 ISI Web of Knowledge 提供 EndNoteWeb, EndNote, RefMan (Reference Manager), ProCite 四种文献管理工具,可将检索结果保存在这些文献管理工具中进行管理。

3. 资源链接 ISI Web of Knowledge 与全国西文期刊联合目录 OPAC 系统、用户单位订购的期刊全文建立链接,可以直接链接馆藏信息和浏览下载全文,用户还可通过系统提供的 Thomson Scientific WebPlus 快速查找与检索课题相关主题的网络资源。

二、ISI Web of Knowledge 界面及检索规则

进入 ISI Web of Knowledge 检索界面(图 5-1),默认界面为跨库检索。用户可以选择任何一个数据库进行单库检索,其检索规则如下:

(1) 直接输入单词或短语,如果需要精确检索,词组需要添加引号(" ");

(2) 支持截词检索,截词符号: * 表示任意字符,? 表示 1 个字符, $ 表示一个 0 或 1 个字符;

(3) 支持布尔逻辑运算,其运算符为 AND(与),OR(或),NOT(非);

(4) 支持邻近检索,其符号为 SAME,要求两个检索词语必须出现在同一个句子里,但在句子中的顺序不限;

(5) 运算的优先顺序为:(　　) >SAME>NOT>AND>OR。

三、Web of Science 检索

在 ISI Web of Knowledge 进行引文检索,主要是利用 Web of Science 平台。Web of Science 的检索模式有基本检索(Search)、被引参考文献检索(Cited Reference Search)、结构检索(Structure Search)、高级检索(Advanced Search)四种,进入后默认为基本检索(图 5-2)。

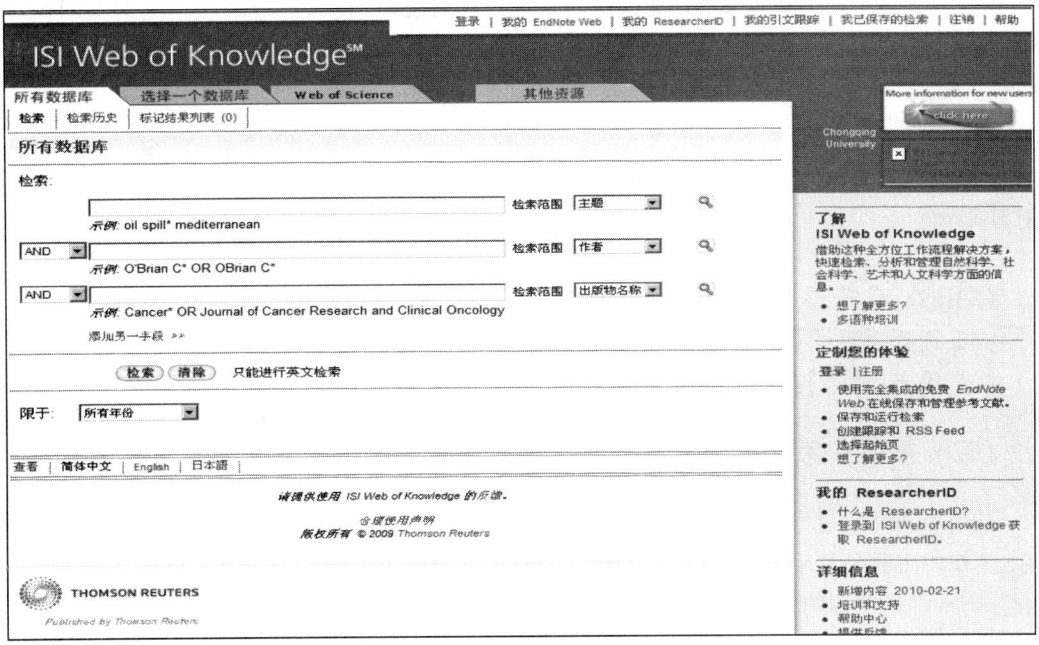

图 5-1 ISI Web of Knowledge 检索界面

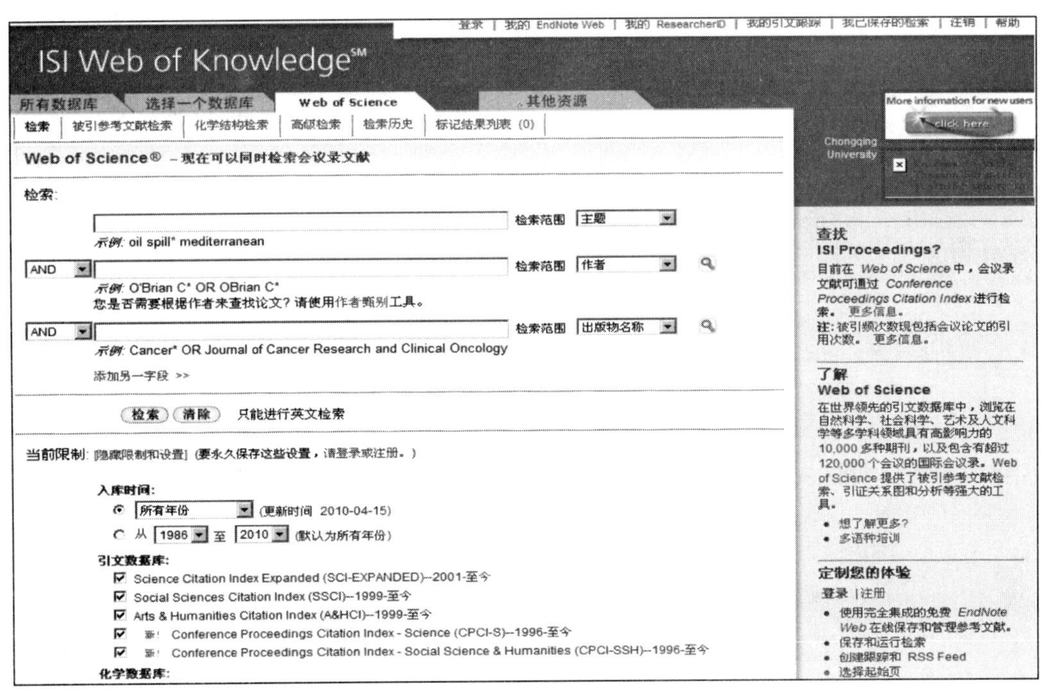

图 5-2 Web of Science 基本检索界面(主界面)

(一) 基本检索

在基本检索状态下,可选择一个字段(“检索范围”)输入相应检索词进行检索;也可选择一个以上的字段进行布尔逻辑运算,完成一个复杂的检索。系统默认三个字段,可单击

【添加另一字段】增加检索条件(图 5-2)。系统为作者、出版物名称等字段提供索引词表,选择相应字段后,单击其后的放大镜图标即可进入该字段的索引词表,帮助检索相应索引词表并选词。

其检索步骤如下:

(1) 选择数据库和要检索的时间范围(此处的时间为数据库更新时间而非文献出版时间)。

(2) 选择检索入口字段(检索范围)。

(3) 输入检索词(可使用截词符,或利用索引词表选词)。

(4) 选择逻辑运算符。

(5) 单击【检索】按钮。

(二) 被引参考文献检索

被引参考文献检索可通过被引用的文献,查找其来源文献,从而跟踪该论文主题的后续发展。其作用主要是基于以往的已知信息来搜寻新的、未知的信息,通过“引文”回溯某个研究的起源,特别是在不熟悉检索词的情况下,可利用手头已有的文献查找相关的研究进展。

被引参考文献检索提供被引作者(Cited Author)、被引著作(Cited Work)、被引年份(Cited Year)三个字段(图 5-3)。

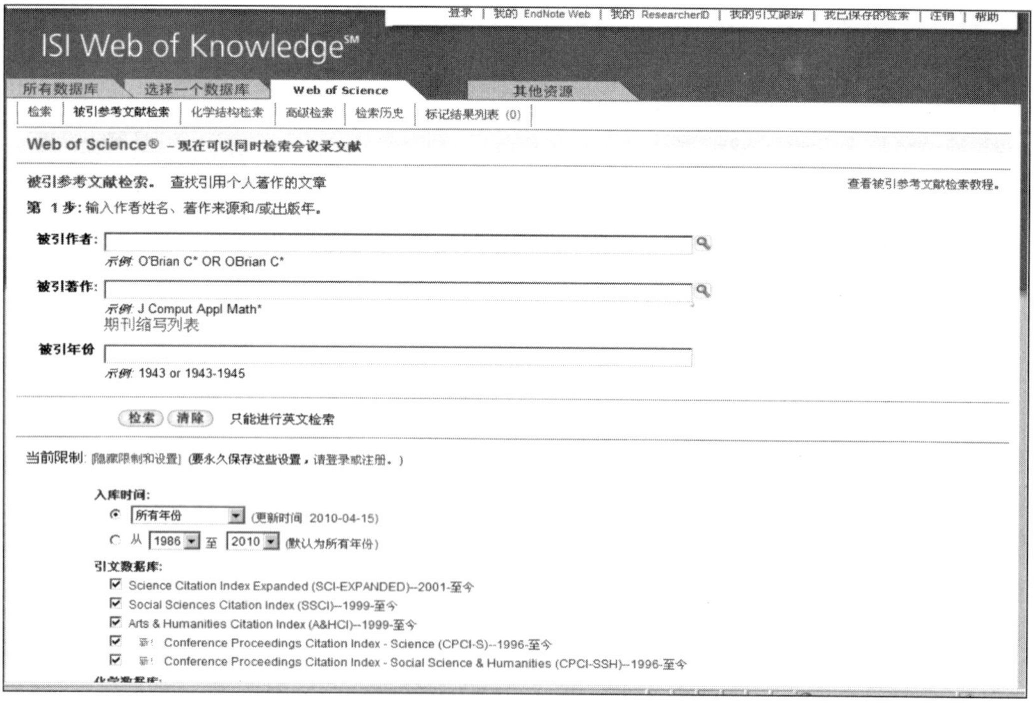

图 5-3 ISI Web of Science 被引参考文献检索界面

可进行单一字段检索或进行多字段检索,不同字段之间逻辑运算关系为“与”。检索步骤如下:

1. 输入检索词　单击【检索】按钮(对于被引作者,检索词为姓在前,名的缩写在后。一般应以被引文献的第一著者进行检索,但如果被引文献被 Web of Science 收录,且这段时间的数据库被使用方所购买,则可以用被引文献的所有著者检索。对于被引著作,检索词为刊载被引文献的出版物名称,如期刊名称缩写、书名或专利号。可单击输入框后的放大镜图标,查看系统提供的被引作者和被引著作索引表。被引年份则是指引文的出版年代);

2. 检出满足条件的被引参考文献,每页显示六条记录(图 5-4)　单击【选择页面】,选中本页所显示的所有被引用文献;单击【选择全部】选中所检出被引用文献的前 500 条记录;单击【全部清除】,清除所有选中的文献。对于检出文献来说,被引作者前面的"…"符号表示该作者不是第一作者。而标有"查看记录"的文献就是被 Web of Science 收录的文献,没有标明"查看记录"的文献本身未被 Web of Science 收录,只是被 Web of Science 收录文献所引用。在此界面下,如果对检索结果不满意,可单击【返回前一结果】回到检索界面重新检索,或利用页面下方的【通过下面的任意选项或所有选项限制检索结果】从文献类型和语种对检索结果进行限制。在选好所需文献后,单击【完成检索】即可查看引用了所选中文献的全部来源文献,从而了解某个课题的相关进展。

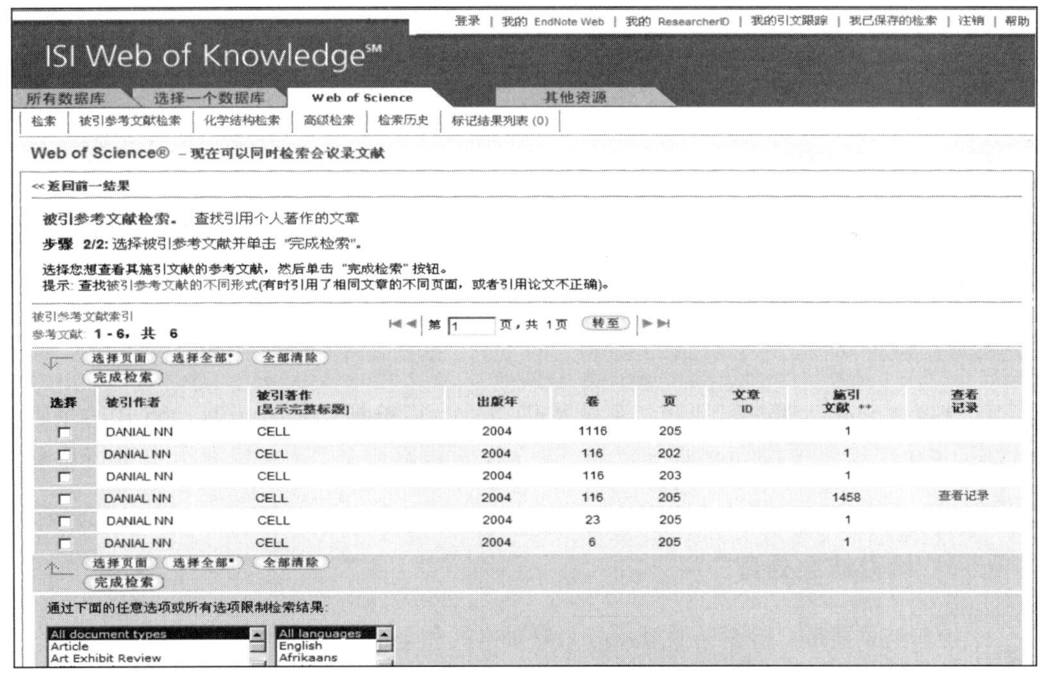

图 5-4　ISI Web of Science 被引参考文献选择界面

(三) 高级检索

直接在检索框中输入复合检索式(图 5-5),要求检索者熟练掌握布尔逻辑运算符和检索字段代码。在输入带有字段的检索词时,应在字段代码前加等号,如 TS=apoptosis 表明检索的是主题中含 apoptosis 的文献。

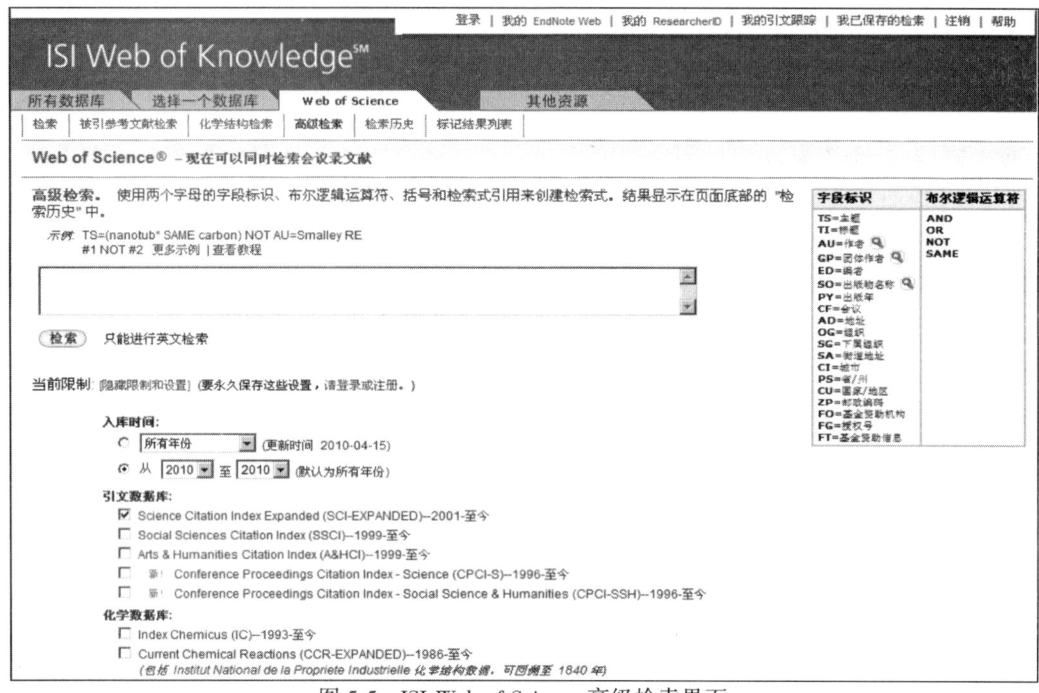

图 5-5 ISI Web of Science 高级检索界面

(四) 结构检索

结构检索主要面向所有从事与化学物质相关研究的科研人员，用于化学物质的检索，检索前需安装化学物质结构软件 WoS_ChemistryPlugin。

(五) 检索历史

可对检索史进行管理和利用。系统提供逻辑运算符帮助构建已有检索式的逻辑组配检索，也可将检索式保存到本地硬盘、建立检索跟踪服务、导入检索历史进行重新检索等。

(六) 检索结果处理

1. 检索结果显示 检索结果显示分为题录格式和全记录格式两种。

(1) 题录格式：每页默认显示十条记录，可根据需要设置显示记录数。每条记录均与全文数据库链接。文献标题和被引次数均采用超链接方式，单击标题可进入全记录格式，单击【被引频次】(Times Cited)可浏览引用该文献的文献(图 5-6)。

(2) 全记录格式：在题录格式状态单击文献标题即可进入该文献的全记录显示。这种显示格式下，不仅可浏览该文献的文摘等详细内容，还可利用系统提供的多个超链接获取更多信息，并可对该文献的全记录进行存盘、打印、标记等处理，或跟踪该文献被引用的情况(图 5-7)。

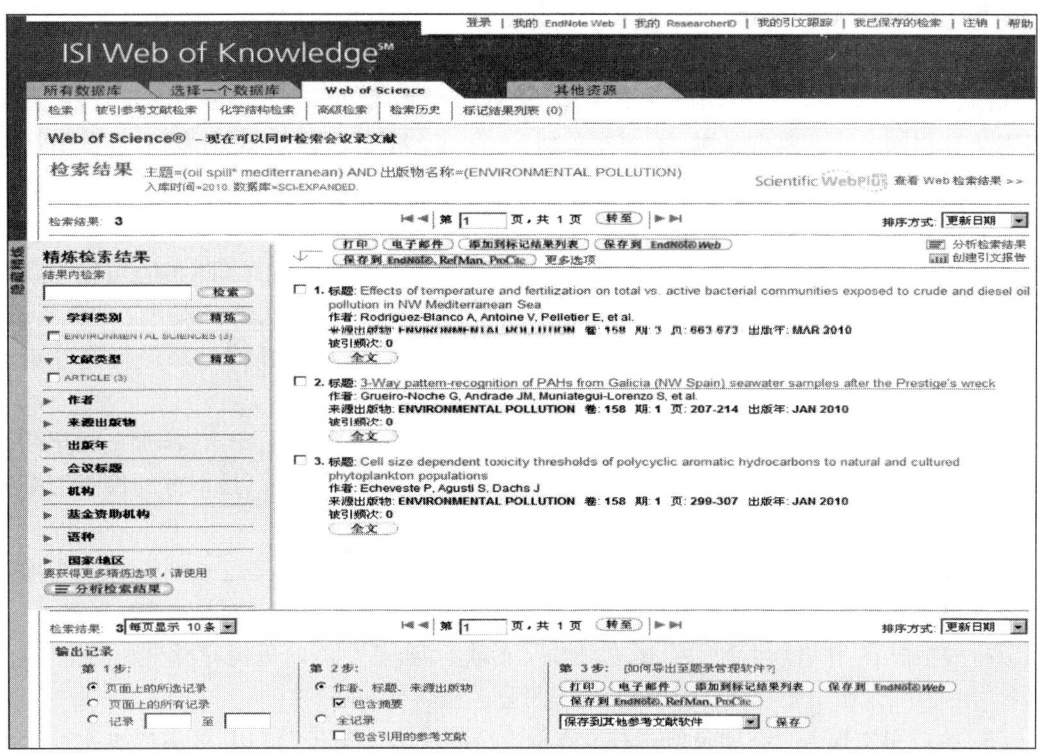

图 5-6 ISI Web of Science 题录显示页面

图 5-7 ISI Web of Science 全记录显示页面

在全记录格式下，单击文献的作者可以直接进行作者检索，查看该作者发表的文献；单击【被引频次】或【施引文献列表】可以查看引用本文的文献，了解研究进展；单击【参考文献】可以查看本文所引用的参考文献，了解研究起源；单击【Related Records】可查看与本文有相同参考文献的文献，了解相关研究；单击【引证关系图】图标可查看引证图谱，以可视化的图形方式显示文献之间联系。还可利用"其他信息"查看刊载本文期刊的影响因子。

2. 检索结果的优化 在题录格式显示状态下的检索结果优化区(图5-6)可输入新的检索词，在结果内进行检索，还可以按照主题、作者、来源出版物、文献类型、出版年、机构、语种、国家/地区等对检索结果进行精炼，相当于按照这些字段对结果进行进一步的限定。

3. 检索结果标记 在题录格式下，选中文献记录前面的复选框，单击【添加到标记结果列表】可将选中记录添加到标记列表中进行统一处理；也可以在页面最下方的检索结果输出区域按提示操作将需要的记录添加到标记列表。

4. 检索结果分析 点击检索结果优化区最下方和题录显示区右上方的"分析检索结果"，可对100 000条及以下的检索结果进行详细统计分析，分析结果以图表方式显示。可分析的字段有：作者、会议标题、国家/地区、文献类型、基金资助机构、授权号、机构名称、语种、出版年、来源出版物及学科类别，最多可显示排名前500的结果。

5. 生成引文报告 在题录格式右上方的"创建引文报告"链接，可生成本次检索结果的引文报告。内容包括近几年发表文献统计的柱状图、近几年被引用的柱状图、总被引次数、篇均被引次数、h指数等，以及每篇文献的年被引次数、被引总次数、平均年被引次数。在此状态下，检索结果默认是按被引频次进行排序的。

6. Web资源链接 除了题录格式和全记录格式的OPAC和全文链接外，Web of Science还提供"Scientific WebPlus"搜索引擎工具进行资源链接。

7. 检索结果输出 在题录格式页面的下方是检索结果输出选择区域，检索结果的输出方式有打印、发送到电子邮件、添加到标记列表、输出到EndNote Web、保存到EndNote, RefMan, Procite，还可以选择以不同格式保存到本地硬盘。其中输出到EndNoteWeb方式需要注册并登录(图5-6)。在全记录格式下，也可以对当前所查看的这一条记录进行输出(图5-7)。

8. 个性化服务 需先注册并登录之后使用个性化服务。包括保存检索结果到ISI Web of Knowledge服务器上、建立检索跟踪服务、建立引文跟踪服务(Create Citation Alerts)、使用My EndNote Web进行在线个人文献集的管理。

四、ISI引文数据库使用的误区

1. 期刊的IF值与论文的影响力完全等同 大多数作者在投稿时，首先是根据自己的论文学术水准选择相应水平的期刊。因此，在大多数情况下，学术期刊的权威性和影响力与其刊载论文的质量存在一定的相关性。但IF值是对期刊的整体水平进行评价的指标，一个IF值高的期刊可能也有部分论文被引用频次很低，甚至无人引用。因此，不能将期刊的影响因子等同于论文的影响力，关键是要看该篇论文的被引用情况。

2. 将SCI作为科研绩效考核的绝对化指标 SCI的收录语种主要是英文,非英文期刊所占比例较小。从收录的地区来说,SCI侧重于欧美地区。SCI数据库收录期刊有一定标准,但论文未被SCI收录并不意味着该论文的水平就低。在我国各级课题申报、成果鉴定、职称晋升、评奖等方面还存在将SCI论文作为科研绩效考核的绝对化指标的现象,这也是我国目前普遍存在的SCI使用误区。

(胡 虹 杜志银)

第三节 中国科学引文数据库

中国科学引文数据库(Chinese Science Citation Database,CSCD),由中国科学院文献情报中心于1989年创建,属于中国科学文献服务系统(http://www.sciencechina.cn)的一个子系统,收录我国数学、物理、化学、天文学、地学、生物学、农林科学、医药卫生、工程技术、环境科学、管理科学等领域出版的中英文科技核心期刊和优秀期刊1 083种(2007年-2008年版),英文期刊55种,中文期刊1 028种,其中核心库期刊737种,扩展库期刊346种。已积累从1989年到现在的论文记录300万条,引文记录近1 700万条。系统除具备一般的检索功能外,还提供引文检索,用户可迅速从数百万条引文中查询到某篇科技文献被引用的详细情况,还可以从一篇早期的重要文献或著者姓名入手,检索到一批近期发表的相关文献,对交叉学科和新学科的发展研究具有十分重要的参考价值。中国科学引文数据库还提供了数据链接机制,支持用户获取全文。

CSCD是我国第一个引文数据库,内容丰富、结构科学、数据准确,被喻为"中国的SCI"。1995年CSCD出版了我国的第一本印刷本《中国科学引文索引》,1998年出版了我国第一张中国科学引文数据库检索光盘,1999年出版了基于CSCD和SCI数据,利用文献计量学原理制作的《中国科学计量指标:论文与引文统计》,2003年CSCD上网服务推出了网络版,2005年CSCD出版了《中国科学计量指标:期刊引证报告》。2007年中国科学引文数据库与美国Thomson-Reuters合作,将以ISI Web of Knowledge为平台,实现与Web of Science的跨库检索,中国科学引文数据库是ISI Web of Knowledge平台上第一个非英文语种的数据库。

一、数据库检索

(一)简单检索

简单检索分为来源文献检索和引文检索两种,系统默认为引文检索。

1. 引文检索 提供的字段包括被引作者(引文的前三个作者姓名)、被引第一作者、被引来源(引文中出现的期刊、专著、专利、硕博士论文、会议录等名称)、被引机构、被引实验室、被引文献主编(当引文有主编姓名时,可以用此检索点检索。不包含期刊的主编)。在进行检索时可以同时选择不同的三个字段,可通过"与"和"或"限定字段之间的关系,并且可以限定论文被引用和论文发表的时间范围。

如贺福初院士2005年发表在“中华检验医学杂志”28卷,第5期的“肝病蛋白质组学研究进展”文献被引用情况。

选择【被引作者】→在其前面输入框中输入“贺福初”→选择逻辑运算符号【与】→在其后输入框中输入“中华检验医学杂志”→在限定条件中选择论文发表→在其后两个输入框中均输入“2005”→单击【检索】按钮得到检索结果,可以看到该文献被引用情况。

2. 来源文献检索 提供的字段包括作者、第一作者、题名、刊名、ISSN、文摘、机构、关键词、基金名称等。字段之间的逻辑运算符号有“与”和“或”两种,检索时可对论文发表时间和学科范围进行限定。

(二) 高级检索

高级检索分为来源文献检索和引文检索。检索界面上半部分为检索运算式输入区域,下面部分为检索辅助区域。在检索辅助区列出了引文检索及来源检索的所有字段,各字段后有检索提问词输入框和逻辑运算符号以及【增加】按钮,只需在相应的输入框中输入检索词、选择运算符号(“与”和“或”),然后单击【增加】按钮,相应的检索式即可出现在上面的检索提问框中,单击【确定】按钮即可。

如以简单检索的示例为例,高级检索的步骤为:在被引作者栏输入“贺福初”,单击【增加】按钮→在被引来源栏输入“中华检验医学杂志”,选择逻辑运算符“与”,单击【增加】按钮 →在出版时间后的两个输入框中均选择“2005”,再选择“与”,单击【增加】按钮。每次单击【增加】按钮后检索输入区将出现相应的检索式,最后检索式为“CITATION_AUTHOR:贺福初 AND CITATION_DERIVATION_GF:中华检验医学杂志 AND CITATION_YEAR:【2005 TO 2005】”,单击【确定】得到检索结果。

高级检索默认为模糊检索,如在被引来源字段中输入“检验”,可以查询到“理化检验.B,化学分册”、“中华医学检验杂志”、“临床检验杂志”等。如果需要进行精确检索,可以在检索辅助区字段后选择【精确】按钮,或在上面检索运算式输入区中字段名后加上“Ex”。高级检索还可以应用截词符号:%代表多个字符,? 代表一个字符。

(三) 来源期刊浏览

按照中英文期刊进行分类,中文期刊按刊名拼音首字母进行排序,英文期刊按刊名英文首字母进行排序。单击字母即可浏览相应期刊,显示刊名、ISSN、收录年代;单击刊名可以浏览每一期发表的文献摘要。

二、检索结果处理

(一) 检索结果限定与二次检索

对检索结果进行限定检索,先选择检索结果前面的复选框,然后单击【结果限定】按钮,将显示限制部分的检索结果。在检索结果题录显示的最下方可选择相应的字段,输入检索词语,单击【确定】按钮,从第一次检索结果中筛选出符合需要的检索结果。

（二）检索结果排序、显示和输出

数据库默认按文献出版时间先后进行排序，但可根据需要改变排序方式。单击检索结果显示框的【标题栏】进行排序，如单击【题名】可以按“题名”进行排序，单击【被引用作者】可以按“被引用作者”排序。

每页默认显示 20 条文献记录。在来源文献检索中，检索结果显示每一条文献的题名、作者、来源、被引频次。每条记录题目下面有“详细信息”和“显示摘要”两个链接，可显示进一步的信息。

检索结果的输出有发送到 E-mail、打印、下载三种方式。

（三）相关文献检索

来源文献检索和引文检索中对能够提供详细信息的记录系统均提供相关文献检索，包括相关作者（与本文作者共同发表文章的作者检索）、相关关键词（查看与本文相同关键词的文献）、相关参考文献（查看与本文具有相同参考文献的文献）。

（四）全文获取与开放链接

来源文献检索和引文检索中对能够提供详细信息的记录系统均提供开放链接，通过开放链接可通过 PubMed 或 VIP 数据库获取全文或摘要，也可以通过 Google 进行检索。如果通过开放链接未能获取全文，可单击【原文传递】索取全文。

（杜志银）

第四节　其他引文检索资源

一、中国引文数据库

中国引文数据库（http://ref. cnki. net/index. aspx）是由中国学术期刊（光盘版）电子杂志社开发，收录了中国学术期刊（光盘版）电子杂志社出版的所有源数据库产品的参考文献，实现了期刊、图书、论文、报纸类文献的引用文献和被引用文献的链接。其来源文献数据可以回溯到 1994 年（部分刊物回溯至创刊），其引文数据为 1979 年至今，中心网站数据每天更新。通过揭示各种类型文献之间的相互引证关系，不仅可以为科学研究提供新的交流模式，同时也可以作为一种有效的科学管理及评价工具。

中国引文数据库有快速检索（图 5-8）和高级检索两种检索模式。快速检索可根据需要选择不同的文献类型（包括期刊、图书、专利、学位论文、会议论文、标准及其他数据库），或直接选择全部类型的文献，再输入相应的检索词语进行检索。高级检索分为源文献检索和引文检索（图 5-9）两种模式，源文献检索的方法是选定特定字段（主题、篇名、作者、关键词等 15 个字段），输入检索提问词进行检索。引文检索提供被引作者、被引题名等 10 个检索入口字段，检索时首先选择专辑，根据需要选择不同文献类型的引文，再选择检索入口字段；若需进行复合检索，可以单击【+】增加检索条件，选择适当的逻辑关系进行逻辑组配检索。

利用中国引文数据库进行检索，在每条结果的详细显示格式下，可查看该文献的引文网络，包括参考文献、引证文献、共引文献及同被引文献；还可查看二级参考文献和二级引证文献。

除检索功能外，中国引文数据库还提供特定作者、机构、期刊、专题、基金等全面而详实的统计信息，包括作者的发文量、各年被引量、h 指数、作者被引排名、作者引用排名、作者关键词排名，机构的发文量、各年被引量、h 指数、作者被引排名、作者引用排名，期刊的发文量、被引统计、引文统计、作者统计、基金论文统计，专题的发文量、各年被引量、引用专题排名、被引专题排名；基金的发文量、各年被引量，出版社的发文量、各年被引量、H 指数。

图 5-8 中国引文数据库快速检索界面

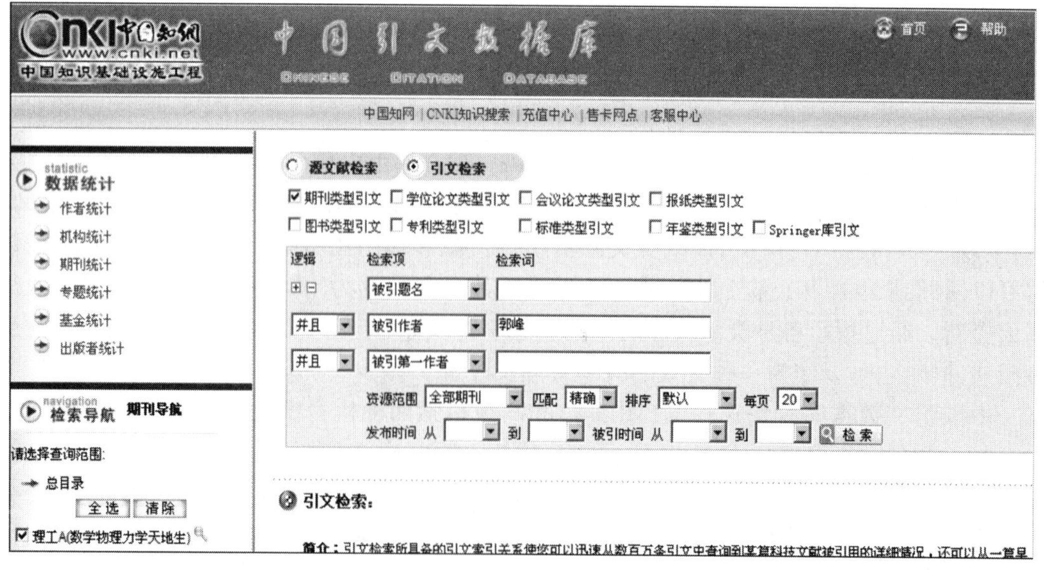

图 5-9 中国引文数据库高级检索界面(引文检索)

此外，利用中国知网(http://www.cnki.net)进行检索其中某个数据库或跨库的检索，也可查到文献被引用情况，还可按照文献被引频次进行排序(参见相关章节)。

二、中文科技期刊引文数据库

中文科技期刊引文数据库又称为中文科技期刊数据库(引文版)，由重庆维普资讯有限公司开发，收录了1989年至今的8 000多种中文学术期刊(其中包括《中文核心期刊要目总览》中的核心期刊1 500余种)482万多篇科技论文，收录参考文献1 830余万篇。可查询论著引用与被引情况、机构发文量、国家重点实验室和部门开放实验室发文量、科技期刊被引情况等，是科技文献检索、文献计量研究和科学活动定量分析评价的有力工具。所有文献按学科分为八个专辑：社会科学、经济管理、教育科学、图书情报、自然科学、农业科学、医药卫生、工程技术。数据每周更新。

三、中国科技论文与引文数据库

中国科技论文与引文数据库(Chinese Science and Technology Paper Citation Database, CSTPCD)由中国科技信息研究所开发，是一个集多种检索与评价功能于一体的大型文献数据库，分为网络版和光盘版，其中网络版覆盖国内发行的重要科技期刊2 800余种，光盘版收录核心期刊1 300余种，内容覆盖数学、物理、化学、天文、地理、生物、农林、医学及工程技术等领域。系统的引文检索可以对被引篇名、被引著者、被引著者单位、被引著者所在地区、被引著者单位类型、被引文献基金类型、被引刊名、被引文献学科分类、引证著者九个字段进行检索。可以对著者、机构、刊名、地区、基金、年份等不同方面，不同类型的引文情况进行统计分析。

四、中文社会科学引文索引

中文社会科学引文索引(Chinese Social Sciences Citation Index, CSSCI)由南京大学中国社会科学研究评价中心开发，属于国家、教育部重点课题攻关项目。收录1998至今的766种社会科学期刊，其中CSSCI来源期刊528种，CSSCI扩展版来源期刊152种、来源集刊86种，收录来源文献80余万篇，引文文献500余万篇，是我国第一个社会科学引文数据库。

CSSCI提供的检索途径包括来源文献检索、被引文献检索和优化检索。

来源文献检索途径：篇名、作者、作者所在地区机构、刊名、关键词、文献分类号、学科类别、学位类别、基金类别及项目、期刊年卷期等。

被引文献的检索途径：被引文献、作者、篇名、刊名、出版年代、被引文献细节等。

优化检索：精确检索、模糊检索、逻辑检索、二次检索等。

五、CNKI知识搜索

CNKI知识搜索(http://search.cnki.net)以CNKI总库资源为基础，共涵盖了中国学术期刊、博硕士论文、会议论文、报纸文献、专利标准等近 4 000 多万篇专业学术文献。CNKI 知识搜索的结果中,也可查看文献的被引次数、来源文献及参考文献,且可按被引次数对检出结果进行排序。此外,CNKI 知识搜索还提供“学术趋势”功能,列出所搜索主题在热点年份的相关高频被引文章,以便用户发现经典文献。

六、Google 学术搜索

Google 学术搜索(http://scholar.google.com)结果显示时也可查看检出文献的被引次数、来源文献及参考文献。且其查找的范围大,并不局限于某一个数据库,可作为一个跨库检索平台进行引文检索(参见第二章第四节)。

(胡 虹 杜志银)

第六章　专类信息检索

第一节　医学会议文献及其检索

一、会议文献概况

会议文献(conference literature)是指在各类学术会议上形成的资料和出版物。会议文献具有以下特点:专业性和针对性强,内容新颖,学术水平高,信息量大,涉及的专业内容集中,可靠性高,及时性强,出版发行方式灵活等。因此,会议文献在目前的十大科技信息源中,其利用率仅次于科技期刊。会议文献包括会前文献和会后文献两种。会前文献包括会议日程报告、征文启事等,预报了会议内容以及召开的时间、地点等,为科研人员及时了解和掌握世界范围的专业会议信息、撰写会议论文并参加会议提供了帮助。会后文献是指会议结束后出版的会议文献,包括会议录、专题论文集、会议论文汇编、会议论文集、会议出版物以及会议纪要。下面就会议论文和会议预报信息的检索进行介绍。

二、会议论文数据库

会议论文是最主要的会议文献,反映了许多学科中的新发现、新进展、新成就以及所提出的新研究课题和新设想。

(一)国内会议论文数据库

1. 万方会议论文数据库　是万方数据资源系统(http://www.wanfangdata.com.cn)科技信息子系统所提供的会议论文全文数据库。收录了由中国科技信息研究所提供的,1985年至今世界主要学会和协会主办的会议论文,以一级以上学会和协会主办的高质量会议论文为主。收录范围涵盖自然科学、工程技术、农林、医学等多个领域,内容包括数据库名、文献题名、文献类型、馆藏信息、馆藏单位、馆藏号、分类号、作者、出版地、出版单位、出版日期、会议信息、会议名称、主办单位、会议地点、会议时间、会议届次、卷期、主题词、文摘等,为用户提供全面、详尽的会议信息,是了解国内学术会议动态、科学技术水平、进行科学研究必不可少的工具。

该数据库提供了一般检索、高级检索和专业检索,其中有标题、作者、关键词、摘要、会议名称等多个检索词输入框,对检索结果还可以按照相关度优先、经典论文优先、最新论文优先等方式进行排序。

2. 中国重要会议论文全文数据库　是中国基础知识设施(CNKI)的会议论文数据库,收录了我国2000年以来国家二级以上学会、协会、高等院校、科研院所、学术机构等单位的论文集,年更新约10万篇论文。产品分为十大专辑,专辑下分为168个专题文献数据库。

使用该数据库可对检索控制条件和内容检索条件进行限制。检索控制条件包括文献的时间、会议名称、会议级别、文献来源基金、作者等限定文献的外部特征；内容检索条件包括主题、标题、摘要、关键词、全文、论文集名称、参考文献、中图分类号等。系统还提供了最近词、与输入检索词相关的其他词和词频选择等检索辅助功能。

3. NSTL 会议论文数据库 由国家科技图书文献中心(NSTL,http://www.nstl.gov.cn)提供,包括中国会议论文数据库和外文会议论文库。中国会议论文数据库收录了1985年以来我国国家级学会、协会、研究会以及各省、部委等组织召开的全国性学术会议论文。数据库的收藏重点为自然科学各专业领域,每年涉及600余个重要的学术会议,年增加论文4万余篇,每季或每月更新。外文会议论文数据库主要收录了1985年以来世界各主要学会、协会、出版机构出版的学术会议论文,部分文献有少量回溯。学科范围涉及工程技术和自然科学各专业领域。每年增加论文约20余万篇,每周更新。单击 NSTL 首页上的【中文会议】或【外文会议】进入检索界面。

NSTL 提供标题、作者、关键词、会议集名、分类号等检索项供选择,检索词之间的关系通过“与”、“或”、“非”、“异或”等检索条件加以限制。

(二)国外会议论文数据库

1. ISI Proceedings 美国 Thomson Scientific 公司基于 ISI Web of Knowledge 检索平台将 ISTP 和 ISSHP 两大会议录索引集成为 ISI Proceedings,提供会议论文的文摘索引信息。ISI Proceedings 是收录最多、覆盖学科最广泛的学术会议录文献数据库,是查找国外会议文献的首选数据库之一。它收录了1990年以来超过6万个会议的410多万条记录,每年收录1万多个会议的文献,年增加20多万条记录,数据每周更新。所收录的会议有:一般性会议、座谈会、研究会、专题讨论会等。65%的索引内容来源于专门出版的会议录或丛书,其余来源于以连续出版物形式定期出版的系列会议录。

ISI Proceedings 由科学与技术(Science and Technology—Proceedings,ISTP)和社会科学与人文科学(Social Science and Humanities—Proceedings,ISSHP)两个不同的数据库组成,这两个数据库既可以分别独立进行检索又可以同时检索。

在 ISI Web of Knowledge 主页,可通过下拉菜单选择 ISI Proceedings 和单击【ISI Proceedings】链接登录 ISI Proceedings 数据库。进入 ISI Proceedings 数据库后,有快速检索(Quick Search)、普通检索(General Search)和高级检索(Advanced Search)三种检索方式,可查看检索历史。左下方有 ISTP 和 ISSHP 两个数据库,默认设置是两个数据库均被选择。检索时间段有三种方式可以选择,单击第一个单选按钮选择最近1,2或4周的数据,单击【年份】单选按钮并利用下拉菜单选定某一具体年,利用下拉菜单分别选定起止年,默认设置为从2001年开始检索的所有年。

2. OCLC FirstSearch 会议论文数据库 隶属于美国联机计算机图书馆中心 OCLC 下的会议论文数据库,包括 PapersFirst(国际学术会议论文索引)和 ProceedingsFirst(国际学术会议录索引)两个会议论文数据库,收录了1993年10月以来世界范围的研讨会、专题会、学术报告会、座谈会、博览会等各种会议的论文题录信息。其中,PapersFirst 收录会议论文650万余条记录,数据每月更新两次;ProceedingsFirst 是 PapersFirst 的关联库,收录会议录19.2万余条记录,数据每周更新两次。

PapersFirst 和 ProceedingsFirst 的检索途径有基本检索(Basic Search)、高级检索

(Advanced Search)和专家检索(Expert Search);检索入口多达27个,如关键词、作者、会议名称、会议地址、会议日期等;支持布尔逻辑算符、位置算符的运算。检索结果以论文题录显示,主要包括作者、论文题名、资料来源、语种、会议名称等。

三、会前信息预报网站

传统的会议消息发布方式主要是采取在专业期刊上刊登会讯以及各种学术组织散发通知,目前互联网的发展及普及,为会议信息的传播提供了快捷的通道,通过网络形式发布会前信息已成为一种趋势。

(一) 国内会议预报网站

1. 中国学术会议在线　教育部科技发展中心主办,提供学术会议预告、会议专题报告视频、会议新闻等信息(http://www.metting.edu.cn),在会议预告信息中详细说明会议的主办者、召开时间、地点、主题、会议背景、征文要求等信息。

2. 中华医学会网站　系中华医学会(Chinese Medical Association)(http://www.cma.org.cn)组织学术交流活动、开展继续医学教育的学术网站。通过“会议通知”可获取由中华医学会各分会、中华医学系列期刊编辑部以及音像社主办的学术会议信息,包括会议介绍、日程、地点、征文以及会议网站链接等多项内容。在“计划查询”里可浏览某一年度的学术会议计划,包括主办方的分会名称、会议名称、重要内容和目的、会议时间和地点、参会人数、会期、联系人、联系方式等信息。

3. 医学会议在线　汇集了大量的国内外医学会议信息,网址为http://www.medig.com.cn。网站设有最新医学会议、近期医学会议、医学会议报道、重要会议推荐、会议课件、医学资讯等栏目。提供学科分类导航以及会议信息检索功能。用户可在首页左侧搜索框中键入检索词,检索入口有会议类型和会议地点。

(二) 国外会议预报网站

1. 医生指南-会议资源中心(Doctor's Guide:Congress Resource Centre)　是著名医学网站Doctor's Guide(http://www.docguide.com/crc.nsf/web-bySpec)专门用于预报全球医学会议信息的一个栏目。该站点提供了多种检索会议信息的方式,页面左上方有简单检索输入框(SEARCH CRC)和高级检索(ADVANCED SEARCH)界面的链接,可以在检索框中键入检索词(关键词、时间、地址等),快速、准确地查找会议信息;页面左侧下方提供了通过学科主题(By Specialty)、会议日期(By Date)、会议地点(By Location)三种途径的浏览方式。会议预报主要内容包括会议名称、召开时间、召开地、联系方式。

2. 生物科学与医学方面的会议(Meetings in Bioscience and Medicine)(http://hum-molgen.org/meetings/)　该网站提供了86个国家未来一年半内召开的生物科学与医学方面的国际会议预告。

3. 医学事件(http//www.medical-events.com)　提供全球医学会议检索,可按学科分类浏览会议预告信息,提供了按会议召开时间归类的浏览方式,如happening today、Next conferences等,还提供了会议的链接地址、会议名、会议举办时间和地点等信息。

4. 学术会议网医学会议预报(http://www.medical.theconferencewebsite.com)　专为用

户提供免费查询国际上医学会议信息及继续医学教育课程的一站式网站。设有简单检索(Search)、高级检索(Advanced Search)两种途径。用户可在检索框中键入会议名称全称或缩写、会议地点、会议日期,以查询会议的名称(Conference Name)、地点(Location)、时间(Starts,Ends)等。单击【会议名称】链接,可获悉诸如会议网站链接(View conference website)、会议举办地地图链接(View map of conference location)等更为详细的信息。

(李小平)

第二节　学位论文检索

一、学位论文概况

学位论文是指学位申请者结合其科学研究结果撰写的,以证明其学术水平或技能的学术论文,是学位授予单位为授予申请者相应学位进行学术评价的依据。学位论文不受篇幅限制(论述详尽),从研究背景、技术线路、实验方法到数据获取、分析结论都有涉及;集中反映所在单位的科研领域、学术活动、研究进展和最新成果;对相应研究领域有系统深入的讨论和综述,拥有详尽的参考文献。因此,学位论文是拥有自主知识产权的重要信息资源和知识宝藏,具有重要的阅读和参考价值。本节重点介绍几个主要的国内外学位论文数据库。

二、国内学位论文检索

目前,网络已成为便捷检索及获取学位论文的主要渠道。一般来说,通过网络可免费检索和下载学位论文的题录或摘要,如果用户在相关数据库权限范围内,可直接链接到所需论文的全文。获取学位论文的数据库很多,下面就国内常用的几个数据库进行介绍。

(一) 高校学位论文库

高校学位论文库(http://etd.calis.edu.cn/ipvalidator.do)是CALIS“十五”期间重点建设的子项目之一,收录学位论文从1995年起,文献来源于清华大学、北京大学等全国著名大学在内的83个CALIS成员馆的硕士、博士学位论文,论文分为12大学科类别(如工学、农学、理学、医学、哲学、经济学、法学等)。

数据库有简单检索、复杂检索、学科浏览、参建馆浏览等多种检索途径。检索结果有基本信息、摘要信息、详细信息三种显示格式,并提供论文前16页的预览及E-mail、打印、下载、馆际互借等服务,可以通过论文索书号在研究生培养单位找到论文全文。CALIS高校学位论文库提供了个人设置、定题通告、查看检索式等个性化服务。

(二) NSTL中外文学位论文库

由国家科技图书文献中心(http://www.nstl.gov.cn/index.html)提供。包括中文学位论文数据库和国外文学位论文数据库。中文学位论文数据库主要收录了1984年至今我国高等院校、研究生院及研究院所发布的硕士、博士和博士后论文147万余篇。学科涉及自然科学各专业领域,并兼顾社会科学和人文科学,每年增加论文6万余篇。外文学位论文数据库由中国科技信息研究所提供，收录了美国 ProQuest 公司博硕士论文资料库中 2001 年以来的优秀博士论文约 20 万篇。学科范围涉及自然科学各专业领域，并兼顾社会科学和人文科学。

NSTL 的检索界面中提供了论文题目、关键词、分类号、导师、作者、研究专业等检索入口；查询条件之间的逻辑关系有与、或、非、异或等选择；还提供了时间的限定和检索匹配方式的选择。

（三）万方中国学位论文检索

收录 1977 年以来我国 90%以上学位授予单位的学位论文全文 100 万余篇，年增 20 万余篇。内容涵盖自然科学、医药卫生、农业科学、工业技术、人文等领域，是我国收录数量较多的学位论文全文数据库。该库时效性强，数据按周更新。学位论文检索提供简单检索、经典检索、专业检索和分类浏览检索等途径；检索入口有标题、作者、摘要、关键词、导师、学校、专业等。

（四）CNKI 中国优秀博硕士学位论文数据库

中国知网（简称 CNKI）系列数据库之一，收录了 1984 年至今全国 420 余家博士授予单位的博士学位论文 10 万余篇和全国 600 余家硕士授予单位的优秀硕士学位论文。中心网站上的数据每日更新。检索方式有初级检索、高级检索、专业检索、句子检索、学位授予单位导航（地域导航、学科专业导航）等。检索结果可以选择在线阅读、整本下载、分章下载、分页下载等，CNKI 的知网节页面中还提供了与所浏览文献相关的文献、作者、研究机构、引证文献等的链接。

三、国外学位论文检索

（一）ProQuest 博硕士论文数据库

博、硕士论文全文数据库（ProQuest Digital Dissertations & Theses，PQDT）是美国 ProQuest 公司（原名 UMI 公司）推出的网络版博硕士论文数据库，收录了欧美 1 000 余所大学的学位论文，PQDT 已成为世界上最大的、广泛被使用的国际性学位论文资源。北美地区每年通过的 90%以上学位论文收入该库。PQDT 收录年代长，始于 1861 年，每周更新，每年新增论文量为 6 万余篇，1997 年以后的部分论文提供前 24 页论文原文。通过其提供的 PQDTOper 可以免费获取公开存取的学位论文（http://pqdtopen. proquest. com）。

PQDT 分初级检索和高级检索两个检索界面，其中高级检索界面还有四个辅助表用于限制检索条件。检索入口有文摘（Abstract）、导师（Advisor）、作者（Author）、学位（Degree）等 18 个字段，并且还提供了“更多检索选项”（More Search Options）供用户选择。PQDT 支持布尔逻辑算符、邻近算符、截词符、字段检索等检索技巧。

为满足国内对欧美博士论文全文的需求，自 2002 年起，由教育部 CALIS 组织国内部分高校、学术研究单位以及公共图书馆共 129 个成员馆，联合采购 ProQuest 的部分学位论文全文（PDF 格式），建立了 ProQuest 学位论文全文数据库。该库目前已收录 21 万余篇全文。成员馆可通过 CALIS 全国文理中心（北京大学图书馆）、中国科学技术信息研究所和上海交通大学图书馆三个镜像站，共享各成员馆订购的资源。

（二）外文博硕士论文服务系统

外文博硕士论文服务系统（Foreign Dissertations & Theses Service System，FDTS）由重庆聚合科技有限公司于 2009 年 5 月推出（http://www.tibetstr.com:89/index.aspx），收录 100 余所欧美一流高校 2000 年以来 10 万余篇博硕士学位论文。FDTS 采用中文检索界面，具有中英文双语检索功能。提供快速检索、高级检索、学科导航、学校导航等多种途径。检索速度快，查全率、查准率高。此外，FDTS 还通过一站式原文传递、馆际互借、参考咨询、原文翻译等方式提供外文博硕士论文服务。

（马　佳）

第三节　医学专利文献检索

一、专利基础知识

（一）专利

1. 概念　专利是专利权的简称，是指一项发明创造向国家专利局提出专利申请，依法审查合格后，向专利申请人授予的在规定时间内对这项发明创造享有的专有权。

各个国家都通过建立专利制度的形式来保护专利权，专利制度的核心是专利法，它主要从专利权的授予和保护两个方面对专利事务作出规范。我国于 1984 年颁布了《中华人民共和国专利法》，1985 年 4 月 1 日正式实施，并在实施过程中不断修订完善。

2. 属性　专利权属于知识产权，具有独占性、地域性和时间性。

独占性也称专有性或排他性。专利权人对他的发明创造享有独占性的制造、使用、销售和进口等实施权。

地域性指一个国家授予的专利权，只在本国有效，对其他国家没有约束力，任何国家都没有授予别国专利的义务。

时间性指任何专利的保护都有一定的法律期限。专利权人对其发明创造所拥有法律赋予的专有权只在法律规定的期限内有效。多数国家自专利申请日起，发明专利的保护期限是 20 年，实用新型和外观设计专利是 10 年。

关于药品专利可适当延长。美国规定 FDA 批准的药品专利保护可延长 5 年，但不超过产品上市之日后的 14 年。欧共体规定自 1993 年 1 月 2 日以来，药品专利在获得有关卫生部门的生产许可后，如果专利保护期不足 15 年，可以延长 5 年。日本与美国类似，最多可延长 5 年。

3. 类型　专利可分为多种类型，具体划分各国不尽相同。我国《专利法》规定保护发明专利、实用新型专利和外观设计专利三种专利。

发明：是对产品、方法或者其改进所提出的新的技术方案。

实用新型：是对产品的形状、构造或者其结合所提出的适于实用的新的技术方案。

外观设计：是对产品的形状、图案、色彩或者其结合所作出的富有美感并适于工业上应用的新设计。

授予专利权的条件

(1) 授予发明专利权和实用新型专利权的条件:专利法的二十二条第一款规定:"授予专利权的发明和实用新型,应当具备新颖性、创造性和实用性"。

新颖性,是指在申请日以前没有同样的发明或者实用新型没有在国内外出版物上公开发表过、在国内公开使用过或者以其他方式为公众所知,也没有同样的发明或者实用新型由他人向国务院专利行政部门提出过申请并且记载在申请日以后公布的专利申请文件中。

创造性,是指同申请日以前已有的技术相比,该发明或实用新型有突出的实质性特点和显著的进步。

实用性,是指该发明或者实用新型能够制造或者使用,并且能够产生积极效果。

(2) 授予外观设计专利权的条件:专利法第二十三条规定:"授予专利权的外观设计,应当同申请日以前在国内外出版物上公开发表过或者国内公开使用过的外观设计不相同或者不相近似"。

(二) 专利文献及其分类、编号

1. 专利文献　专利文献是实行专利制度的国家及国际性专利组织在审批专利过程中产生的官方文件及其出版物的总称。广义的专利文献包括申请说明书、专利说明书、专利公报、专利分类表等;从狭义上来说,专利文献指的是申请说明书和专利说明书。

在专利文献的各种出版物中,专利说明书出版量最大,世界上年出版量为 100 万~110 万件。专利说明书是专利文献的主体,由扉页和正文两部分组成。

(1) 扉页:扉页著录项目包括全部专利信息特征。有表示法律信息的特征,如专利申请人、申请日期、申请公开日期、审查公告日期、批准专利的授权日期、专利号等;有技术信息的特征,如发明创造的名称、发明所属技术领域的专利分类号、发明创造技术内容摘要和典型附图等。

(2) 正文:正文包括序言、发明细节描述和权项三部分。

1) 序言:通常指出发明或使用新型名称、所属技术领域、发明背景和目的。

2) 发明细节描述:包括技术方案、效果、最佳实施方式和实例,并用附图加以说明。附图为原理图或示意图,一般不反映真实的尺寸比例。

3) 权项:是专利申请人要求法律保护的范围。我国以权利要求书的形式单独公布权项部分。

2. 专利文献的分类与国际专利分类法　各国都有自己的专利分类法,各自采用的分类原则、分类体系和标识符号都不相同。目前,大多数国家都已废弃本国的专利分类表,改用《国际专利分类表》(International Patent Classification, IPC)(表 6-1)。IPC 于 1968 年正式出版并使用,每五年修订一次,以适应新技术发展的需要。

IPC 的分类体系为:部、大类、小类、组(大组和小组)。

(1) 部(Section):部是分类系统的一级类目,部下面有分部(Sub-Section),分部只有类目,不设类号。如表 6-1 所示。

表 6-1 《国际专利分类表》部与分部类目名称

部	分　部
A:人类生活必需	农业,食品与烟草,个人和家庭用品,健康与娱乐
B:作业、运输	分离和混合,成型,印刷,运输
C:化学、冶金	化学,冶金
D:纺织、造纸	

续表

部	分 部
E:固定建筑物	纺织和其他类不包括的柔性材料,造纸建筑物,挖掘,采矿
F:机械工程、照明、加热、武器、爆破	发动机与泵,一般工艺,照明与加热,武器,爆破
G:物理	仪表,核子学
H:电学	

(2) 大类(Class):由两位数字组成,如 A61 医学或兽医学;卫生学。

(3) 小类(Sub-Class):由一个大写字母组成,如 A61B 诊断;外科;鉴定。

(4) 组:每个小类细分为许多组,包括大组(Group)和小组(Sub-Group)。每个组的类号由小类类号加上用"/"分开的两个数组成。大组:由小类类号加上一个 1~3 位的数及"/00"组成,如 A61B3/00 测试眼睛的设备;检查眼睛的仪器。小组:由小类类号加上一个 1~3 位的数,后跟一个"/"符号,再加上除 00 以外的两位数组成,如 A61B3/02 主观型的,即要求病人主动配合的测试装置。

3. 专利文献编号

(1) 专利国别代码:是指专利号前面的两个英文字母,如 CA(加拿大)、CN(中国)、JP(日本)、WO(世界知识产权组织)等。

(2) 申请号:申请号为专利局受理某件专利申请时同时给的编号,中国均采用 10~12 位数编码,前两位数(从 2004 年开始实用 4 位数字)代表申请的年代,第三位数代表不同的专利类型,1 表示发明专利,2 表示实用新型,3 表示外观设计,后五位为当年各项专利申请的流水号,最后加小数点及一位计算机校验码。如 CN99104538. 6、CN200610054320. 0

(3) 公开/公告号:按文献流水号排序,均采用 7 位数编号,前面加国际通用国别代码,第一位数字用来区分三种不同专利。

A:发明专利申请公开　如 CN1348826A;Y:实用新型专利授权公告　如 CN2475414Y;

C:发明专利授权公告　如 CN1084638C;D:外观设计专利授权公告　如 CN3100661D。

(4) 专利号:正式获得授权的专利的编号。我国的专利编号与申请号相同,仅在前面加 ZL。如 ZL01214062. 7。

据世界知识产权组织统计,世界上 90%~95%以上的发明创造成果都出现在专利文献中,其中 70%不出现在非专利文献中,充分利用专利信息可以节约 60%的研究时间和 40%的科研经费。专利信息检索和分析不仅可以避免重复研究和专利侵权,同时可以有效保护自己的科研成果。因此专利文献的检索、分析和利用,已成为科学研究过程中不可缺少的重要组成部分。

二、专利检索系统

(一) 国内专利检索

1. 国家知识产权局专利检索系统　中华人民共和国国家知识产权局(SIPO)网站(http://www. sipo. gov. cn)提供 1985 年 9 月 10 日以来公布的全部中国专利信息,包括发明、实用新型和外观设计三种专利的著录项目及摘要,并免费获取各种说明书全文及外观设计图形。该检索系统提供了申请(专利)号、名称、摘要、地址、分类号等字段的检索入口(表 6-2),并且在多个字段支持模糊检索。

表 6-2 SIPO 专利检索入口

申请(专利)号 公开(告)号	可实行模糊检索
申请日 公开(告)日 颁证日	由年、月、日三部分组成,各部分之间用圆点隔开;"年"为 4 位数字,"月"和"日"为 1 或 2 位数字。若需检索申请日、公开(告)日或颁证日为 **** 年到 **** 年之间的专利,应用"to"连接,如"1998 to 1999"
申请(专利权)人 发明(设计)人	可为个人或团体,键入字符数不限。可实行模糊检索
名称 摘要	键入字符数不限。可实行模糊检索,模糊检索时应尽量选用关键字,以免检索出过多无关文献
分类号 主分类号	同一专利申请中具有若干个分类号时,其中第一个称为主分类号。可由《国际专利分类表》查得,键入字符数不限(字母大小写通用)。可实行模糊检索
专利代理机构 专利代理人	键入字符数不限。可实行模糊检索。专利代理人通常为个人
优先权	优先权信息中包含表示优先权日、国别的字母和优先权号。可实行模糊检索
国际公布	国际公布信息中包括国际公布号、公布的语种和公布的日期

国家知识产权局专利检索系统的模糊检索

Notice

模糊部分位于字符串中间时应使用模糊字符"?"或"%",位于字符串起首或末尾时可省略。其中,字符"?"(半角问号)代表 1 个字符;模糊字符"%"(半角百分号)代表 0~n 个字符。

优先权是指专利申请人就其发明创造第一次在某国提出专利申请后,在法定期限内,又就相同主题的发明创造提出专利申请的,根据有关法律规定,其在后申请以第一次专利申请的日期作为其申请日,专利申请人依法享有的这种权利,就是优先权。专利优先权的目的在于,排除在其他国家抄袭此专利者,有抢先提出申请,取得授权之可能。

该网站还提供专利信息服务平台试验系统。目前,该试验系统收录了中国、美国、欧洲、日本、WO 等数十个国家和专利组织的专利文献近 4 000 万件,并提供中国、美国、欧洲和 WO 专利的全文检索。为满足不同用户的检索需求,系统提供快捷检索、表格检索等多种检索方式,并支持逻辑组配检索。此外,还提供中国专利法律状态检索、IPC 分类表查询和导航、数据统计和打包下载等功能。

2. 中国药学专利信息检索系统 由中国知识产权网(http://www.cnipr.com)提供,包括中药专利数据库(题录数据库、方剂数据库、中药材辞典数据库)和西药专利数据库(题录数据库、西药辞典数据库、确定化学结构数据库)。其中,中药专利题录数据库和西药专利题录数据库是该检索系统的核心部分。

如何检索 2005 年至 2009 年公开的关于超声治疗肿瘤方面的专利?

该系统是目前国内唯一深度加工标引的专业专利数据库,其加工内容包括:专利发明主题

标引、医疗应用标引、范畴分类、文摘重新撰写、化学物质信息标引、中药方剂信息标引，并同时建成了中药材名称数据库、化学物质登记文档数据库等两个辅助数据库系统。记录内容涉及所有具有治疗、预防、保健、诊断作用的药物化合物、药物组合物及其制备方法、使用方法的专利文献；也收录新的药物中间体、洗发精或牙膏等生活用品及保健用品，食品中有实质性疗效的药物成分的专利文献，所收录的专利涉及 31 个 IPC 国际专利分类号。

中国中药专利数据库提供简单检索、高级检索、方剂检索和中药辞典查询。中国化学药物（西药）专利数据库提供简单检索、高级检索、结构检索和西药辞典查询。

3. 其他 除了 SIPO 外，还有中国专利信息中心（http://www.cnpat.com.cn）、中国知识产权网（http://www.cnipr.com）、中国专利信息网（http://www.patent.com.cn）等中文专利检索系统，这些系统各有特色，收录的专利都是从 1985 年开始的。

（二）国际专利检索

目前因特网上的国际专利数据库很多，由各国专利局官方或国际组织提供的大多免费。其中专利容量大、检索功能强的有世界知识产权局 PCT 电子公报、美国专利数据库、欧洲专利局专利数据库和日本工业产权数字图书馆专利数据库，都可以免费下载专利说明书。

1. 世界知识产权组织专利检索系统 世界知识产权组织（World Intellectual Property Organization，WIPO）的专利检索系统（http://www.wipo.int/pctdb/en/）提供专利合作条约（Patent Cooperation Treaty，PCT）成员的国际专利申请查询（图 6-1）。检索方式包括：表单检索（Structured Search）、简单检索（Simple Search）、高级检索（Advanced Search）和浏览（Browse by Week）。

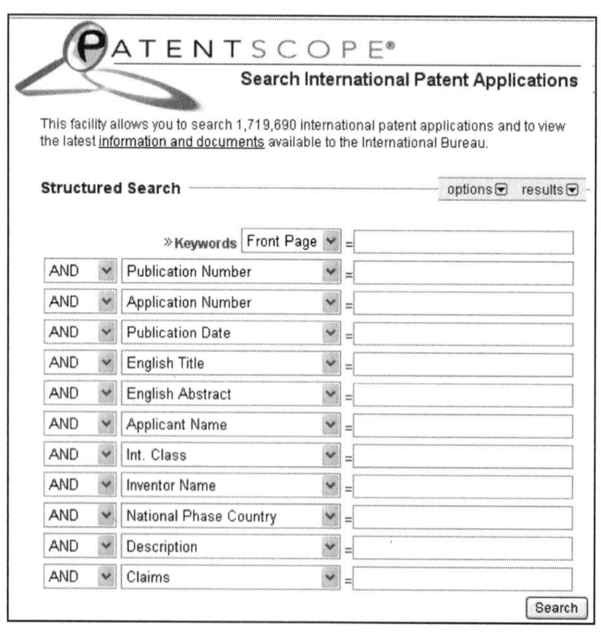

图 6-1 WIPO 专利检索界面

2. 德温特创新索引数据库　德温特创新索引数据库(Derwent innovations index,DII)(http://isiknowledge.com)整合了 Derwent 最著名的 World Patent Index(世界专利索引)和 Patent Citation Index(专利引文索引),收录了来自世界 40 多个专利机构的 3 000 多万个专利,数据可回溯至 1963 年。分为化学(Chemical Section)、电子电气(Electrical & Electronic Section)和工程技术(Engineering Section)三部分,通过 WKS 平台综合检索世界各国的专利文献。

较之其他专利检索系统,该系统的特点是:

(1) 收录范围更广、数据量更大。

(2) DII 对来自 40 多个专利机构的将近 25 000 个专利文件进行回顾,由专家对文件进行高附加价值的加工,提供增值的专利信息。

(3) 每周还添加 45 000 个左右的最新的被引用参考及引用参考的专利信息,提供专利引文标引及检索功能。

(4) 直接链接到 Delphion 知识产权网络,用户可在线阅读并下载专利说明书的全文图像。

3. 美国专利商标局专利检索系统　美国专利商标局(http://patft. uspto. gov)的专利检索系统有申请专利(patent application)和授权专利(issued patent)两种类型专利的检索。

该系统提供快速检索(Quick Search)、高级检索(Advanced Search)和专利号检索(Patent Number Seareh)/文献号检索(Publication Number Search)。1790—1975 年之间的专利只能通过专利号和美国专利分类查找。它免费提供 1970 年以来授权的专利说明书和近三年的专利申请文件,其专利文献全文采用文本和图像两种方式,文本方式无图片,图像方式是原件的扫描而成的 TIFF 文件,需要下载安装 TIFF 图片插件方可阅读。

4. 日本工业产权数字图书馆专利数据库　日本工业产权数字图书馆专利数据库(http://www. ipdl. inpit. go. jp/homepg_e. ipdl)提供 1922 年至今日本专利和实用新型说明书,有日语和英语两种界面。有多种查询方式,其中比较方便的是日本专利摘要查询(PKI)方式,可以通过关键词、发明日期、国际专利分类(IPC)以及专利号查询相关专利。专利文件的图像文件为 bmp 格式,可以下载和打印,年代较近的专利说明书还有对应的英文文本。

5. 欧洲专利组织 esp@cenet　欧洲专利组织提供的专利检索通过 esp@ cenet 提供免费服务,该系统收集了 50 多个国家公开的专利文献,包括世界专利数据库(worldwide)、欧洲专利局数据库(EP database)和世界知识产权组织数据库(WIPO database)。

该系统有多个登录入口(http://www. espacenet. com/index. en. htm),选择任何一个入口都可利用该检索系统。esp@ cenet 提供快速查询(Quick Search)、高级检索(Advanced Search)、号码检索(Number Search)、分类检索(Classification Search)和智能检索(Smart-Search)五种形式。智能检索尚处于测试中。专利说明书以 PDF 文件的形式提供,但不能以整个文件的形式下载,只能单页下载和打印。

6. 免费专利在线　免费专利在线(http://www. freepatentsonline. com)目前提供美国专利、部分欧洲专利、日本专利和 WIPO 专利的查询与下载(图 6-2)。

系统提供快速检索(Quick Search)、专家检索(Expert Search)、化学检索(Chemical Search)和数据服务(Data Services)。其中化学检索和数据服务很有特色。化学检索提供化学结构式检索(Chemical Structure)、文本基本检索(Basic Text) 、文本高级检索(Advanced Text)和专利号检索(Patent Number)四种方式。

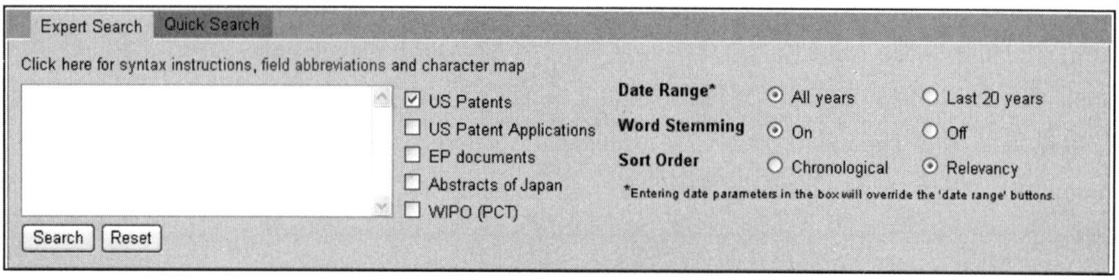

图 6-2　免费专利在线检索界面

（侯筱蓉）

第四节　药学信息检索

药学是由化学、医学、生物学等相关学科综合而成的一门交叉学科，药学信息则涵盖了药学各个学科、专业领域的内容，包括药品的研制、生产、流通、使用和管理，横跨科研、工业、商业、卫生、教育、管理等行业和系统。药学信息检索从资源类型的角度来看包括药学文献、专利、产品等信息检索，最重要的是药学文献信息的检索；从专业角度来看，主要包括药物制备、药理、毒理、药物流行病学（不良反应）、临床应用等。

一、综合性药学文献数据库

（一）中国中医药数据库检索系统

中国中医药数据库检索系统（http://cowork.cintcm.com/engine/windex.jsp）由中国中医科学院中医药信息研究所建，目前子数据库总数 40 余个，数据总量约 110 万条，包括中医药期刊文献数据库、疾病诊疗数据库、各类中药数据库、方剂数据库、民族医药数据库、药品企业数据库、各类国家标准数据库（药物、方剂）等相关数据库（图 6-3）。所有的数据库都可联网使用，部分数据提供英文版。中医药数据库检索系统可以实现单库检索与跨库检索。

（二）EMBASE 的药物信息检索

药物信息是 EMBASE（http://www. embase. com）最具有特色的资源，其药学文献标引、检索独到，与药物相关的有 Drugs & Pharmacology 及 Pharmacy 两个子数据库。前者收录了 1990 年以来关于药物或研制中药物的临床、药理、药代动力学、药效、副作用等内容，后者主要收录 1988 年以来的有关药物生产、药物赋形剂、药物释放系统等内容的文献。涵盖药物研究、药理学、制药学、药剂学、毒物学、人体医学（临床和实验）等方面，还特别提供了药物及医疗器械的公司和制造商的系统索引。

EMBASE 提供的“药物检索”（drug search）是检索药物文献的主要途径（图 6-4）。可通过化学名称、商品名和制造商名称检索。

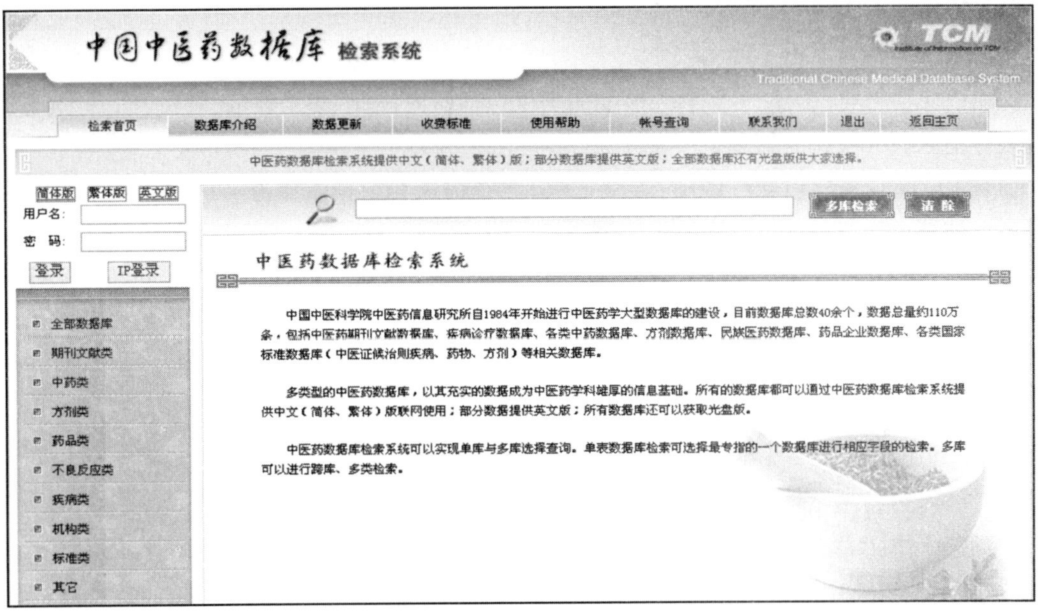

图 6-3　中国中医药数据库检索系统界面

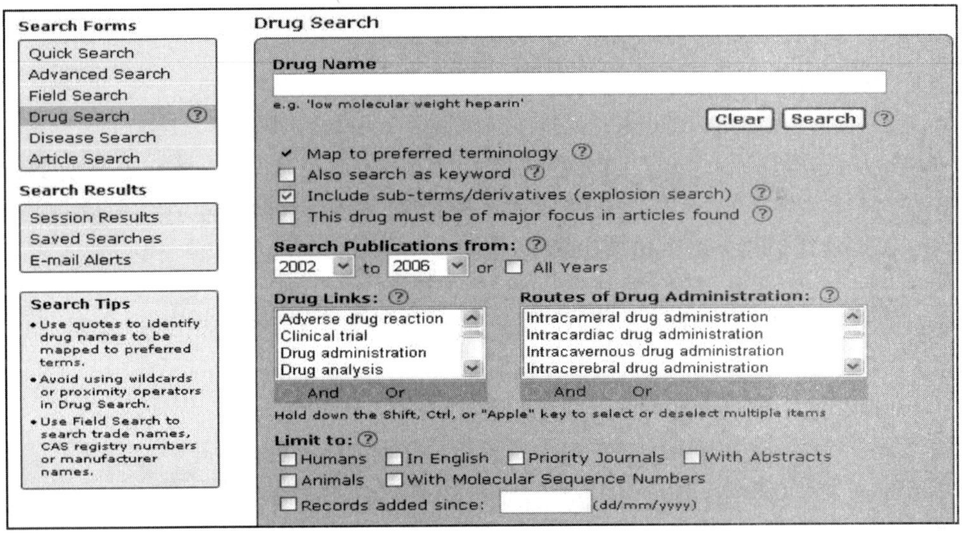

图 6-4　EMBASE 的药物检索主界面

药物检索提供自动转换到优选术语、药物作为关键词检索、扩展检索和以某药物为研究重点的专门检索；提供药物专题检索（Drug Links），如药物副作用反应、临床试用、药物分析等；提供常用给药方式的检索（Routes of Drug Administration），如口服、肌内注射、静脉注射等。

（三）国际药学文摘

国际药学文摘（International Pharmaceutical Abstracts，IPA）由美国医院药师学会（American Society of Health-System Pharmacists，ASHP）提供。收录了 1970 年以来世界范围的 850 多种主要期刊和美国国内的所有药剂期刊（包括大部分化妆品出版物）。1985 年起收录范围扩大到有关论述相关条例、法律，人力资源和薪资方面报道的药物期刊。1988 年，

IPA 开始收录 ASHP 的主要会议论文的文摘，现在还收集美国药学协会（American Pharmaceutical Association，APhA）和美国药学学院协会（American Association of Colleges of Pharmacy，AACP）年会推荐的论文文摘。该文摘提供包括研究设计、病人数量、剂量、剂型、剂量时间表等临床研究报告的信息。

在 DIALOG 系统可联机试用。CAS、Ovid 等都提供在线检索服务。Ovid 系统的 IPA 的检索包括基本检索、字段检索、索引检索等。

IPA 中有关药物的分类是依据美国医院药典服务（American Hospital Formulary Service，AHFS）制定的药物学/治疗学分类系统进行分类的。每个文献记录都列出了药物的类别及其分类号。在 Ovid 系统可通过“药物/治疗分类”（Pharmacologic/Therapeutic Classification，PC）字段完成。药物分类系统的分类号和药物类别都是 PC 的有效检索内容，PC 是非限制字段，可以用相应的药物分类号或分类类目检索。格式为“分类号 . pc.”或“药物类别 . pc.”。

（四）毒理学网络

毒理学网络（Toxnet，http://toxnet. nlm. nih. gov）提供了包括毒理学在线（TOXLINE）、有害物质数据库（HSDB）、化合物别名和结构数据库（ChemIDplus）、风险信息集成系统（IRIS）、基因突变毒理学（GENETOX）、化学致癌研究信息系统（CRIS）、发育和生殖毒理学（DART）、化学物环境毒理学评价（TRI）等数据库。

TOXLINE 和 HSDB 是 NLM 使用频率最高的两个数据库。TOXLINE 是有关药物和化学物质的毒理学、药理学、生理学等内容的文献型数据库，是常用的药学文献数据库之一。HSDB 是关于化学物质对人类和动物的毒性、安全、使用以及评价的专题文献数据库。

联机检索 TOXNET 数据库比较简单，可以选择某一个或全部数据库进行检索（图 6-5）。在检索提问框中输入关键词，单击【Search】按钮，系统就会将命中结果显示在屏幕上，用户可以进一步处理检索结果（标记、细览、打印、下载等）。

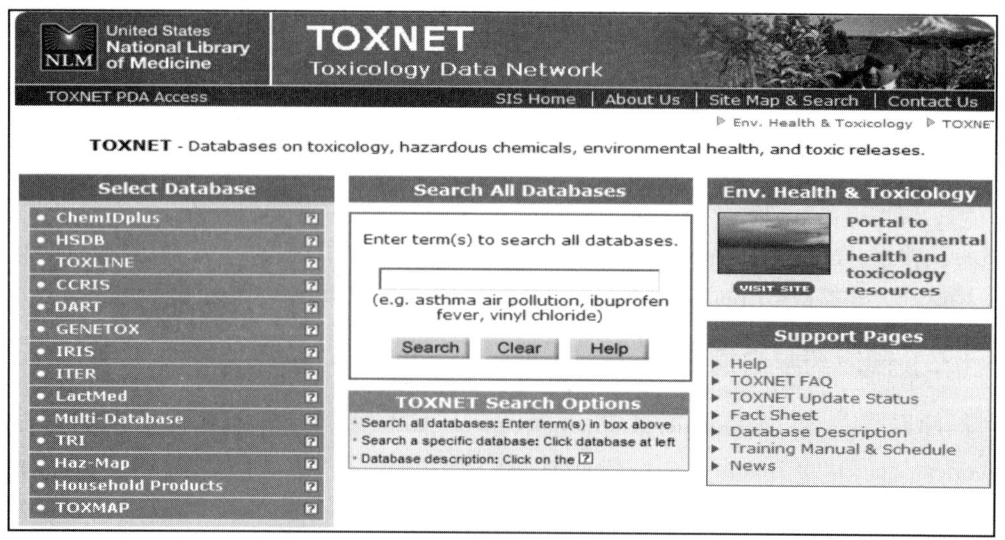

图 6-5　TOXNET 主页

（五）美国化学文摘

美国化学文摘(CA)从化学的角度提供与药物相关的文献,包括药物合成、筛选、分析、制备、分析、药理、毒理等。参考第四章第八节。

二、与临床处方相关的药物信息

（一）默克手册与默克索引

默克手册(Merck Manuals)是系列药物工具书,包括默克诊疗手册、默克家庭诊疗手册、默克老年手册、默克索引等。最著名的是默克诊疗手册,是很有价值的参考书籍,中文版由默沙东中国公司提供免费在线阅读(http://www.msdchina.com.cn/manual/manual.html),但默克索引不提供免费阅读。

默克索引(Merck Index)已出版14版,是查找化学品、药物以及生物化学品信息的首选。是世界著名的有关化学物质、药品及生物制品的百科全书。每一条记录评述一种单一存在的化学物质或一组密切相关的化合物。记录的内容包括:分子式和分子量、标准化学名称(包括CAS采用的名称)、普通名称和俗名、商标及其拥有者、公司代码、CAS登记号、物理和毒理数据、治疗应用、商业应用等(图6-6是其光盘版的主界面及检索结果)。

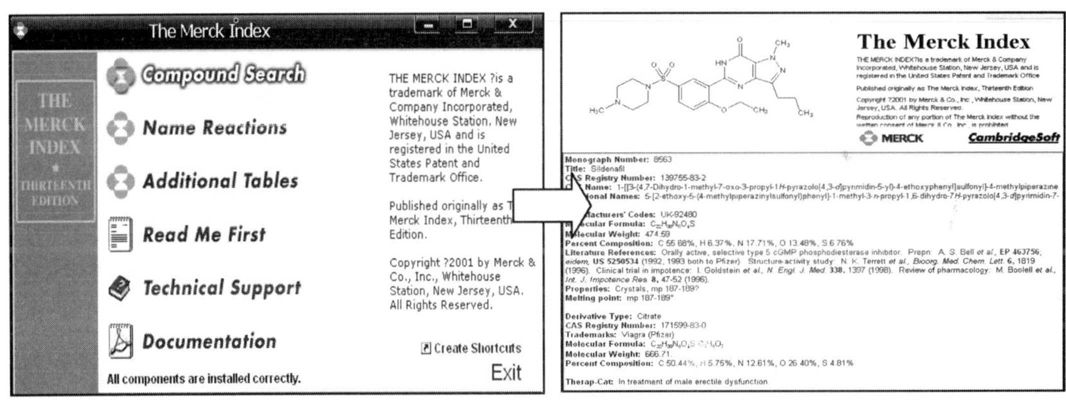

图6-6　默克索引主界面(光盘版)及检索结果界面

（二）医师案头参考

医师案头参考(PDR,http://www.pdr.net)是由美国Thomson公司建立的供美国医师、护士和大众查询药物信息的网络。对于医师、护士、医学生,必须是在美国本土的才可使用(注册时要求提供相应的DEA码或学校名称)。PDR同时也提供PDRhealth(http://www.pdrhealth.com)免费版,PDRhealth设有Drugs & Supplements,Disease&Conditions,Clinical Trials,Surgery等栏目。

Drugs & Supplements供查FDA批准的处方药、非处方药和植物药的信息,包括药物商品名、药物相互作用、副作用、处方注意事项等。可以按药名索引浏览检索,也可以直接输入药名检索。

（三）网上处方药物索引

网上处方药物索引(Rxlist,http://www.rxlist.com)可通过药品名称(Drugs A-Z),颜色、

外形、标记号（imprint）、商标等药丸识别信息（Pill identifier）、疾病或症状（Diseases&Conditions）入手查找系统收录的5 000余种药物的相关信息。该系统提供的检索结果十分详细，包括处方组成、原辅料所符合的标准、药物作用、作用原理（简述）、结构式、分子式、分子量、性状、溶解情况以及该药物剂型、剂量。此外还包括临床药理、适应证、剂量和用法、包装、警告、禁忌证、注意事项、副作用、药物相互作用、过量、病人信息等内容。

（四）美国药物不良反应监测网

美国药物不良反应监测网（MedWatch），由FDA建立，用于药品上市后的质量跟踪和监察，以便及时发现临床试验中尚未揭示的不良反应。

该网站（http://www.fda.gov/Safety/MedWatch/default.htm）提供医药产品安全信息（Medical Product Safety Information）查询，可以查看药物、医疗器械的安全信息。还可通过直报系统（MedWatch Online Voluntary Submission Form 3500）向FDA提交药物的不良反应报告。

三、与药物开发相关的信息

（一）PubChem

PubChem数据库（http://pubchem.ncbi.nlm.nih.gov）提供小分子生物活性的相关信息，是NIH的分子文库计划（MLI）的重要组成部分，是MLI的资料存储库。建立PubChem的目的在于促进公共部门对小分子数据库的使用，拓展小分子技术的研究，以便更深入、更广泛地理解与健康和疾病相关的基因、细胞及有机体的功能，帮助生物医学研究人员发现具有疾病治疗潜在活性的分子结构。PubChem包括PubChem BioAssay（化学成分的生物活性筛选资料）、PubChem Compound（小分子化学物质结构）、PubChem Substance（具有生物活性的化学物质筛选数据）三个数据库，通过NLM的Entrez平台提供服务，检索规则与方法同PubMed。

PubChem提供的检索服务与SciFinder和CAS Registry（http://www.cas.org/EO/regsys.html）提供的服务相似，可以通过多种查询条件搜索超过800万种化合物（Thomson Pharma的200多万个化学结构也纳入了PubChem数据库中）的相关信息，并可通过FTP免费下载PubChem整个数据库（ftp://ftp.ncbi.nlm.nih.gov/pubchem/）。与PubMed不同的是，PubChem还提供结构检索（Structure Search，http://pubchem.ncbi.nlm.nih.gov/search/search.cgi）。

1. 结构检索的入口 提供从名称/文本（Name/Text）、身份识别/相似度（Identity/Similarity）、亚结构/母体结构（Substructure/Superstructure）和分子式（Molecular Formula）检索。

（1）名称/文本：可使用结构描述中的化合物名称、同义词、主题词、分子量、CID登记号等作为检索词。词组要用双引号，如“4-(diaminomethylideneamino)butanamide”；分子量可用“:”表示范围，如：100.5 : 200[molecularweight]，表示检索分子量在100.5～200.0 g/mol之间的化合物。

（2）身份识别/相似度：输入化学物质的部分或完整结构检索药物。相似度指化学物质的结构相似的百分率，检索时可指定与某结构的相似度。

（3）亚结构/母体结构：与身份识别/相似度相似。

（4）分子式检索：输入分子式检索，如 $C_9H_8O_4$。

2. 结构式辅助输入　身份识别/相似度检索和亚结构/母体结构检索都需要输入结构式，结构式是图形模式，与文本输入不同。PubChem 提供了结构式辅助编辑工具，具体使用方法如下：

（1）单击 Draw a Structure 标签下的【Launch】按钮，系统弹出结构式编辑框(6-7)。

（2）从工具箱中选定需要的元素。

（3）用鼠标将选定的元素拖曳到结构式编辑框适当的位置。

（4）完成结构式绘制后，单击工具箱右下方的【Done】按钮，系统返回检索对话框。

（5）单击【Search】,【Continue】按钮，完成检索，返回结果(图 6-8)。

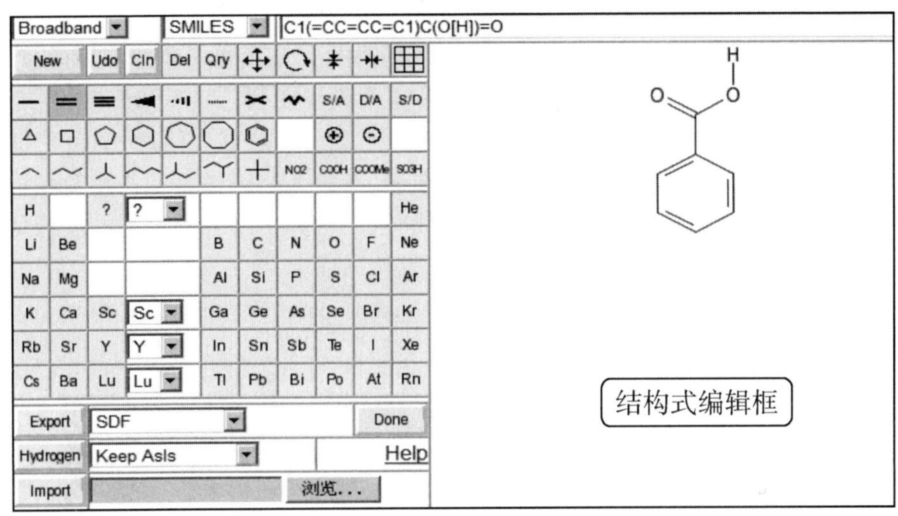

图 6-7　PubChem 结构式编辑框

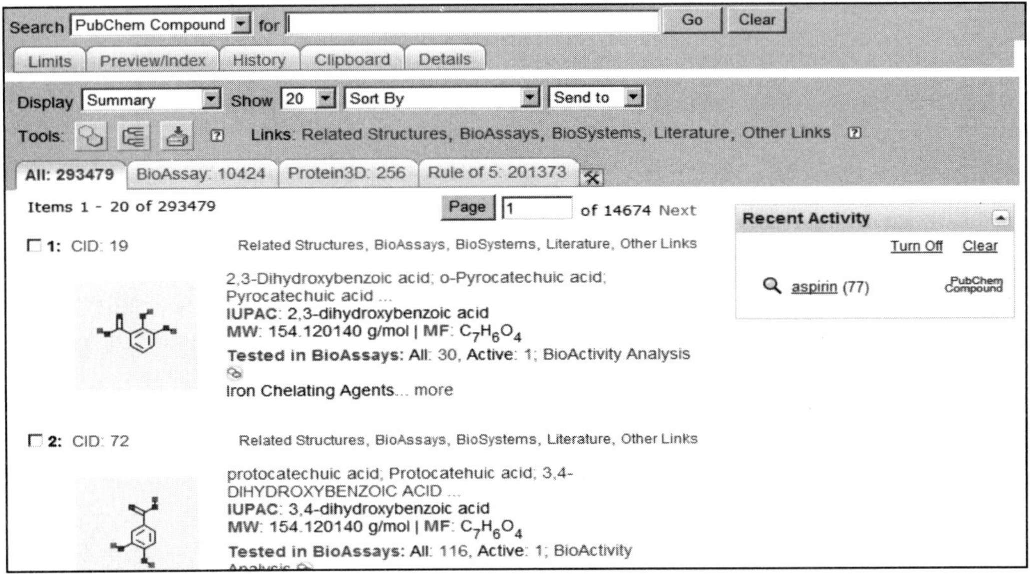

图 6-8　PubChem 检索结果界面

3. 检索结果 结果显示与 PubMed 相似，但字段不同。在结果显示页的上方有三个工具(Tools)按钮，单击可进一步对结果进行处理。【BioActivity Analysis】：进一步检索与该物质相关的生物活性资料；【Structure Clustering】：比较命中结果中的化合物结构的相似度；【Structure Download】：以不同的格式下载化学物的结构。

4. 数据库整体下载 在浏览器中输入 ftp://ftp. ncbi. nlm. nih. gov/pubchem，可下载全部数据。

（二）Investigator Portal 数据库

该数据库(http://www. investigatorportal. com)由 Prous Science 公司出版，针对新药研究涉及的诸多环节(如病因与发病机理的研究，基于病因、病理研究筛选、设计新的具有治疗作用的化学药和生物药，通过药理、毒理试验论证药物的有效性和安全性，对有治疗前景的化学成分进行Ⅰ期、Ⅱ期、Ⅲ期、Ⅳ期临床试验等)，集成了期刊、会议、知识产权(专利)、新闻、药监等不同来源的信息，并直接提供有效数据(而不仅仅是书目信息)。可帮助科研人员及时跟踪新发现的具有某种治疗作用的活性成分、新进入临床试验的药物及新批准上市的药物，及时跟踪新出现的药物靶标、生物标志物，第一时间了解某种疾病的流行病学调查数据及某种药物的专利情况等，从而加快新药研发的进程。

提供快速检索(Quick Search)和引导检索(Guided Search)。引导检索相当于表单检索(图 6-9)。

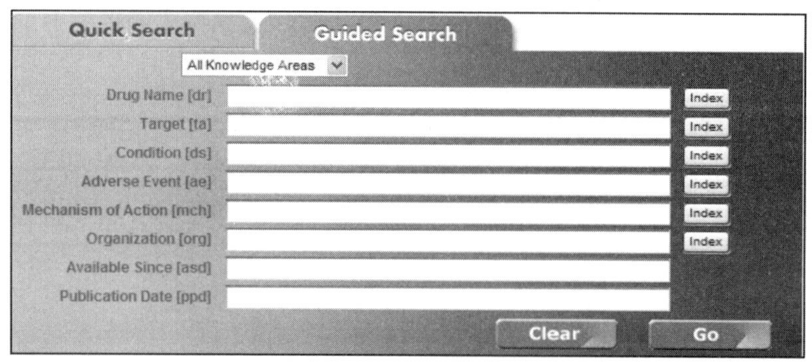

图 6-9 Investigator Portal 引导检索界面

Investigator Portal 收集 12 个方面的信息，包括 6 000 多个药物或药物靶标基因/蛋白序列信息，每个靶标都与其相关序列、相关疾病、相关作用机制、相关药物机制的药物信息相连接；某种药物已有药效学或药代动力学实验数据的中值/平均值；疾病综合评述(如疾病发病率、死亡率、治疗费用、疾病的诊断、治疗、防治及发病机理)等，同时跟踪每周新发布的新化合物、重要药物研究进展、新的基因相关的研究工作和临床试验新进展。

（三）Thomson Pharma 在研与上市药物情报数据库

Thomson Pharma(http://www. thomson-pharma. com)是面向制药和生物技术公司的动态信息化综合医药信息平台。它的信息来源于各种科技文献、专利文件、新闻、科技会议论文以及金融方面最前沿的信息等，相关信息包括药物、基因序列、化学、专利、商业、文献新闻等。

Thomson Pharma 以报告的方式提供信息。它将平台下数十个数据库提供的丰富信息整理为七大报告:① 药物——26 000 多个药物(每月约增加 150 种药物);②公司——7500 家公司信息;③专利——超过 40 个专利授权机构的专利情报;④期刊和会议——来自 11 000种同行评议的科技期刊文献和重要会议的信息;⑤化合物——超过 300 万的化合物(每月增加约 5000 个化合物);⑥基因序列——超过 800 万条 (每月增加约 16 000~20 000 条);⑦靶标—— 5200 多个靶标的信息。每一份报告都由工作人员围绕主题将所有相关信息进行了整理和综合,并附有业界专家撰写的综述和评论。

其药物报告信息包括:药物概要(包括药物的名称,研发、上市状态,FDA 批准情况,治疗范围,作用方式等信息);药物相关的最新新闻;药物销售和市场情况的图示和描述(包括对将来几年的销售和市场占有情况的预测);药物在美国处方中使用情况的统计数据;药物在相应治疗领域内的应用情况;药物的研发历史和现状;药物注册申请情况;药物相关专利列表和超链接;业界专家根据 Thomson Pharma 收集的所有相关文献撰写的文献评论;从文献中摘录的科学数据,如结构-活性关系(SAR)的概要信息、ADMET 数据(吸收、分布、代谢、排泄和毒性)等化学、生物、代谢、临床等各方面的研究数据。

(四) Dialog 系统的药学信息

Dialog 系统是世界上最大的联机数据库检索系统(http://www. dialog1. com/pharmaceuticals),其药物信息分为新药要点(Drug Pipeline Summaries)、产业情报(Industry Intelligence)、工业通讯(Industry Newsletters)、医药专利信息(Pharma Patent Information)、监管信息(Regulatory Information)、研究文献(Research Literature)、研究新闻(Research News)等几大类,选中某类后进入检索状态。

(五) 药物专利检索

专利是新药开发和研制中最为重要的文献,药物专利包括药物用途专利、制备方法专利和药品专利(药物化合物专利、药物组合物专利、药物制剂专利)。有关专利检索请参见第六章第三节,从以下这些网站可获取有价值的药物专利信息:

(1) 各国药品管理机构网站:如美国 FDA 橙皮书。

(2) 各国专利局官方网站:如 SIPO,USPTO 等。

(3) 公益性免费专利数据库网站:如 free patents online(目前世界上唯一个提供化学结构检索的免费专利数据库网站)。

(4) 商业性专利数据库网站:如 Delphion。

(5) 大型国际商业性联机检索系统:如 STN,DIALOG 等。

检索和使用药物专利时应注意以下问题:

(1) 检索制备方法专利,除了检索制备方法外,要对化合物专利进行全面检索,规避侵权;药物组合物专利应对药物组合物和制剂专利同时检索;药物剂型专利,除了特定剂型外,应对关于该药物的剂型专利全面检索,确保技术的竞争力。

(2) 保护区域的确定,应进行全面的同族专利和法律状态检索,确定专利保护的地理空白区。

(3) 使用号码途径利用优先权号检索同族专利,要注意号码转换。

如:CN85108115 新低血糖剂的制备方法

优先权:1984.11.13 US 670,776

申请人:美国伊莱利公司

利用欧洲 esp@cenet 网站检索,则需将优先权号码转换成 US19840670776。

(4) 使用名称途径检索,要注意同一公司的不同称谓。如美国保洁公司,还普罗格特和甘保尔公司、普罗格特-甘保尔公司、普罗格特和甘布尔公司等名称。

(5) 使用主题途径,要注意名词同义词、单复数及动词不同时态:如:诺氟沙星(Norfloxacin),也叫氟哌酸,淋克星,力醇罗,喏氟沙星,正氟氯霉素,1-乙基-6-氟-1,4-二氢-4-氧代-7-(1-哌嗪基)-3-喹啉羧酸;诺氟哌酸;1-乙基-6-氟-4-氧代-1,4-二氢-7-(1-哌嗪基)-3-喹啉羧酸等。

(6) 使用分类途径要分清国际专利分类法(IPC)、欧洲专利分类法(ECLA)、美国专利分类法(USPC)、日本专利分类法(FI/F-TERM)、中国专利范畴分类等的异同。

四、机构信息

(一) 药学机构与组织

医药院校和各国的药学会是药学机构与组织中最重要的资源,通过这些网站可以得到很多有用的信息,如学校介绍、招生计划、工作招聘、学会机关刊物全文、继续教育信息、学术会议资料等。下面列出几个主要的站点。

(1) 美国临床药理学和治疗学学会(American Society for Clinical Pharmacology and Therapeutics,ASCPT),http://www.ascpt.org。

(2) 美国药学院学会(American Association of Colleges of Pharmacy,AACP),http://www.aacp.org。

(3) 美国药理学和实验治疗学学会(American Society for Pharmacology and Experimental Therapeutics,ASPET),http://www.aspet.org。

(4) 美国医院药师学会(American Society of Health-System Pharmacists,ASHP),http://www.ashp.org。

(5) 美国药师学会(American Association of Pharmaceutical Scientists,AAPS),http://www.aapspharmaceutica.com。

(6) 美国药剂师协会(American Pharmacists Association),http://www.aphanet.org。

(7) 中国执业药师协会,http://www.clponline.cn。

(8) 欧洲制药学联盟(EUFEPS),http://www.eufeps.org。

(9) 日本药学会,http://www.pharm.or.jp/index_e.html。

(10) 国家食品药品监督管理局,http://www.sda.gov.cn。

(二) 企业信息查询

1. Pharma-info 医药公司信息(http://www.pharma-info.com/en/index.html) 该网站提供全世界 90 多个国家近 8 000 个医药公司(pharmaceutical companies)和 100 个合同承包制造商(contract manufacturers)的商务信息,包括公司地址、联系方式、业务范围等,合同承包制造商一栏提供了比较详细的企业可以加工的产品信息,如片剂、胶囊、糖衣片或是产品包装信息等。同时,还提供供需合作信息。制药企业(公司)还可以将自己的相关信息添加到其系统中。

2. 医药网(http://www.pharmnet.com.cn)　医药网由浙江网盛生意宝股份有限公司创建于1999年,是目前国内最大、最早的医药类综合网站之一。该网站的“医药企业”栏目提供了近3万家药品、医疗器械、保健食品、仪器设备、药品包装材料、辅料及其他相关企业的详细信息和产品信息。

五、综合性药学专业网站

(一) 中国医药信息网

中国医药信息网(http://www.cpi.gov.cn)由国家药品监督管理局及其信息中心主办。主要为全国医药行业和药品监督机构提供各类医药市场、经济、管理、技术信息。该网站最有特色的是提供国内多种医药信息数据库检索服务,分为药品数据库、医药信息和医疗器械三大类(图6-10)。

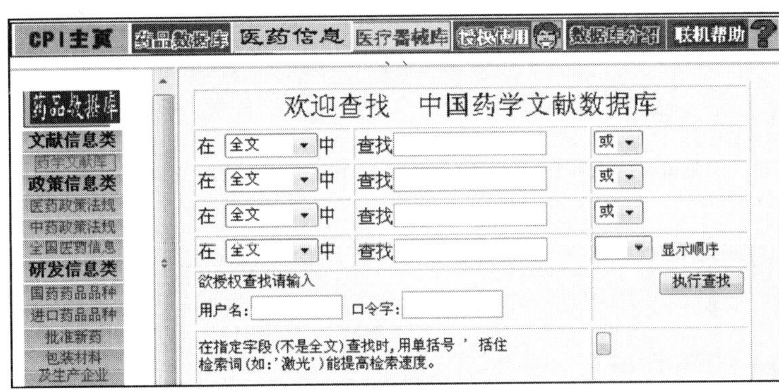

图6-10　中国医药信息网数据库检索主页

1. 药品数据库　此类信息非常丰富,包括文献信息类(中国药学文献数据库)、政策信息类、研发信息类(国内外药品品种、新药、包装材料、诊断试剂、保健食品、原料药、生物制品、中间体等)、市场信息类(市场分析、药品价格)、企业信息类(国内制药企业、国内药品经营企业)、国外信息类、知识产权类(中国药品专利、药品行政保护、中药保护品种)以及医药进出口数据库八大类。

2. 医药信息　包括药政信息、产品信息、市场信息、企业动态和海外信息。

3. 医疗器械　包括医疗器械企业、医疗器械产品、医疗器械出口、医疗器械进口、制药机械库、医疗器械专利、医药商业企业名录、医疗卫生机构、国产保健食品等数据库。

(二) Medscape

Medscape(http://www.medscape.com)是一个综合性的医学网站(图6-11),按照专业提供信息。可按以下三种途径查询药物信息:

(1) 选择其主页的Drug Reference检索选项,输入药名即可查找药物信息。

(2) 利用http://www.medscape.com/druginfo/onotype=monograph检索页面进行高级

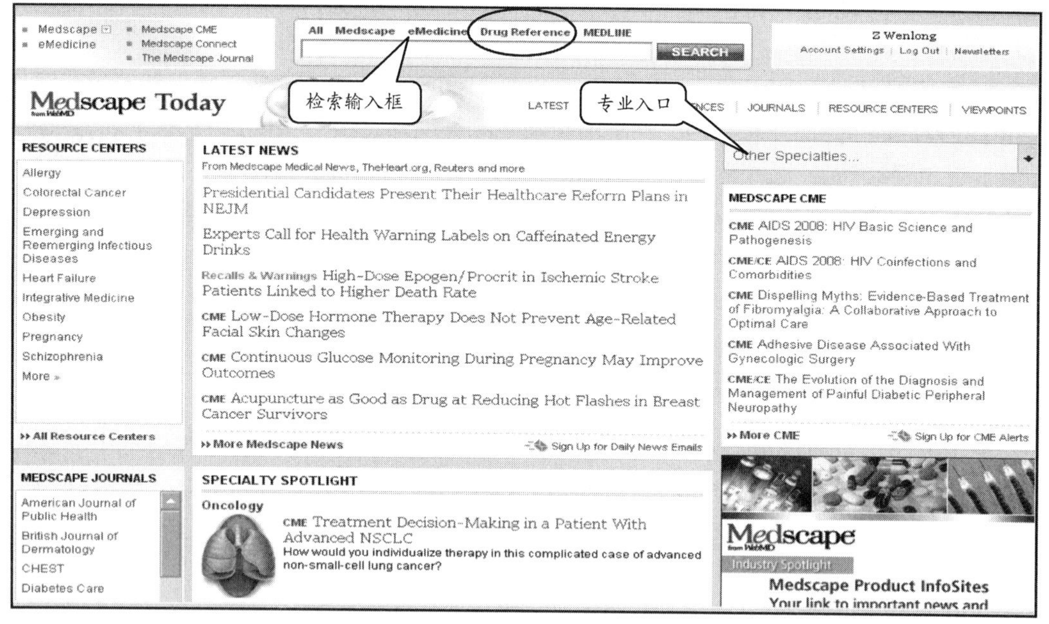

图 6-11 Medscape 主页

检索(可选择药名或适应证)。

(3) 从药师(Pharmacists,http://www.medscape.com/pharmacists)专业入口查找与药物相关的信息。

Medscape 的药物信息数据库提供了详细的药品信息,包括药品的分类、用法和剂量、理化属性、药理毒理、患者使用手册、副作用、用药注意事项、生产厂商、商品名等。

(三) FDA 的药物信息

FDA(http://www.fda.gov)是美国食品药品管理局的官方网站,具有一定的权威性。主要信息包括应急准备、药品认证和数据库、药品安全和可用性、药品开发和审批程序、指导、一致性和监管信息、新闻动态、药物科学与研究等。这些资源针对不同的用户群体(消费者、卫生保健专业人士、药物研制者)分类提供(Resources for you),其中,通过等效性评估获得批准的药物(橙皮书)可为药物仿制提供依据。

针对卫生保健专业人士的药物信息(Information for Healthcare Professionals)对临床医生有很大帮助(图 6-12),该栏目可以查找以下信息:

(1) Drugs@FDA:可以检索当前药品和历史药品的标签和申请的历史档案。

(2) 通过等效性评估获得批准的药物(橙皮书):收录的是美国 FDA 根据安全与有效原则收录的所有批准药物,包括新药、仿制药。橙皮书将所有药品按照治疗等同性分类以方便医务人员参考;同时提供专利和保护信息,为仿制药申请提供依据。可通过活性成分检索(Search by Active Ingredient)、申请人检索(Search by Applicant Holder)、商品名检索(Search by Proprietary Name)、申请号检索(Search by Application Number)、专利号检索(Search by Patent)五个入口进行检索:选择某一入口并进入后,还可选择处方药(Rx,Prescription Drug Products)、非处方药(OTC,Over-the-Counter Drug Products)、停用药(Disc,Discontinued Drug Products)进行检索。

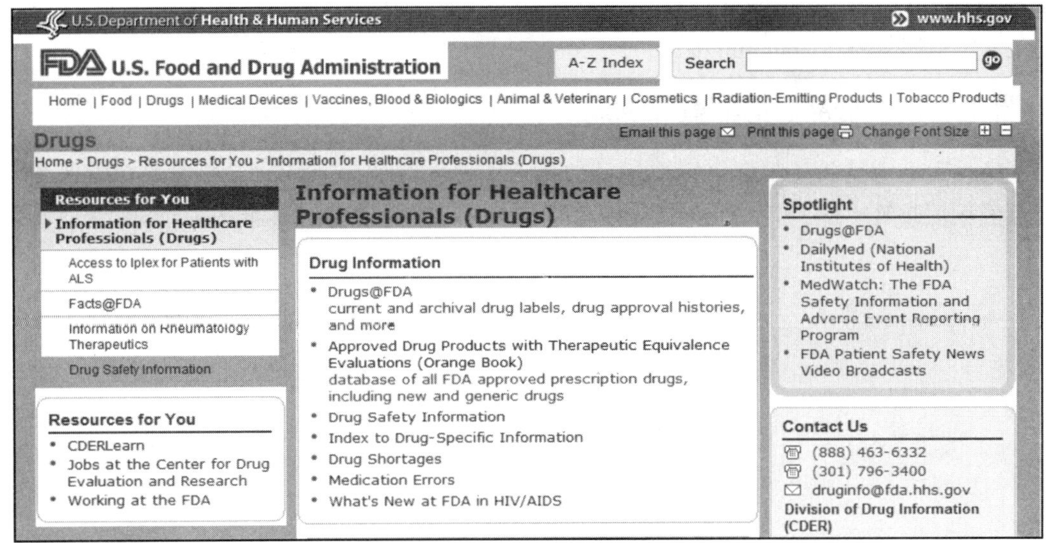

图 6-12　FDA 针对卫生保健专业人士提供的药物信息主页

(3) 药物安全信息。

(4) 药物特殊信息索引:专业人士早期对部分有关药物的评价。

(5) 药物短缺信息。

(6) 用药错误信息。

(四) 虚拟药学图书馆

虚拟药学图书馆是综合性的药学资源指南目录(http://www.pharmacy.org),包括药学院校、制药公司、期刊和图书、数据库、政府机构、学会协会、学术会议、新闻组、医院等。Pharmacy Schools 栏提供了全世界数十个国家的药学院校链接,Journals and Books 栏提供了上百种杂志的链接。该网站通过其提供的网络链接提交(Add/Correct a Link)功能,允许访问者提交或修改相关站点的 URL,增加了用户的参与性。

(五) 药物网

药物网(http://www.drugs.com)是得到 HON 认证的药学网站,其信息可靠。其药物信息主要来源于 Wolters Kluwer Health, Physicians' Desk Reference, Cerner Multum 和 Thomson Micromedex 的相关信息。

(六) PharmaWeb

PharmaWeb(http://www.pharmweb.net)是第一个在因特网上提供药学信息的专业网站,基本涵盖了网上各种药学信息资源。该网站拥有庞大的用户群,包括病人、卫生专业人员和科学家,遍及世界 150 多个国家。

PharmaWeb 是一个资源整合网站,资源目录包括药学、生物学、化学、教育、杂志、制药公司、医师药师名录、世界各国药学网、医药院校等,提供的服务包括讨论组(Discussion Forms)、新闻组(Newsgroups)、团体(Societies)、网络目录(PharmWeb Internet Directory)、药学院校(World Wide Pharmacy Colleges/Departments/Schools)、(Government and Regulatory

Bodies)、会议(Conferences/Meetings)、患者信息(Patient Information)、虚拟图书馆(Virtual Library)、继续教育(Continuing/Further Education)等。

(七) 国家食品药品监督管理局

通过国家食品药品监督管理局网站(http://www.sda.gov.cn)可以查找我国有关药品食品的相关政策文件、各种注册信息、审批信息、公告、药品安全信息等。

(赵文龙)

第五节 循证医学资源检索

一、概 述

(一) 循证医学

循证医学(Evidence-Based Medicine, EBM)意为"遵循证据的医学",是一种积极寻求和应用最佳证据,用以指导临床实践的医学。是建立在现代临床流行病学和临床研究基础上的临床医学,与传统经验医学最重要的区别是结果的可重复性强。循证医学的主要内容包括"四大原则"、"三大要素"和"两大核心"。

"四大原则":①基于问题(临床关注的问题或重大的科学问题)的研究。②参考当前最好的证据决策。③关注实践的效果及后效评价。④止于至善。

"三大要素":①参考当前所能得到的最好的临床研究证据。医疗决策(即对病人的处理、治疗指南和医疗政策的制定等)应在现有的、最好的临床研究依据基础上作出,要求自觉、准确、公正地根据现有最好的证据来决定对每一个病人的治疗方案。②参照医师自己多年临床实践经验和检查病人时得到的第一手临床资料。③尊重患者的选择和意愿,将患者的意愿提到很高的程度上。如癌症患者要考虑到其经济情况及个人意愿,年轻患者要考虑到其性生活能力。其结果是医生和患者形成诊治同盟,使患者获得当前最好的治疗效果。

"两大核心":证据要分级,推荐有级别。对所获得的证据质量要分级对待和使用,分级的目的就是要找出目前"最佳"的证据。

循证医学实践一般分成五个步骤(简称5A):

1.Asking:将患者的问题按PICO原则分解成可以回答的问题。

P:patient or population(患者或患者群),属于哪类患者或疾病;

I:intervention or exposures(干预或暴露),即想为患者做何种检查或拟用何种治疗方法?什么因素可能影响患者的预后?

C:comparison(对比),干预与什么相比较(是两种药物之间选择一种或与安慰剂对比或两种诊断试验选择一种)?不一定每个临床问题都需要对比。

O:outcome(结果),希望达到什么结果(缓解或消除症状、减少不良反应、改善功能或生活质量)?

2.Accessing:找资料回答问题。查找可获得的最好的证据信息,是本节要回答的主要问题,即在哪里查找最佳证据?如何查找最佳证据?

3.Appraising：严格评读文献，对获得文献（证据）的效度与重要性进行评价。

4.Applying：是否可应用到患者身上。整合严格评价的证据、医生经验、患者个体实际情况三大层面（要素）。

5.Auditing：对1~4步的执行情况进行评估。

（二）证据级别

证据是循证医学的基石，遵循证据是循证医学的本质所在。循证医学中的证据主要指临床人体研究的证据，即以病因、诊断、预防、治疗、康复、预后等方面为基础的研究结果，尤其是以病人为中心的临床研究结果，包括一次文献和二次文献。

临床研究证据分级别是指循证医学所提出的要求，根据其来源、科学性和可靠性分为五级（可靠性依次降低）：即大样本多中心RCT或者收集这些RCT所作的系统评价和/或荟萃分析；单个的大样本RCT；设有对照组的临床试验；无对照组的系列研究；专家意见、描述性研究和病案报告。其中以高质量的原始临床研究证据和联合这些临床研究证据进行的二次研究所获得的二次研究证据（如系统评价）为质量最高的证据，为一级，而基于专家或基础研究的证据级别最低为五级。这种分级对于临床医生使用证据很有帮助。

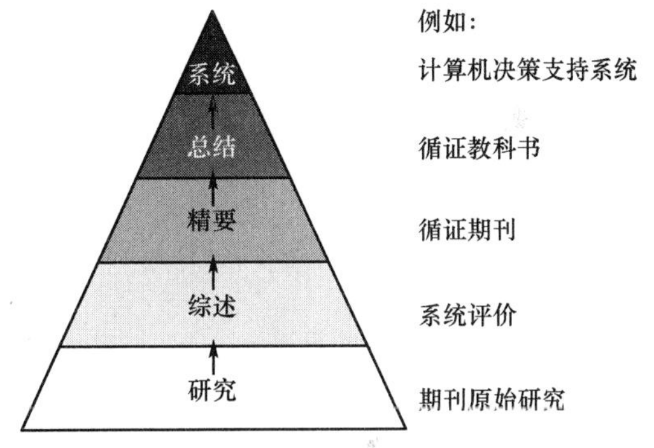

图6-13　证据资源"5S"金字塔

循证医学的证据也可以按加工的深度不同，将循证医学的证据资源用"5S"金字塔结构来表示（图6-13）。

1. 研究（Studies）　期刊中的原始研究是基础，是一次文献，是对有关病因、诊断、治疗、预防等的原始研究得出的结论。主要包括通过随机对照试验、非随机对照试验、半随机对照试验、交叉试验、队列研究、横断面调查、病例对照研究等方法获得的研究结果。主要从文献数据库（如PubMed，EMBase，SinoMed等数据库）系统获取。

2. 综述（Syntheses）　指系统综述。主要从Cochrane Library、Agency for Healthcare Research and Quality（AHRQ，USA）、National Institute for Health and Clinical Excellence（NICE，UK）、Database of Abstracts of Reviews of Effects（DARE，UK）这些数据库系统获取。

3. 精要（Synopses）　指出现在循证期刊对单个原始研究和系统综述的简要描述文献。从Evidence Based Medicine、Evidence Based Nursing、Evidence Based Paediatrics、Evidence based Orthopaedics and Trauma等期刊可以获取，代表数据库为OVID提供的ACP Journal Club（美国医师协会的循证医学资料库）。

4. 总结（Summaries）　临床主题的证据总结。是整合来自单个精要、系统综述或原始研究甚至它们的总和，针对某一具体疾病提供有关其治疗选择的全面证据。具代表性的有BMJ Clinical Evidence、PIER、Up to Date、Dynamed、Harrison's Practice、Essential Evidence Plus（EEP）、Clin-eguide等系统，多为证据资源综合性网站。

精要、综述、总结按文献加工层次来讲，属于二次临床研究证据。主要包括系统综述、临床实践指南、临床决策分析、临床证据手册、卫生技术评估及卫生经济学研究等。公认最好的二次临床证据数据库为 Cochrane 图书馆。

总结是将与某一主题各方面相关的精要、综述或研究汇总分析，产生的新证据文献，是一种临床决策辅助工具。其检索系统和功能比较完善，使用方便，可以快速解决临床问题。

精要、综述、原始研究，通常只评价治疗的一个方面（如治疗某病的某一具体药物或药物种类，如治疗高血压的血管紧张素转化酶抑制剂），让决策者自己去整合，而对于原始研究，需要决策者自己去严格评价证据。

5. 系统（Systems） 指能将患者个体的信息与研究证据的适用相匹配的计算机决策支持系统。系统将电子病案中的特征与当前可得的最好证据（如临床实践指南、技术评估等）自动链接，并提醒或告知医护人员治疗的关键所在。

“5S”证据结构中，证据可靠性从高到低依次为：系统→总结→精要→综述→研究。因此在循证医学实践中，检索证据用于指导临床决策时，应首先从“5S”的最高层开始，依次退而求其次。

（三）证据资源

目前有大量可供医学研究证据查询的来源，包括原始研究数据库、二次研究数据库、期刊、指南、卫生技术评估手册等。一般可以分为以下几类：

1. 证据评价类数据库检索系统 以 Cochrane 图书馆（Cochrane Library，CL）为代表。

（1）Cochrane 图书馆：由国际 Cochrane 协作网提供。CL 是临床疗效研究证据的基本来源，也是目前临床疗效研究证据的最好来源。包括由英国约克大学卫生评估与传播中心（Centre for Reviews and Dissemination ，CRD）制作的 DARE，NHSEED 和 HTA 三个数据库。是 Cochrane 协作网（http://www. cochrane. org）的主要产品。

（2）循证医学评价数据库（Evidence-Based Medicine Reviews，EBMR）：由 OVID 公司提供。包括 CL 的全部数据和美国医师协会循证资料库，并与 Medline 和 OVID 收录的杂志全文相链接。

（3）中国循证医学/Cochrane 中心数据库（http://www. hxyx. com/cochrane_new）。

（4）中国卫生技术评估数据库（http://lib-chta. sgst. cn/CN_HTA_Papers/search. asp）：包括国内和国外有关卫生技术评估的论文。

2. 原始研究类数据库 如 PubMed、EMBase、SinoMed（中国生物医学文献检索系统）。

3. 临床实践指南类 临床实践指南有基于专家共识的临床实践指南（Consensus Based Guideline）和基于证据的临床实践指南（Evidence-Based Guideline）。

（1）基于专家共识的指南：美国国立指南交换中心库（National Guideline Clearinghouse，NGC），该指南收录范围广，数量多，各种类型的指南均有，指南的质量需用户自己去评价（http://www. guideline. gov）。

(2) 基于证据的指南:英国国家卫生和临床示范研究所(National Institute for Health and Clinical Excellence, NICE)临床实践指南库(http://www.nice.org.uk),苏格兰大学校际指南网络(Scottish Intercollegiate Guidelines Network, SIGN)临床实践指南(http://www.sign.ac.uk)等。

4. 证据总结类数据库 以BMJ临床证据在线(Clinical Evidence,CE)为代表。其他还有PIER、Up to Date等。

5. 循证医学集成搜索引擎 以SUMsearch(http://sumsearch.uthscsa.edu)和TRIP数据库(http://www.tripdatabase.com/index.html)为代表。

6. 其他相关资源数据库

(1) 英国在研或新近完成的临床试验的国立研究注册(The National Research Register, NRR)数据库(http://www.nrr.nhs.uk/default.htm)。

(2) NIH共识发展项目数据库(consensus development program, CDP):NIH将共识会议法引入医学研究领域,用以辅助复杂的决策过程(http://consensus.nih.gov)。当治疗意见和诊断方法选择等存在矛盾时,共识会议法可以发挥所长。由各相关专家、群体、代表等以投票,排序或其他达成共识的互动方法,针对决策或研究发现进行评估,再由会议委员会讨论,将这些多元化的决议整合,形成"共识声明"或"推荐意见"。这些"声明"和"意见"也是很好的临床证据。

7. 循证医学专业杂志 属于精要类(Synopses)证据资源

(1) 循证医学杂志(Evidence-Based Medicine,EBM):双月刊,由BMJ和美国内科医生学院(American College of Physicians, ACP)联合主办。为医疗卫生工作者自大量的国际性医学杂志中筛选和提供全科、外科、儿科、产科和妇科方面的研究证据。

(2) 美国内科医生学院杂志联合(ACP Journal Club):双月刊,由ACP和美国内科协会(American Society of Internal Medicine,ASIM)联合主办。旨在通过筛选和提供已出版的研究报道和文献综述的详细文摘,使医疗卫生工作者掌握治疗、预防、诊断、病因、预后、卫生经济学等方面的重要进展。

(3) Bandolier:单月刊,由NHS主办。主要提供干预疗效方面的最佳证据。

(4) 循证护理杂志(Evidence-Based Nursing):季刊,由英国皇家护士学院和BMJ联合主办。是一个提供与护理相关的最好研究和最新证据的高质量国际性新杂志。

(5) 循证卫生保健杂志(Evidence-Based Health Care):季刊,由英国出版。旨在为健康卫生管理者和决策者提供健康保健金融、组织和管理方面的最佳证据。

(6) 中国循证医学杂志。

(四) 证据源选择

循证医学证据检索的重点是各种数据库,目前能提供临床使用的数据库较多,只有针对临床需要,正确设计检索策略,并结合现有条件,才能确定什么是当前最相关的数据库和基本相关的数据库。

(1) 需要用二次研究证据解决临床问题,首先选择CL,CE,EBMR,CRDD和Guideline及期刊,评价干预措施疗效首选CL。

（2）检索临床实践指南，首选 National Guideline Clearinghouse（NGC）。

（3）需对原始资料进行二次研究，应首选 PubMed，EMBase，SinoMed 等数据库，查找原始研究证据。

（4）检索高质量原始研究文献，可选如 Lancet，BMJ 和 JAMA 等综合性医学杂志和临床问题所涉及的相关专科杂志。

（5）需要对在研项目进行追踪的可选择 NRR 数据库。

二、循证医学资源数据库检索

（一）Cochrane 图书馆

Cochrane（http://www3.interscience.wiley.com/cgi-bin/mrwhome/106568753/HOME）图书馆通过 Wiley InterScience 提供服务。

1. 主要内容 Cochrane 图书馆包含 CDSR、DARE、CENTRAL、CMR、HTA、NHSEED 六个数据库。其中，CDSR、CENTRAL、CMR 是由 Cochrane 协作网专业组制作的，DARE、HTA、NHSEED 是由英国约克大学卫生评估与传播中心（CRD）提供的。

（1）CDSR：Cochrane 系统评价数据库（Cochrane Database of Systematic Reviews，Cochrane Reviews）。收录由 Cochrane 协作网 50 余个系统综述专业组在统一工作手册指导下完成的系统综述，包括系统综述全文（Review）和研究方案（Protocol），并随着读者的建议和评论以及新的临床试验的出现不断补充和更新。

（2）CENTRAL：Cochrane 中心临床对照试验注册数据库（Cochrane Central Register of Controlled Trials，Clinical Trials）。资料来源于协作网各系统评价小组和其他组织的专业临床试验资料库以及在 MEDLINE 上被检索出的随机对照试验（RCT）和临床对照试验（CCT）。还包括了全世界 Cochrane 协作网成员从有关医学杂志会议论文集和其他来源中收集到的 CCT 报告。

（3）CMR：Cochrane 方法学注册库（Cochrane Methodology Register）。主要收录有关对照试验方法和系统评价方法学的相关文献的书目信息。信息来源包括期刊文献、图书和会议录等（这些文献主要来源于 MEDLINE 数据库和人工查找所得）。

（4）DARE：效果评价文摘数据库（Database of Abstracts of Reviews of Effectiveness，Other Reviews）。包括非 Cochrane 协作网成员发表的普通系统评价的摘要和目录，是对 Cochrane 系统评价的补充，其系统评价的摘要包括了作者对系统评价质量的评估。

（5）HTA：卫生技术评估数据库（Health Technology Assessment Database）。收集来自国际卫生技术评估协会网（INHTA）和其他卫生技术评估机构提供的已完成和正在进行的卫生技术评估。

（6）NHSEED：NHS 经济评估数据库（NHS Economic Evaluation Database）。有关成本效益、成本效能的分析，可协助决策者从全世界搜集系统性的经济性评估，并鉴定其质量及优缺点。

Cochrane 图书馆资源的文献和记录状态有多种类型。①Review:有完整的结果和讨论、数据分析和图表的系统综述。②Protocol:系统综述的准备大纲(方案),包括背景、原理说明和方法。③Methodology:系统综述方法学研究的全文文献。④Comment:含有评论或批评的完全系统综述。读者可以提出自己的评论,这些评论会被整合到作者的回答与回馈中。⑤New:最新一期版本中所收录的最新的 Protocol 或 Review。⑥New search:对已经出版的系统综述有关研究的新的检索。⑦Conclusions change:对最新一期版本中系统综述的结论有重要的改变。⑧Major change:重大变化,对最新一期版本中的系统综述进行了修订影响到了其内容的改变。⑨Withdrawn:被撤销的Review或 Protocol,通常是因为缺乏相关活动或更新,撤销的理由会在该篇文章上详细说明。这些类型在其结果显示时以图标形式提示(图 6-14),在高级检索的记录状态限定选项(Restrict Search by Record Status)也提供选择。

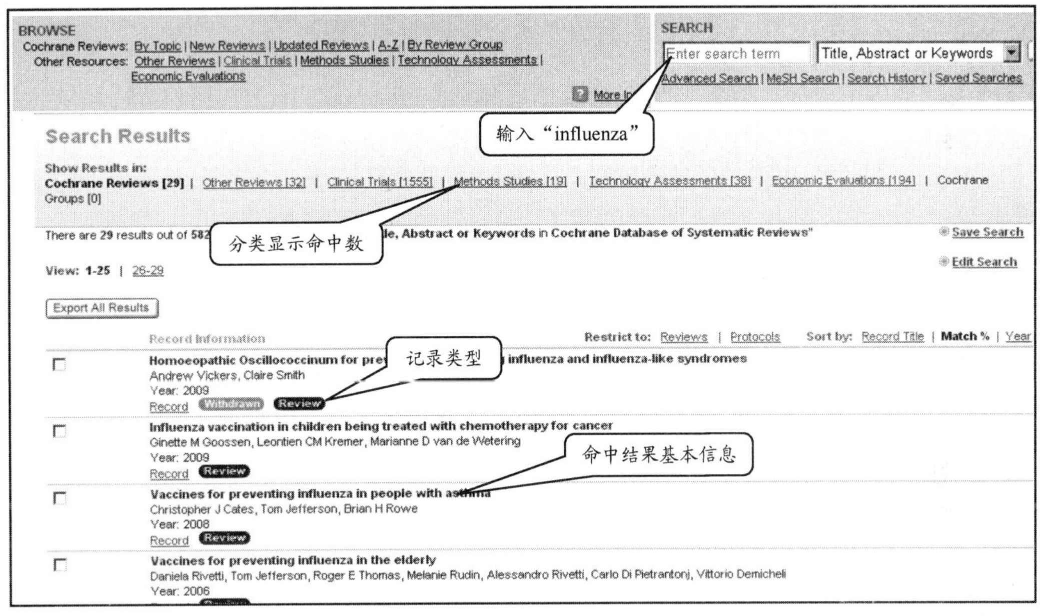

图 6-14　Cochrane 图书馆检索结果

2. 浏览　包括从主题(By Topic)、新的系统综述(New Reviews)、更新综述(Updated Reviews)、系统评价组(By Review Group)以及效果评价文摘(Other Reviews)、临床试验(Clinical Trials)、方法研究(Methods Studies)、技术评估(Technology Assessments)、经济评价(Economic Evaluations)等资源类型为入口(图 6-15)。

3. 检索　包括基本检索、高级检索、主题词检索等。

检索规则:①逻辑运算符:AND、OR、NOT。②截词符:＊。③位置符:NEAR/ 数字(表示左右相隔多少个单词),NEXT(表示左右相邻)。④字段限制表达方式:提问:字段缩写(如 H1N1 : ti,表示检索在标题中含有 H1N1 的文献)。⑤短语检索:将短语用双引号引起来,如"H1N1 flu"。

以上这些检索语法规则,除字段限制检索只能在"检索史(Search History)"状态下使用外,均可在基本检索和高级检索模式使用。

(1) 基本检索:将检索词键入检索提问框即可。可点击下拉按钮设定是从题名,还是

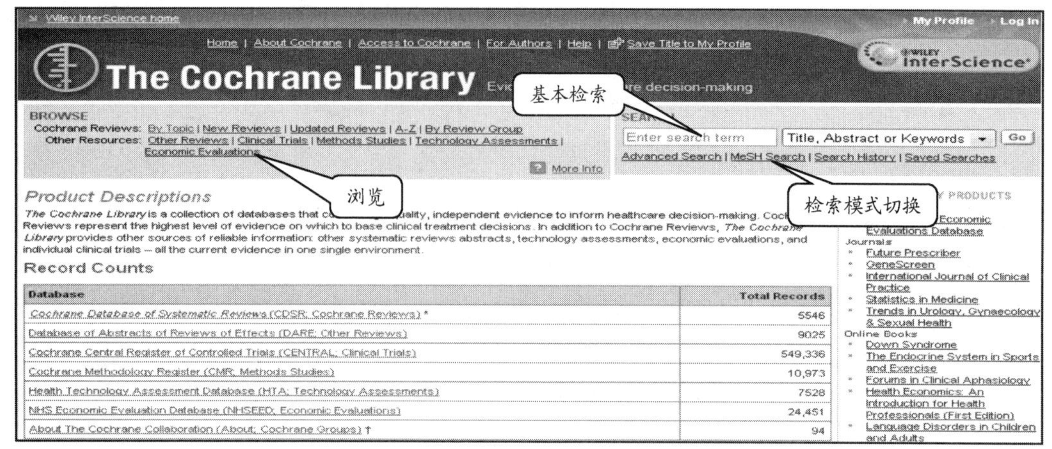

图 6-15　Cochrane 图书馆资源检索界面

摘要或关键词等字段进行检索。如在检索框中输入“influenza”，单击按钮【Go】，系统返回结果如图 6-14。返回结果包括 Cochrane 综述、其他综述、临床试验、方法学研究、卫生技术评估、卫生经济评估、Cochrane 小组等几个方面的文献，“[ ]”里面的数字表示命中的文献数。

（2）高级检索：通过填表构建检索式进行检索。可限制资源范围、记录状态和时间范围。

（3）主题词检索：利用 MeSH 词汇为入口词检索，检索方法与 PubMed 的主题词检索相似。

（二）EBMR 数据库

分别使用 Cochrane 图书馆的高级检索和主题检索途径检索有关妊娠期高血压药物治疗的系统综述。

循证医学评价（EBM Reviews，EBMR）数据库通过 OVID 服务平台提供网络检索服务。收录美国医师协会循证资料库（ACP Journal Club，包含 Evidence Based Medicine 和 ACP Journal Club 两种循证医学期刊）和 Cochrane 图书馆的全部资源。

1. 检索方法　同 OVID 全文数据库。提供基本检索（Basic Search）、主题词检索（Search Tools）、字段限制检索（Search Fields）、高级检索（Advanced Ovid Search）、题录检索（Find Citation）等多种检索模式。

2. 检索规则　①逻辑运算符：AND、OR、NOT。②截词符：*、$。③字段限制检索语法表达方式：提问.字段缩写.（在基本检索状态，输入 hepatitis.ti.，表示检索在标题中含有 hepatitis 的文献）。

在基本检索和高级检索状态，EBMR 还提供了限定选项（Limits）供用户选择。这些限定选项包括系统综述的资源类型（Full Systematic Reviews，Protocols，Review Articles，New Reviews，Recently Updated Review）、临床资源类型（Etiology，Diagnosis，Therapeutics，Prognosis）、对象（Humans）等。检索时可根据需要进行选择。

3. 结果输出　完成检索后,在每条记录的右边有“EBM Topic Review”链接,单击该链接可打开该记录的全文,单击【Internet Resources】可进一步在 ACR(Cross Archive Searching , http://arc. cs. odu. edu)、 Intute (http://www. intute. ac. uk)、 SCIRUS (http://www. scirus. com)检索与该主题相关的循证医学资源。

(三) 临床实践指南检索

因特网上有很多临床实践指南站点,其中美国国立指南交换中心(NGC)(http://www. guideline. gov)收录的指南较多,检索功能较强。

NGC 提供浏览(Browse)、基本检索(Search)、细节检索 (Detailed Search)、指南比较(Compare)等服务。可从 Disease/Condition、Treatment/Intervention、Measures、Guideline Index、Organization、Guidelines In Progress、Guideline Archive 等入口浏览相应的指南内容。在 NGC 的主页左上方的检索提问框内输入检索词即可完成基本检索(图 6-16)。单击【Detailed Search】链接便可进行细节检索(也称限制检索),系统提供的多个限制选项,可使检索结果更加精确。

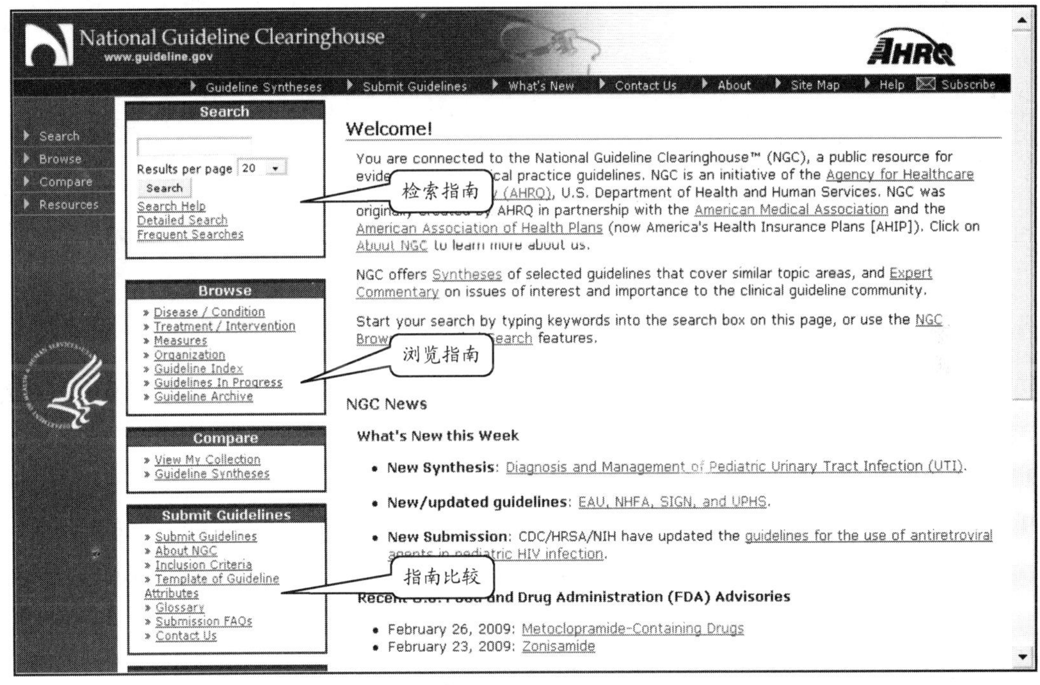

图 6-16　NGC 主页

指南比较(Compare)是 NGC 的特色功能,用户通过检索或浏览,可以任选两个或两个以上的指南进行比较。操作步骤如下:①单击检出结果指南前面的方框,加上标记;②单击【Add to My Collection】按钮,将标记的指南添加到我的收藏中去;③单击【Compare Checked Guidelines】按钮。系统自动对选择的指南从标题、时间、具体内容等方面进行列表比较。

分别使用 EBM 数据库和 NGC 数据库检索有关妊娠期高血压药物治疗的临床实践指南。两个数据库的检索结果有何异同？临床如何使用这些指南？

（四）BMJ 临床证据库

属于证据总结类数据库，汇总来自系统评价、随机对照试验，以及经过同行评议过的观察性研究（如无高质量证据的情况下）的当前可得的最佳证据。BMJ 的临床证据数据库（CE），通过 BMJ 网站（http://www.clinicalevidence.com，http://clinicalevidence.bmj.com/ceweb/index.jsp）提供服务。

1. 浏览 CE 提供按专科（Sections）和全部系统综述列表（Full review list）浏览检索。单击屏幕右上方的【Sections】或【Full review list】标签（图 6-17），系统弹出按字母顺序排列的项目列表，选择需要的项目便可打开系统综述或其他相关（Covered elsewhere）资源。

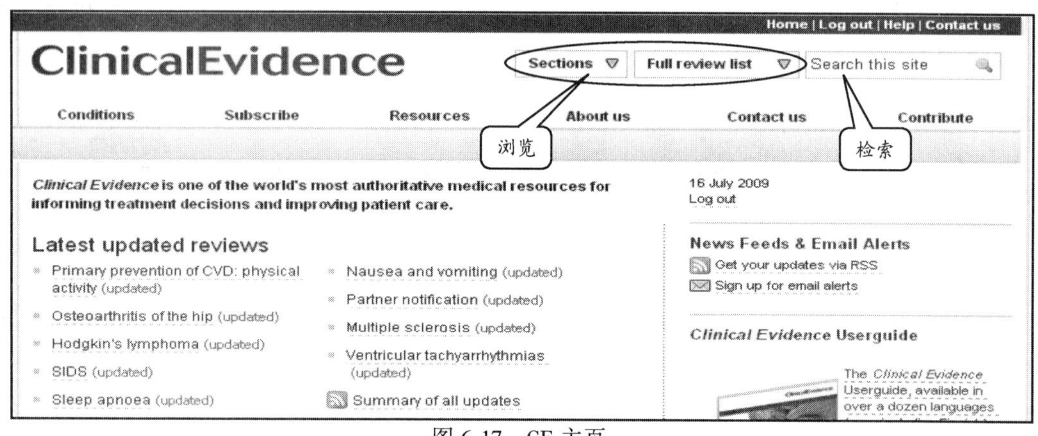

图 6-17 CE 主页

2. 检索 CE 只提供简单的类似搜索引擎的检索，检索结果提供一小段内容及突出显示搜索所用的关键词和内容概要，并按相关性排序。

3. 结果 CE 提供的证据资源（系统综述），以标签子菜单的形式展示系统综述的详细内容，包括干预措施（Interventions）、要点（Key points）、关于此病（About this condition）、更新（Updates）、指南（Guidelines）、参考文献（References）、反馈回应（Your responses）等。

（五）原始研究证据检索类数据库

外文文献以 PubMed 为代表，中文以 SinoMed 的 CBM 为代表。

1. PubMed 可检索原始研究证据，也可检索二次研究证据。

（1）利用临床咨询（Clinical Queries）模块：临床咨询检索采用过滤器（filter）模式将无效或不适用信息滤掉，只保留有助于解决临床问题的信息。该模式不需复杂的检索策略就可直接检索到所需的临床研究文献。

1）检索系统综述。选择【Find Systematic Reviews】可检索临床研究的系统评价文献，这些文献中包括 PubMed 所收录的期刊上按 Meta 分析方法进行研究的系统评价文献，还包括 Cochrane 协作网提供的部分系统综述的文摘。

2）检索临床研究类文献。选择【Search by Clinical Study Category】，在检索框中输入某

一疾病名称(如 Hepatitis B),选择所要检索的临床研究类别,包括病因(Etiology)、诊断(Diagnosis)、治疗(Therapy)、预后(Prognosis)和临床预测指南(Clinical prediction guides),再选择检索范围(Scope)、确定查全率(Broad, sensitive search)或查准率(Narrow, specific search),即可完成检索。

(2) 利用限制(Limits)中 Type of Article 选项:限制文献类型为 Clinical Trial、Meta-Analysis、Practice Guideline、Randomized Controlled Trial。

(3) 直接以 Systematic review、Cochrane、Meta-analysis、Multicenter-study 等为关键词进行检索。

2. EMBASE 在 EMBASE 的检索限制(Record limits)中有专门的循证医学文献类型限制选项(Evidence Based Medicine),包括 Cochrane 综述、临床对照试验、Meta 分析、系统综述等。

> 如何从 PubMed 获取 EBM 文献?这些途径有何差异?
>
> 思考题

3. 中国生物医学文献数据库(CBM) CBM 是国内常用的一个综合型的生物医学文献数据库,其使用方法与 PubMed 类似。使用循证医学、系统综述、系统评价、荟萃分析、meta 分析、汇后分析等作为检索词可检索到二次证据文献;使用一些特定的术语作为检索词,并通过逻辑组配检索可获取原始研究证据文献。

(1) 与"病因学"相关的检索词或策略:随机对照试验,队列研究,横断面研究,多因素分析[MH],前瞻,危险因素[MH],风险,病例对照,健康对照,正常对照,相关,关系,有关,无关,人类[CT],动物[CT]。

(2) 与"诊断"相关的检索词或策略:敏感度(性),灵敏度(性),特异性(度),诊断[SH],诊断应用[SH],阳(阴)性预测值。

(3) 与"治疗"相关的检索词或策略:药物疗法[SH],治疗应用[SH],随机对照试验[MH],随机分配[MH],双盲法[MH],单盲法[MH],安慰剂,随机,盲法,对照,对比研究[CT],人类[CT],动物[CT]。

(4) 与"预后"相关的检索词或策略:回归分析[MH],分层,发生率,死亡率,生存率,存活率,预后[SH],随访研究[SH],随诊,队列研究。

(六) 证据搜索引擎

1. SUMsearch 使用元搜索引擎技术建立的医学证据跨库检索平台,可针对病因、诊断、治疗、预后、预防等进行限制检索(http://sumsearch.uthscsa.edu)。可同时检索Cochrane 图书馆的 DARE,PubMed,NGC,Wiki 百科等数据库中有关的系统综述、原始研究证据、指南等。系统会自动将结果进行整合(图 6-18),并按相关性排序。

2. TRIP 数据库 变研究为临床数据库(Turning Research into Practice),TRIP 始于 1997 年(http://www.tripdatabase.com/index.html)。TRIP 提供基本检索和高级检索。基本检索状态下可进行逻辑运算检索,可使用 and、or 和( )组配运算。在高级检索状态,系统按检索顺序显示检索历史,可直接用检索序号进行布尔逻辑 and 运算检索。

TRIP 数据库收录的内容包括证据精要(Evidence Based Synopses),临床问题(Clinical Questions),系统综述(Systematic Reviews),北美、欧洲、其他指南(Guidelines),电子图书(E-Textbooks),重要的原始研究(Core Primary Research),医学影像,患者信息档案,Medline中

有关治疗、诊断、系统综述、预后等方面的论文，以及 New Engl J Med、JAMA、Lancet、BMJ 四刊的论文(图 6-19)。

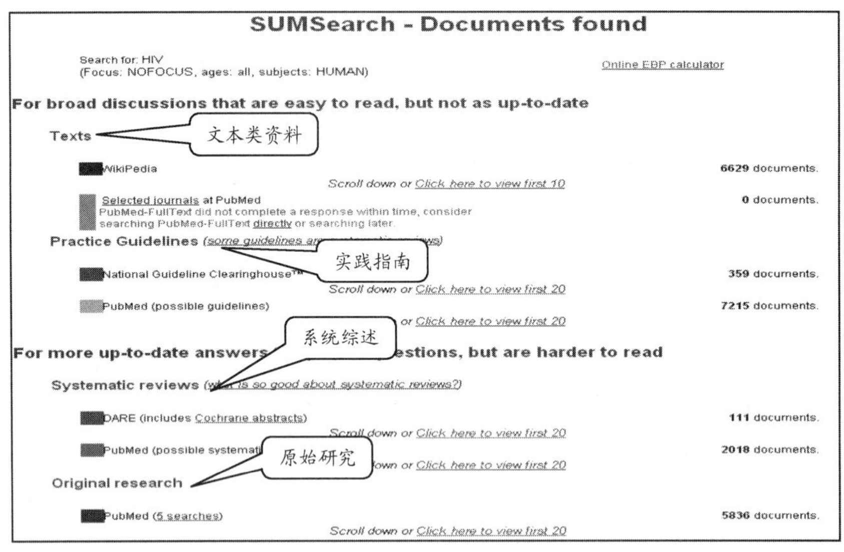

图 6-18　SUMsearch 检索结果总览

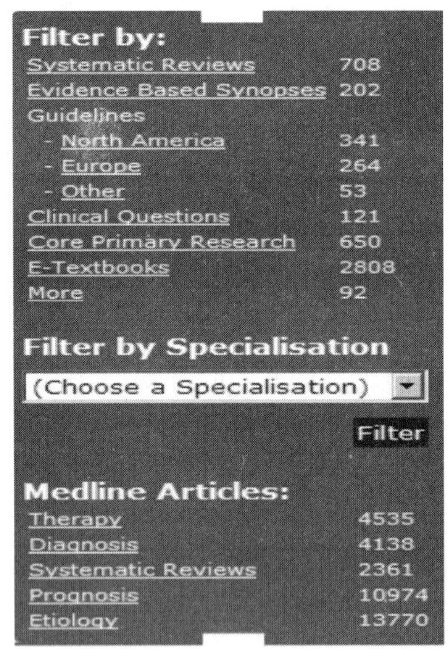

图 6-19　TRIP 检索结果分类显示

TRIP 和 SUMSearch 可同时检索多种资源，并根据证据来源组织检索结果。在不熟悉针对某一具体临床问题采用哪种循证资源最好，或拥有的资源无法解决手头的问题时，可借助 SUMsearch 和 TRIP 联合搜索引擎来检索最佳证据。

3. Doctors Desk/PCEL　由伦敦圣乔治医院医学院社区卫生系创建。可检索循证医学方面的指南、系统评价或研究论文。指南来自 SIGN，NICE，PRODIGY 和 NeLH，循证医学文章来自 Clinical Evidence，Bandolier，Cochrane Riveiew，ACP Journal Club 和 Effectiveness Matters。检索功能较为完善(http://drsdesk. sghms. ac. uk，http://www. pcel. info/index. php? fuse = search. ebmprimer)。

(赵文龙)

第六节　生物信息数据库检索

近年来大量生物学实验的数据积累，形成了数以百计的生物信息数据库，它们各自按一定的目标收集和整理生物学实验数据，并提供相关的数据查询、数据处理服务。随着因特网的普及，这些数据库大多可以通过网络来访问或者下载。

生物信息数据库一般可以分为一级数据库和二级数据库。一级数据库的数据都直接来源于实验获得的原始数据，只经过简单的归类整理和注释；二级数据库是在一级数据库、实验数据和理论分析的基础上针对特定目标衍生而来的，是对生物学知识和信息的进一步整理。国际上著名的一级核酸数据库有 GenBank、EMBL-Bank、DDBJ 等；蛋白质序列数据库有 SWISS-PROT、PIR 等；蛋白质结构库有 PDB 等。国际上二级生物学数据库非常多，它们因针对不同的研究内容和需要而各具特色，如人类基因组图谱库 GDB 、转录因子和结合位点库 TRANSFAC、蛋白质结构家族分类库 SCOP 等。

世界上有三个大型的公共数据库存储着大量的核酸和蛋白质序列，它们分别是位于 Bethesda 美国国家生物技术信息中心(NCBI)的 GenBank，日本的 DNA 数据库(DDBJ)，以及由位于英格兰 Hinxton 的欧洲生物信息研究所(EBI)所维护的 EBML-Bank 数据库。1988 年 EMBL-Bank，GenBank 与 DDBJ 共同成立了国际核酸序列联合数据库中心(International Nucleotide Sequence Database Collaboration，INSDC，http://insdc. org)，这三个数据中心各自搜集世界各国有关实验室和测序机构所发布的序列数据，而且每天都将新发现或更新过的数据通过计算机网络进行交换，以保证这三个数据库序列信息的完整性，因此，对特定的查询，三个数据库的响应结果是一样的。

一、GenBank

(一) GenBank 概述

GenBank(http://www. ncbi. nlm. nih. gov/Genbank/index. html)由美国国家生物信息技术信息中心(National Center for Biotechnology Information，NCBI) 于 20 世纪 80 年代初委托洛斯阿拉莫斯(Los Alamos)国家实验室建立，后移交给 NCBI 管理。其是面向全世界免费的、大型的、综合性的公共核酸序列数据库。

GenBank 收录几乎所有已知的核酸和蛋白质序列，序列来源于所有公开的、可获取的 DNA 序列，包括测序工作者提交的序列数据、测序中心提交的大量 EST 序列和其他测序数据以及与其他数据机构协作交换的数据。GenBank 与 DDBJ 和 EMBL-Bank 数据库每天进行数据交换，以保持数据最新。GenBank 的完整数据可以从 NCBI 的 FTP 服务器上免费下载。

GenBank 中收录的物种大约有 260 000 个物种，每月新增 2 900 多个物种。表 6-3 显示了 2001—2009 年 GenBank 中各大类物种的数据。大约 12%的序列来自于人类,其中 8%是人类的 EST 序列。所有数据记录被划分成若干个子库,如细菌类(BCT)、病毒类(VRL)、灵长类(PRI)、啮齿类(ROD)以及 EST 数据、基因组序列数据(GSS)、高通量基因组序列数据(HTG)等 19 类,其中 EST 数据等又被分成若干子库。

表 6-3 GenBank(2001—2009)中收录的物种数量

物种名称	总数	2001	2002	2003	2004	2005	2006	2007	2008	2009
古细菌/种	865	26	52	49	49	39	80	65	49	57
细菌/种	25655	999	1337	1656	1672	2038	2456	2340	2818	2486
真核生物/种	272728	18706	18779	20022	23885	21479	22377	24252	30150	20989
真菌/种	26775	2008	2564	1913	2144	1679	2224	1810	2110	1700
后生动物/种	134217	8034	7907	9704	11221	11540	11317	12813	15720	10438
绿色植物/种	100468	7869	7591	7654	9530	7483	7832	8866	11391	8074
病毒/种	53532	1298	1288	1771	2354	4093	5610	7299	11756	11157
所有物种/种	358067	21290	21644	23795	28335	27955	30954	34772	45252	35086

注:来源于 http://www.ncbi.nlm.nih.gov/Taxonomy/Selector/taxse.cgi

(二)GenBank 检索平台介绍

NCBI 的数据库检索平台为 Entrez。Entrez 是基于 Web 界面的综合生物信息数据库检索系统。利用 Entrez 系统,用户不仅可以方便地检索 GenBank 的核酸数据,还可以检索 NCBI 的其他生物信息数据库的核酸和蛋白质序列数据、基因组图谱数据、来自分子模型数据库(MMDB)的蛋白质三维结构数据、种群序列数据集以及由 PubMed 获得 Medline 的文献数据。

NCBI 生物信息数据库有近 40 种,与核酸序列有关的数据库有:

1. 核酸序列数据库(Nucleotide) 该数据库整合了包括 GenBank,RefSeq(Reference Sequence),PDB(Protein Data Bank)等数据库的所有数据,还包括了美国商标专利局(USTPO)和其他国家专利局的专利序列数据。

2. 蛋白质序列数据库(protein) 包括从 GenBank,EMBL,DDBJ 核酸序列编码区翻译过来的蛋白质序列,以及 PIR,SwissProt,PDB,PRF(Protein Research Foundation),GenBank 和 RefSeq 数据的注释编码区翻译过来的蛋白质序列数据。

3. 基因组数据库(Genome) 基因组数据库提供各种基因组、完整的染色体、带有重叠群的(with contigs)序列图谱,以及集成的遗传图谱和物理图谱。基因组数据库整合了六种重要的生物种群:Archaea(古菌),Bacteria(细菌),Eukaryotae(真核生物),Viruses(病毒),Viroids(类病毒)和 Plasmids(质粒)以及完整的染色体、细胞器和基因组草图。

4. 分子建模数据库(Molecular Modeling Database, MMD) 包括 X 线晶体衍射和核磁共振实验研究得到所有 PDB 生物分子三维结构数据。其数据结构与原始的 PDB 结构相比,增加了一些附加信息,包括经程序验证的显性化学图像信息、二级结构衍生定义,以及与序列数据库、生物分类数据库、PubMed 等建立了交叉链接,并通过 Cn3D 在线浏览蛋白质分子的三维结构。

5. Popset 数据库 包含研究一个人群、一个种系发生或描述人群变化的联合序列。PopSet 既包含核酸序列数据又包含蛋白质序列数据。

6. UniGene UniGene 是从属于 GeneBank 的一部分,专门收集非冗余性的基因来源的聚类数据。每一个 UniGene 聚类包含代表单一基因的序列和相关的信息,例如基因表达的组织类型和图谱定位信息。

7. 人类孟德尔遗传联机数据库(OMIM) 是人类基因和遗传疾病的信息数据库,不仅包括基因和遗传疾病有关的基因性状、临床信息、图片以及参考文献,还包括与 Medline 中的文献、GenBank 中的序列、基因组数据库中的图谱以及其他数据库的相关链接。

8. 基因数据库(Gene) 是一个可以进行检索的基因数据库。

除了上述介绍的数据库外,还有 CDD(蛋白质保守功能域)、3D Domains(蛋白质三维结构已知的保守功能域)、UniSTS(特有 STS 序列数据库)、HomoloGene(真核基因同源集)、SNP(单核苷酸多态性数据库)、GEO Profiles(基因表达模式数据库)、GEO Datasets(基因表达集)、Cancer Chromosomes(肿瘤染色体数据库)、PubMed Central(免费的 PubMed 文献中心)、MeSH(医学主题词数据库)、Journal(期刊数据库)以及 NCBI 站点资源。

Entrez 平台检索方便,只需电脑安装有 Internet Explore 等浏览器,既可以进行跨库检索(见图 6-20),又可以对任意一个数据库单独进行检索,对生物信息的二级结构还可以直接在网上浏览其分子结构甚至 3D 模型。

(三) GenBank 检索

Entrez 平台上的各种数据库一般可以以两种方式进行检索:一种是在 Entrez 平台上对所有数据库进行检索;第二种是对特定数据库进行单独检索,Nucleotide 数据库也不例外。

1. 跨库检索 检索 Entrez 平台上所有的数据库,获得相关结果。

(1) 进入 Entrez 跨库检索系统(http://www.ncbi.nlm.nih.gov/sites/gquery)。

(2) 在检索框中输入检索词,单击【Go】按钮,得到各个数据库的检索结果(图 6-20)。

(3) 单击【Nucleotide:Core subset of nucleotide sequence records】,得到核酸序列记录数据库中的简要记录格式(Summary)。

(4) 单击任意一条记录的标题即可浏览其详细记录。

2. Nucleotide 数据库检索 在浏览器地址栏输入"http://www.ncbi.nlm.nih.gov"进入 Entrez 检索界面,选择【Nucleotide】数据库(或者直接在浏览器的地址栏输入 http://www.ncbi.nlm.nih.gov/nuccore),即可进入 Nucleotide 数据库的检索主界面(图 6-21);其检索界面与 PubMed 检索界面相似,其检索方法包括:基本检索、限制检索、高级检索等。

(1) 基本检索:直接在检索输入框中输入检索词语进行检索,其检索词语类型主要包括文本词、关键词、截词、期刊名、文献的作者姓名等。

在基本检索中还可以使用截词符号、字段限制检索和强制短语检索、特殊标识符以及序列长度进行检索、逻辑组配检索。

截词符号包括星号(*)、问号(?)等。

字段限制检索表达式为:检索词【字段名】。如:PTEN[GENE],表示在基因名称字段含有 PTEN 的记录。1510[SLEN],表示序列长度为 1510 个碱基。

逻辑组配符号与 PubMed 数据库检索符号一致。直接在检索输入框中输入逻辑表达式即可进行检索,如 PTEN AND ras[gene]。

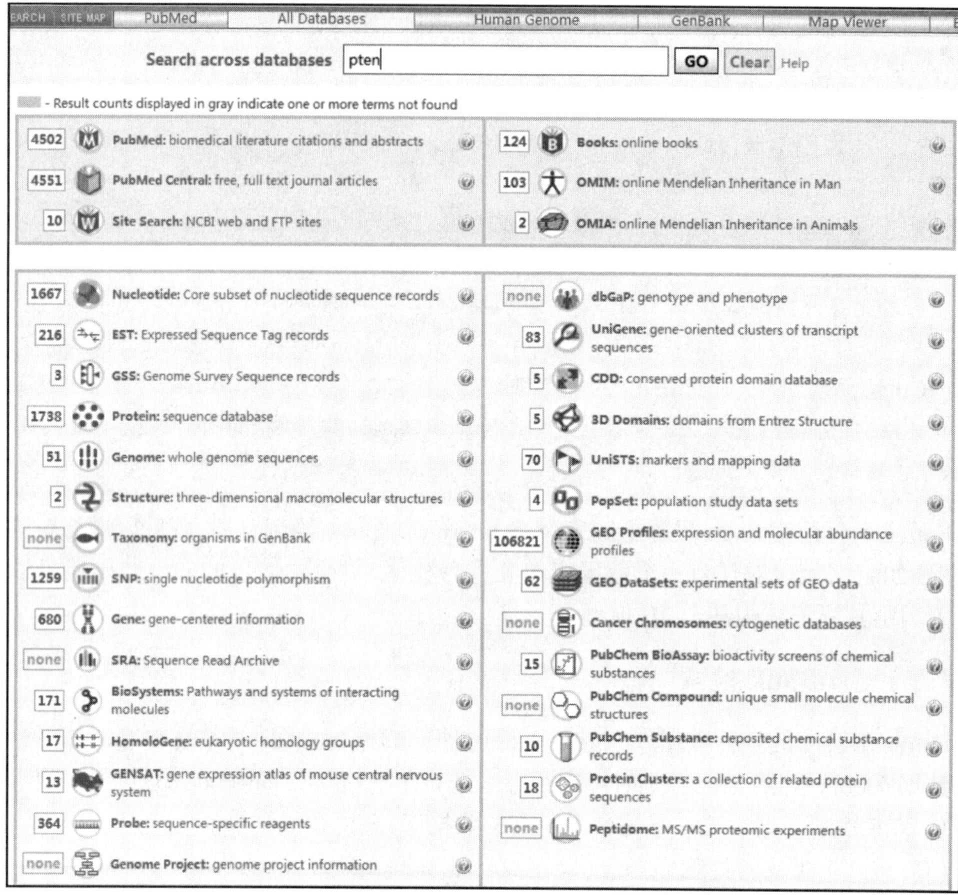

图 6-20 Entrez 跨库检索界面

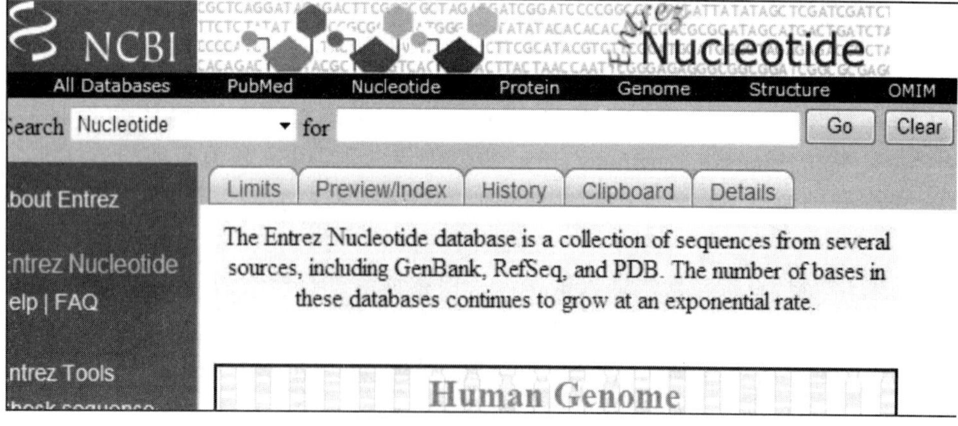

图 6-21 Nucleotide 数据库的检索主界面

(2) 限制检索:限制检索选项主要有字段、排除序列、分子类型、基因定位、序列片段、记录格式、出版时间和修改时间等(图 6-22)。

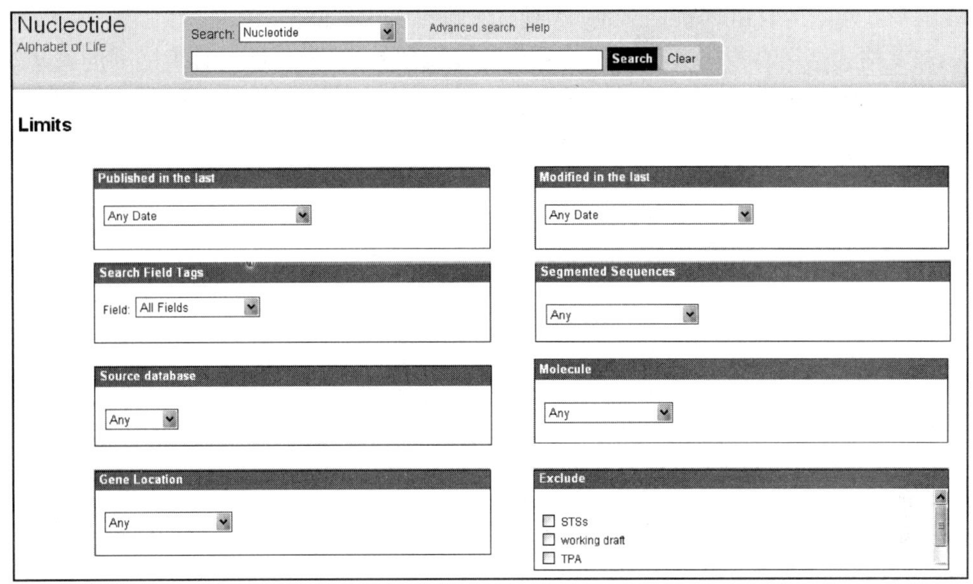

图 6-22　Nucleotide 数据库限制检索界面

字段限制选项:Nucleotide 数据库提供的主要字段如表 6-4 所示。

表 6-4　Nucleotide 数据库限制检索字段

字段	含义	字段	含义
Access	接受号	Modification Date	修改日期
All Fields	所有字段	Organism	生物体
Author Name	作者姓名	Page Number	页码
EC/RN Number	CAS 登记号/酶编号	Primary Accession	原始登记号
Feature Key	基因特征词	Properties	属性
Issue	发表期刊期号	Publication Date	出版日期
Journal Name	期刊名称	SeqID String	序列 ID 字串
Key Word	关键词	Sequence Length	序列长度
Substance Name	物质名称	Title Word	标题词
Text Word	文本自由词	Volume	卷号

排除序列:排除序列主要有序列标签位点(Sequence-tagged site,STSs),草图(Working draft),第三方注释(Third Party Annotation,TPA),专利(Patents)。

分子类型(Molecule):分子类型主要包括 genomic DNA/RNA、mRNA、rRNA、cRNA。

基因定位:基因定位主要包括 genomic DNA/RNA、Mitochondrion,Chloroplast。

序列片段:序列片段类型包括主要片段(master of set)和部分片段(parts of set)。

(3) 高级检索:参考 PubMed 检索。

(四) GenBank 记录格式

其记录显示分为简单记录格式和详细记录格式。

1. 简单记录格式 主要显示序列定义、长度、索引序号等。

2. 详细记录格式 Nucleotide 数据库详细记录格式分为 GenBank、FASTA、Graphics、GenBank(Full)、ASN.1、Revision history 等格式。默认为 GenBank 格式。

FASTA 格式是一种专门为序列比对软件而设置的格式,其显示内容为序列的碱基对。

Graphics 格式允许用户以图形形式查看序列信息,并可以根据对碱基进行定位等操作。

在详细记录格式(GenBank)显示页面的右侧可以进行序列区域显示调整以及个性化显示调整。

(五) GenBank 结果处理

与 PubMed 相同。

二、EMBL-Bank

(一) EMBL-Bank 概述

EMBL-Bank 是 EMBL 核酸序列数据库(EMBL Nucleotide Sequence Database)的简称(http://www.ebi.ac.uk/embl),创建于 1982 年,是欧洲主要的核酸序列资源,同时也是国际三大核酸序列数据库之一,现由位于英国茵格司顿(Hinxton)的欧洲生物信息学研究所(European Bioinformatics Institute, EBI)维护管理(图 6-23)。

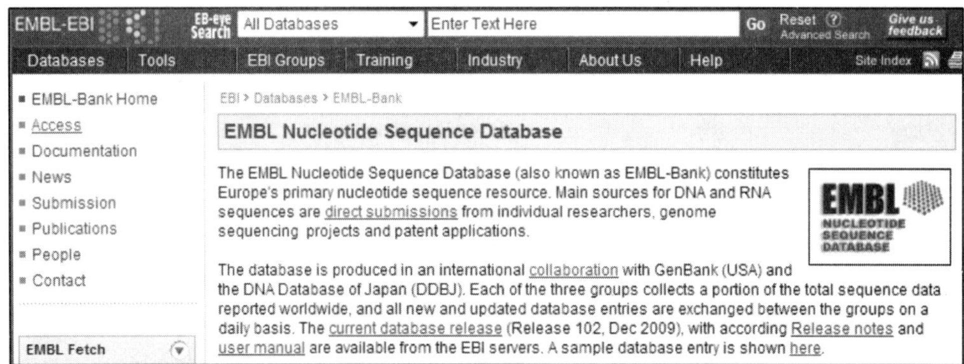

图 6-23 EMBL-Bank 主页

EMBL 是欧洲分子生物学实验室(European Molecular Biology Laboratory),(http://www.embl.org)的缩写,是欧洲分子生物学基础研究方面的旗舰实验室,是政府资助的非营利性机构,主要从事生命科学创新前沿的研究、技术开发与转让,并为欧盟成员国提供该方面的培训和服务,其在欧洲设立了 5 个实验室:位于英国茵格司顿(Hinxton)的欧洲信息学研究所(EMBL-EBI)、位于法国格勒诺布尔(Grenoble)的结构生物学实验室、位于德国海德尔堡(heidelberg)的中心实验室,位于意大利蒙特罗顿多(Monterotondo)的老鼠生物学实验室。

1. 序列来源 EMBL-Bank 是早的 DNA 序列数据库,其主要收录 DNA 和 RNA 序列,其序列来源主要三个方面:研究者提交、基因组测序机构和专利申请序列。其与 GenBank、DDBJ 并列为世界权威的三大核酸数据库,三者之间每天进行新数据的交换。

2. EMBL-Bank 序列数据的总量　EMBL-Bank 序列按照每年约 60%的速率增长。截至 2010 年 2 月 11 日，EMBL-Bank（102 版）的核酸序列总长度达 2 791 亿条，收录数据 1.8 亿条。

（二）EMBL-Bank 数据库检索

EMBL-Bank 数据库检索有多种方式，如提供基于数据库和 ftp 等。其数据库检索也分为很多种（见表 6-5），但用户一般都采用 SRS（Sequence Retrieval System）序列检索系统进行检索，因为其可以查询到 EMBL 相关图书馆的所有数据库，并可以通过超文本链接将 DNA 序列数据库和蛋白质序列、功能位点、结构、基因图谱以及文献摘要数据库 MEDLINE 等各种数据库联系在一起。EMBL-Bank 网站提供的 SRS 系统现由 Lion Bioscience 公司继续开发，是一款商业软件，科研单位只要与它签订协议即可获得该软件的免费使用权。本节主要介绍 SRS 序列检索系统。

表 6-5　数据库检索方式

检索方式	注　释
Genomes（基因组数据库）	已经完成的基因组 web 服务器
SRS（序列检索系统）	查询 EMBL 相关图书馆的所有数据库
Simple sequence retrieval（单序列检索）	通过检索号进行序列检索
EMBL Sequence Version Archive:（浏览或批量查询）	存档的所有条目
Browse data by geography	按地理位置进行浏览

1. SRS 查询方法　在 EMBL-Bank 主页选择【Access】，然后在数据库查询（Query the Databases）方式表中选择 SRS 方式（或通过 EMBL-EBI 的 SRS 服务器 http://srs.ebi.ac.uk）进入其 Query Form 检索界面。

首次进入系统检索的 Query Form 界面可以直接进行检索，其默认是对 EMBL 所有数据库进行检索，如果需要对特定数据库进行检索需要单击【Library Page】进入 EMBL 图书馆页面（图 6-24），选择需要的数据库进行检索。EBML-Bank 将其所有数据库分成了文献型数据库、基因词典类数据库、核酸序列数据库、核酸相关数据库、UniProt 蛋白质资源、其他蛋白质数据库等 14 类，单击类目右侧的[+]，即可显示该类目下的子数据库，供用户选择。在检索过程中如果要更换数据库，需要返回到“Library Page”，重新选择要检索的数据库。

SRS 提供了四种查询方式：快速检索、标准检索、扩展检索和浏览数据库条目。

（1）快速检索（Quick Search）：系统提供两种界面的快速检索。一种是在 Library Page 页工具栏下方的检索框中直接输入检索词，按“回车”键或单击【Quick Search】按钮即可得到检索结果。如选择核酸序列数据库 EMBL，Patent DNA 和 EMBL（Contiguous），输入“Bird Flu”，按“回车”键或单击【Quick Search】后，即可得到与“Bird Flu”有关的核酸序列条目。另一种是单击工具栏中的【Qucik Search】进入另一种快速检索界面，选择数据库，输入检索词语，单击【Quick Search】同样得到检索结果。

（2）标准检索（Standard Query Form）：单击 Library Page 页面右侧的【Standard Query Form】按钮或单击工具栏的【Query Form】即可进入标准检索页面（图 6-25），页面分为检索区域和结果优化区域。在检索区域，单击检索输入框前的下拉菜单选择字段，在检索框中输入检索词语，一次最多可以选择四个字段，这些字段之间的关系可以在页面左侧的“Conbine search terms with”后的下拉菜单中选择逻辑组配符号（“&AND、|（OR）、!（BUT-NOT）”）。如果在检索中需要使用通配符号可以选择【use wildcards】，这样用户可以在该界面构建复杂检索表达式进行专指性检索。

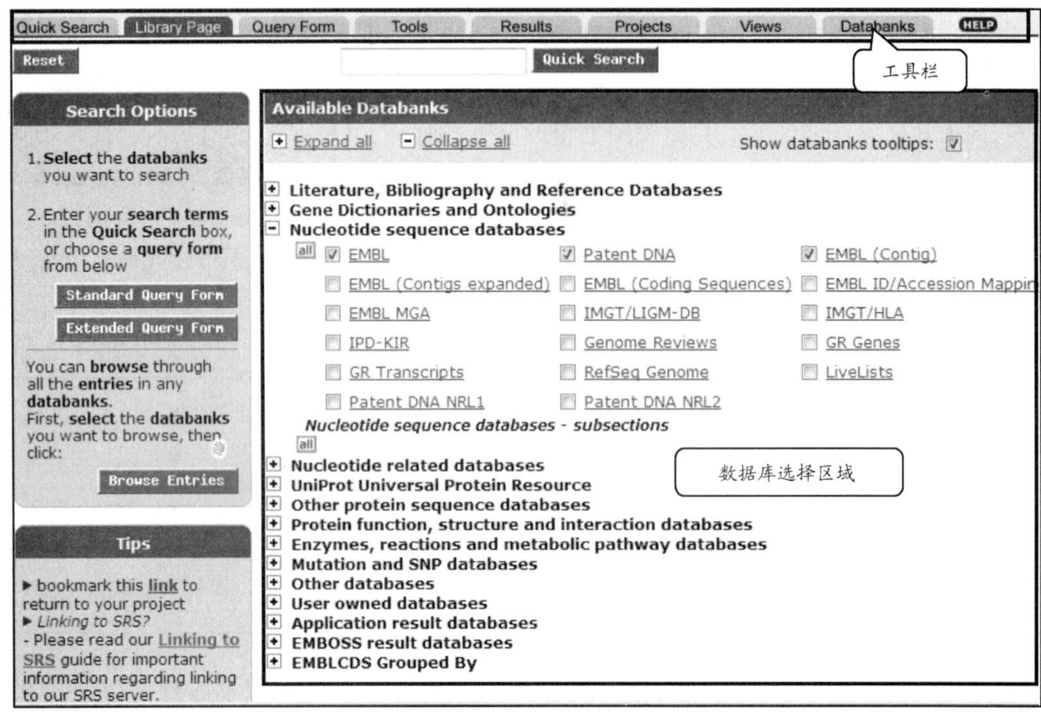

图 6-24　EMBL-Bank SRS 系统数据库选择页（Library Page）

图 6-25　EMBL-Bank SRS 系统标准检索界面

在检索结果优化区域，可以设置显示的字段，可以选择系统提供的显示格式"View result using"进行选择，也可自己生成一个显示格式，字段由用户自己设定。

（3）扩展检索(Extended Query Form)：单击"Extended Query Form"按钮进入扩展检索界面（图6-26）。根据用户选择数据库的不同或多少，扩展检索会有所不同［本节选择EMBL、Patent DNA、EMBL（Contig）三个数据库］。其每一个字段均可以利用逻辑组配符号(&,|,!)自行组配表达式，然后选择这些字段之间的逻辑关系，单击【Search】按钮，即可快速、准确查询出所需的记录。

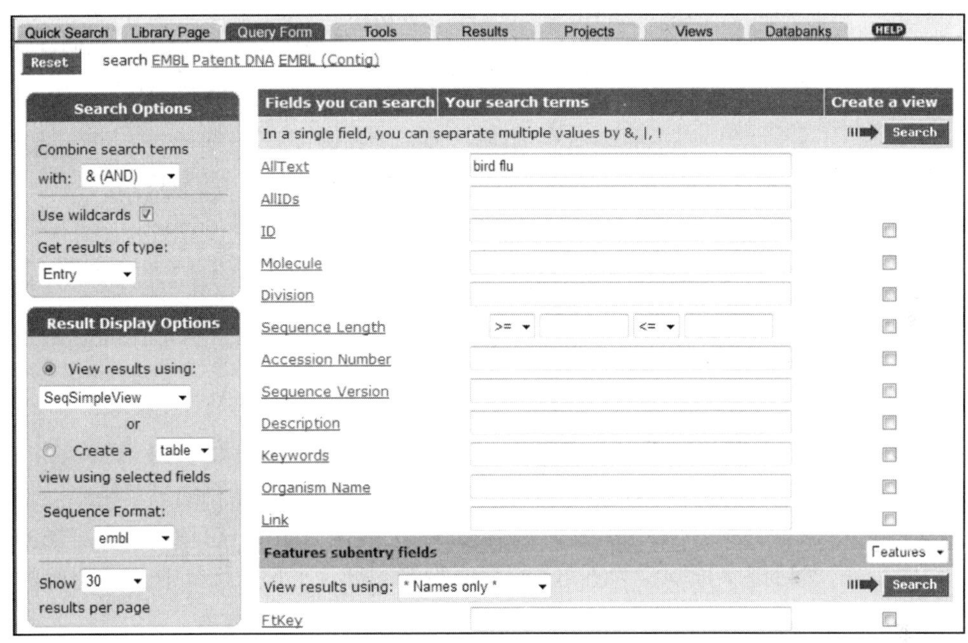

图6-26　EMBL-Bank SRS的扩展查询界面

（4）浏览数据库条目(Browser Entries)：在【Library Page】中选择数据库，然后单击【Browser Entries】按钮，即可浏览数据库的条目（记录）。

2. SRS检索结果的处理　SRS系统的工具条提供了Results、Projects、Views等选项，对检出结果和检索过程进行管理。

（1）Results：检索结果管理界面（图6-27），包括检索序号、检索结果记录数、来源数据库、各数据库对应的检索结果记录数、检索提问式等内容，另外用户可以添加对结果的评论。在此界面，可以选择某一检索序号，然后在"View results using"下面的下拉菜单选择检索结果显示格式，然后单击【Rerun Query】按钮显示检索结果；也可以选择多个检索序号，然后单击【Combine】按钮对检索结果进行逻辑组配检索；还可以选择检索序号，然后单击【Delete】对检索结果进行删除处理；选择检索序号，单击【Save】对检索结果保存；选择检索序号，单击【Link】，然后选择需要链接的数据库，查找相关的检索结果。

（2）Projects：检索策略存储界面，可以将检索策略以文本形式保存到用户计算机或软盘上，也可以将以前保存的检索策略调出并上传到SRS服务器，再执行检索。

（3）Views：检索结果显示界面，用户可以选择和设置检索结果的显示方式，包括文本方式、表格方式、图形方式、FASTA方式等。

图 6-27 SRS 检出结果

一般情况下，每一次检索后，用户可以根据需要选择需要的显示格式，或在“Query Form”界面可以自行设定显示格式，然后单击【Search】按钮可得到需要的显示格式。

单击序列标识号“EMBL:GO907286”超链接，或者单击“EMBL:GO907286”左侧的复选框，选中该记录，然后把字号调整为五号(与其他字符一样大)下拉菜单中选择相应的显示格式，并单击【Apply Display Options】按钮，即可得到该记录的详细信息。

如果需要打印检索结果，单击【Printer Friendly】按钮，显示并打印检出结果。此外，通过【Launch】按钮选择序列分析工具可以对相应记录的序列进行相似性比较。

三、DDBJ

（一）DDBJ 概述

日本核酸数据库(DNA Data Bank of Japan，DDBJ，http://www.ddbj.nig.ac.jp)创建于 1986 年，现由日本国立遗传学研究所的生物信息中心(CIB/DDBJ)管理和维护，其主要是从日本研究者和研究机构收集核酸数据，同时也接受其他国家和地区的核酸序列。DDBJ、GenBank 和 EMBL-Bank 并列为世界三大权威核酸数据库，三者之间相互协作，每日同步更新数据。

DDBJ 主页除了提供 SRS、ARSA、TXSearch 、BLAST 等数据检索功能外，还提供SAKURA、MSS、Sequin 数据提交工具和 CLUSTAL W、FASTA、BLAST 等数据分析工具。

（二）DDBJ 数据的获取

通过 Getentry、ARSA、TXSearch、BLAST、PSI-BLAST、FASTA、SSEARCH 等检索工具可以获取 DDBJ 数据，前四种用于检索 DDBJ 数据库中的原始数据，其中 Getentry 属于存取号检索，SRS 和 ARSA 属于关键词检索，TXSearch 属于分类检索；后四种对用户提供的序列或片断做同源性分析。

1. Getentry 检索 在 DDBJ 主页左侧的 Search 检索框中选择【Getentry】即可进入其检索界面(图 6-28),上部分为检索区域,下部分为结果显示区域。在检索之前需要做一些准备工作:选择数据库(其数据库分为 DNA 数据库:DDBJ / GenBank / EMBL,蛋白质数据库:UniProt/PDB/DAD/PRF/Patent);选择检索结果获取方式(分为 WWW、E-mail、FTP);然后选择检索入口。其检索入口有:Accession Number(检索号)、Locus Name、Gene Name(基因名称)、Product Name(产物名称)、Protein ID(蛋白质 ID 号)、Clone Number(克隆号)、Patent Retrieval Number(专利检索号)和 Version Number(版本号)八种。需要说明的是在如果选择 DDBJ 之外的数据库,其检索途径各不相同,如表 6-6 表示。

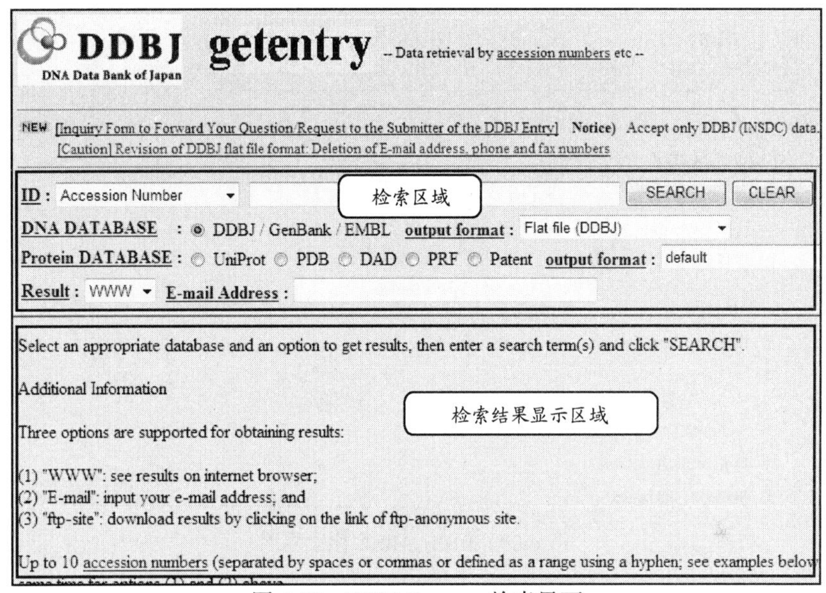

图 6-28 DDBJ Getentry 检索界面

表 6-6 Getentry 可检的数据库及其检索途径

Database	Accession Number	Locus Name	Gene Name	Product Name	Protein ID	Clone Name	Patent Retrieval Number	Version Number
DDBJ/GenBank/EMBL	ok	ok	ok	ok	ok	ok	ok	ok
UniProt	ok	–	–	–	–	–	–	–
PDB	ok	–	–	–	–	–	–	–
DAD	ok	ok	–	–	ok	–	–	–
PRF	ok	–	–	–	–	–	–	–
Patent	ok	–	–	–	–	–	–	–

通过检索号来检索 DDBJ 数据库,其检索号输入方式为:可以连续输入多个检索号码,号码之间用空格或逗号(,)隔开,也可以用连字符号(-)表示多个连续的号码,如"D11111,D11112,D11113,D11114"或"D11111 D11112 D11113 D11114"或"D11111-D11114"或"D11111-4"。

检索结果的获取根据选取的获取方式不同得到的检索结果的最多数量也不一致。如果选择 WWW 或 E-mail 方式,其获取的检索结果最多只有 10 个;而采用 FTP 方式最多可以下载 10 万条记录。

当选择专利号作为检索入口时,必须删去专利号中间的空格,可省略其中的非字母数字式符号,如("－"、"-"、":"和"/"),例如 JP 2006516190-A/72(专利号),检索输入格式可以为:JP2006516190-A72 或 JP2006516190A72 或 JP2006516190-A/72。

2. ARSA 检索 ARSA(All-around Retrieval of Sequence and Annotation)提供了 Quick Search(快速检索)、Cross Search(跨库检索)、DDBJ Advanced Search(DDBJ 高级检索)、DDBJ Search History(DDBJ 检索史的保存和调用)等多种检索功能(图 6-29)。

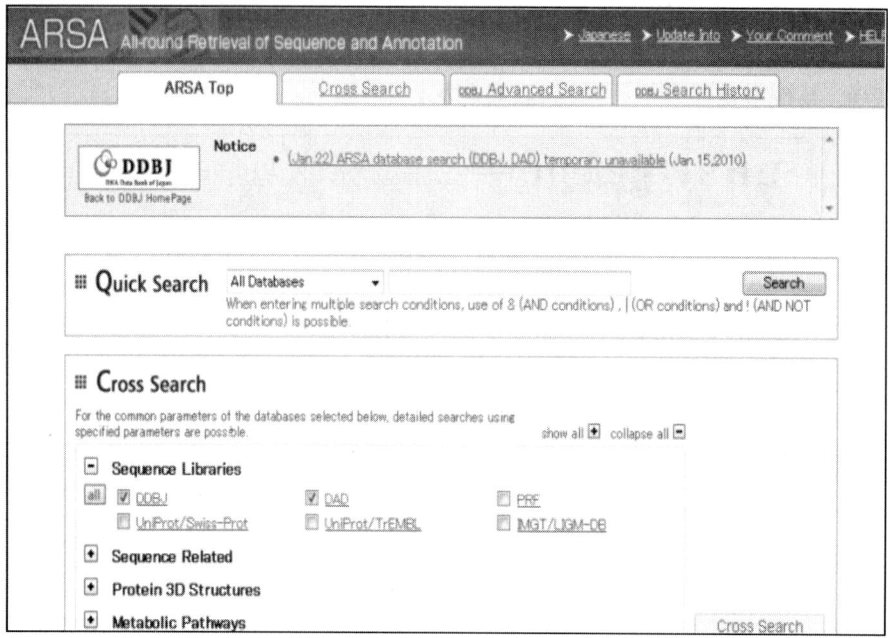

图 6-29 DDBJ ARSA 检索界面

3. TXSearch 检索 TXSearch(Taxonomy Retrieval)是一种根据生物种属分类的分类名称或 ID 号作为检索词语的检索方式(图 6-30)。

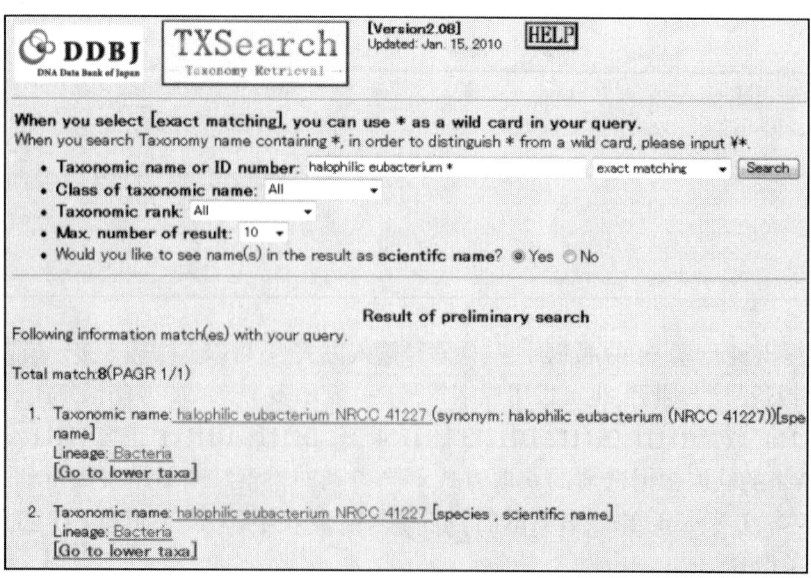

图 6-30 DDBJ TXSearch 检索界面及其检索结果

“Taxonomic name or ID number”右侧为检索词输入框，可以输入的检索词语包括生物属类名称、ID号码，可以应用通配符号（ * ）帮助检索。并在其后的下拉菜单中选择exact matching，substring matching或ID进行辅助检索，还可以借助生物属类分类和等级来对检索范围进行限定。

“Class of taxonomic name”右侧的下拉菜单可选择命名种类，共有“scientific name”、“common name”、“acronym”、“synonym”、“anamorph”和“All”六种，可任选其一进行检索。

Taxonomic rank用于选择该词的等级，包括“ALL”、“norank”、……、“forma”等32个等级词。定义好每页的记录显示数及结果显示格式后，单击【search】按钮，得到检索结果。

检索结果提供所检索词的详细信息，如家系名称、其他名称、遗传密码等；同时还可点击【Go to lower taxa】了解该词的下级分类词或获取该词的相关序列信息。

四、其他核酸序列与蛋白质数据库资源

（一）GDB

GDB（基因组数据库，http://www.gdb.org）为人类基因组计划（HGP）保存和处理基因组图谱数据，GDB的目标是构建关于人类基因组的百科全书。除了构建基因组图谱之外，还开发了描述序列水平的基因组内容的方法，包括序列变异和其他对功能和表型的描述。目前GDB中有：人类基因组区域（包括基因、克隆、PCR标记、断点、细胞遗传标记、易碎位点、EST序列、综合区域、重复序列），人类基因组图谱（包括细胞遗传图、连锁图、放射杂交图、连续了图、转录图等）。GDB数据库以对象模型来保存数据，提供基于Web的数据对象检索服务，用户可以搜索各种类型的对象，并以图形方式观看基因组图谱。此外，GDB还与GenBank、EMBL、OMIM、MEDLINE等数据库建立了链接。

（二）PIR-PSD

国际蛋白质序列数据库（PSD http://pir.georgetown.edu）是由蛋白质信息资源（PIR）、慕尼黑蛋白质序列信息中心（MIPS）和日本国际蛋白质序列数据库（JIPID）共同维护的国际上最大的公共蛋白质序列数据库。所有序列数据都已经过整理，超过99%的序列已按蛋白质家族分类，一半以上还按蛋白质超家族进行了分类。PSD的注释中还包括对许多序列、结构、基因组和文献数据库的交叉索引，以及数据库内部条目之间的索引，这些内部索引帮助用户在包括复合物、酶-底物相互作用、活化和调控级联和具有共同特征的条目之间方便的检索。每季度都发行一次完整的数据库，每周可以得到更新部分。

PSD数据库有几个辅助数据库，如基于超家族的非冗余库等。PIR提供三类序列搜索服务：基于文本的交互式检索；标准的序列相似性搜索，包括BLAST、FASTA等；结合序列相似性、注释信息和蛋白质家族信息的高级搜索，包括按注释分类的相似性搜索、结构域搜索等。

（三）SWISS-PROT

SWISS-PROT（http://expasy.org/sprot）是一个注释蛋白质序列的数据库，是世界几大重量级的蛋白质数据库之一。它由欧洲生物学实验室（The European Molecular Biology Laboratory，EMBL）和日内瓦大学（瑞士）医学生物化学系合作建立于1986年，现由瑞士生物信息学研究所（Swiss Institute of Bioinformatics，SIB）和欧洲生物信息研究所（EBI）共同维护和管理。

SWISS-PROT数据库中的所有序列条目都经过有经验的分子生物学家和蛋白质化学家仔细审读，通过计算机工具并查阅有关文献资料核实。SWISS-PROT数据库的每一条记录都有详细的注释，包括结构域、功能位点、跨膜区域、二硫键位置、翻译后修饰、突变体等。该数据库中的记录还与核酸序列数据库EMBL/GenBank/DDBJ、蛋白质结构数据库PDB以及Prosite、PRINTS等多个数据库建立了交叉引用链接。

（四）UniProt

UniProt（Universal Protein Resource，http://www.uniprot.org）是世界最大蛋白质数据库，它是由PIR、SWISS-PROT和TrEMBL三个蛋白质数据库统一起来组建而成的。UniProt包含三个部分：①UniProt Knowledgebase（UniProt），这是蛋白质序列、功能、分类、交叉引用等信息存取中心；②UniProt Non-redundant Reference（UniRef）数据库，该数据库将密切相关的蛋白质序列组合到一条记录中，以便提高搜索速度；目前，根据序列相似程度形成三个子库，即UniRef100，UniRef90和UniRef50；③UniProt Archive（UniParc），是一个资源库，记录所有蛋白质序列的历史。用户可以通过文本查询数据库，可以利用BLAST程序搜索数据库，也可以直接通过FTP下载数据。

（五）ExPASy

ExPASy（Expert Protein Analysis System，蛋白质专家分析系统）是用于获取蛋白质序列和相关数据的最有用的资源（http://www.expasy.ch），其由瑞士生物信息学研究所维护（Swiss Institute of Bioinformatics），提供从序列（Swiss-Prot）到结构（Swiss-Model），以及2-D Page等蛋白质操作相关的全套服务。

（六）TrEMBL

TrEMBL（http://www.ebi.ac.uk/trembl/index.html）是与SWISS-PROT相关的一个数据库。包含从EMBL核酸数据库中根据编码序列（CDS）翻译而得到的蛋白质序列，并且这些序列尚未集成到SWISS-PROT数据库中。

TrEMBL有两个部分：

（1）SP-TrEMBL（SWISS-PROT TrEMBL）：包含最终将要集成到SWISS-PROT的数据，所有的SP-TrEMBL序列都已被赋予SWISS-PROT的登录号。

（2）REM-TrEMBL（REMaining TrEMBL）：包括所有不准备放入SWISS-PROT的数据，因此这部分数据都没有登录号。

（七）其他相关资源

1. TIGR DATAbase，是世界上最大的cDNA数据库，还有大量的EST序列和人类基因索引（HGI）

http://www.tigr.org/tdb/hcd/overview.html

2. BioSino是中国自主开发的核酸序列公共数据库

http://www.biosino.org

3. EPD,真核生物启动子数据库(Eukaryotic Promotor Database)

http://www.epd.isb-sib.ch

4. dbSTS,序列标记位点(Sequence Tagged Sites)数据库

http://www.ncbi.nlm.nih.gov/dbSTS

5. Mouse RH 数据库

http://www-genome.wi.mit.edu/mouse_rh

6. 北京大学生物信息学中心

http://www.cbi.pku.edu.cn

7. Primer3(PCR 引物设计)

http://frodo.wi.mit.edu/cgi-bin/primer3/primer3_www.cgi

(杜志银)

第七节　图像视频检索

医学学习和临床实践中医学图像与视频是非常重要的资源,比如系统解剖学、生理学、病理学、局部解剖学以及一些临床手术与操作均离不开图像与视频,本节简单介绍了一些医学学习和临床实践中非常重要的图像与视频资源网站。

一、医学图像网站

(一) 耶鲁高级教育媒体中心

该网站由耶鲁大学医学院开发(http://info.med.yale.edu/intmed/cardio/imaging/contents.html),可以观看解剖图谱,相应的 CT、MRI、SPECT、电离辐射等技术下的图像对比,同时可以查看胸部疾病的各种图片(图 6-31)。在这些图片上标明了解剖名称、病变部位,同时提供相应的动画,是医学生影像和解剖学习理想资源。

(二) 格林人体解剖学教材

该教材是由 Henry Gray 编写的解剖学经典教材,1918 年出版第一版,本书介绍的是 Bartleby.com 网站出版的格林人体解剖学教材(英文版)(http://www.bartleby.com/107),该电子版图文并茂,共有 1 247 幅高质量的解剖图片。

(三) Primal 互动 3D 解剖学系列数据库

Primal Pictures 公司提供的 Primal 互动 3D 解剖学系列是以人体的 MRI 扫描数据为基础,全面、准确的三维立体解剖学数据库(http://www.anatomy.tv/default.aspx)。该系列汇集了超过 6500 个偏重于特定独立器官、身体部位或解剖系统的高精度三维动态互动式解剖模型,并包括一个专为学生建立的测验库。通过数据库自带的三维动画即可查看精确的人体解剖模型,详细了解其结构与功能、生物学特性及治疗与手术操作过程等信息。

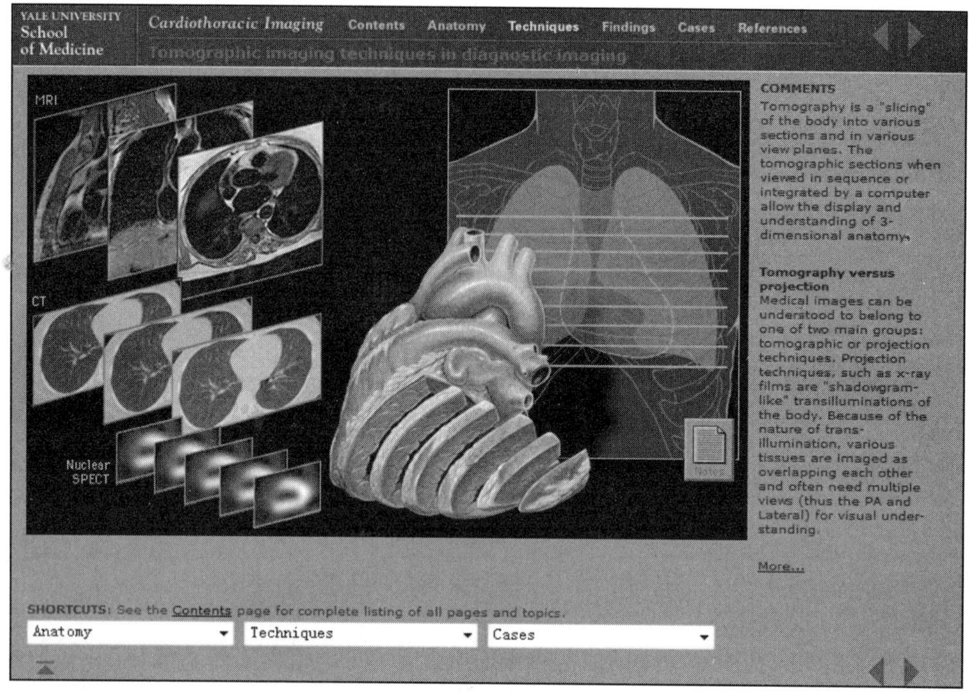

图 6-31 耶鲁高级教育媒体中心胸部电子图谱

（四）HON 医学专业搜索引擎图像库

该图像库（http://www. hon. ch/Media/media. html）是由医学专业搜索引擎 HON 搜集整理，共有 6 800 幅医学图像。其图像搜索分为两步：第一步选择图像分类标准，如解剖部位、疾病、化学与药物等；第二步是选择亚类；然后即可浏览相应图片，可点击放大。

（五）在线医学影像学百科全书

在线影像学百科全书（http://images. md/users/index. asp）由 2 000 位影像学家编辑完成，分为 90 多个专辑，收录了 70 000 幅图片 。

（六）医学媒体

医学媒体是美国 Nucleus 公司开发并许可的医学多媒体资源库（http://catalog. nucleusinc. com/collection. php ？ CID=44），包括高质量的解剖图谱、动画、交互式多媒体、解剖模型（3D）等（图 6-32）。

（七）骨骼放射解剖学图谱

骨骼放射解剖学图谱（Radiographic Anatomy of the Skeleton，http://www. rad. washington. edu/AnatomyModuleList. html）由 Michael L. Richardson， M. D 编辑出版，按部位进行编排，图片丰富，有正常与疾病状态的对比说明与标注。

（八）医学全在线

医学全在线（http://www. med126. com/yisoft）的栏目主要有医学考研、医药院校、执业

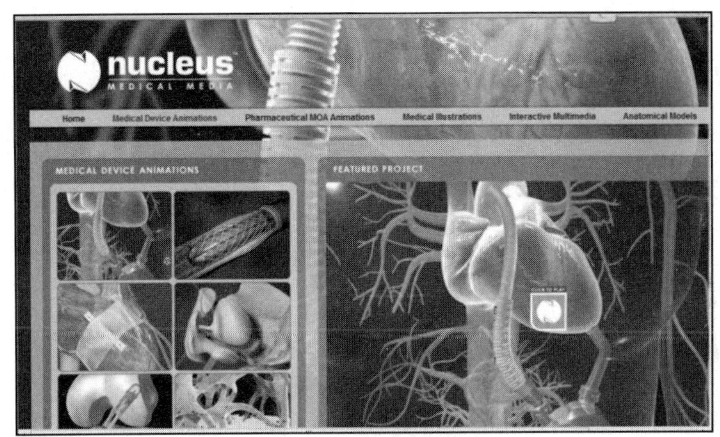

图 6-32　医学媒体主界面

医师、执业药师、执业护士、卫生资格、医学图谱、资源下载、临床技能、医学理论教学等。

其医学图谱涵盖了病理学、组织胚胎学、寄生虫学、系统解剖学、局部解剖学、皮肤性病学、手术图谱、中草药、中医学、器械检查、影像诊断等。其医学图谱较为全面，不足之处在于没有详细的文字注释。

医学视频下载在资源下载栏目中，其视频资源较为丰富，分为诊断学、基础医学、临床医学、中医学等。

（九）医图网

医图网（http://www.seemed.cn）提供医学图片、医学素材、医学插图、医学视频、医学广告、医学动画等资源。该网站提供的很多素材均为网站自创，采用手工绘图，形象生动。

（十）生物谷图库

该网站图库（http://www.bioon.com/figure）提供各种医学图库，包括生物学图库、医学图谱、药学图库、健康图库、科普图库等，是医学生学习和医生继续教育的重要资源。

（十一）The Internet Pathology Laboratory for Medical Education

该病理图库（http://library.med.utah.edu/WebPath/webpath.html）由 Mercer University School of Medicine 建立，其内容丰富，包括 general pathology、systemic pathology、anatomy-histology、AIDS pathology，同时提供每周经典图片。

（十二）血液学图谱

血液学图谱（Atlas of Hematology）（http://pathy.med.nagoya-u.ac.jp/atlas/doc/atlas.html），该图库由日本名古屋大学医学院、长崎大学医学院、滨松大学医学院共同建立并维护的，内容包括正常外周血、变异红细胞、白血病、骨髓异常综合征、多发性骨髓瘤、巨球蛋白症、恶性淋巴瘤、特发性血小板紫癜、缺铁性贫血、巨幼红细胞贫血、再生障碍性贫血、地中海贫血、溶血尿毒综合征、巨大血小板、骨髓转移瘤等。

(十三) 神经病理学图谱

该网站(http://www. neuropat. dote. hu)提供神经解剖图片、功能神经解剖表、组织学、解剖学图谱,并提供神经病理学相关的图书和期刊、软件等。

(十四) 医学寄生虫病学图谱

医学寄生虫病学图谱(http://www. cdfound. to. it/_atlas. htm)的主编为 Pietro Caramello MD,其是按照人体解剖部位为主线进行编辑的。

(十五) 医源世界图库

该图库是由医源世界网络(http://www. 39kf. com/cooperate/tu/yx)提供,分为手术图库、中医腧穴图谱、常见寄生虫图谱、常见血液学图谱、常见扫描及电泳图谱、临床医学真菌学图谱、临床医学微生物图谱、解剖图库、内镜检查图谱、心电图、CT 图库、病理图谱、真菌图谱、皮肤病图等。其所有图库都是经过主编精心挑选的,教育意义浓厚。比如其手术图库配有整个手术过程解说,并配有相应图片,是医学生和在职医生学习的珍贵资料。

(十六) 江南医学图库

江南医学图库(http://ncjs. gov. cn/yxtk/List/List_29. html)提供各种医学图库,包括心电图图库、胃肠镜图库、影像学图库、手术学图库、皮肤病图库、病理学图库、解剖学图库、虚拟人图库、中医学基础、中草药图库等,目前共有 1 109 幅图片。

(十七) 37℃医学网医学图库

该图库(http://www. 37c. com. cn)资源丰富,其所有图片按照学科进行了分类,首先分成了基础医学、外科、内科、临床专科、特种医学及其他学科等,其每一大类下均按学科进行详细划分,读者可以很快找到自己所需要的图片。

二、医学动画与视频网站

(一) 医生网视频

该网站是医生网的子网站(http://v. doctorsky. cn),其视频网分为西医基础、技术检查及三基、内科、神经精神病学、外科、妇产科、儿科、感染病学、五官、口腔、肿瘤学、中医学、生活保健等专辑。其部分视频由网站提供,更多的视频为各专科医生在工作中遇到而提供的经典视频,视频清楚,讲解生动。

(二) 医学动画网

该网站(http://www. medsee. com)提供医学动画、医学视频点播、医学文献检索、医学图库等栏目。该网站需要用户注册,方可访问其资源。

(三) 优酷网站

优酷网(http://www. youku. com)的医学视频在教育专辑下,目前共有 214 个医学视频,其视频可以在线观看，不需另行安装视频播放软件，视频质量较好（http://www.youku.com/playlist_show/id_1475835.html）。

（四）医学视频网

医学视频网（http://v.qihuang qq.com），其栏目目前包括中医视频、西医视频、护理医学、养生保健、新闻杂谈、执业医师、科普健康、生物医学、专题等1 276部视频。其视频均来源于一些正规途径出版发行或一些著名医药教育栏目，相当部分视频的主讲人均为国内著名的医学教育专家或大家，是一个对于医学教育非常重要的视频网站。

（五）医学大大视频网

医学大大视频网（http://www.medada.com）是一个分享视频网站，其视频由网站收集的一些医学视频和用户上传的医学视频组成。其栏目分为公共基础、专业基础、临床各科等。

（六）医学导航

其视频资源来源于其收集的相关网站，其内容包括医学动画、医学视频、医药院校课程视频等，并将国内外的医学相关视频网站进行了导航，便于松找到自己需要的视频资料（http://www.meddir.cn/cate/714.htm）。

（杜志银）

第七章　互联网特殊资源检索

第一节　博客搜索

一、博　　客

“博客”译自英文 Weblog/blog，中文意思是“网络日志”，后来缩写为 Blog，而博客（Blogger）就是写 Blog 的人，一般我们习惯将博客（Blogger）和所写的 Blog 混称为博客。博客是一种个人的网络空间，是一种表达个人思想、网络链接、内容，按照时间顺序排列，并且不断更新的出版方式。简单地说博客是一类人，这类人习惯于在网上写日记。博客蕴藏着丰富的知识、精妙的言论和思想的火花。博客既是重要的信息交流平台，同时也是不可忽视的网络资源。

二、博客搜索

随着博客的兴起，各大搜索引擎纷纷推出了博客搜索功能。博客搜索一般有三种途径：①利用分类搜索引擎（如 Yahoo!、Sohu 等）找到博客网站列表，然后进入博客网站，使用站内搜索查找具体的博客；②通用搜索引擎（如谷歌、百度等）选用适当的关键词，配合特定语法（如 inurl:blog 等），直接搜索具体的博客；③使用博客专用搜索引擎，采用分类浏览或关键词搜索的方法，查找某类或某一博客。三种方法各有特点和利弊，应根据具体查询要求灵活运用。

博客专用搜索引擎既有单一关键词搜索功能的，也有同时提供分类和关键词搜索的。不同博客专用搜索引擎收录博客网页的数量和辅助功能不同，搜索结果和搜索效率也有很大区别。

主要的中文博客搜索引擎有：有道博客搜索（http://blog.youdao.com）、谷歌中文博客搜索（http://blogsearch.google.cn）、百度博客搜索（http://blogsearch.baidu.com）、搜狗博客搜索（http://blogsearch.sogou.com）。

主要的外文博客搜索引擎有：Ask 博客搜索（http://www.ask.com/?tool=bls）、英文谷歌博客搜索（http://blogsearch.google.com/?hl=en&tab=wb）、博客欧诺玛（http://www.blogarama.com）、博客搜索（http://www.blogsearchengine.com）、费根博客搜索（http://www.faganfinder.com/blogs）等。

（一）有道博客搜索

有道博客搜索（http://blog.youdao.com）分为博文搜索和博客搜索，博文搜索即在博客日志标题与内容中搜索，博客搜索是在博客的名称中搜索。搜索结果以博客卡片的形式呈现。

结果显示的内容包含博客名称、作者、头像和博客描述信息和各种统计信息(如博客的活跃度和关注度、被引用的数量,平均发文间隔等)。另外,还可以通过单击本博客所有文章,查看到该博客的文章列表。

(二) 谷歌中文博客搜索

谷歌中文博客搜索(http://blogsearch.google.cn)借鉴了谷歌资讯的经验,在谷歌搜索的首页左侧提供热门博文的类别,在右侧的谷歌博客搜索页面,列出了最热门的新闻事件或者娱乐八卦,并针对某一事件的所有博文自动聚合、归类、滚动更新。

关键词搜索结果显示内容包含博文标题、作者、发布时间、博客描述信息、博客名称与地址。其检索策略与谷歌一般检索相同。

(三) Ask 博客搜索

Ask 博客搜索(http://www.ask.com/? tool=bls)提供搜索、订阅、新建和分享博客及新闻聚合等服务。网站可以按照相关度、时间和在 Bloglines 的被关注程度排列搜索结果。可以按照话题或搜索关键词创建自己的博客聚合,也可以在 Bloglines 以及其他博客或 RSS 聚合阅读器上订阅搜索结果。

(四) 博客搜索

博客搜索(http://www.blogsearchengine.com)是基于"蜘蛛"程序专门抓取博客网页的搜索引擎。有 blog 关键词搜索和分类搜索,同时提供工具条下载。搜索结果可以检索到多种语言博客。

(五) 费根博客搜索

费根(Fagan)博客搜索(http://www.faganfinder.com/blogs)是一个集成的博客搜索引擎,分为 Search for Blogs、Search in RSS Feeds、Search in Blogs、Search for RSS Feeds 四类,并罗列出相关搜索引擎,单击相关链接可直接进入不同搜索引擎去检索。该搜索引擎简单易用,功能强大。

三、医学专业博客网站

(一) 丁香博客(http://www.dxyer.cn)

丁香博客是国内规模最大、最受专业人士(以临床医生为主)喜爱的生物医药技术行业网络传媒平台,其博客按行业、专业、地域进行了分类。

(二) 中国医学博客(http://www.drblog.com.cn/index.html)

内容包括骨科、内科、外科、眼科、妇产科、皮肤科、中医、皮肤、肿瘤、美容、麻醉、管理、营销等。版主主要是临床医务人员和管理人员。其博客搜索以博文和作者为入口进行搜索。

(三) 生物谷博客(http://blog. bioon. com)

专业生物医学与药学博客平台。版主以生物医学和制药人员为主。学科范围涉及生物科学、医学研究、新药研发、生物产业、医药产业、生物工程、中医中药以及医药营销等领域。

(四) 口腔博客网(http://www. yake 123. com)

提供关于口腔牙科新闻,口腔保健知识等方面的问题。

(五) 检验医学博客(http://www. labb-log. com)

检验医学专业博客托管机构。

(赵文龙)

第二节 医学下载资源

医学下载资源种类繁多,包括论文、电子图书、软件、课件、图谱等。本节所列出的资源仅为部分精选资源,网络上的资源随时在变化,读者在阅览本节的同时可以通过搜索引擎搜索相关资源以满足自己的需求。

一、字词典、文献管理工具类

1. 新编全医药学大词典 2009 《新编全医药学大词典》2009 是北京金叶天盛科技有限公司开发的系列医学专业软件之一。作为国内第一款医学专业电子词典,《全医药学大词典》功能强大,包括即指即译、智能取词、智能拆词、全文检索等,在 2009 新版中还增加了一些新功能:基于本地医学词库的全文汉化功能(同文献王汉化功能)、支持图片取词、支持在 google 浏览器中取词等。

2. 医学文献王 《医学文献王》V3. 0 是面向医生、医学研究生、医学科研工作者的个人信息管理工具,它能为使用者保存和管理整个职业生涯的文献资料,在检索文献、管理文献、获取全文、写作论文的整个流程中都提供帮助。

3. 新编临床用药参考 《新编临床用药参考》收录了国家食品药品监督管理局(SFDA)和制药企业提供的药品说明书 11 000 余份,最新的国家基本药物信息,7 万余种中西药名称等,所有资料来源于国家食品药品监督管理局、药品生产企业、药典、临床药学权威专著及医药学核心期刊,并经中国药学会组织的临床药学专家组审核,具有相当的权威性和准确性。

4. 循证医学 RevMan(Review Manager) RevMan 软件是国际 Cochrane 协作网制作和保存 Cochrane 系统评价的一个程序,是最常用的循证医学中作系统评价和分析的软件。由北欧 Cochrane 中心制作和更新。协作网的系统评价人员均使用 RevMan 软件制作系统评价。该软件的主要特点是可以制作和保存 Cochrane 系统评价的计划书和全文;可对录入的数据进行 Meta 分析,并以森林图(forest plot)的图表形式展示;可对 Cochrane 系统评价进行更新;可以根据读者的反馈意见不断修改和完善,是循证医学人员必不可少的软件。

二、生物信息学类

1. DNAStar Lasergene 7.1 全面的生物医学软件,用作DNA和蛋白质序列分析、重叠群拼接和基因工程管理。包含了七个模块:SeqBuilder(可视化和序列编辑)、SeqMan Pro(序列集结和SNP发现)、MegAlign(序列组合)、PrimerSelect(Oligo primer 设计)、Protean(蛋白质结构分析和预测)、GeneQuest(基因查找)、EditSeq(导入特殊文件工具)。

2. Beacon Designer 7.70(生物软件) 实时荧光定量PCR分子信标(Molecular beacon)及TaqMan探针设计软件。该软件可以设计内嵌染料探针,TaqMan荧光探针,FRET荧光探针和分子信标探针来测试PCR产品的实时多元反应。官方下载地址为http://www.premierbiosoft.com/molecular_beacons/index.html。

3. ChemBioOffice Ultra 2008 V11.01(终极化学生物设计软件) 是世界上最优秀的化学生物设计软件,化学家和生物学家所需要最终极的化学与生物学设计软件,集强大的应用功能于一身。其允许科学家高效率地跟踪他们的工作,获取对数据更加深刻的理解,并关联生物活动以化学结构,能更加专业地和高效率地提出相关科学报告。

4. Vector Xpression 3.1(基因表达分析) 用于基因表达的分析和图形化。Vector Xpression是InforMax出品的一个直观灵活、价格适中的分析工具,使科学家可以同时研究数千个基因的表达水平。Vector Xpression为用户提供了一整套最新的和业内认可的微阵列基因表达数据分析工具,同时具有目前市场上最容易使用的图形界面和显示图层。

5. Molecular Devices GenePix Pro V6.0.1.27(生物芯片扫描分析) GenePix Pro 6.0是由Axon Instruments(www.axon.com)公司所开发的快速且具高品质的DNA微数组扫描工具,它也提供微数组资料的获取和分析。

6. GenePix Pro 6.0 提供的比例影像值包括中位数比值(Ratio of medians)、平均数比值(Ratio of means)、比例的百分位数(Quantities derived from pixed-by-pixel ratios)、比例的中位数(Median of ratios)、比例的平均数(Mean of ratios)及回归比例(Regression ratio)。

7. CN3D 4.1 CN3D是See in 3D的缩写。允许使用者在线作为客户端可视并交互地观察NCBI Entrez数据库的立体蛋白序列,也可用来离线观察蛋白序列与序列排序。可读取MMDB格式文件,不能读取PDB格式文件,但可以输出为PDB格式文件。

8. SimVector 4.01(质粒绘图软件) 质粒图绘制软件,绘制发表质量的质粒图与序列、载体图。

9. ArrayVision 7.0 一种功能强大的商业版基因芯片分析软件,不仅可以进行图像分析,还可以进行数据处理,方便protocol的管理功能强大。

10. 凝胶定量软件 Quantity One V4.62 凝胶电泳是每个做分子生物学的同学天天都要打交道的基本技术。电泳之后的信息处理与电泳本身同样重要。Bio-Rad的1D凝胶定量软件Quantity One是一款优秀的凝胶电泳图像处理软件。

三、统计分析类

1. SYSTAT Suite V 13 SYSTAT是一款强大的统计软件,具有进行高效的数据分析时所需要的各种统计功能。提供从基础的描述性统计到基于高端算法的高级统计方法的各种功能。

2. Matlab 7.01 Matlab 是美国 MathWorks 公司开发的用于概念设计、算法开发、建模仿真、实时实现的理想的集成环境,是目前最好的科学计算类软件,作为和 Mathematica、Maple 并列的三大数学软件。其强项是其强大的矩阵计算以及仿真能力。

3. SigmaStat 3.5 智能统计软件,具有"专家系统",可引导使用者对数据进行统计分析。可与 SigmaPlot 结合生成高质量数据图。与 Office 完全相容,也可以与 Excel,SigmaPlot 系列产品直接互动,3-way ANOVA 多重回归(Multiple logistic regression)、绘图能力增强。SigmaStat 是第一个也是唯一的内附专家系统的统计软件。操作简单,并附有范例档及使用操作手册,适合对统计知识了解不多的人使用。

四、考研、卫生资格等资源下载

1. 易下载 http://www.eytcm.com
2. 广东省医药卫生信息资源下载中心 http://dl.medste.gd.cn/Soft/ShowClass.asp
3. 医学全在线 http://www.med 126.com/yisoft
4.《中国卓医网》医学资源 FTP 版 http://www.zuol.com/forum-82-1.html
5. 临床智库医学资源 http://ziyuan.cicaline.com
6. 百慕社区 · BT、FTP 资源版 http://bbs.biomsn.com/forum-124-1.html
7. 医学全在线 · 考研 · 卫生资格考试 http://www.med 126.com
8. 执业药师考试资源下载 http://www.med 126.com/yisoft/kaoshi/basehs/

(杜志银)

第三节 交互学习资源

交互学习资源就是指利用多媒体计数机技术和网络技术,借助多媒体课件或网上资源,由学习者自主进行的一种双向交流式学习方法。网络上有各种各样的交互式学习资源,包括论坛、博客、维基百科、互动百科等,在交互式网站上读者可以相互交流,也可以与系统之间进行互动。

一、论 坛

(一) 丁香园网站

丁香园网站(http://www.dxy.cn)成立于 2000 年 7 月 23 日,是国内规模最大、最受专业人士喜爱的医药行业网络传媒平台。

其栏目包括临床医学讨论一至五区、基础医学讨论区、药学讨论区、生命科学讨论区、实验技术讨论区、预防医学与卫生学讨论区、科研与学习交流区、考试交流区、检索求助区等。

（二）医学教育论坛

医学教育论坛（http://bbs.med66.com）是正保教育集团旗下的一家大型医学教育网站，是一家负责医学考试培训的专业网站。其论坛栏目包括医师考试、执业药师考试、卫生资格考试、医学考研论坛、临床医学讨论区、中医讨论区、药学讨论区等，论坛读者群主要是全国的专业医师和医学生，是医学专门人才考试信息教育与学习的理想论坛。

（三）鸭绿江论坛

鸭绿江论坛（http://forum.e2002.com）分为检索资源区、科研交流区、医学交流区、药学交流区、理工交流区等。该论坛需要注册，注册用户可以参与讨论交流，而未注册用户仅能浏览部分帖子。

（四）好医生论坛

好医生论坛（http://bbs.haoyisheng.com）是一家为中国医务人员提供全方位服务平台的企业，目前主要服务领域包括教育培训、医学信息、信息技术以及其他医学和信息技术相结合的衍生服务。好医生网站是卫生部、国家食品药品监督管理局和教育部批准的非学历专业医学教育机构，是目前中文领域最大的医学专业信息服务网站，拥有200多万名注册会员。

（五）检验医学论坛

检验医学论坛（http://www.clinet.com.cn/clinetforum/cgi-bin/leobbs.cgi）是检验医学信息网的一个子网站，其内容涉及临床检验医学的各个方面，分为质量控制论坛、专业学术论坛（检验与临床、检验与免疫、检验与生化、检验与微生物、检验与分子生物学、检验与体液、检验与血液、血站论坛、实验室管理与信息化等栏目），读者可以在该网站上进行相关技术、信息、动态、经验交流、疑难咨询、学术讨论等方面的教育与学习，是检验医学方面的交互式学习资源论坛。

（六）中国中西医肾病论坛

该论坛（http://www.shen39.com）是由肾脏病专家建立的非营利性公益网站，仅供相关医学专业人士交流使用，是肾脏相关疾病交流学习的重要论坛。论坛分为最热门的版块、论坛一区、二区、三区和特色区等，包括肾脏病理、护理、尿路感染、基础研究、循证医学、肾脏病中医药专区、临床工作资料、治疗标准与进展、科研论文、考试与学习、专家论坛等子栏目，囊括了肾脏疾病的各个方面，是肾脏相关疾病方面交互式学习的重要交流平台。

（七）湘雅诊断学论坛

该论坛（http://www.xydiagnostics.com/6kbbs）是由湘雅医学院建立的全国最大的临床医学学科教学论坛，属于湘雅的国家精品课程《诊断学》远程开放教育网的一部分，该网站提供教学课件、考试资料、资源下载、论坛等栏目，适合于在校医学生的诊断学学习和考试等。

二、维基百科网站

(一) 维基百科

维基百科(http://zh. wikipedia. org)是一个全球性的综合性维基网站,其界面语种包括英语、中文等,其在全世界享有一定的声誉,使用方式包括检索、索引导航两种方式,用这两种方式均可以找到医学资源。

(二) 互动百科

互动百科(http://www. hudong. com)是全球最大的中文百科网站,致力于为数亿中文用户免费提供海量、全面、及时的百科信息,并通过全新的维基平台不断改善用户对信息的创作、获取和共享方式。截止到 2009 年 11 月,互动百科已经发展成为由超过 190 多万用户共同打造的拥有 392 万词条、43. 4 亿文字、300 多万张图片的百科网站。

(三) 医学维基网

医学维基网(http://www. yixuewiki. com/)的栏目有中医学、临床医学、基础医学、医学考试、整形整容、药品宝典等,其内容丰富。

(四) 百度知道

百度知道(http://zhidao. baidu. com)是一个基于搜索的互动式知识问答分享平台,于 2005 年 6 月 21 日发布,并于 2005 年 11 月 8 日转为正式版。

百度知道是用户自己根据具体需求有针对性地提出问题,通过积分奖励机制发动其他用户来解决该问题的搜索模式。同时,这些问题的答案又会进一步作为搜索结果,提供给其他有类似疑问的用户,达到分享知识的效果。

百度知道的最大特点,就在于和搜索引擎的完美结合,让用户所拥有的隐性知识转化成显性知识,用户既是百度知道内容的使用者,同时又是百度知道的创造者,在这里累积的知识数据可以反映到搜索结果中。通过用户和搜索引擎的相互作用,实现搜索引擎的社区化。

三、其他交互学习网站

(一) 医学交互式多媒体动画

该网站 (http://www9. biostr. washington. edu)是由华盛顿大学结构信息学团体创建的,该团队由计算机科学家、工程师和生物学家组成,其职能主要是对机体的机能组织应用医学信息学方法进行展示、管理和可视化等研究。目前已经完成了神经解剖学交互图谱、神经学可视化互动图谱、胸腔可视化互动图谱、膝关节可视化互动图谱等,读者可以通过鼠标点击三维立体的可视化图片对人体解剖结构有一个更为直观的认识。

（二）中国医师协会网

中国医师协会网（http://www. cmda. gov. cn）由中国医师协会主办，负责中国医师协会信息化工作的管理、统筹规划和信息资源开发利用，充分发挥和利用互联网的优势，促进中国医师协会快速发展。其网站栏目包括协会动态、热点话题、医学快讯、医师维权、医师培训、视频中心。医师通过该网站可以了解医学发展的动态，在行医过程中的一些维权知识与案例分析、继续教育、在线培训（视频）等。

（三）汕头大学医学院临床技能中心

汕头大学医学院临床技能培训中心（http://cstc. med. stu. edu. cn/NEWCSTC1/index. asp）下属三个网站：技能中心网、精品课程网和临床实验教学示范中心网。网站提供大量资料给学生学习和复习，弥补了诊断学单纯以课堂文字讲授和见习的不足，同时也扩展了同学对诊断学各个主题内容的认识，使学生了解到临床实践知识的博大精深，激发了学生的学习兴趣，使学生的学习产生互动的效果，同时技能协会精心建设的技能论坛，是学生和老师以及网友共同讨论学习问题的园地，学生可以提供和参与病例讨论，交流临床经验和教训，共享学习心得和资料，各个栏目中的版主（多为高年级同学和研究生，少数为网友）对表现好的参与者给予虚拟钱币的奖励，使整个网站的运行和使用体现互动性和学术性。

（四）医学考试网

该网站是医学考试的专业网站（http://www. pmed. cn），其栏目包括执业医师、执业药师、卫生资格、医学考研、医学资源、医学论坛等，其内容涉及历年各种考试的真题、练习题、各种复习资料、考生之间的学习交流，特别是在医学考研方面提供了考生最为关心的全国各地区的相关高校情况（重点学科、名师、研究生待遇）、论坛参与者提供各个学校的复试经历、各个学校复试题目、近年录取分数、录取比例等，是医学考试方面的特色网站。

（五）精品课程

1. 北京市精品课程资源网　http://jpkc. bjedu. cn
2. 国家精品课程资源网　http://www. jingpinke. com
3. 清华大学精品课程建设工程　http://166. 111. 92. 13
4. 北京大学精品课程　http://www. jpk. pku. edu. cn/pkujpk
5. 复旦大学精品课程　http://jpkc. fudan. edu. cn
6. 厦门大学精品课程　http://xmujpkc. xmu. edu. cn
7. 武汉大学金牌课程　http://jpkc. whu. edu. cn
8. 第四军医大学精品课程　http://jingpin. fmmu. edu. cn/jpkc/jpkcjs. jsp
9. 四川大学精品课程　http://219. 221. 200. 61

（六）电子图书下载

1. NCBI Bookshelf　http://www. ncbi. nlm. nih. gov/books
2. Free Medical Books　http://www. freebooks4doctors. com
3. EBOOKEE　http://www. ebookee. net/Biomedical-Photonics-Handbook-dl

4. DISEL ebook store　http://www. diesel-ebooks. com
5. Bite my bytes　http://vidmar. net
6. EBOOK 3. 0　http://ebook30. com

补充交互学习资源

1. 医药考试网　http://www.ksbao.com
2. 医学考研网　http://www.medkaoyan.net/main/display.php
3. 中国护士网　http://www.china-nurse.com/bbs/index.asp
4. 医学网　medweb http://medindex.myetang.com
5. BioMed Central　http://www.biomedcentral.com
6. 解剖教学课件　http://www.rad.washington.edu/AnatomyModuleList.html
7. 三维人体解剖　http://www.vis.colostate.edu/library/gva/gva.html
8. 中国免疫学信息网　http://immuneweb.xxmc.edu.cn/animated.htm
9. 医学检验在线　http:// pozai.126.com
10. 病理医学网　http://www.moticpathology.com

(杜志银)

第四节　消费者健康信息网站

健康教育是健康教育学的一个核心概念,是旨在帮助对象人群或个体改善健康相关行为的系统的社会活动;是在调查研究的基础上采用健康信息传播等干预措施促使人群或个体自觉采纳有利于健康的行为和生活方式,从而避免或减少暴露于危险因素,帮助实现疾病预防、治疗、康复,达到提高健康水平的目的。

本节主要介绍一些政府相关部门(如卫生部)、制药公司、医院、健康教育公司等提供的针对普通人群的健康教育信息。

一、政府相关部门及组织

(一) 中华人民共和国卫生部

中华人民共和国卫生部(http://www. moh. gov. cn)主要发布政府卫生相关政策信息,其栏目有政策法规、健康教育、医疗监督、卫生监督、数据查询等,通过该网站相关栏目可以查询相关政策法规、执业医生情况、药典、药品是否是正规、医疗卫生监督等相关信息,减少患者上当受骗现象。

(二) 中国健康教育网

中国健康教育网(http://www. nihe. org. cn)由卫生部新闻宣传中心(中国健康教育中心)主办。其宗旨是加强中国健康教育中心对全国健康教育科研与业务工作的指导作用,加强中国健康教育中心与全国各级省、区(市)健康教育机构的信息交流和业务联系;加强健康教育行业与国内外其他相关学术团体、机构和组织之间的信息沟通和交流;促进健康教育与健康促进工作的信息化建设,促进我国健康教育与健康促进事业的发展。其主要内容包括国内外健康教育与健康促进最新信息和动态;突发公共卫生事件;疾病控制信息;健康与卫生知识;中心工作动态与项目工作介绍(包括亿万农民健康促进行动、联合国儿童基金会健康促进合作项目、世界卫生组织健康促进学校项目、全球基金结核病项目等的工作进展与动态等);全国各省市自治区健康教育与健康促进工作信息报道与经验交流;与本行业相关的政策法规介绍;相关培训工作介绍;所编印出版的健康教育宣传材料、音像制品、书籍介绍等。

(三) 中国健康促进与教育协会

中国健康促进与教育协会(http://www. cahep. com)是全国各界健康教育工作者自愿结成的非营利性专业学术团体。该网站的两个栏目健康管理和高血压管理中心便于使公众了解如何进行健康管理以及高血压管理。

(四) 香港政府一站通

香港政府一站通是香港特别行政区政府的一站式入门网站,让市民轻松方便地获取所需的公共信息和服务。网站(http://www. gov. hk/tc/residents/health/healthedu/index. htm)自2007年推出以来,不断加入网上服务及强化内容,务求贯彻一站通的宗旨,服务市民大众。其健康教育专栏的栏目包括:家庭计划(计划生育)、孕育小生命、儿童健康、青少年健康、男士健康、长者的健康护理、急救、预防意外及药物安全、运动与营养、口腔健康、心理健康、安全性行为、控烟、药物滥用等。

(五) 公众健康教育网

公众健康教育网(http://www. szhe. com)正式开通于2001年,是深圳市健康教育研究所主办的本地化健康教育平台。网站将政府丰富的资源通过互联网的整合,提供专业、完善的健康信息服务、网上健康社区、专业健康数据库和健康教育视频。其栏目主要包括心理健康、职业健康、饮食健康、时尚健康、孕育健康、疾病健康、论坛、专家专栏等。

在各级政府组织的重视下,目前各省、市均成立了各自的健康教育机构并建立相应的网站,比如北京健康教育所(http://www.bjhealth.org)、陕西省健康教育与健康促进协会(http://www.sxjkcj.org),可以通过搜索引擎进行搜索。

二、健康教育专业媒体网站

(一) 健康报网

《健康报》是1931年创刊于江西瑞金的中华人民共和国卫生部主管的最具影响的全国性卫生行业报。健康报网是《健康报》网络版(http://www. jkb. com. cn),其知识健康、寻医问药、医生论坛、用药咨询、治病顾问、知识与健康等栏目为患者服务,为读者寻医问药铺路架桥。

（二）家庭好医生

家庭好医生网(http://www.jtysb.com.cn)由家庭医生报主办。网站依托家庭医生报专业的健康资源优势,利用专家、医院及一大批各学科领域的专家作者队伍,面向广大读者提供健康类资讯及服务,为广大读者提供最专业最准确的医疗、医药信息,倾力打造集医学科普、医疗资讯、健康时尚、专题讲座、视频、医患互动交流平台等综合型的一流的健康门户网站。其栏目包括学点医学、家庭门诊、保健养生、家庭用药、中医大观、男性健康、女性健康、中老健康、优生优育、健康关注等。

三、医院、医药公司健康教育网站

（一）中国糖尿病治疗中心

该网站(http://www.tangniaobing999.net.cn)是由中国中医研究院科技合作中心创建,主要通过糖尿病的研究进展,糖尿病的治疗方法介绍、专家介绍、健康访谈、就医指南等栏目,对患者了解糖尿病知识、相关专家、就医等进行指导。

（二）重庆糖尿病中心

该网站(http://www.cqtnb.com)是由重庆医科大学附属第一医院内分泌科创建的,其栏目有科室介绍、专家介绍、典型病例、新药介绍、患者教育、就医指南、专家答疑等,网站由该科室的专家进行维护,内容新颖、贴近患者需要,是糖尿病患者健康教育的重要网站。

（三）诺和关怀患者教育

诺和诺德(中国)制药有限公司是一家主要生产治疗糖尿病的相关药物与装置的制药公司,其网站(http://www.novonordisk.com.cn)的诺和关怀患者教育的主要内容是普及糖尿病知识,包括饮食、运动、口服药、胰岛素、自我管理等,让患者了解自身的病情发展,从而更好地配合医生治疗,提高生活质量。

四、其他健康教育网站

（一）生殖就医指南网

生殖就医指南网(http://www.91zn.cn)是一个针对患者生殖健康教育的资源网站,内容包括生殖系统健康、疾病以及优生优育、妇科疾病等,以及各种生殖疾病就医指南、视频,告诉患者在就医时的注意事项、相关法律法规等方面的知识。

（二）口腔患者交流

口腔患者交流网站(http://bbs.kq88.com)是口腔患者和医生专门交流的平台,其论坛分为口腔患者、口腔医生专业两大模块,口腔患者和口腔医生可以在相应栏目发表自己的看法,进行交流与学习,患者也可以就关心的问题向医生提问。

（三）全民健康网

全民健康网(http://www.qm120.com)专注于大众健康，提供综合的医学健康资讯，是医生与患者相互交流的专业平台。其栏目分为女性、男性、育儿、居家、饮食、急救、避孕、中医、测试、专题、问吧、新闻、美容、整形、减肥、健身、食疗、心理、护理、保健、情感、图库、疾病、社区等栏目。

健康教育与卫生宣教的区别

健康教育不同于传统的“卫生宣教”，其主要区别包括：

1. 健康教育不是简单的、单一方向的信息传播，而是既有调查研究又有计划、组织、评价的系统干预活动。

2. 健康教育的目标是改善对象的健康相关行为，从而防治疾病、增进健康，而不是作为一种辅助方法为卫生工作某一时间的中心任务服务。

3. 健康教育在融合医学科学、行为科学、传播学、管理科学等学科理论知识的基础上，已初步形成了自己的理论和方法体系。

（杜志银）

第八章　开放存取资源获取

开放存取是20世纪90年代兴起的一种新型的学术信息共享的自由理念和出版机制。是由西方情报学界和图书馆界提出的理念。“开放存取”一词的原型是英语单词“Open Access”(简称“OA”)。开放存取主张采取“发表付费、阅读免费”的出版模式。根据《布达佩斯开放存取计划》的定义,“对某文献的‘开放存取’即意味着它在Internet公共领域里可以被免费获取,并允许任何用户阅读、下载、复制、传递、打印、搜索、超链接,也允许用户为之建立索引,用作软件的输入数据或其他任何合法用途。用户在使用该文献时不受财力、法律或技术的限制,而只需在获取时保持文献的完整性”。

OA通过自归文档和开放存取期刊实现开放期刊、开放图书、开放课件和学习对象仓储等内容的知识共享。

第一节　国内开放存取免费资源

一、中国科技论文在线

中国科技论文在线(http://www.paper.edu.cn)提供国内优秀学者论文、在线发表论文、各种科技期刊论文(各种大学学报与科技期刊)的全文。网站论文按自然科学国家标准学科分类与代码分为39类,并提供了多个栏目供读者查看。

(一) 栏目介绍

1. 首发论文　为用户提供一个及时发表科技成果和学术思想的交流平台。采用“先发布、后评审”的方式,聘请同行专家对论文进行评价,并将评价意见及时公布在网站上。

2. 优秀学者及主要论著　为我国优秀学者免费建立个人学术专栏,介绍其主要学术成就,为年轻学者了解本学科的优秀学者及其研究方向提供指导。

3. 名家推荐精品论文　收录了由知名学者推荐的国内外精品论文信息。

4. 学者自荐　为年轻学者展示、交流标志性成果和优秀论文提供一个便捷的网上平台。

5. 科技期刊　收录了由各大学主办的学报的所有论文,并分别按照期刊名称、学科分类编排,方便科研人员查阅并扩大学报的影响,提高论文的引用率和期刊的影响因子。

6. 热度视界　分期展示不同学科华人学者的最新科研成果,每期选取当前科学研究的某一热点领域为主题,集合华人学者的最新研究成果,就某一前沿科学的热点问题进行集束式大信息量的综合展示。

7. 博士论坛　与教育部学位与研究生司合作,自2006年起以论坛概况、论坛公告、论坛快报、专家寄语、论文展示、在线分论坛、论文评论等形式报道全国博士生学术论坛。

8. 专题论文　发布各学科学术会议情况,收录会议论文,促进学术会议论文免费交流共享。

(二) 检索方式

中国科技论文在线提供为基本检索和高级检索。在基本检索途径中用户可根据所知信息输入检索词,按题目、关键词、作者和摘要分别在所有库或在线发表论文库和优秀学者论文库中进行检索,可以对论文时间进行限定。高级检索是在基本检索的基础上,提供了“AND”(并且)和“OR”(或者)等逻辑关系的选择,可选取不同的论文库按照题目、关键字、作者、摘要和所属学科间进行检索。

二、中国预印本服务系统

中国预印本服务系统(http://prep.istic.ac.cn/eprint/index.jsp)是由中国科学技术信息研究所与国家科技图书文献中心联合建设的以提供预印本文献资源服务为主要目的的实时学术交流系统。系统的收录范围按学科分为五大类:自然科学、农业科学、医药科学、工程与技术科学、人文与社会科学。

中国预印本服务系统由国内预印本服务子系统和国外预印本门户(SINDAP)子系统构成。国内预印本服务子系统主要收藏国内科技工作者自由提交的预印本文章,可以实现二次文献检索、浏览全文、发表评论等功能。国外预印本门户(SINDAP)子系统是由中国科学技术信息研究所与丹麦技术知识中心合作开发完成的,实现了全球预印本文献资源的一站式检索。通过SINDAP子系统,用户只需输入检索式一次即可对全球知名的17个预印本系统进行检索,并可获得相应系统提供的预印本全文。目前,SINDAP子系统含有预印本二次文献记录约80万条。

检索途径有分类检索和全文检索两种。分类检索有自然科学、农业科学、医药科学、工程与技术科学、人文与社会科学五部分,其中医药科学细分为基础医学、临床医学、预防医学与卫生学、军事科学与特种医学、药学、中医学与中药学等。全文检索提供了三个检索词输入框,检索项有标题、关键词、摘要、作者,并提供逻辑关系(“同时包含”、“或者包含”和“不包含”分别与“AND”、“OR”和“NOT”的作用相同)的选择。

三、奇迹文库预印本论文

奇迹文库预印本论文(http://www.qiji.cn)收录的学科范围主要包括:自然科学(理学、数学、生命科学等)、工程科学与技术(计算机科学、信息处理、材料科学等)、人文与社会科学(艺术、法学、政治、经济、图书情报学等)和其他分类(科学随想、毕业论文、热门资料等)。奇迹文库预印本论文专门收录中文原创研究文章、综述、讲义及专著(或其章节),同时也收录作者以英文或其他语言写作的资料。

四、香港科技大学图书馆知识库

香港科技大学图书馆知识库(http://repository.ust.hk/dspace)是香港科技大学图书馆开发的数字化学术成果存储与交流知识库。收录该校教学科研人员和博士生提交的论文(包括已发表和待发表)、会议论文、预印本、博士学位论文、研究与技术报告、工作论文和演示稿全文。浏览方式有按院、系、机构(Communities & Collections)、按题名(Titles)、按作者(Authors)和提交时间(By Date)四种。检索项有任意字段、作者、题名、关键词、文摘、标识符等,多个检索词之间用布尔逻辑算符“AND ”、“OR”、“NOT”进行连接。

五、中国科学院科学数据库

中国科学院科学数据库(http://www. csdb. cn)内容涵盖了物理化学、地球科学、生物与生命科学、天文与空间科学、材料与能源科学、信息科学等学科。科学数据库基于中国科技网对国内外用户提供服务,在中国科技网上已建立了集中分布的 Web 站点 19 个,上网专业数据库 153 个,科学数据库由中心站点和分布在网上本地和外地的相互独立的若干个专业库子站点组成了网上的科技信息服务体系。中国科学院科学数据库首页上提供了快速检索途径、分元数据和数据检索。中国科学院科学数据库中还提供了与外文数据库检索平台[国际生物信息学数据中国镜像数据库(Mrs)]的链接。Mrs 提供对来自 EMBL,Genbank,PDB,dbEST 等国际上 30 多个生物信息学数据库的 1 亿多条数据的全文检索功能,实现主要数据库日更新,可以浏览蛋白质三维结构等。

六、北京大学生物信息中心

北京大学生物信息中心(http://www. cbi. pku. edu. cn/chinese)涵盖了从单个基因表达调控到基因组研究、从 DNA 序列到蛋白质结构功能、文献查询、网络教程等各个方面,为生命科学工作者提供全面的生物信息资源服务。这些著名的网络资源数据存储方式、程序和数据的结合方式各有特点,可满足不同用户的需求。

七、中国医学生物信息网

中国医学生物信息网(http://cmbi. bjmu. edu. cn)搜集整理国际医学和生物学的研究信息,包括各种原著、综述和 Web 资源等,为我国医学和生物学的教学、科研、医疗和生物高技术产业的开发提供信息服务。收集了 1998 年至今全世界 3000 多种医学生物学刊物上发表的综述论文,包括图表,可以全文查询和检索。目前已有 150 000 多篇论文。内容覆盖基因组、蛋白质组、分子生物学、活性物质、细胞生物学、传递物质、生物信息、生理学、生物化学、病理学、免疫学、神经科学、肿瘤学、心血管学、传染病学、药理学、动物模型、肾脏疾病、消化疾病、血管生成、呼吸疾病、老年病、干细胞移植、基因治疗、生物技术等,反映了医学生物学各个领域的最新进展。该网站提供关键词检索途径。

八、中国微生物信息网络

中国微生物信息网络(http://micronet. im. ac. cn/chinese/chinese. html)收录了国际核酸序列数据库、法国细菌名称数据库、中国微生物菌种目录数据库、中国经济真菌数据库、细菌名称数据库、革兰氏阳性杆菌编码鉴定数据库、微生物物种编目数据库和西藏大型经济真菌数据库,为微生物学者研究微生物提供各种有价值的资料。

第二节 国外开放存取资源

一、BMC:BioMed Central

BioMed Central(http://www. biomedcentral. com),简称 BMC(图 8-1),致力于提供经过

同行评审的生化研究的公开取阅途径(Open Access),BioMed Central 的原创研究文章在发表之后即可以在网上永久性免费访问。

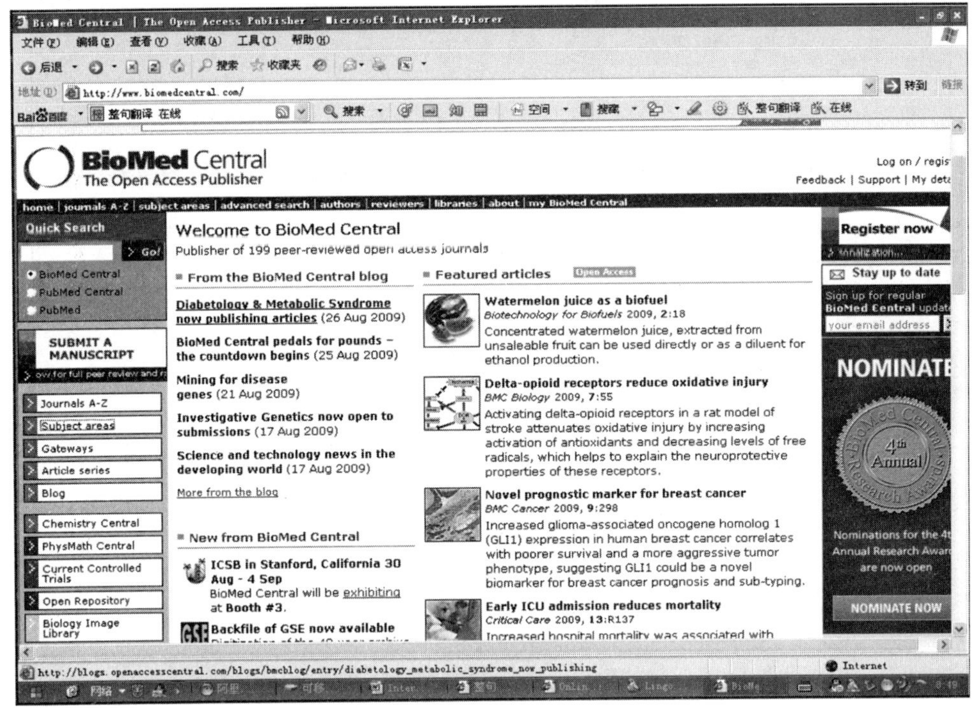

图 8-1　BioMed Central 首页

BMC 网络平台上共出版和收录期刊 200 余种(包括 BMC 系列期刊 65 种)。BioMed Central的杂志发表的所有研究文章全都可以公开取阅,但同时 BioMed Central 也提供各种需要订阅的额外产品和服务。目前,BMC 已成为世界领先的生物医学 OA 期刊出版商。仅有几年历史的 BMC 出版的部分 OA 期刊最近收到了与传统同领域期刊相比更高的 JCR 影响因子。

BMC 提供了快速检索(Quick Search)方式直接查找文献,可以输入单个检索词、复合检索式来查询所需信息,除此之外,BMC 还提供期刊浏览、主题浏览、高级检索(Advanced Search)等检索途径。在高级检索(图 8-2)中还提供了 Boolean Search、Stored Searches 等功能便于检索者制定、调整和存储检索式。高级检索中可选择检索项,BMC 的检索项共有 22 个检索字段,并提供了限定检索和检索历史浏览等附加的检索功能。高级检索可选择Exact Phrase(精确短语)、All Words(AND)、Any Words(OR)组配检索词间的关系。Stored Searches 可以为检索者带来定题服务或课题跟踪的功能,以提供最新资料的传递服务。

二、PMC:PubMed Central

PubMed Central(http://www.pubmedcentral.nih.gov),简称 PMC,PMC 是 2000 年 1 月由美国国家医学图书馆(NLM)的国家生物技术信息中心(NCBI)建立的生命科学期刊全文数据库(图 8-3)。PMC 采取自愿加入的原则,加入的某期刊必须承诺期刊出版后一定时期内(最好 6 个月,不超过 1 年)将其全文提交给 PMC,由 PMC 提供免费全文检索和访问。现已收录有 316 种期刊,其中有 200 余种期刊可以免费使用。与 PubMed 只有引文与文摘的检索系统不同,PubMed Central 是一个电子期刊全文数据库,获取全文是不受限的。目前这些期刊免费全文访问的时间延迟至出版后 0~2 个月,由 PMC 直接提供全文。

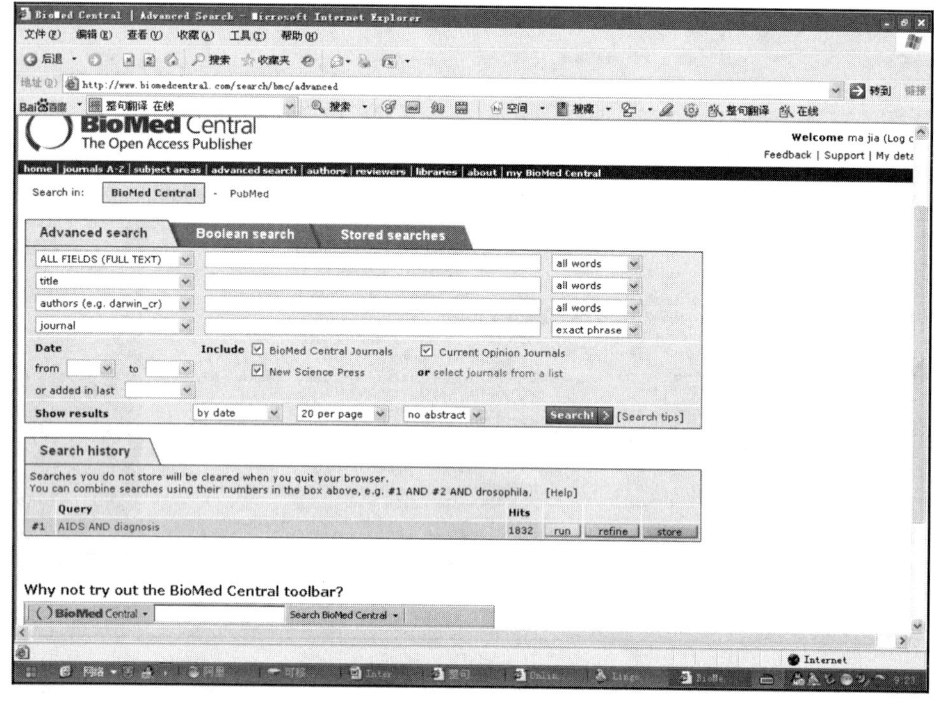

图 8-2 BioMed Central 高级检索界面

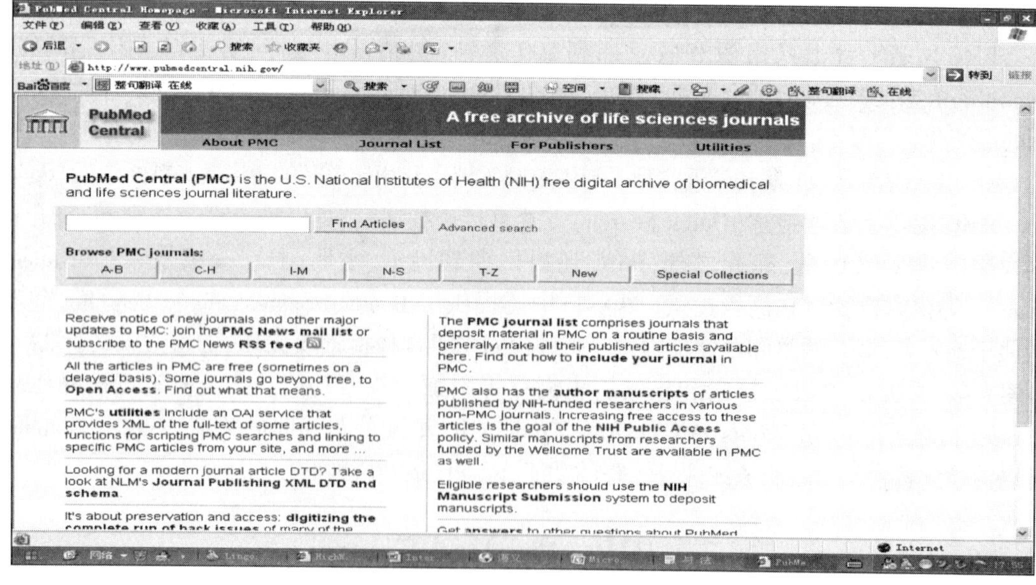

图 8-3 PMC 检索界面

PMC 提供了快速检索、高级检索、期刊浏览等方式查找需要的文献。在其首页的输入框内直接输入检索式即可进行快速检索。单击旁边的【Advanced search】后,可以对检索式进行限定、预检、查看细节、存储、查看检索式等操作。PMC 还提供了按字顺进行期刊浏览的方式。

三、HighWire Press

HighWire Press(http://highwire. stanford. edu)是提供免费全文的、全球最大的学术文献出版商之一,1995 年由美国斯坦福大学图书馆创立。HighWire Press 收录的期刊包括:生命科学、医学、物理学和社会科学。最初仅出版著名的周刊"*Journal of Biological Chemistry*",目前已收录电子期刊 700 多种,文章总数已达 230 多万篇,其中超过 77 万篇文章可免费获得全文;这些数据仍在不断增加。通过该数据库还可以检索 Medline 数据库。

针对不同的用户(For researchers、For librarians、For publishers)提供不同的检索方式,下面就"for researchers"介绍该数据库的检索。

"For researchers"是面向检索人员的,检索途径有简单检索、高级检索、期刊浏览等方式(图 8-4)。支持单个检索词、复合检索式(用 AND、OR、NOT 连接的逻辑检索表达式)、截词符(用"*"代表 0~n 个字符)、强制检索(用双引号实现短语检索,如"insulin resistance"、"CD4+CD8+")。系统还提供按字顺(Title)、按主题(Topic)、按出版者(Publisher)等方式浏览期刊,查阅论文。

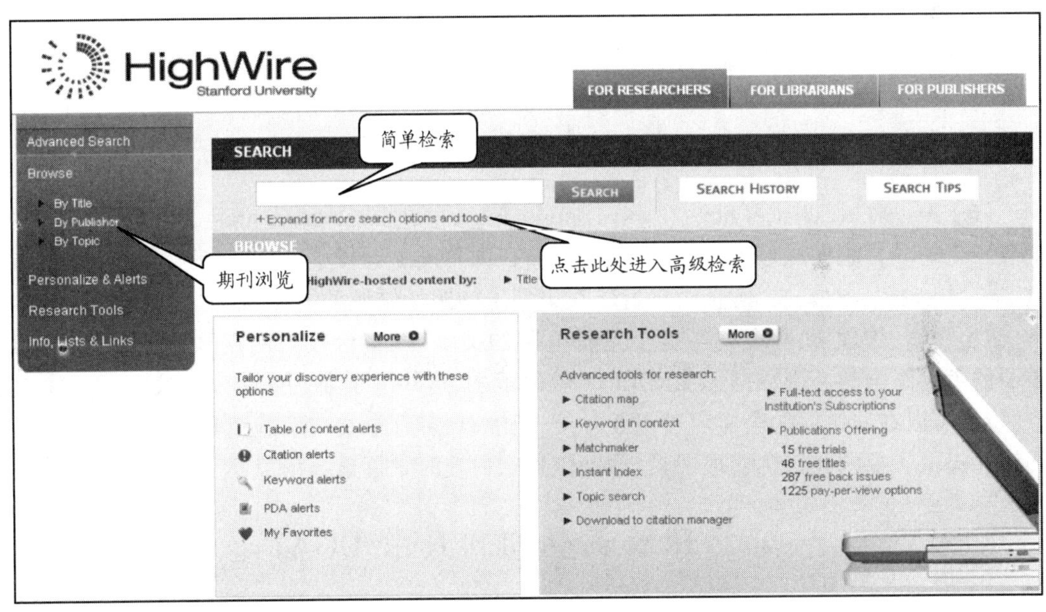

图 8-4 研究人员入口界面

四、PLoS:Public Library of Science

PLoS(http://www. plos. org)是由非营利性组织建立的科学公共图书馆(Public Library of Science),其目的是使世界的科学与医学资源成为开放存取资源,该图书馆提供各种科学与医学文献。

五、The National Academies Press

The National Academies Press(NAP)(http://www. nap. edu/browse. html)是由美国国家

科学院(National Academies)创建的,出版美国国家科学院(National Academy of Sciences)、美国国家工程学院(the National Academy of Engineering)、美国国家医学院(the Institute of Medicine)和美国国家研究委员会(the National Research Council)发表的学术论文。NAP 每年出版约 200 本有关科学、工程、健康及其相关政策等方面的书籍。提供2 500多种可以免费网上阅览的电子图书。

六、Free Medical Journals

Free Medical Journals(http://www. freemedicaljourmals. com)由 AmedeoGroup 创建,提供免费医学期刊全文信息。目前它收录 1 300 多种免费全文医学期刊,除了英文的期刊外,还可以查询到一些小语种期刊(如法语、德语、葡萄牙语、西班牙语、土耳其语等 14 种语种)。其浏览方式有:①按专业分类排列,将所有免费期刊分成 80 多个专业,每一专业后在括号内用数字表明该专业免费期刊数;②按期刊影响因子排序,其中列出了 60 名 Quick View 的链接,通过 Quick View 可以查看 Free Medical Journals 前60 位期刊具体的影响因子;③按期刊免费提供文献的时间聚合;④按期刊刊名字顺排列。网站的右面是新加的和取消的免费医学杂志站点。此外,Free Medical Journals 在 Podcasts 中还提供了 New England Journal of Medicine,lancet 等 25 种期刊播客的链接,可下载他们提供的音频文件。

七、Free Access to Science

Free Access to Science(http://www. dcprinciples. org/singnatories. htm),2004 年代表来自全美领先的非营利性医疗/科学学会和出版商在因特网上开发了 Free Access to Science。通过 Free Access to Science,信息用户可以收集到生物医学领域动物学、社会心理学、分子生物学、微生物学、护理学、药理学等各个学科范围的文献,该平台收录的期刊总数超过全球最重要的生物医学类文摘数据库 MEDLINE 收录范围,这些医学期刊中带文摘文章超过 1 260 万,用户可以在线访问的全文超过 160 万条,其中 60 多万全文文章是免费的。除此之外,该网站还提供了提醒和信息管理工具,帮助信息用户及时掌握最新信息。

八、开放获取期刊目录 DOAJ

开放获取期刊目录 DOAJ(http://www. doaj. org)是由瑞典隆德大学图书馆推出的开放获取期刊的检索系统。目前该系统可提供4 855 种开放获取期刊的访问,其中 1 972 种支持文章级检索,涉及各个学科领域,收集论文量达 377 733 篇(截至 2010 年 3 月)。

DOAJ 提供查找期刊的三种方式:在检索框内输入期刊名查找、按刊名字顺浏览(Browse by title)、按期刊所属学科范围浏览(Expand Subject Tree)。如果要查找文献时,可以点击【Find articles】进入检索文献界面,DOAJ 的文章检索界面中提供了多个检索入口,如题名、期刊名、作者、关键词、文摘、所有字段等,选择相应的入口,输入检索词,点击【search articles】查找所需文献。

(马 佳)

第九章 信息资源共享

信息资源共享是人类文明发展的一种决定性力量，是人类对自然、对世界认识的助推器，是消除全球信息鸿沟的有力措施，也是人类孜孜以求的梦想。信息资源共享(Information Resouce Sharing)是指信息资源机构在自愿、平等、互惠的基础上，通过建立各机构之间的各种合作、协作、协调关系，利用各种技术、方法和途径，开展共同揭示、共同建设和共同利用信息资源，以最大限度地满足用户信息需求的活动。

20世纪是全球信息资源共享成就的辉煌世纪。1901年，美国国会图书馆开始组织全国文献信息资源卡片目录中心，开始了信息资源共享的世纪之旅。1942年，美国为了“尽可能使美国任何一个研究人员感兴趣的外国出版物在美国至少一个图书馆收藏一份”而开始了“法明顿计划”(Farmington Plan)，参加成员除了50个大学图书馆外，还有美国国会图书馆、美国国立医学图书馆、美国国立农业图书馆和纽约公共图书馆等，该计划虽在1972年因经费问题而终止，但对美国乃至世界的信息资源共享运动产生了巨大而深远的影响。1957年，中国国务院签署《全国图书协调方案》，开始了信息资源共享的初步尝试。1967年，美国成立了由俄亥俄州54所图书馆组成的计算机联机网络——俄亥俄大学图书馆中心(Ohio College Library Center，OCLC)，该中心于1981年正式更名为联机计算机图书馆中心(Online Computer Library Center，OCLC)。

20世纪90年代初，因为互联网的产生，全球信息资源共享的研究与实践全面展开。1992年，美国俄亥俄州建立了一个覆盖全州的大型图书文献信息网络——俄亥俄图书馆与信息网络(Ohio Library and Information Network，OhioLINK)，并于1996年接入互联网，这是美国最著名的地区电子文献资源共享网络。1994年，中国教育与科研计算机网(China Education and Research Network，CERNET)项目开始启动，1998年，经国务院批准的我国高等教育“211工程”、“九五”和“十五”总体规划中三个公共服务体系之一的“中国高等教育文献保障系统”(China Academic Library & Information System，CALIS)项目也开始启动。21世纪，随着网络技术的发展与互联网的普及，相信信息资源共享研究与实践会得到质的飞跃。

第一节 信息资源共享模式

从20世纪初到现在，随着各个国家、地区对信息资源共享的重视，以及互联网的普及，世界各地涌现了各种不同的信息资源共享模式。学术界对信息资源共享模式的分类多达十几种，依据不同的分类标准主要有：按区域分，有国际型、国家型和地区型三种模式；按资源共享内容分，有馆际互借和文献传递、联合编目、联合采购、合作参考咨询等模式；按系统分，有系统内型和跨系统型两种模式；按经费来源分，有国立型和民办型模式；按信息资源主题分，可分为单一主题和综合主题模式。除此之外，还可以按共享组织的体系结构、共享资源的载体等进行划分。在此选其三种进行介绍。

一、按区域划分

（一）国际型

国际型信息资源共享模式充分利用了互联网，让全球不同的国家和地区参与到信息资源的共建和共享中来，为国际范围内的用户提供信息服务。如本章第二节提到的 OCLC 即属于国际型的信息资源共享模式。

（二）国家型

国家型信息资源共享模式一般由政府出资，通过统一采购、统一加工、资源共享等原则对相关资源进行采集、加工、整理和开发，供全国范围内的科研人员、学生、公民自由获取相关资源，降低资源获取成本，减少区域之间的信息鸿沟。如美国数字图书馆联盟（Digital Library Federation，DLF）、日本的学术信息中心（National Center for Science Information System，NACSIS）和中国的国家科技图书文献中心（National Science and Technology Library，NSTL）等。

（三）地方型

地方型信息资源共享模式通常以地方为中心，联合地方各信息机构，实现信息资源的共建、共知和共享，提高地方文献保障率及服务能力。如由美国北卡罗来拉大学与北卡罗来拉中心大学建立的“三角研究图书馆网络”（Triangle Research Libraries Network，TRLN）、著名的俄亥俄图书馆与信息网络（Ohio Library and Information Network，OhioLINK）、北京高校网络图书馆等。

二、按资源共享内容划分

（一）馆际互借和文献传递

馆际互借和文献传递是图书馆界信息资源共享中最常见的模式之一，是不同地区的信息资源机构为了降低成本、提高文献利用率而采用各种方式传递文献的共享模式。特别是互联网的普及更是大大提高了馆际互借和文献传递的频率，是目前信息资源共享中最基本也是最常见的形式。比如国内 CALIS 的文献传递始于 2004 年，为国内高校的文献资源共享作出了重大贡献；其次，美国的 ODLC 的“全球共享计划”项目更是描绘了一幅全球文献信息资源大共享的蓝图。

（二）联合编目

信息资源机构为了降低编目成本，指定一个权威机构作为编目中心，中心拥有海量编目数据，各成员机构可以向中心上传和下载书目数据。

（三）联合采购

联合采购是信息资源机构为了降低采购成本，或是增加与资源提供商的谈判砝码而组成联盟进行统一采购的模式。特别是在数字资源价格越来越昂贵的今天，联合采购受到了广大信息资源机构的欢迎。

（四）合作参考咨询

为了降低人力资源成本，一些信息资源机构联盟通过统一的参考咨询网站提供实时或是异步的虚拟参考咨询。如美国 OCLC 与美国国会图书馆的合作项目 Question Point。

三、按系统划分

这种划分法将不同信息资源机构划分到不同的系统内，比如公共系统（如公共图书馆）、高校系统、科研（含科技部和各部委）系统。在同一系统内的信息资源机构共同建立信息资源管理体系、文献保障体系、书目存取体系、文献传递体系等资源共享体系，这种方式即为系统内信息资源共享模式。而不同系统之间的共享即为跨系统的信息资源共享模式。

第二节 信息资源共享实践

一、OCLC

（一）OCLC 简介

1967 年，美国俄亥俄州的校长和院长们创立了俄亥俄大学图书馆中心 OCLC（Ohio College Library Center），其目的是建立一个计算机系统供俄亥俄州各学术机构及图书馆共享资源和降低成本。1981 年，公司的法定名称改为联机计算机图书馆中心（Online Computer Library Center，OCLC ，http://www.oclc.org/us/en/default.htm）。今天 OCLC 已为全球 171 个国家的 27 000 多个成员图书馆、档案馆和博物馆提供服务。

OCLC 提供的服务项目有：检索服务（FirstSearch）、联机电子期刊总汇（ECO）、SiteSearch 软件以及联机合作编目和资源共享服务。

使用 OCLC 主要通过 FirstSearch 提供服务。FirstSearch 实现了和 OCLC 的联机电子期刊总汇（ECO）的完全整合，增加了联合编目数据库的馆藏信息，实现了各数据库间的联机全文共享。

OCLC 提供有 80 多个最常用的数据库，CALIS 购买了 13 个数据库我国读者可通过 CALIS 获取 OCLC 提供的服务。

（二）登录

OCLC 通过 FirstSearch 系统提供服务必须获得 OCLC 授权后方可使用。登录时可以选择检索界面对话语言，如中文（简体）。我们以 OCLC 的 ECO（学术期刊汇编）的检索为例来讲解 FirstSearch 的使用。

（三）检索

FirstSearch 系统提供基本检索、高级检索、专家检索三种检索模式。

1. 基本检索 提供常用字段的限制检索，包括关键词、著者、题名、资料来源和出版年，同时提供全文限制选项（图 9-1）。

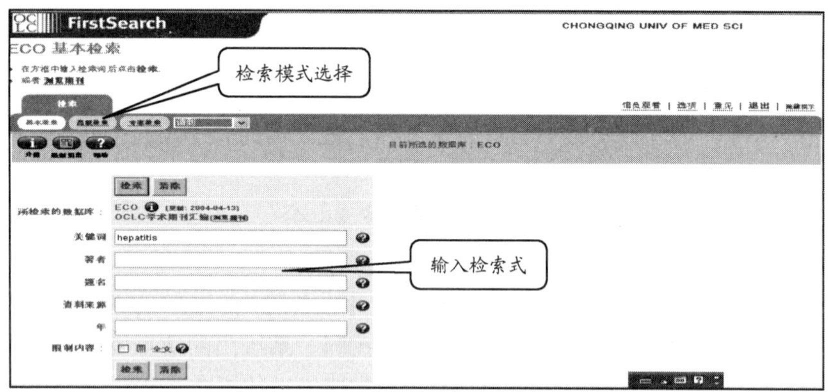

图 9-1 OCLC 基本检索界面

如在关键词栏输入“hepatitis”，单击【检索】按钮，系统就会将结果以题录形式返回（图 9-2）。

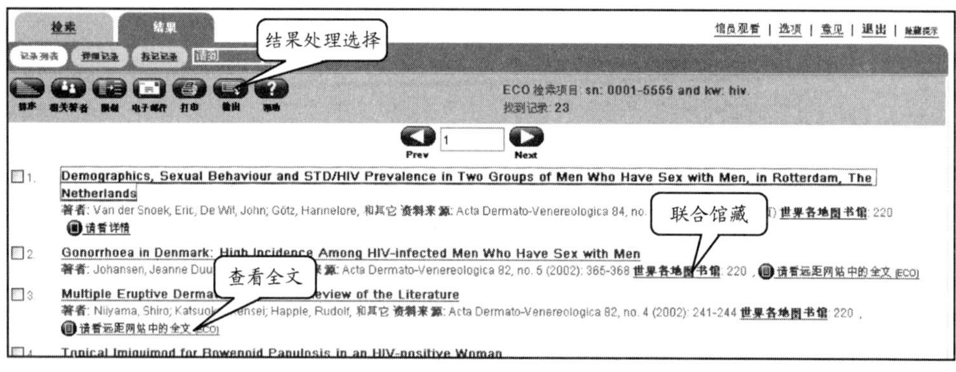

图 9-2 OCLC 基本检索结果界面

（1）联合馆藏查询：单击【世界各地图书馆】可以查看该刊在哪些图书馆有收藏（图 9-3）。根据提供的馆藏单位，可以向这些图书馆提出原文服务申请。OCLC 作为全球最大的馆际互借机构，提供了全球（尤其是美国）各大图书馆的馆藏信息，方便就近获取原文。

题名: Review Article: Apoptosis and necrosis in liver disease **著者**: Jaeschke, Hartmut **资料来源**: Liver, v.24, n.2, (2004), p.85 **ISSN**: 0106-9543

有馆藏项目的图书馆: "Review Article: Apoptos..."（馆藏项目记录 | 取此馆藏）

地区	图书馆	当地馆藏	代码
AB	UNIV OF ALBERTA		UAB
AB	UNIV OF CALGARY LIBR		UAU
AL	UNIV OF S ALABAMA, BIOMEDICAL LIBR	vol: 2-22 1982-2002	ACB
AL	UNIV OF ALABAMA, BIRMINGHAM		ABC
AS	UNIV OF HONG KONG LIBR		HUA
AS	UNIV OF QUEENSLAND		YQU

图 9-3 OCLC 联合馆藏服务

(2) 全文数据获取:在显示结果时,如果有全文,系统会提供【请看 HTML 全文】、【请看 PDF 全文】、【请看 CatchWord 全文】、【请看远距网站中的全文】等选项,单击相应的按钮便可打开阅读联机的全文数据。

(3) 检索结果进一步处理:在结果显示页面的左上方有(排序)、(相关著者)、(限制)、(电子邮件)、(打印)和(输出)几个按钮。

在"相关著者"和"限制"状态下检索得到的文献并不是在上一检索的基础上进行的,而是以新选择的检索词在数据库中重新检索。如果要限制缩小检索结果的范围可打开"检索史"选项,通过逻辑运算来实现。

2. 高级检索　高级检索提供比基本检索更多的限制和组合方式,在高级检索状态可以查看输入的提问在某一字段中命中的文献数量。使用方法与基本检索相同。

3. 专家检索　可直接输入逻辑运算表达式并限制学科范围。逻辑运算符:"和"用"AND"、"或"用"OR"、"非"用"NOT"。

通过 FirstSearch(自选数据库),查找题名中含有"malignant neoplasm",且有全文的 10 条最相关的记录。

二、CALIS

中国高等教育文献保障系统(China Academic Library & Information System, CALIS)(http://www. calis. edu. cn/calisnew),是经国务院批准的我国高等教育"211 工程"总体规划中两个公共服务体系之一。建立了一系列国内外文献数据库,包括联合目录数据库、中文现刊目次库等自建数据库和引进的国外数据库,开发了联机合作编目系统、联机公共检索(OPAC)系统、馆际互借与文献传递系统等,形成了较为完整的 CALIS 文献信息资源服务网络。2004 年推出的"CALIS 外文期刊目次数据库(CALIS CURRENT CONTENTS OF WESTERN JOURNALS, CCC)"(图 9-4)整合了国内百余所高校、国家图书馆和科学院系统图书馆的馆藏,通过网络提供查询并直接与 CALIS 馆际互借系统连接,读者可以向任何一个 CALIS 成员馆索取原文。该系统收录了 2. 4 万种外文期刊 1999 年至今的1 000万条篇名目次数据,并加注国内 400 多家图书馆纸本期刊馆藏和世界著名的九种二次文献库收录期刊品种数据,可以链接到国内已引进的 20 种全文数据库(大部分可以实现篇对篇链接),数据每周更新(数据由 EBSCO 提供)。

请绘制 CALIS 馆际互借与文献传递服务的流程图。

CCC 数据库中包含的文摘库有美国生物学文摘(BA)、美国化学文摘(CA)、工程索引(EI)、科学文摘(INSPEC)、科学引文索引(SCI)、社会科学引文索引(SSCI)、农业文摘(AGRICOLA)、医学文摘(MEDLINE)等数据库。

通过 CCC 检索系统获取检索结果后,可通过馆际互借或发送 E-mail 获取原文。

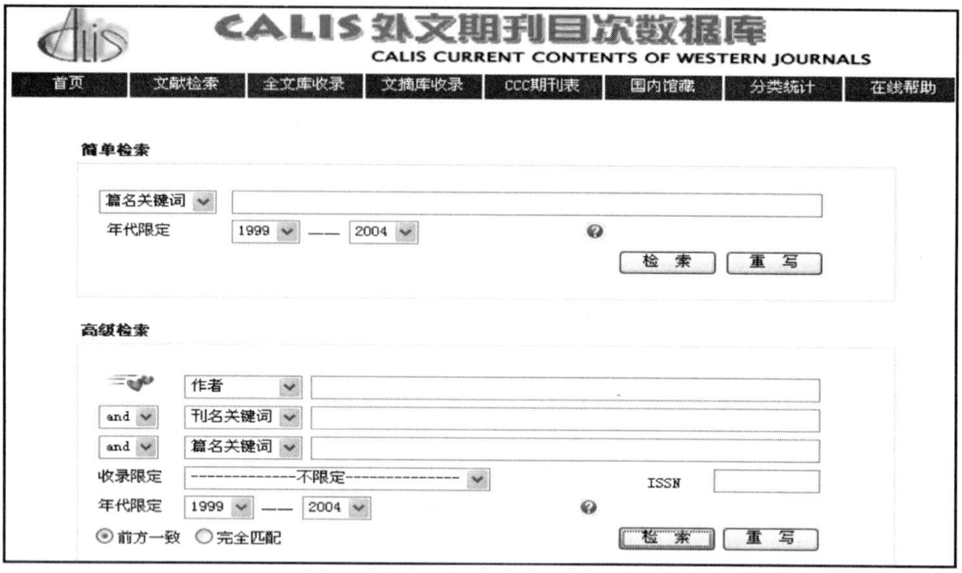

图 9-4　CCC 检索主界面

三、OhioLINK

(一) OhioLINK 简介

1987 年,俄亥俄州董事会图书馆委员会发表了“俄亥俄州大学图书馆:合作、存储与技术的进展”的报告,建议俄亥俄州尽快建立一个全州性的电子图书目录系统,建立一套全州图书馆参与的文献传递系统。为了响应此建议,俄亥俄州董事会组建了一个由全州各校图书馆员、教师、行政人员及计算机系统管理人员组成的委员会。该委员会于 1989 年完成了需求分析与规划报告,并于 1990 年选择了 Innovative Interface 的图书馆自动化系统 INNOPAC 作为中心和成员馆的客户端软件,在硬件设备上也统一采用了 Digital Equipment Corporation 的 500 系列主机。于 1992 年正式成立俄亥俄图书馆与信息网络(Ohio Library and Information Network,OhioLINK)(http://www. ohiolink. edu),1996 年接入互联网。

(二) 会员现状

目前,OhioLINK 的成员由 16 个公立/研究型大学,23 个社区/技术型学院,49 个民办高校和俄亥俄州州立图书馆组成。为 60 多万学生、教师,89 个机构和工作人员提供教学和研究需要的信息服务。

(三) 资源规模

OhioLINK 图书馆书目数据库(OhioLINK Library Catalog)提供了 4 800 万条图书和其他图书馆资料的目录;电子期刊中心(Electronic Journal Center ,EJC) 收录了 12 000 多种电子期刊,数以百万计的电子文献;研究数据库(Research Databases) 140 个;电子图书(E-books) 55 000 多本电子图书;数字多媒体中心(Digital Media Center ,DMC)收录了数千张图片、视频和声音;电子论文与学位论文(Electronic Theses and

Dissertations Center, ETD) 19 500 篇。

(四) OhioLINK 书目查询

OhioLINK 书目数据库是一个免费的、具有时效性的、与国际同步的数据库,可供国内用户查询最新的西文图书目录,为西文图书编目做参考。

1. 检索模式 分为快速检索(QuickSearch)、书目检索(Books)、电子文献检索(Articles Only)、多媒体检索(Videos)、站内搜索(Our Pages)和分类检索(More…)。其中除了书目检索(Books)是对外免费以外,其他检索功能非成员馆不能使用,均需要登录(图 9-5)。检索界面分为传统检索界面和高级检索界面。

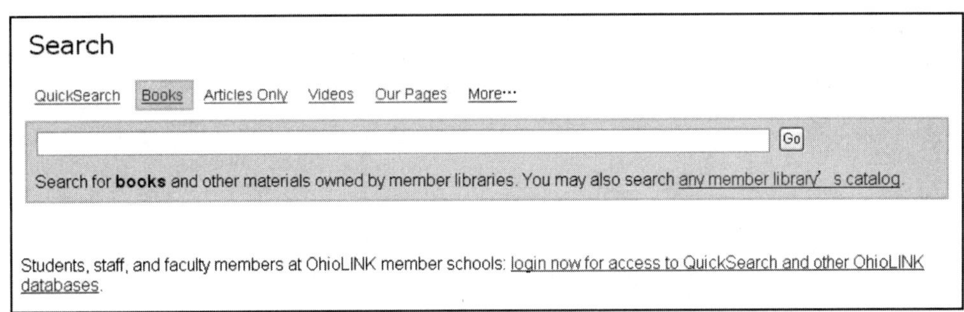

图 9-5 OhioLINK 书目数据库检索界面

2. 检索结果 用户可以根据需要选择按相关性(Sorted by relevancc)、日期(Sorted by date)和题名(Sorted by title)三种排序方式。同时,检索结果还提供了 Google 图书限制预览功能(Limited Preview at Google Books),用户可以在 Google 上浏览该图书的基本信息,如目录、相关章节等信息。

思考题

请检索 Susannah L. Rose, Richard T 主编的《100 questions & answers about caring for family or friends with cancer》在美国哪些图书馆可以索取?并通过系统提供的 Google 图书浏览工具查看该专著的主要内容。

四、国家科技图书文献中心

国家科技图书文献中心(National Science and Technology Library, NSTL)(http://www.nstl.gov.cn/index.html)是一个虚拟的科技文献信息服务机构,由中国科学院图书馆、工程技术图书馆(中国科学技术信息研究所、机械工业信息研究院、冶金工业信息标准研究院、中国化工信息中心)、中国农业科学院图书馆、中国医学科学院图书馆组成,组建于 2000 年。通过互联网面向全国提供从文摘到全文以及专题信息全方位的服务,其组成机构以科学院系统的图书馆为主题。

NSTL 提供文献检索和原文请求两种服务,非注册用户可以免费进行文献检索,注册用户可以在文献检索的基础上请求文献原文。该系统收录的医学文献已经超过 100 万条,是通过互联网免费检索国内文献的最佳网站。

NSTL 开通的中外文数据库包括：中外文会议论文数据库、中外文学位论文数据库、中外文期刊数据库、国内外标准、国外科技报告、计量测定规程库等 10 个文献数据库。以文摘方式报道各种类型的文献。

NSTL 的特点是：①检索方便。可以采用中文检索词检索到各数据库的中外文文献。②时效快。通过电子邮件 2 天可以收到所需文献，如果申请加快，1 天就可以收到所需文献。

（一）系统登录

NSTL 在其主页上列出了该系统提供的各项服务项目，其中的"文献检索与原文提供"是我们最常使用的服务（图 9-6）。单击【文献检索与原文提供】图标即可进入检索系统。

图 9-6 NSTL 系统主页

（二）检索方法

NSTL 提供多种检索方式，除了普通检索和高级检索外，还提供分类导航检索、期刊检索、按文献类型检索、按馆藏单位检索等多种检索方式。

1. 普通检索 是系统默认的也是最常使用的检索方式。在该检索界面需要完成以下几个步骤：

（1）文献类型选择，即选择数据库：中文数据库有中国会议论文、中国学位论文和中国期刊；西文数据库有外文会议论文、外文学位论文、外文期刊和国外科技报告。可以选择其中的一个或多个数据库进行检索。

（2）确定检索年代：可以选择全部年限或某一年代。

（3）查询条件确定：包括字段选择、检索提问的输入和逻辑运算选择。主要字段包括标题、文摘、作者、关键词、分类号、母体文献（出处）等，逻辑运算包括"与"、"或"、"非"。

如检索"在中华医学杂志上发表的有关胃癌的文献"，检索步骤依次为：文献类型选择【中文期刊】库→文献出版年选项选择【全部年】→确定查询条件 1【全文检索】，输入"胃癌"→选择逻辑【与】→确定检索条件 2【母体文献】，输入"中华医学杂志"→单击【检索】按钮完成检索（图 9-7）。

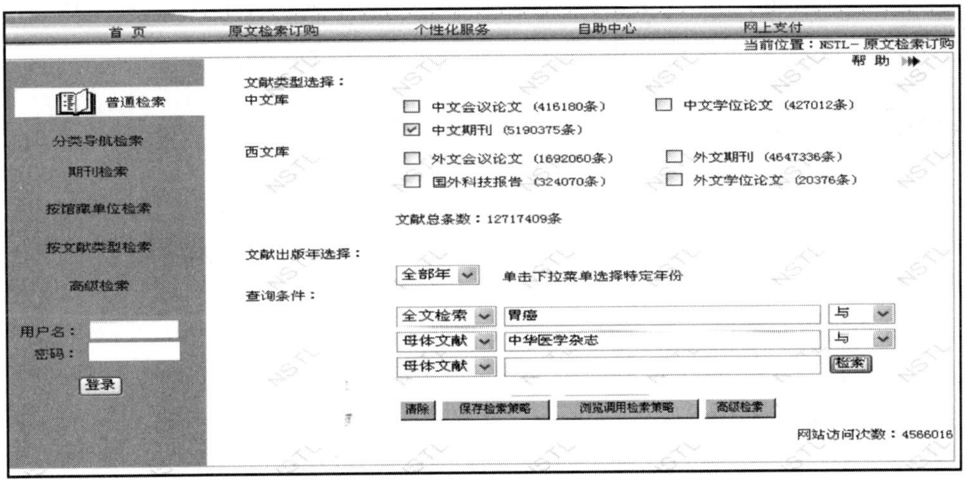

图 9-7 NSTL 普通检索界面

完成检索后,系统自动将命中文献的简要信息(标题、作者和出版年)罗列在屏幕上。此时,用户可以浏览选择需要进一步查看的文献题录,单击文献的标题即可查看详细的文摘信息。

2. 高级检索 与普通检索相比,高级检索可以直接在查询框中输入逻辑运算表达式进行检索。如前例可以直接用表达式"(胃癌) AND MTIT=(中华医学杂志)"去检索。

3. 分类导航检索 为了方便不同领域的用户使用 NSTL,系统从学科分类角度提供了包括医药、卫生在内的 19 种不同的学科检索入口。

使用方法:进入分类导航检索后,选择相应的学科如"医药卫生",出现与"普通检索"相似的界面,检索方法与普通检索相同。与普通检索相比较,分类导航检索多了"文献分类"选项,用于进一步限制检索范围(图 9-8)。

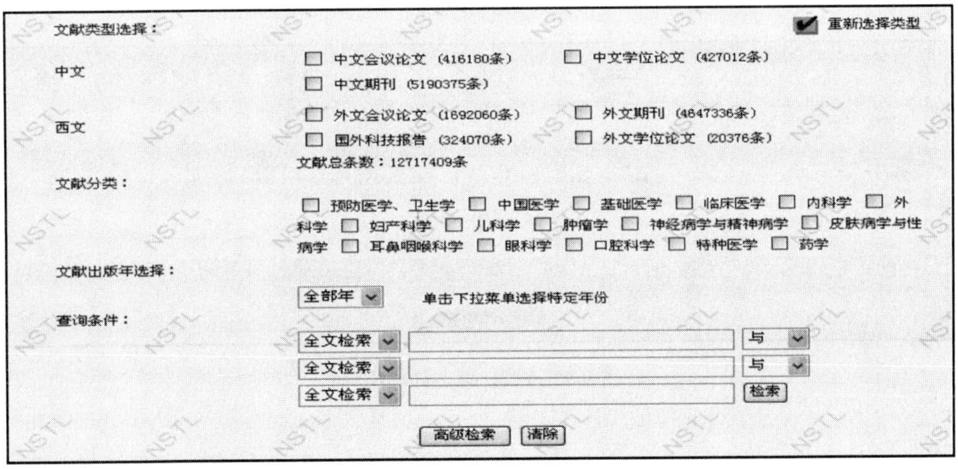

图 9-8 医药卫生分类导航检索界面

检索张定凤教授发表的有关肝炎的文献，在高级检索中如何编制逻辑运算表达式？

其他的检索入口比较简单，在此不再赘述。

（三）原文订购索取

在 NSTL 网站上报道的二次文献的所有条目，中心的成员单位均收藏有全文。注册用户可随时向系统提出全文请求。NSTL 提供电子邮件、普通函件、平信挂号、特快专递、传真等多种全文获取方式，用户可在网上指定其中任何一种。

只有注册用户可直接通过网络订购原文。其订购流程为：

(1) 完成前面的检索后，双击欲索取原文文献的标题。

(2) 在屏幕上方的“订购此文献”选项前的方框中打勾。

(3) 单击【查看购物车】按钮，进入下一订购流程——下订单。

(4) 单击【下订单】按钮后，确认文献的投递方式以及区域。

(5) 确认下订单，单击【确认下订单】按钮即完成整个原文订购过程。

订购流程(3)～(5)如图 9-9 所示。注意保存“订购号码”，以便日后查询。

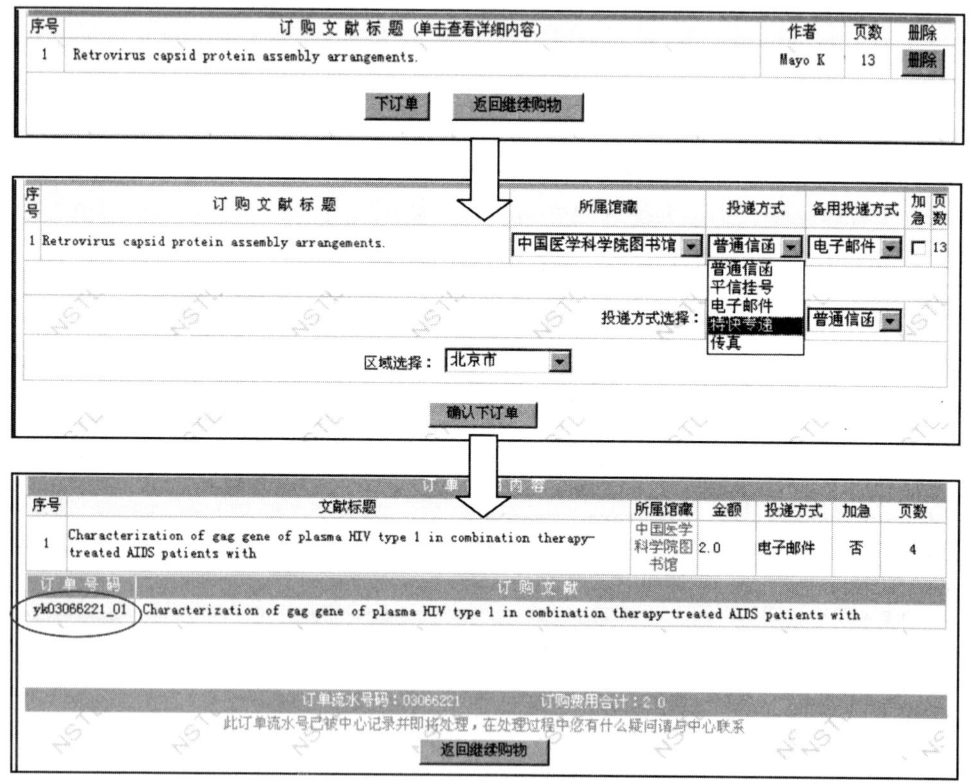

图 9-9 NSTL 原文订购流程

（黄 成 赵文龙）

第十章　个人文献管理与利用

第一节　个人文献管理工具

在当今信息爆炸的年代，科研人员从事科学研究要收集阅读大量的文献。工欲善其事，必先利其器。面对浩如烟海的文献，如果没有一个好的管理工具，仅凭个人的记忆来进行分类管理相当困难，于是文献管理软件应运而生。文献管理软件集文献检索、管理、分析及论文写作功能于一体，能帮助用户高效管理和快速生成参考文献。国外比较有名的文献管理软件有 Endnote、Reference Manager、Procite 及Biblioscape，国产软件有 NoteExpress、医学文献王等。

一、NoteExpress

NoteExpress 是北京爱琴海软件公司开发的一款文献管理软件，它可轻松导入各类文件并进行有序管理；具备文献信息检索与下载功能，可以用来管理各种文献的题录，并以附件方式管理文献全文或任何格式的文件；可以按各种期刊的要求生成目标格式参考文献；支持多语言格式化输出；具有笔记功能，可以实现隐性知识的显性化管理。

（一）NoteExpress 软件安装

目前 NoteExpress（以下简称 NE）的版本是 2.0。主页地址为 http://www. scinote. com，用户可在该主页下载 NE 的最新版本。下载后双击安装文件，根据安装向导即可完成软件的安装。

在 NE 安装目录下有几个重要的文件夹：①Connections 文件夹，为在线数据库链接文件夹，打开后可以看到带有在线数据库名称的 242 个链接文件，同一数据库（如 CNKI）存在多个链接文件，文件后缀为 nec。②Filters 文件夹，为数据库的过滤器文件夹，打开后可以看到带有数据库名称的 181 个过滤器，过滤器文件为 nef 格式。③Styles 文件夹，为期刊参考文献样式文件夹，内含 3 490 个中外文期刊样式，期刊样式文件为 nes 格式。④Templates 文件夹为 NE2 新增的功能，提供 180 多种国外期刊的论文手稿模板，方便国际期刊的论文撰写及投稿。

建立个人的题录数据库是 NE 的核心功能之一。题录，即由论文标题形成的目录，通常包含参考文献的标题、作者、出版刊物及年卷期等信息。建立题录数据库，一方面可以通过看摘要节约科研的时间，另一方面是写作时可以方便地插入需要的参考文献。

（二）建立个人数据库

NoteExpress 安装完毕后首次启动，默认界面为系统自带的 Sample 示例数据库，该数据库存放在“我的文档”目录下,供练习使用(图 10-1)。使用时可建立自己的个人数据库,方法为在 NoteExpress 主程序的“文件”下拉菜单中单击【新建数据库】按钮,选择保存位置并命名即可。

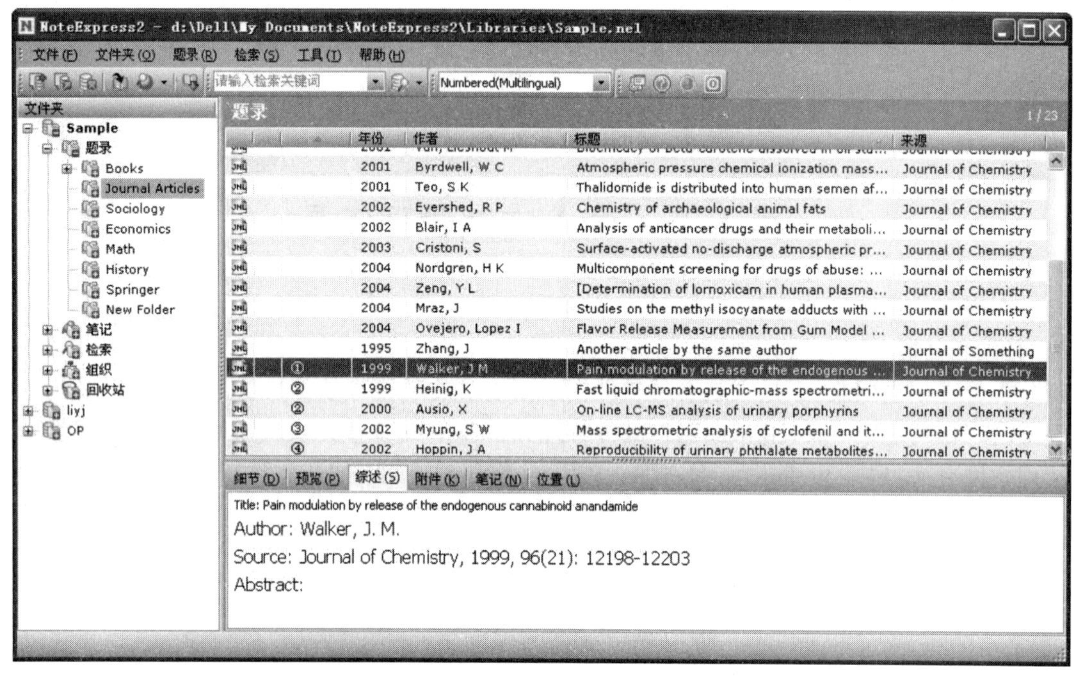

图 10-1 NoteExpress 默认界面

新建数据库后可以向数据库中添加新的题录。新建题录有三种方式:手工建立题录、检索结果批量导入和从在线数据库检索后直接导入。

过滤器(filters),顾名思义,用来“过滤”数据的东西。不同数据库检索结果有不同的显示格式,文献管理软件通过过滤器把相应的数据库原始数据进行统一格式存储和显示。

1. 手工建立题录 对于一些零散而少量的文献,或者无法从电子数据库中获得题录的文献,可选择手工建立题录。方法是选择个人数据库中的某一专题文件夹,在右方题录列表单击鼠标右键,单击【新建题录】按钮,然后选择题录类型,输入作者、标题、期刊等信息后保存即可。

2. 检索结果批量导入 用户通常习惯于在中外文数据库中直接检索文献,或者检索环境并非个人电脑,或者从其他的文献管理软件中导入已有的文献题录,这时候需要用到 NE 的批量导入功能。方法是从 CNKI 或 PubMed 等数据库检索出结果后,将题录信息输出到剪贴板或者文件中(如 txt,ris 格式),然后在 NE 中选择相应专题数据库,在文件下拉菜单中单击【导入题录】按钮,选择相应的过滤器,导入题录到当前数据库中。以 PubMed 为例:在 PubMed 中检索,检索结果显示为 MEDLINE 格式,复制检索结果。打开 NE,在打开的“导入题录”窗口(图 10-2)选择【来自剪贴板】(如果 PubMed 中检索结果保存到文件,此处选择“来自文件”),过滤器选择【PubMed】,单击【开始导入】即可。

3. 从在线数据库检索后直接导入　NE 集成了网上数据库(Amazon)、中国期刊网(CNKI)、北京大学图书馆等在线数据库或信息源,用户可在 NE 工具栏单击【检索】→【在线检索】,选择在线检索数据库,在弹出的检索框中输入检索条件,直接检索,保存题录,即可把相应文献添加到个人数据库中。在线数据库检索要求网络通畅。

除了以上三种建立个人数据库方式,NE 还可以通过直接导入本地文件的方式建立个人数据库,这个功能对于电脑里面已经有了很多论文全文的用户尤为有用。

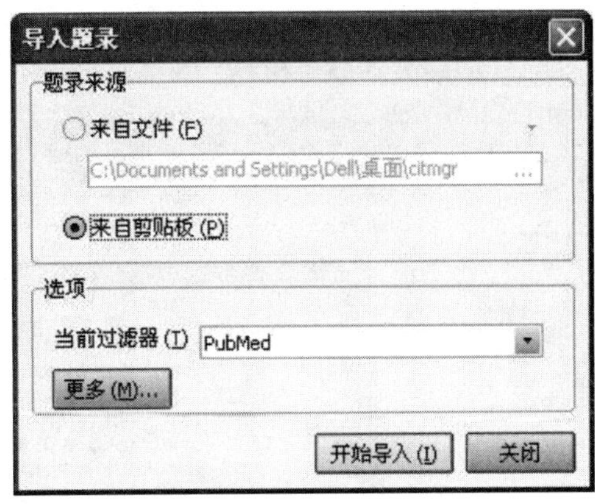

图 10-2　“导入题录”窗口

(三) 管理个人数据库

在 NE 中建立个人数据库导入题录后,下面要做的是文献的管理和阅读利用。用户可以对数据库中的题录进行排序、查重、做笔记、做标记、添加附件、个人数据库检索,以及按不同字段进行统计等。个人数据库的管理方法主要有以下几种:

1. 排序与查重　单击题录区某字段(如年份、作者)标题栏,即按照该字段排序,再次单击该字段,则按照该字段倒序排列。第三次单击该字段,则取消按照该字段排序。

通过各种方式入库的题录都可能产生重复的题录。重复的数据不但浪费系统的物理空间,也给数据的维护带来麻烦。NE 提供了数据查重和快速删除的功能,打开“工具”菜单下的“查找重复题录”窗口,选择待查重的文件夹和查重依据后,即可开始查重。对查出的重复数据利用键盘“Delete”键或单击【从文件夹删除】按钮,即可将重复的题录全部删除。

2. 检索功能　撰写论文时,常常需要检索某篇阅读过的文献,可以利用 NE 的检索功能快速检索到所需的文献。选中要检索的文件夹后,在工具栏的快捷检索栏中输入关键词并按“回车”键即可进行快速检索;还可打开“检索”菜单下的【在个人数据库中检索】按钮进行高级检索。输入检索词语,限定检索范围(全数据库、当前文件夹或子文件夹),单击【检索】按钮开始检索。

检索后,在左侧“最近检索”文件夹下会自动形成以关键词命名的新文件夹,选中该文件夹,单击【保存检索】按钮,可以永久保存检索结果。该文件夹的内容会自动更新,以后新添加到系统的题录如果满足该搜索条件,即会自动在该文件夹出现,这对于追踪某一专题的发展趋势非常有用。

3. 以附件形式管理全文　科研之中,研究者常常困惑于如何有序管理个人收藏的大量论文全文,NE 的附件功能正好能够满足这个需求。在 NE 中,文献全文或任何格式的文件均可以通过添加附件的形式与题录关联起来管理,形成个人的资源库。附件添加的方法:选中要添加附件的题录,右键选择【添加附件】按钮,选择添加附件的类型(文件、文件夹、网络链接或笔记等)后,选择要添加的文件完成添加(图 10-3)。一条题录可以添加多个附件。此后查看题录时,如想查看附件内容,双击附件就可打开。

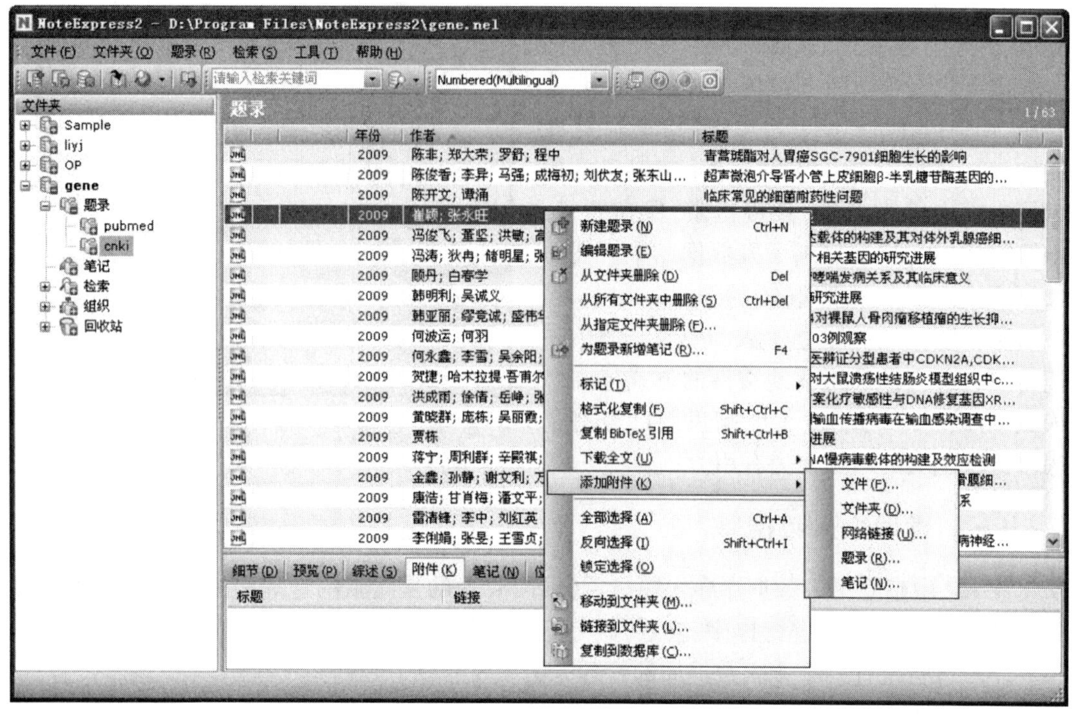

图 10-3 为题录添加附件

4. 笔记功能 有了题录,有了全文,如果不经过阅读、做笔记,文献还是属于电脑的,只有经过个人的消化,才能转化为自己的知识。NE 的笔记功能可以很方便地让研究者把自己的阅读心得及时的记录下来,并与相关的题录建立链接加以管理。用户选中笔记的文件夹后,在笔记列表上单击鼠标右键可以创建一个新的笔记,也可以在选中的题录上单击鼠标右键,选择【为题录新增笔记】来增加一条笔记。对于创建的新笔记,用户可以将之链接到题录,此后在查阅题录文献时,单击题录列表下方的【笔记】按钮即可看到以前有关此条文献的心得体会。

5. 数据统计和分析 在某一专题研究中,研究人员常常要对研究该专题的文献进行定量分析,如统计文献的年度分布、作者分布、期刊分布的情况等,以把握该专题的研究状况和发展趋势。利用 NE 的"文件夹信息统计"功能可以快速地实现以上目标。

用户只需在系统中建立一个文件夹,把要统计的专题数据导入该文件夹,在该文件夹上点鼠标右键,在打开的菜单选择【文件夹信息统计】,就可以按照年份、期刊、作者地址等字段内容分别进行统计,结果瞬间可得,把其另存为一个新的文本文件后转入 Excel 中,即可利用 Excel 的作图功能对结果进行直观的分析,找出信息间的内在联系。

6. 回收站 回收站分为题录和笔记两部分,删除的题录、笔记均会出现在回收站中。可以直接从回收站中进行恢复,最大限度保护了数据安全。在回收站中选中某条题录或笔记,点右键,在菜单中选择【恢复】即可恢复到原位置。

(四)利用 NoteExpress 撰写论文

NE 可以将参考文献题录作为文中注释插入文章中,并且在文章末尾按照各个期刊杂志的格式要求自动生成参考文献列表。这样处理既精确又快速,节约了研究人员的宝贵时间。NE 安装后,会自动在 Word 中安装一个插件，如图 10-4 所示(以 Word 2007 为例)：

图 10-4　Word2007 插件

如果没有该 Word 插件,请单击 NE 菜单工具【选项】里的【扩展】子菜单,重新安装 NE Word 插件。

在 Word 里插入参考文献题录的使用步骤如下：

(1) 选择 Word 2007 插件上的按钮【转到 NoteExpress】,启动 NE 软件。

(2) 在 NoteExpress 主界面选中“题录”文件夹,然后鼠标单击选中右侧题录列表中的某条题录。

(3) 切换到 Word 文档界面,将鼠标移至要插入文中注释处,单击鼠标左键,单击 Word 2007插件列表中的【插入引文】按钮。

(4) 可在需要插入引文处重复步骤(2),插入所有引用的参考文献。

(5) 单击 Word 2007 插件上的按钮【格式化】,单击【浏览】按钮,选择要使用的输出样式,点【确定】按钮,即可自动完成引文格式化。用户还可在文中插入引文处,单击【编辑引文】编辑引文的格式,单击【样式】设置引文的输出样式等。

(6) 参考文献设置完成后,如不再修改,则可单击 Word 2007 插件上的【去除格式化】;点【清除域代码】按钮,断开与 NE 的关联。执行此步操作时,要先关闭 NE 软件。

(五) 参考文献题录的导出与交换

NE 的题录可以导出,便于多个用户之间交流共享数据。具体操作步骤是:首先在题录列表界面中选中需要导出的题录,然后通过菜单【文件】下的【导出题录】选择导出题录数据的样式。为方便与其他文献管理软件交换数据,建议选择【RefMan-(Ris)】样式;如果在 NE 用户之间交换题录,可以选择默认的 NE 样式。然后选中要输出的题录,通过菜单【文件】→【导出题录】导出选中的题录。

二、医学文献王

文献管理类软件,最初主要应用于生物医药学领域,而医学文献王则是一款专门为医学科研工作者设计的文献管理软件。软件由北京金叶天盛科技有限公司开发。医学文献王(图 10-5)综合了国外文献管理软件 EndNote 和 Biblioscape 的特长,除了在数据获取和输出格式上支持中文外,在检索常用的数据库上,充分考虑了医务人员的检索习惯,因而赢得了不少医学从业人员的喜爱。

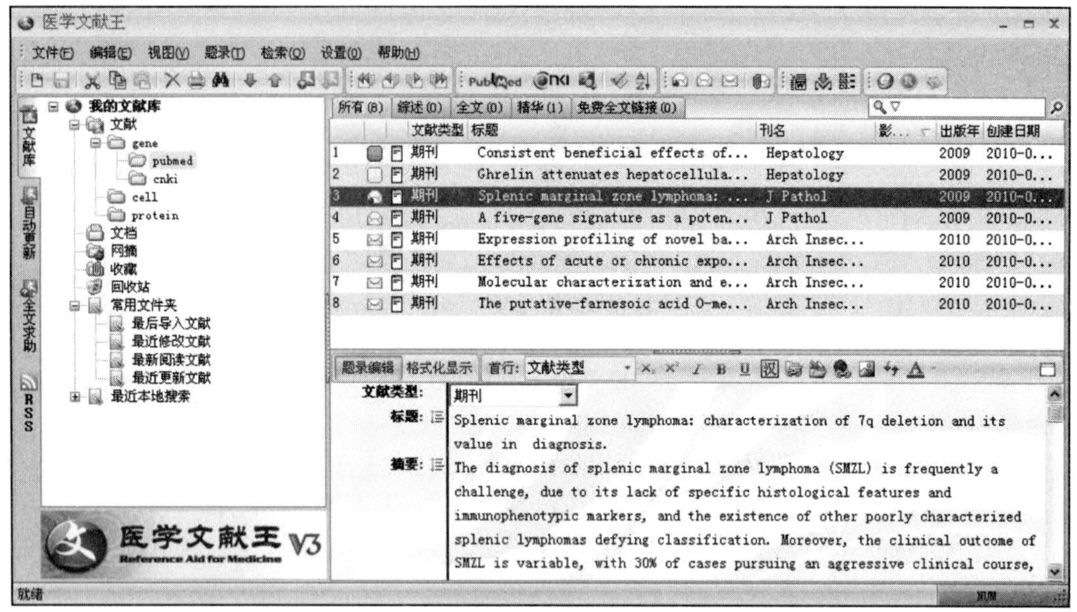

图 10-5 医学文献王界面

医学文献王和 NoteExpress 有很多功能相似,如都支持中外文数据的导入导出,都可以管理文献题录并插入各种附件,都有在 Word 中快速插入参考文献的功能等,本节主要对其特色的功能加以介绍。

1. 检索功能瞄准医学研究者 在其文件菜单的检索功能里,除了有 PubMed 和 CNKI 数据库检索外,还特意增加了 MeSH 主题词检索功能,在其快捷工具栏中也把 PubMed 和 CNKI 数据库加入其中,在期刊检索处还加入了核心期刊和影响因子的查询。

2. 汉化功能 在其摘要阅读的界面,特意增加了汉化快捷键,对于外文文献的关键词,可以实时汉化,帮助阅读。

3. 全文求助和 RSS 功能 医学文献王的开发公司同时开发了医脉通软件,可以通过和医脉通全文求助软件绑定,向同行求助全文。文献王软件中另设了 RSS 功能,可以订阅医学数据库及医学论坛的专题信息。

4. 插入引文 插入引文插件著录格式处,加入了中华内科杂志、中华急诊医学杂志等快捷键,很适合医学科研者使用。

不足之处是,医学文献王只能单机使用,注册过于麻烦;相比之下 NoteExpress 注册过程简单,同时为很多高校设计了校园版。医学文献王参考文献的输出格式目前只支持尾注,不支持脚注;另外,其在线检索数据库少,在线数据库检索及高级检索界面不太友好。

三、EndNote

EndNote 是 ISI 公司的产品,它作为 ISI Web of Knowledge 平台的组成部分,供读者检索和分析研究文献并且利用它来查找、组织和格式化他们的参考书目。EndNote 分单机版和网络版,其中单机版的 EndNote 与 NoteExpress 功能相仿,使用方法也类似,因此本节着重介绍网络版 EndNote,即 EndNote Web。

EndNote Web 供 ISI Web of Knowledge 的用户免费使用，所在机构购买 ISI Web of Knowledge 之后，IP 范围内的用户即可免费使用该管理工具。

（一）注册 EndNote Web 账户

第一次使用时需要注册一个账户，方法为：在 ISI Web of Knowledge 页面上单击【我的 EndNote Web】链接，进入登录界面，单击【注册】按钮进行注册，提交注册邮箱后，可以立即使用 EndNote Web。ISI 平台的注册用户无需再次注册。图 10-6 为 EndNote Web 默认界面。

该页面有五个工具栏：我的参考文献、收集、组织、格式化和选项，每个工具栏下还设有下层子目录。

（二）收集参考文献

收集参考文献主要有三种方式：在线检索、新建参考文献、导入参考文献。此处相当于 NE 的建立题录数据库功能。

1. 在线检索　EndNote Web 可以直接对 Web of Science，PubMed 和其他许多参考文献数据库进行在线检索，用户可以通过“定制列表”收藏个人常用的数据库链接，选择一个数据库（如 PubMed），输入检索条件，检索，选择要保存的检索结果，添加到组（My Groups），即可保存，默认为未归档的文献。

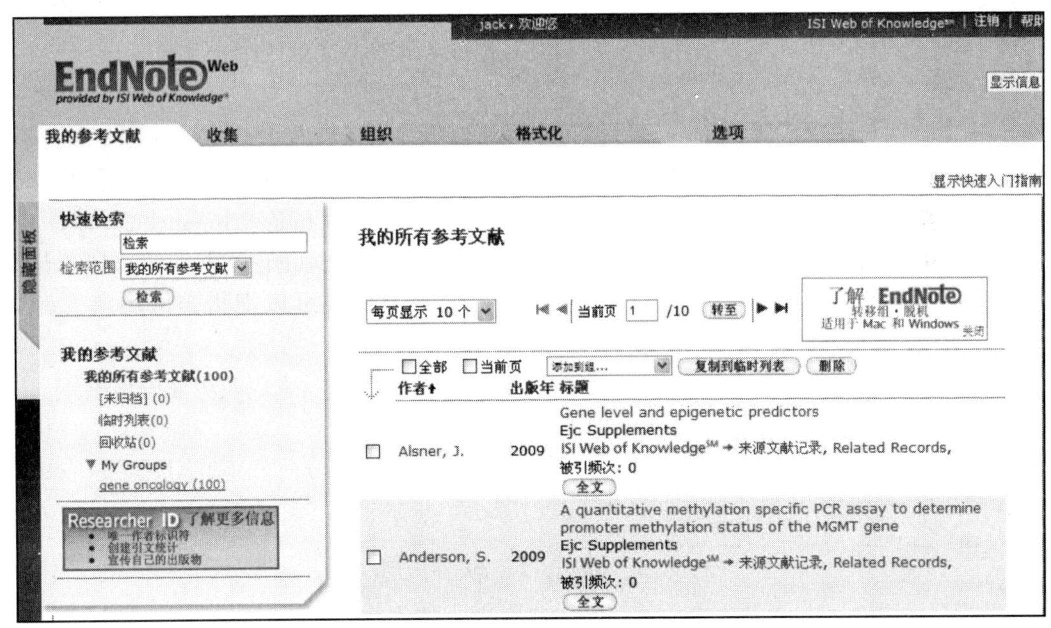

图 10-6　EndNote Web 默认界面

2. 新建参考文献　新建参考文献即通过手工录入逐条输入参考文献。用于没有题录信息的输入。

3. 导入参考文献　EndNote Web 提供了适用于各种数据来源的数百种导入过滤器，以及标准的 RefMan（RIS）和制表符分隔格式，可以批导入参考文献。在主界面上单击【收集】工具栏，进入后单击【导入参考文献】，在文件处单击【浏览】按钮找到并选择包含参考文献数据的文件，过滤器字段，选择与参考文献数据格式匹配的导入过滤器如 RefMan RIS 格式，选择保存位置后单击【导入】按钮即可。

用户可以在ISI数据库中直接检索,在检索结果页面下方,记录输出处,直接选择【Save to EndNote Web】保存参考文献。

(三)管理参考文献

管理参考文献的方法是对收录进EndNote Web的参考文献进行编辑、检索、分组等操作,这些操作都可在工具栏"我的参考文献"界面里完成。

(四)组织参考文献

EndNote Web提供组织功能,对专题文献进行网络协作管理。"管理我的组"可以对个人的文献分组进行管理或共享,设置要共享的文献分组及允许访问的E-mail账户(即EndNote Web的账户名);"其他人的组"可以阅读其他人的共享文献;"查找重复项"则可以直接检索个人收集的文献库里是否有重复的文献。组织功能对于同课题组研究者之间共享文献尤为有用。

1. 自行安装EndNote,与NE比较,二者有何异同?

2. 利用EndNote web建立基因治疗(gene therapy)文献库。并共享自己的文献库。

(五)格式化参考文献

EndNote Web格式化工具栏下面,主要设置了书目、Cite While You Write、格式化论文和导出参考文献四个子菜单。

书目功能用于把收集的参考文献按指定的书目输出样式及指定的文件格式保存为文本、打印或输出到电子邮件;"Cite While You Write插件"用于使用Word撰写论文时,该插件可以自动插入参考文献并设置引文和书目的格式,在Windows Internet Explorer中,还可以使用该插件将在线参考文献保存到个人文献库中;【格式化论文】按钮可以对论文的参考文献按指定期刊格式进行格式化;【导出参考文献】可以把指定的参考文献以BibTex或EndNote格式导出。

除以上功能,EndNote Web还有选项工具栏供个人设置账户、密码及界面语言所用。

第二节 文献管理利用

一、文献管理软件选择

对于刚刚开始查阅文献的研究者,最好能选择一种合适的文献管理软件,系统地管理自己的文献。对于国内外众多文献管理软件,选择哪一款适合自己的软件,结合这些软件的特点,特推荐如下:

(1)对于阅读文献多是外文文献的研究者,可以优先考虑使用EndNote及EndNote Web软件。如果没有经费购买正版EndNote,而所在机构已购买ISI Web of Knowledge使用权的研究者,可以考虑使用EndNote Web。

(2) 社会科学类研究者,可以优先考虑 NoteExpress 软件,对中文支持好,对中文数据库题录管理方便。

(3) 对于医学科研用户,NoteExpress 或医学文献王都可以使用,根据自己的喜好及软件获取是否方便加以选择。如很多高校已经购买了 NE 的校园版,对在校生来说很是方便。

二、文献管理实战

建立自己的关于骨质疏松预防的专题数据库(以 NoteExpress 为例)。

(1) 在 NE 数据库里,单击【文件】 ›【新建数据库】,数据库命名为 Osteoporosis;在数据库的题录子目录下新建两个文件夹,起名 PubMed 和 CNKI。如果想查询更多的数据库,可在此处建立多个文件夹。

(2) 分别登录 CNKI 数据库和 PubMed 数据库,CNKI 数据库用关键词“骨质疏松和预防”;PubMed 用“Osteoporosis/prevention and control”主题词检索。具体检索策略以自己的要求为准,此处只作举例。在 PubMed 中检索尤其要注意,检索结果要显示或保存为 MEDLINE 格式。为了保证检索结果的完善,不推荐在 NE 中直接在线检索。

(3) 登录 NE,分别单击 CNKI 和 PubMed 文件夹,按特定的过滤器导入 CNKI 数据库和 PubMed 数据库的数据。

(4) 这时,你应该拥有了一个包含很多关于骨质疏松的预防题录的小型数据库了。在 NE 题录窗口下方工具栏,单击【综述】,浏览文献的摘要。对于觉得好的文章,可以单击【题录】,右击下载全文(要有数据库的权限)或直接到数据库中下载全文添加附件。在阅读中,可以做笔记、做标注,标注为已读、重要等,供以后撰写论文使用。

(5) 在 Word 中撰写论文,根据插入引文的方法,选择合适的参考文献格式,实时插入参考文献。

(李永杰 马 路)

第十一章 医院信息系统与临床信息检索

第一节 概 述

信息技术和网络技术的发展给各行各业带来了巨大的冲击,医院也不例外。我国医院信息化的建设已有近三十年的历史,随着医疗行业信息化建设的逐步深入,信息技术的应用越来越成为医疗行业前进必不可少的因素,信息技术的应用使医疗信息的传播和利用速度大大加快,更重要的是能够让原来孤立的信息(如病历、影像资料、检验数据等)共享。

医院属于信息富集的机构,伴随医疗实践的各项活动会产生许多资料,医护人员必须依赖医院信息系统(Hospital Information Systems,HIS)将这些资料即时存储并转换成信息,作为辅助决策的参考。

HIS是构建现代化医院必备的基础技术环境,是现代化医疗行为和卫生资源合理分配的基础,是提高医院管理水平、运行效率和医疗质量的重要手段。建立和使用医院信息系统主要目的在于支撑医院最主要的活动,包括医疗、护理、教育、训练、研究、行政管理、社会服务等,提升医疗服务的品质、降低经营成本、支撑教学与研究,进而提升医院整体的竞争力。

一、医院信息

医院信息包括医疗信息、医学科技信息和医疗管理信息。医院信息系统的设计应该以病人医疗信息为核心,以财务管理信息为纽带,以分析决策信息为主导。

医院信息与一般信息相比,有以下特点:

1. 复杂性 医疗信息包括各方面的信息,而且信息量较多,分类项目也较多;

2. 困难性 医疗信息大多数情况下获取比较困难,甚至要靠挖掘获取,有时获取的信息还与真实信息相差甚远;

3. 不精确性 医疗信息往往不太精确,在判断和处理上也比较困难,需要医务人员高超的技术和丰富的经验;

4. 保密性 患者信息涉及个人隐私,未经允许是不得随意泄露的。

二、医院信息系统

(一) 定义

医院信息系统是新兴的医学信息学(Medical Informatics,MI)的重要分支。狭义的医院信息系统通常指的是医院内部使用的信息系统,例如门急诊系统、住院系统、实验室管理系统、行政管理或后勤支持信息系统等,凡是与医疗护理相关的信息系统,都可称之为医院信息系统。广义的医院信息系统除支持医院本身的活动之外,亦已拓展至与医院相关的其他机构(如政府部门、保险、供应、合作医疗机构等),但在功能上,仍主要是支持与医疗护理的相关行为。

该领域的著名美国教授 Morris. Collen 于 1988 年曾著文为医院信息系统下了如下定义:利用电子计算机和通讯设备,为医院所属各部门提供病人诊疗信息(Patient Care Information)和行政管理信息(Administration Information)的收集(Collect)、存储(Store)、处理(Process)、提取(Retrieve)和数据交换(Communicate)的能力,并满足所有授权用户(Authorized)的功能需求。

国内对医院信息系统的定义大多从信息技术和功能角度来描述,2002 年 2 月由我国卫生部信息化工作领导小组办公室修订的新《医院信息系统基本功能规范》正式定义为:医院信息系统是指利用计算机软硬件技术、网络通信技术等现代化手段,对医院及其所属各部门的人流、物流、财流进行综合管理,对在医疗活动各阶段产生的数据进行采集、储存、处理、提取、传输、汇总、加工生成各种信息,从而为医院的整体运行提供全面的、自动化的管理及各种服务的信息系统,是现代化医院建设中不可缺少的基础设施与支撑环境。

(二) 组成

从系统应用的角度可以将医院信息系统分为三大部分,即医院管理信息系统(Hospital Management Information System,HMIS)、临床信息系统(Clinical Information System,CIS)和外部接口。如图 11-1 所示。

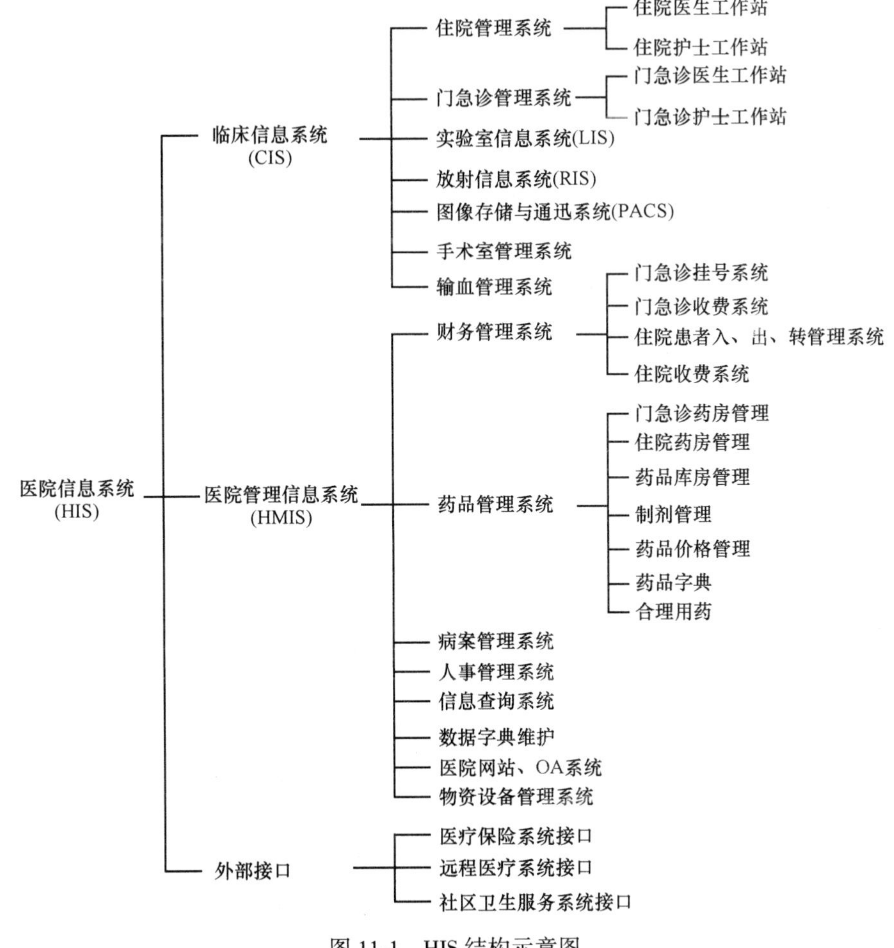

图 11-1　HIS 结构示意图

1. 医院管理信息系统 主要目标是支持医院的行政管理与事务处理业务,减轻事务处理人员的劳动强度,辅助医院管理,辅助高层领导决策,提高医院的工作效率,从而使医院能够以较少的投入获得更好的社会效益与经济效益。如财务系统、人事系统、住院病人管理系统、药品库存管理系统等都属于 HMIS 的范围。

2. 临床信息系统 主要目标是支持医院医护人员的临床活动,收集和处理病人的临床医疗信息,丰富和积累临床医学知识,并提供临床咨询、辅助诊疗、辅助临床决策,提高医护人员的工作效率,为病人提供更多、更快、更好的服务。如医嘱处理系统、病人床边系统、医生工作站系统、实验室系统、药物咨询系统等都属于 CIS 范围。临床信息系统的核心是电子病历。

3. 外部接口 主要目标是实现与其他医疗信息系统的集成,从外部获取或提供相关信息至对应医疗信息系统。如医疗保险接口、远程医疗接口、社区医疗接口等就属于外部接口范围。

(三)特性

由于医院本身的目标、任务和性质决定的特殊性,医院信息系统被认为是企业级(Enterprise)信息系统中最复杂的一类。它不仅要同其他所有管理系统一样追踪管理伴随人流、财流、物流所产生的管理信息,从而提高整个医院的运作效率,而且还应该支持以病人医疗信息记录为中心的整个医疗、教学、科研活动。广义地说,医院管理信息系统是管理信息系统(MIS)在医院环境中的具体应用。

医院信息系统同时拥有许多不同于一般 MIS 的独有特点:

(1) 需要大规模、高效率的数据库管理系统的支持。源于医疗数据的复杂性和多样性,任何一个病人的以多种数据类型表达出来的医疗信息,不仅需要文字与数据而且时常需要图形、图表、影像等,其医疗记录都是一部不断增长着的、图文并茂的书,在一个大型综合性医院拥有上百万份病人的病案是很常见的。

(2) 要有很强的联机事务处理(On Line Transaction Processing,OLTP)支持能力。在许多情况下,它需要极其迅速的响应速度和联机事务处理能力。当一个急诊患者入院抢救时,迅速、及时、准确地获得他的既往病史和医疗记录的重要性是显而易见的。当每天高峰时间门诊大厅中拥挤着成百上千名患者与家属焦急地排队,等待挂号、候诊、划价、交款、取药时,系统对 OLTP 的要求不亚于任何银行窗口业务系统、机票预定与销售系统。

(3) 安全、可靠、保密性要求高,典型的 7 天/24 小时不间断系统。病人医疗记录是一种拥有法律效力的文件,它不仅在医疗纠纷案件中,而且在许多其他法律程序中均会发挥重要作用,有关人事的、财务的乃至病人的医疗信息均有严格的保密性要求。

(4) 易学易用的友善人机界面。医务人员临床工作繁忙、易用友善的用户界面可为广大的医务人员节约大量的宝贵时间。要求有更友善的界面、更方便的帮助信息、更简单的操作方法、更易学、更快捷的汉字信息的录入等。

(5) 高水平的信息共享需求。一个医生对医学知识(例如某新药品的用法与用量、使用禁忌、某一种特殊病例的文献描述与结论等)、病人医疗记录(无论是在院病人还是若干年前已死亡的病人)的需求可能发生在他所进行的全部医、教、研的活动中,可能发生在任何地点。而一个住院病人的住院记录摘要(病案首页内容)也可能被全院各有关临床科室、医技科室、行政管理部门(从门卫直至院长)所需要。因此信息的共享性设计、信息传输的速度与安全性、网络的可靠性等也是 HIS 必须保证的。

(6) 开放性与可移植性,适应不同软硬件平台;可剪裁性和可伸缩性,能适应不同医院的发展计划需求;模块化结构,具备可扩充性。

三、相关概念

(一) 电子病历

1. 概念 电子病历(Electronic Medical Record,EMR)是指计算机化的病历,是病历的一种,可以包含过去、现在或未来、生理与心理的病患状况记录,是由电子化方式采集、加工、存储、传输、服务的多媒体数据,电子病历主要的用途为协助医疗或其相关服务。(http://zh.wikipedia.org/wiki/%E7%94%B5%E5%AD%90%E7%97%85%E5%8E%86)。

电子病历包含纸张病历的所有信息,是病人在医院诊断治疗全过程的原始记录,它包含首页、病程记录、检查检验结果、医嘱、手术记录、护理记录等,其中既有结构化信息,也有非结构化的自由文本,还有图形图像信息。

从存储记录的意义上,电子病历相对于纸质病历而言,是病历信息的又一种记录方式和存储媒介。从信息传输的意义上,电子病历代替纸张实现了病历信息的电子交换和电子采集。从服务功能来讲电子病历可提供包括病历检索、智能知识库、医疗质量统计、医疗评价、经济统计分析等,可为医疗科研、教学和医院管理方面提供重要的数据源。

一般而言,EMR 应包括临床数据仓库(CDR)、临床决策支持系统(CDSS)、受控医学词汇表(CMV)、计算机支持医院医嘱系统(CPOE)、药品管理系统及临床文档应用程序组成的应用环境。

EMR 建立在一个临床数据仓库(CDR)上,是一个为从业者服务的患者临床信息实时事务处理数据库;受控医学词汇表能提高 CDR 的数据质量,以满足临床决策支持系统和实现临床路径等工作流模块的要求;计算机辅助支持医院医嘱系统(CPOE)能够为临床医护人员提供强大的支持。CDR、CPOE、药品管理系统及电子药物管理记录(eMAR)相结合能有效地提高患者安全和减少或排除医疗错误(http://www.china-ehr.com/article/2007/0907/article_96.html)。

2. 电子病历系统 是支持电子病历的一套软硬件系统,它能实现患者信息的采集、加工、存储、传输、服务。

3. 电子病历与 HIS 的关系 电子病历系统是 CIS 发展到高级阶段的结果,不是一个独立的系统或功能。

(1) 电子病历是 HIS 的信息基础,并依附于 HIS:HIS 管理的信息是围绕病人在医院内的诊疗活动产生的,因此,病人信息是医院信息管理的基本信息,而管理信息是派生信息。医院信息系统由管理信息为主向以患者信息为中心方向发展,计算机更多地参与为临床医疗工作服务。如辅助医生的病历书写、面向病案管理的病案电子化存储、各种检查检验申请与结果的传递、病案信息的检索与提取等。远程医疗和远程教学的发展,患者信息的传递将直接受惠于电子病历系统。因此,电子病历是医院信息管理的发展趋势。

(2) 电子病历渗透于 HIS 中:电子病历系统不是一个独立于 HIS 的新系统,因为患者信息来源于 HIS 中的各个业务子系统中。比如病案首页来源于住院登记、入出转、病案编目等系统中。各个业务系统在完成自身的功能、管理自身业务数据的同时,也在收集着患者信息。因此,脱离了 HIS,也就不存在电子病历系统。

(3) 电子病历强调患者信息的原始性和完整性:尽管电子病历依附于 HIS,与传统的 HIS 相比,从电子病历的角度看患者信息是完整的、集成的;而从传统的 HIS 的每个子系统来看病人信息是局部的、离散的,相互之间信息有冗余、有遗漏,它们往往没有按照一个统一的原则进行设计和管理。

(二) 电子健康与电子健康记录

电子健康(E-Health)是抽象出来的一种健康理念,它以因特网为核心科技手段, 通过网络普及实现医疗服务领域的通讯化革新, 通过提高卫生体系的效率来减少卫生支出,通过提供更好的信息作出健康方案和进行自我护理,通过促进卫生专业实践和交流加强临床护理和卫生服务,通过应用新措施改善服务不到位人群的卫生质量。从根本上改变传统的医疗服务方式,减少卫生服务的不均衡分配,提高服务效率和质量。电子健康可从根本上改变传统的医疗服务以医生为主的个人服务模式,而形成包括医护人员和 IT 技术人员组成的医疗团队服务模式。

电子健康体系覆盖诊疗设备数字化、病历记录电子化、医院管理信息化、医疗服务网络化、医学模式现代化、健康决策科学化等,融合了手机、PDA、地理定位系统(GPS)、卫星电视、远程医疗服务、携带式和穿戴式生理参数实时监测系统等。通过标准化软件、制度等构建全国健康服务和管理机构间跨地域、跨部门、跨所有制的电子信息共享网络,实现远程医疗、远程教学等,使各级各类医疗保健、疾病预防、计划生育服务、医学科研、健康咨询和药品、医疗器械生产供应销售以及社会保障、保险等形成一体化医疗转诊和健康服务体系,实现最大限度的信息互通和资源共享。

电子健康记录(Electronic Health Record,EHR)是电子健康的核心,它覆盖个人从一出生就开始的体检结果、计划免疫记录、既往病史、各种检查和治疗记录、药物过敏史等。通过与电子病历有效连接,并融入到数字医疗系统,可使医学信息得到最佳利用和共享,实现以人为本的全程、优质、个性化的持续服务。

(三) 远程医疗与远程卫生

远程医疗(Telemedicine)起源于 20 世纪 60 年代末,美国的 Kenneth Bird 博士与 Fitzpatrick 等人用微波视频将波士顿 Logan 国际机场的一个诊所与麻省总医院相连,为机场的工作人员及乘客提供医疗服务,并首先使用 Telemedicine 一词。国内大多将其译为远程医疗,也有将之译成远程医学。顾名思义,它是一种远距离的医疗活动,是相对于传统的医疗活动而言的。传统医疗活动医生和患者之间的交流是直接的,不需要借助其他介质,强调的是面对面。而远程医疗有别于传统的医疗活动,其关键在于远程(Distance),需要借助通讯网络,因此英文名称叫 Telemedicine。

一般认为,狭义的远程医学主要指远程医疗。远程医疗是综合应用信息技术在异地之间进行临床医学实践信息传输和处理的医疗活动,诸如咨询、远程会诊、远程检查、远程手术等。

远程卫生(Telehealth)是指利用各种远程通讯技术提供卫生相关服务和信息,是远程医疗概念的延伸或扩展。远程医疗偏重于临床诊疗活动,而远程卫生范围更广泛,包括管理、教育、研究、预防、健康促进、临床诊疗等多方面,更强调技术问题的解决。如医生采用电子邮件的方式与患者取得联系、开处方或者提供其他方式的服务。

(四) 数字医学与数字化医疗设备

数字医学(Digital Medicine)是指以医院和患者为研究对象的数字化医学科学体系。以医院为对象的研究主要解决在数字化条件下,医院如何解决自身管理和为病员服务,强化服务的效果和效率,并能实现资源共享、远程会诊等新增服务。最具有代表性的就是医院信息系统(HIS)。以人为对象的研究主要利用已成熟的计算机技术、网络技术和其他科技手段,建立可视、可触摸、可感受的虚拟人体体系,供从事医学事业的人们研究人类自身,培训教育医学人才,并在术前为患者设计治疗方案,在术中进行导航,也为研制新型医药和设备提供研究对象,以及为从航天航空到皮鞋、运动鞋等涉及人体的各个应用领域服务。

数字化医疗设备(Digital Medical Equipment)是将传统医疗器械技术与电子信息与生物工程、精密制造等技术有机结合形成的医疗设备,涉及影像设备、检验设备和监护仪器等。它们的出现大大丰富了医学信息的内涵和容量。从一维信息的可视化[如心电(ECG)和脑电(EEG)等重要的电生理信息],到二维信息[如 CT、MRI、彩超、数字 X 线机(DR)等医学影像信息],进而三维可视化,甚至可以获得四维信息(如实时动态显示的三维心脏)。这些信息极大地丰富了医生的诊断资料,提升了医疗诊治技术平台。

(严 敏 赵文龙)

第二节 住院医生工作站

住院医生工作站作为医院信息系统的重要组成部分,与医院各科室尤其是医技科室都有广泛联系,是住院医生完成日常工作的重要平台。它以患者信息为中心,以加快信息传送和减轻病历书写为目的,围绕患者的诊疗活动展开,实现患者信息的采集、处理、存储和传输。住院医生工作站的快速病历书写等功能可提高医生工作效率,降低工作出错率;与 LIS(Laboratory Information System, LIS), RIS(Radiology Information System, RIS), PACS(Picture Archiving and Communication System, PACS)等系统的无缝连接可节省患者等待时间;教学库中的典型病历可支持医生的临床研究。

一、系统概述

住院医生工作站与护士工作站一起构成了对住院患者的直接管理。它可满足医生日常工作的各种需求,将患者在院期间的所有临床医疗信息通过计算机管理,为医生诊断、调阅提供方便。住院医生工作站的内容包括病历管理、医嘱处理、检查检验申请及图像报告调阅、统计查询、教学库等。

(一) 病历管理

病历包括病案首页、病程录、检查申请单、检验申请单、医嘱、体温单等。病历由医生负责处理。

住院医生工作站可以完成病历书写和病案检索等工作,实现病历电子化。主要功能包括:

1. 新建病历 所有新入院的患者都必须由主管医生首先执行此项操作,为患者建立病历,书写病案首页、病程记录、手术史等。

2. 打开病历 展开当前病人或病历项。在病历打开的状态下医生可以查看或书写病历。对于同一病人多次入院的情况,医生也可以通过住院医生工作站查看历史病历信息。

3. 模板功能 各种病历类型、手术记录等可调用预设的相应模板。如冠心病模板、知情文书模板、手术记录模板等,书写病历时间可因此大大缩短。同时还可以预设主诉、现病史、过去史、体格检查等部分的常用词汇、词组及相关内容。大量使用模板,让医生自行选择,很少再另行输字,可有效提高医生工作效率,减少笔误、错别字的发生。

一些医生工作站还支持体征多种选择,使体征阳性和阴性可自由选择,如系统预设是"甲状腺肿大",但可单击其中的"肿大"二字,系统会弹出三个待选字段,"Ⅰ度肿大","Ⅱ度肿大","Ⅲ度肿大",任意选择其中之一即可,这样"书写"病历方便快捷。

4. 移入病历 用于将患者的病历移入当前医生的管理范围。移入的病历可以是教学库学习病历、新病人转入科/病区病历或其他医生移出的病历。

病历移出和移入在哪些临床处理的时候使用?

5. 移出病历 用于将患者的病历移出当前医生的管理范围。移出转出科/病区的患者病历或移出不再属于本人主管的患者病历。

6. 提交病历 将出院患者未归档的病历提交给病案科。

7. 病历属性 用于查询当前患者的信息,包括基本信息、诊断信息、费用信息、手术信息等。

(二) 医嘱处理

医嘱处理是处理临床病人最重要的程序之一,主要功能包括:

1. 新增医嘱 医生开处方、下医嘱,并将信息传至护士站,由护士审核执行,再传送到药房摆药发药,同时自动为病人计费。系统可快速调出目前库存已有的药品,供医生选择调用,而不必逐字输入。

2. 删除医嘱 删除当前医嘱。

只有该医嘱为新开医嘱,即护士尚未审核执行时才允许删除。

3. 成套医嘱功能 为便于下达医嘱,允许医生将一组常规医嘱定义成"成套医嘱",如"新入院病人常规医嘱"、"术前准备常规医嘱"等。"成套医嘱"的应用范围可以是全院、本科或者个人。

4. 子医嘱功能 将几条需组合的医嘱组成复合医嘱,或者在复合医嘱中添加、删除子医嘱。

复合医嘱指的是两种以上的药品一起使用的医嘱，典型的有静脉滴注、雾化吸入等；只有相邻行的医嘱才能组成复合医嘱。也就是说，复合医嘱是由连续几条医嘱构成的。

子医嘱指复合医嘱的附属医嘱。如“10%葡萄糖注射液”静滴滴注中，还包含“维生素C注射液”，后者为前者的子医嘱。

5. 复制医嘱　利用复制医嘱功能可以快速输入医嘱。已执行医嘱列表中选择并复制后，在新开医嘱列表中点击粘贴，住院医生工作站会自动将此医嘱复制到现医嘱列表后面。

6. 停医嘱　在已执行医嘱列表中执行停止医嘱操作，可以自动在医嘱末尾停止该医嘱。也可以预设停医嘱的下达时间。

7. 医嘱作废　可以对提交后的医嘱进行作废处理。

执行过的医嘱不能作废，只能停止，然后重开。

8. 保存医嘱　将输入的医嘱存入系统的数据库中。

9. 提交医嘱　将新开医嘱发送至护士站，等待护士审核后执行。

（三）检查检验申请及报告查询

1. 若医嘱未审核是否可以删除？已执行的医嘱呢？

2. 使用住院医生工作站，一条医嘱从新增到提交护士站审核共几个步骤？分别应如何操作？

对于患者检查/检验，医生工作站提供了开电子申请单、查询检查/检验报告等功能。

1. 检查申请　用于超声、放射等检查申请单的录入。目前很多住院医生工作站录入检查项目都是采用选择菜单的方式，填写简要病史、临床发现、临床诊断等信息都有常用词汇库及模板，该方式可大大节省医生开单时间。

2. 检查报告查询　通过与RIS系统的连接，医生可查询所有患者检查报告。对连入PACS系统的检查，在住院医生工作站同样可调看患者的影像、文字等报告内容。

3. 检验申请　用于检验申请单的录入，包括临床诊断、标本种类、申请时间等内容。患者住院进行入病区登记时，护士都会为其填写入院诊断，该诊断可自动关联至检验申请单。当此诊断与后期诊断不符时，医生也可在申请单临床诊断处直接修改。若医生需强调检验目的，可在申请单备注处填写。某种检验项目所采集标本种类唯一时（如都是全血或都是尿液）系统可自动关联标本种类；当标本种类不唯一时，需申请医生通过下拉菜单选择填写，同检查申请单一样，多采用选择菜单的方式。

4. 检验报告查询　通过与LIS系统的连接，住院医生可直接在此处查询检验报告单，若该患者某项指标过高或过低，系统在醒目位置有患者危机值提醒及其详细危机值信息等内容，便于医生及时抢救。

（四）其他功能

1. 教学科研　按照各医院习惯，尤其是教学医院，多会将收治的典型病例作为资料供进修、实习等医生学习,因此目前多数住院医生工作站都具备教学库功能。医生可将自己认为较典型的病例转存至教学库,以便教学科研之用。同时,根据各医院行政管理的要求,住院医生工作站系统也可设置主管医生、进修医生等不同用户权限,并对各种权限开放调阅病例、储存病例功能。

2. 各种统计功能 根据医院管理需要,住院医生工作站具备部分信息统计功能,如病种统计、处方统计、住院患者统计分析、患者一日清单统计等。

3. 合理用药功能 系统能为医生提供用药咨询、自动检查药品配伍禁忌等功能,遇到药品无库存、剂量过大等情况时系统亦可自动提示,提高医生开医嘱的准确性和有效性。合理用药功能,实时显示药品商品名、药品名、药品规格、医保类型等信息,无需医生记忆,很大程度上减轻医生负担,帮助医生正确合理使用药物,减少差错和纠纷的产生。

4. 患者出院带药功能 对于出院后仍需服药的患者,医生同样可以在住院医生工作站为其开药带出。选择不同的执行药房,可开的药品也不同,若将执行药房选到中草药房,也可以为患者开中草药带药。

5. 院感上报 由于住院及门诊医生工作站均使用标准的ICD - 10疾病编码库,因此一旦医生录入传染类等需要监控的疾病,院感统计报表就会实时反应并发出预警。这样既减少了漏报情况,又提高了上报的准确性、及时性和统计效率。

6. 会诊请求 对需多科室会诊的患者,可在住院医生工作站提出会诊请求,并发送到相应科室。

7. 工作文档管理 医生排班表、交班登记、接班登记、疑难病例讨论、死亡病例讨论等讨论登记记录文档,均可在医生工作站填写、查阅。实现电子化的工作文档管理,便于上级部门全面掌握情况。

二、工作流程

未实现HIS系统之前,传统方式下患者住院的大部分时间在等待:等待医生下达的医嘱告知护士、等待药房接收医嘱后摆药、等待护士去药房取药、等待检验/检查科室叫号检查等;甚至有时患者还要充当医生的"信息员",将检验/检查科室的报告单带回、反馈药房无库存量信息等。而医生也同样需要用大量的时间等待各项信息的反馈。

住院医生工作站的使用目的就是为了尽可能地减少患者等待时间,提高全院信息传送速度,同时节省医生工作时间,方便操作,提高工作效率。因此,住院医生工作站的流程即住院医生的日常操作流程(图11-2)。住院医生工作站的基本流程如下:

1. 接收患者 患者在出入院科进行基本信息登记后,护士站接收其入病区、安排床位,并为该患者确定主治医生。该医生进入医生工作站,将患者正式接收。

2. 调阅患者信息 从护士站调阅患者信息,包括患者性别年龄等基本信息,也包括检验标本采集时间、体温单等内容。

3. 下达医嘱 下达临时或长期医嘱,信息传达至护士站,由护士审核、执行。包括检查检验申请、护理、用药、手术准备等医嘱信息。

4. 书写病程记录　书写患者电子病历,包括主诉、病程记录、病程首页、出院或死亡记录等内容。

5. 提交病历　患者治疗过程结束,病历信息完整,医生确认签字后,提交患者病历至病案科归档。对于有教学、参考、科研价值的病历可存入病历库,也可从病历库中调阅已存病历。

三、信息检索查询与统计

医生工作站的查询功能,可以帮助医生快速浏览需要的信息。包括患者信息、病历信息及教学库教学病历等。

(一) 基本信息查询

1. 患者基本信息查询　通过设置查看选项,可设置显示患者信息的范围,包括显示当前医生的患者信息或显示全科的患者信息等。进入住院医生工作站的默认界面即为基本查询界面。一位医生可能同时属于几个不同病区,故在基本界面上方显示了该医生所属的所有病区,即使进入某一病区的医生站后也可再次切换病区。只有选到相应病区才能查阅该病区患者信息列表(图 11-3)或床位映射信息。二者的相互切换非常简单,只要在空白处右击弹出对话框,选择【患者详细信息】或【床位映射信息】即可。两种界面功能相同,医生可根据自己的习惯选择。

若需查询患者详细信息,有两种途径可供选择,以查询图 11-3 中 19 床患者信息为例:①直接选中 19 床患者后右击,选择【当前患者信息】。②在左侧应用程序处,选择【住院患者信息查询】。上述两种方法均可显示查询结果(图 11-3)。

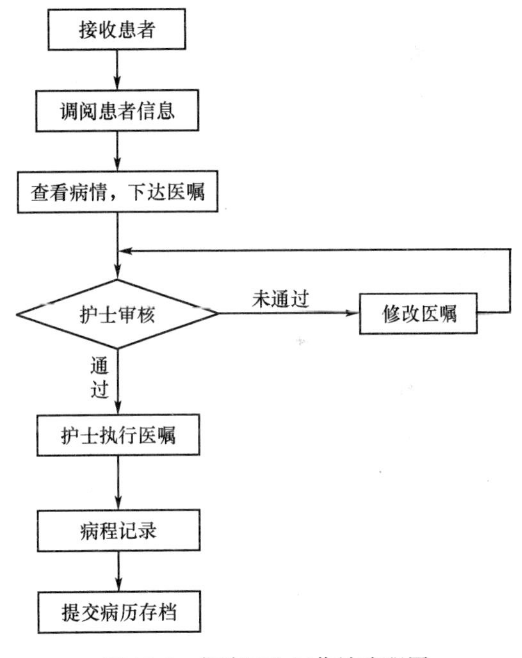

图 11-2　住院医生工作站流程图

2. 病区信息查询　包括查询科室总住院患者数、当日出入院信息、病重病危人数及情况、死亡人数、手术人数、发病率等方面的内容(图 11-4)。

(二) 病历及相关信息查询

在一定权限内病历可用多种入口方式查询、调阅。非本科室病历为只读式,其他科室医生不能修改。本科室可调阅全科在科患者的病历,也可以只调阅本人主管的在科患者的病历,但调阅者只对本人主管的病历有修改权,对其他病历只能阅读,不能修改。对实习医生等所开医嘱,上级医生需审核后方可生效,故上级医生还有病历审核权限。另外,医生还可以即时调阅分析检查检验结果报告单,包括检验结果、B 超、内窥镜、CT、MRI 检查等的图文报告(需要检验 LIS 系统实现与 HIS 系统网上联机以及医技 PACS 系统的支持)。

图 11-3　患者信息列表

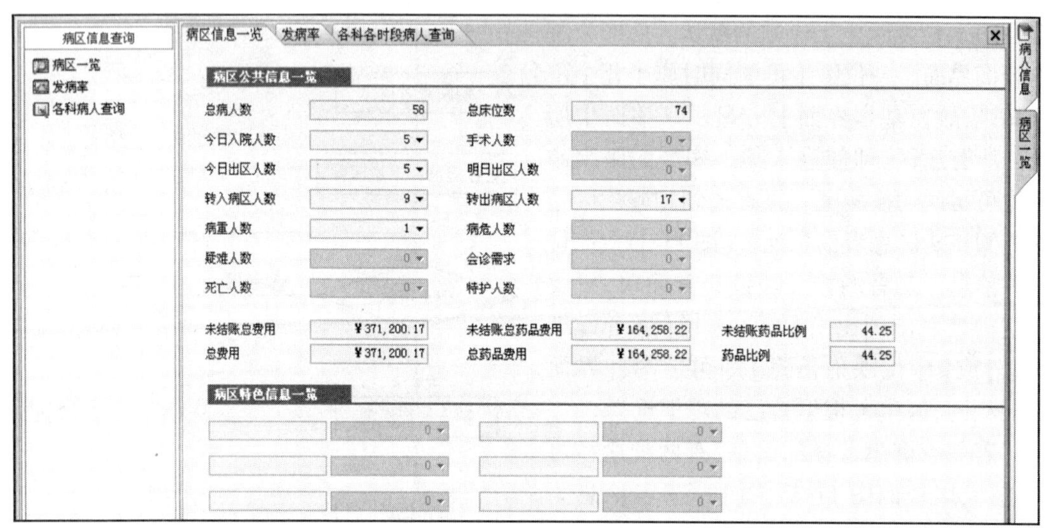

图 11-4　病区信息查询

1. 医嘱查询　选中患者后可直接查询其历史长期医嘱、历史临时医嘱及有效长期医嘱等(图 11-5)。需查看下一位患者病历时,只需在患者列表中双击其姓名即可。选中【历史查询】还可查看出院患者信息,同时支持病历打印。此外,医嘱录入模式下,也可看到患者的各项已开、已执行及已停止医嘱,且该模式下还可以新增、停止、作废医嘱。

2. 体温单查询　患者的体征信息在病房由护士采集并从护士工作站输入到计算机数据库,医生工作站可以显示患者体温曲线。系统提供该功能按钮,选中患者后可直接单击查看。

3. 电子申请单查询　医生开出电子申请单后,均可在医生站查询该申请单的状态,直至医技科室返回报告单。查询步骤如下:

(1) 选中要查询患者信息,单击【检查化验】按钮进入“检查化验申请报告”界面。

(2) 单击【申请单查询】。

(3) 显示结果(图 11-6)。

图 11-5　医嘱查询

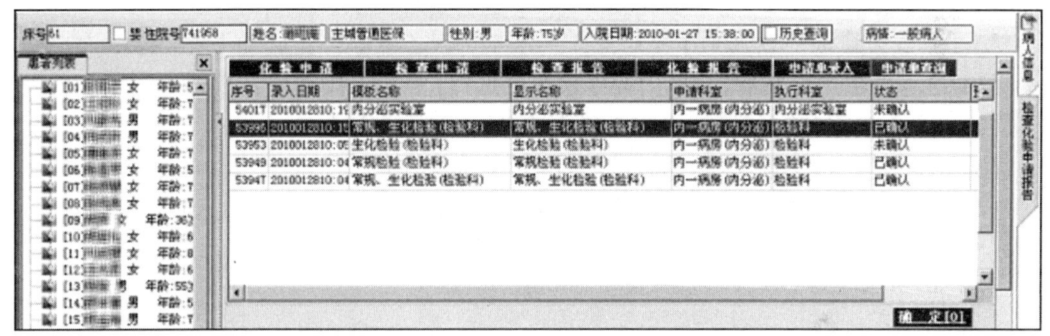

图 11-6　电子申请单查询

在该界面下,直接双击患者列表中其他患者信息,可查阅该患者申请单情况。此外,在电子申请单录入界面也有【查询】按钮。

"状态"一栏表示该申请单目前执行的情况,如"未确认"表示该检查尚未执行,仍可取消;"已确认"表示该检查项目已做,已传回结果。

4. 检查检验报告单查询　医技科室已发布的报告单可以直接通过网络返回医生工作站。如图 11-6 可选择查看检查或检验报告单。或在申请单查询处直接双击选中的已确认申请单名称,也可调阅报告单。此外,该住院患者在门诊就诊期间所有检查检验报告单只要联网,就可从住院医生工作站直接调用。

5. 病历查询　实现电子病历后,患者的所有信息都将被保存在数据库中,可在住院医生工作站填写相关信息,同时也可调阅。但其他医生主管的患者,只能调阅不能修改。进入医嘱查询界面,可查询病案首页、医嘱单、病程记录等基本信息,也可对医嘱进行查询。

若患者已出院，但病案尚未归档时，能否在医生工作站查找到该患者基本信息？如何调阅其病历？病案归档后再调阅又该如何操作？

6. 病案检索 住院医生工作站管理的主要是在院患者的病历（包括患者虽已出院，但病案尚未归档的患者病历）。病历一旦提交，该患者姓名将从医生工作站患者列表中删除。有时出于临床和科研的目的，需要查找感兴趣的病历供参考，为满足这一要求，医生工作站提供了病案检索功能。所有病历提交后，病案科都会对其进行编目，临床医生可以根据一些条件组合（比如诊断、手术、出院日期、性别等）从病案中检索符合条件的病例。

（三）手术及相关信息查询

1. 手术资料 包括患者手术记录、术前小结、术后随访、麻醉前访视记录等均在手术资料模块记录查询。进入手术资料模块，系统会显示科室所有在院患者列表。选中该患者，若其存在手术资料即可直接查阅。

2. 手术安排查询 查询手术室已安排的手术情况。其具体步骤如下：

（1）进入医生工作站后，在应用程序模块处选择【手术安排查询】。

（2）在“手术室”前面打钩，下拉菜单中选择【手术室名称】。

（3）在“手术状态”前打钩，下拉菜单选择【手术状态】。

（4）在“患者卡号”前打钩，输入患者卡号，或单击【住院号】按钮，输入住院号。

（5）在“申请日期”前打钩，下拉菜单选择申请日期。

（6）点【查询】按钮。

（7）显示结果（图 11-7）。

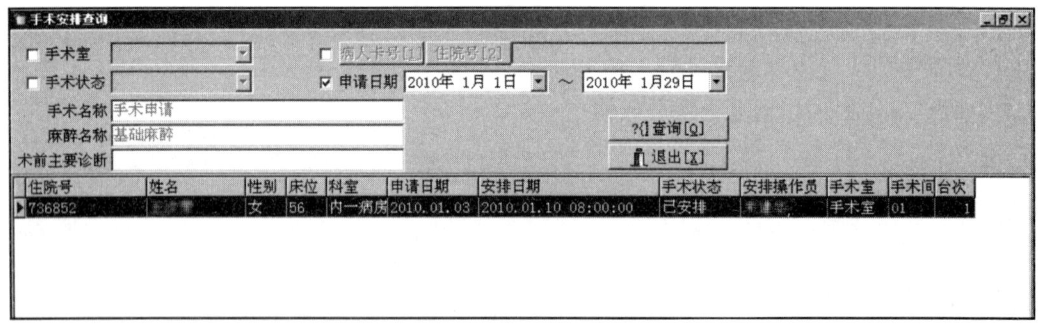

图 11-7 手术安排查询

上述（2）~（5）步骤可任选一条或多条作为筛选条件，设置条件越多，筛选内容越准确，但相应速度也越慢。

（四）其他信息查询

1. 药品字典 为辅助医生临床工作，医生工作站提供了药品字典查询功能。通过它，可以方便、快捷地获取药品的用法、禁忌、不良反应、注意事项等各方面信息。该功能可在医生开药时自动以浮窗形式显示 5 秒，也可直接在查询模块下单击【药品查询】按钮，自主查询。

2. 等床患者查询 通过这一功能可以获得本科室等床患者的有关情况，包括等床人数、姓名、性别、住址等。医生工作站查询模块下，单击【等床患者】即可查看。

3. 文档管理信息查询 文档管理模块下选择相应查询即可显示结果。

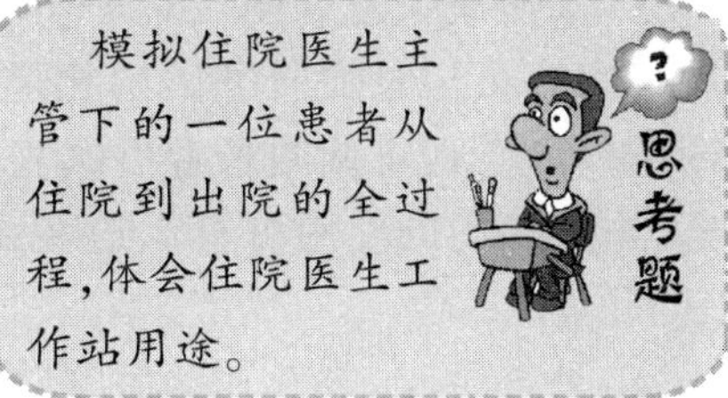

（王 琦）

第三节 门诊医生工作站

由于就诊流程基本相同，门、急诊医生均使用门诊医生工作站。作为门、急诊管理系统的重要组成部分，门诊医生工作站是门、急诊医生完成日常工作的重要平台，其目的是：减轻门、急诊医生书写工作量，规范门、急诊医疗文书，实现门、急诊病历电子化；通过与 HIS 中其他系统的结合，合理规划业务流程，规范就诊秩序，进一步缩短患者候诊、排队时间，提高门、急诊工作效率，减少医患矛盾，从根本上解决困扰门诊的“三长一短”问题。因此，使用门诊医生工作站，对建立全民健康档案、统计某地区某年龄段患病情况、疫情监督等都有积极作用。

一、系统概述

门诊医生站子系统是协助门、急诊医生完成日常医疗工作的计算机应用程序，其主要任务是处理门诊记录、诊断、开电子处方、检查检验等信息，实现对门、急诊患者病历的实时管理。门诊医生工作站支持门诊号码、读取患者就诊卡及条码等信息查询。

1. 患者身份识别 可支持医院就诊卡、医保卡及患者就诊号等多种手段识别患者身份，覆盖了公费、医保、自费等所有类型的患者。患者信息查询时可方便调阅当前待诊患者的历次就诊情况、了解其历史用药情况及各项检查检验报告。

2. 挂、换号功能 对于特需患者、长期患者直接找医生看病的情况，门诊医生工作站提供直接挂号功能，通过医生站划卡即实现挂号，挂号后医生再开处方或相应检查申请单时，患者只需一次性到收费处结算。既减少了患者多次排队情况，也减轻了门诊收费处的工作压力。另外，由于很多医院尤其是大型医院的科室划分很细，经常出现患者挂错号的情况，对于不属于本科室收治的患者，通过医生工作站可以直接把患者转诊至其他科室，患者无需到挂号处换号。

3. 门诊分诊叫号 护士将候诊患者分诊至诊室后，医生可利用工作站单击下一个患者，此时门楣显示屏、分诊大屏等处就会显示该就诊患者姓名，同时若采用多媒体叫号方式，还可实现语音叫号，极大改善门诊就诊秩序。

4. 电子申请单 利用门诊医生工作站开出检查检验电子申请单，收费处收费后系统将信息直接传送到各相应科室。各项检查报告亦可通过网络返回医生站，供医生调阅。对于连接 PACS 系统的医院，除报告外，影像资料也可实现同步传输。

5. 病历录入及调阅 对于初诊患者，医生通过患者口述的病史、家族史、过敏史等信息，可直接记录或通过调用相应模板完成门诊病历的录入。对于复诊患者，医生在诊疗过程中，也可调阅患者历次完整就诊记录，为患者提供更为准确、连续性的医疗服务。电子病历的使用可有效避免由于患者对门诊病历保管不当而造成的就诊信息缺失问题。

6. 处方录入 医生确诊后，可直接在门诊医生工作站录入处方，系统同时关联药房库存及药品价格库，医生根据患者实际情况下达处方。

7. 模板功能 与住院医生工作站相同，门、急诊医生也可根据习惯制定成套模板，包括全院模板、科室模板、个人模块等。

8. 支持多种输入方式 根据每位医生不同的输入习惯，支持键盘、手写板、语音等多种输入方式，大大降低系统使用门槛，保证门、急诊病历快速书写。同时，对所有诊断名称、药品名等，均可根据其名称快速检索，如输入“头痛”时，可直接输入“tt”查找。

9. 合理用药模块 与住院医生工作站相同，该模块可提供查询药品规格、产地、疗效、禁忌证、有效期、批号等信息功能，为医生合理地制定治疗手段提供了理论依据。

10. 复制处方 对于复诊患者，医生除可在历史信息查询中调阅其历史处方外，亦可直接复制其全部或部分处方。

11. 门、急诊医生工作量统计 门诊医生工作站可实现对医生工作量的统计查询。查询条件可设定日期、医生姓名、科室、初复诊等。根据各医院的要求，可人为地设置统计权限。

12. 疫情报告 同住院医生工作站，当疫情、院感等事件发生时，可直接通过工作站向上级汇报。

13. 入院申请 门诊医生确认需住院治疗的患者，医生可通过门诊医生工作站直接将其信息发送至出入院科，节省患者入院登记时间。

二、工作流程

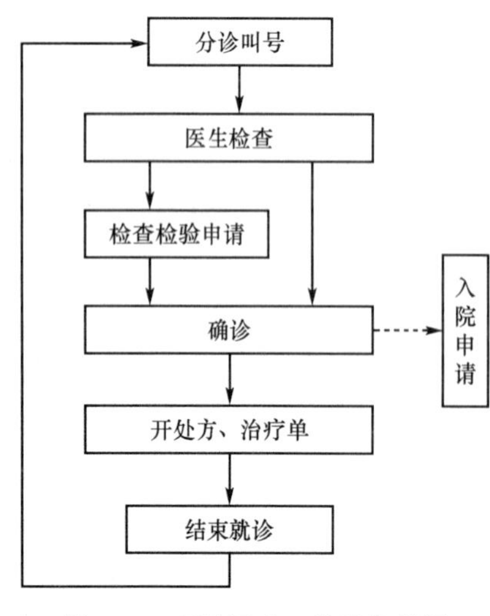

图 11-8 门诊医生工作站流程图

门、急诊医生工作站的流程与住院相比略有不同，主要在于患者存在护士分诊流程。另外与住院计费不同，门诊患者必须去收费处缴费后才能进行相应的检查、取药，医生才能为其进行诊疗活动(图11-8)。门诊医生工作站的基本流程如下：

1. 分诊叫号 患者到诊室候诊，通常医院会配备分诊大屏及语音叫号系统。医生在自己名下的待诊队列中单击患者姓名，系统会将其自动发送到诊室门楣上的电子屏及候诊处的分诊大屏；或者医生在工作站直接结束当前患者，系统也可自动呼叫下一个患者进诊室就诊，该呼叫包括门楣处电子屏、分诊大屏及语音叫号。

2. 患者就诊 患者就诊时门诊医生工作站会自动调阅该患者基本信息，医生据此为患者生成新的就诊病历。并将该患者加入本医生已就诊患者队列,一则便于再次查找患者信息,再则便于统计医生工作量。

3. 开具电子申请单　通常患者就诊时,医生会要求其进行一些辅助检查,并在门诊医生工作站提交检查检验申请。收费处收费后,申请单信息会直接传至相关检查检验科室,患者报告信息也会通过系统自动回传。

4. 医生确诊　开具治疗单和处方等。患者做完相关检查后,医生为其开治疗单或处方,药房的药品库存量可实时返回医生工作站,以便医生了解。确认缴费后,治疗单传至护士站,处方传至药房。

5. 入院申请　门诊就诊后被确认需住院的患者,通过门诊医生工作站直接将基本信息传至出入院科。

三、信息检索查询与统计

(一) 基本信息查询

1. 患者基本信息查询　门、急诊患者就诊时,会持医院就诊卡或医保卡,故其基本信息均已与所持卡片绑定,门、急诊医生可采用读卡、输入挂号发票号、输入挂号序号等多种方式查找当前患者(图 11-9)。

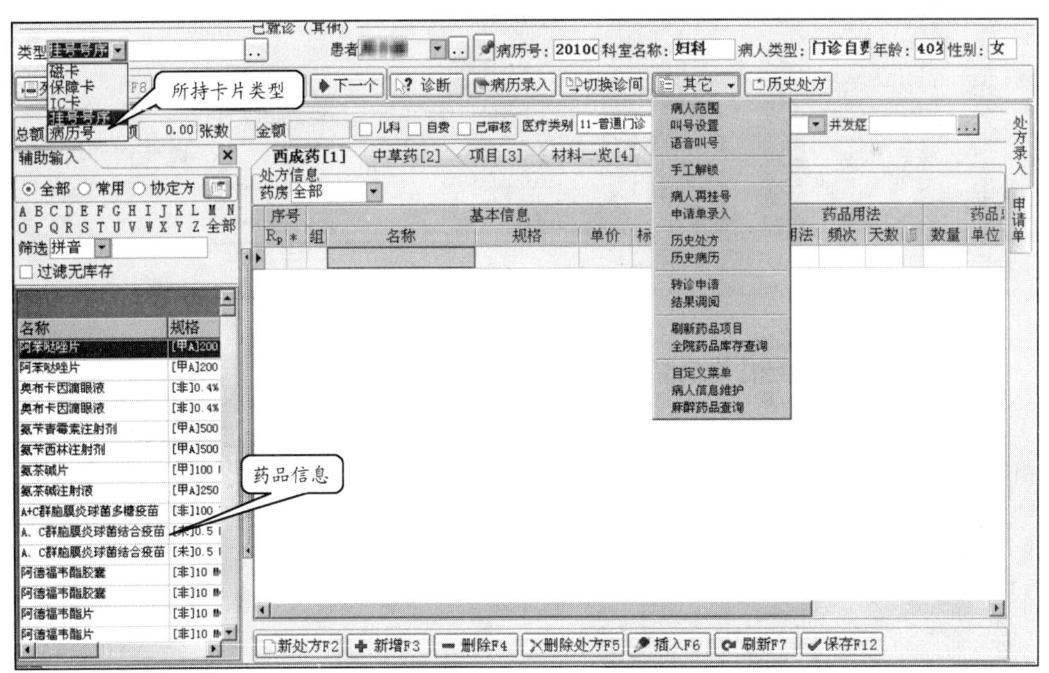

图 11-9　门、急诊医生工作站基本界面

单击“其它”下拉菜单的【病人范围】选项,可设置病人筛选条件(图 11-10);如挂号类别可只选择普通挂号、急诊挂号中的一种或几种,以缩小筛选范围。病人范围可选择“只显示当前医生可处理病人”、“显示当前科室所有病人”等。

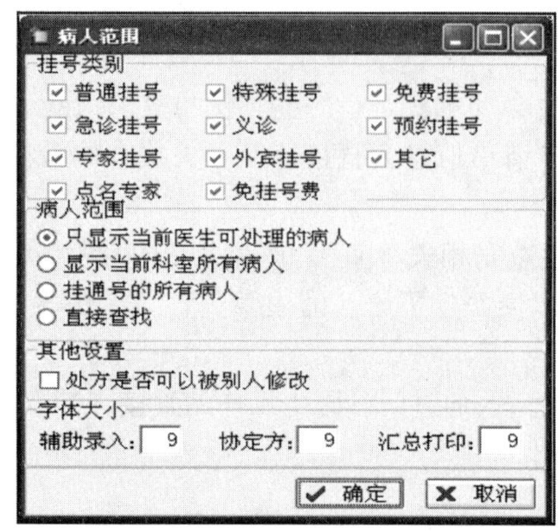

图 11-10　病人范围选择界面

也可以通过患者列表直接从所有已被护士分诊到诊室的患者中查找该患者姓名(图 11-11)。通过各种筛选条件,可快速查找到相应患者。列表按患者就诊状态自动分类,每种分类菜单可直接下拉打开。其中就诊中患者表示某位医生已将该患者信息锁定,其他医生不能再选中该患者。

2. 药品基本信息查询(图 11-9)　药品明细栏内包括所有药品的名称及规格等信息,在筛选栏输入药品名即可实现检索。系统支持过滤无库存药品。同时与住院医生工作站相同,医生开出药品后,系统也会自动出现浮窗显示药品信息。

查找 2010-01-29 类型 全部　　刷新　选定　退出

挂号时间	患者姓名	性别	医生	医保类别	号.	卡号	病历号	身份证号码
就诊状态 ：未就诊（挂号到医生）								
就诊状态 ：就诊中								
就诊状态 ：已就诊（其他）								
00:23		女		门诊自费	1	4120526969	2010000001872	
00:22		女		门诊自费	2	4120526966	2010000001869	
00:24		女		门诊自费	2	4120526970	2010000001873	
00:23		女		门诊自费	3	4120526967	2010000001870	
00:24		女		门诊自费	3	4120526971	2010000001874	
07:36		女		门诊自费	3	4120526116	2010000001977	
00:23		女		门诊自费	4	4120526968	2010000001871	
07:30		女		门诊自费	4	;999991013698157	20088061278	
07:25		女		门诊医保	5	A02642499	2010000001940	
07:31		女		门诊自费	5	4120514375	2010000001945	
07:31		女		门诊老年医保	6	;1000129229=1000000003580747	20088134230	
07:35		女		门诊自费	6	4120427234	2010000003762	
07:35		女		门诊医保	7	A08518034	2010000000529	
07:35		女		门诊自费	8	4120411103	2010000000838	
07:43		女		门诊自费	8	4120425316	2010000004807	

图 11-11　门诊患者列表

(二) 门诊病历及相关信息查询

1. 处方查询　对所有已就诊患者,门诊医生工作站均可对其处方进行查询,查询步骤如下:

(1) 进入门诊医生工作站,选择医生所属科室及诊室;

(2) 通过读卡或列表查询等方式查找患者基本信息;

(3) 单击【历史处方】按钮,或在“其他”下拉菜单中选择【历史处方】(图 11-9);

(4) 查看结果。

对于当日就诊的患者,如遇处方笺丢失需补打等情况时,医生也可直接从已就诊患者列表中找出该患者信息,单击【汇总打印】,调出该患者处方及检验检查申请单等信息(图 11-12)。

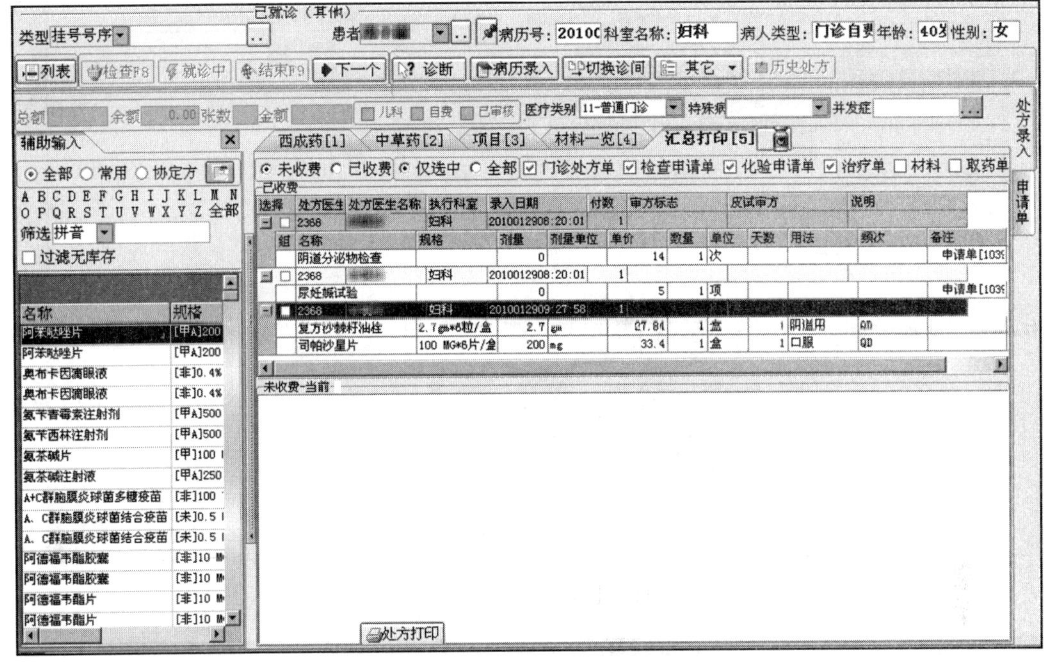

图 11-12　处方查询结果界面

1. 有些医生可能同时属不同科室，如某医生可以同时属于内科与急诊两个科室，若患者挂内科的号，而医生将自己科室选到急诊，同样无法调阅患者处方。

2. 在未选中患者前，除“患者列表”外，其他按钮均为灰色，即处于不可选状态。

思考题：门诊医生在“汇总打印”处无法查阅处方，可能是何原因？无法查阅检查申请单或检验申请单又是什么原因？

2. 电子申请单查询　在录入申请单界面即可实现已保存申请单查询。具体步骤如下：

(1) 通过患者列表等方式查找到该患者信息。

(2) 进入“申请单”界面，在左下角“已录入申请单”栏内双击要查询的申请单，或直接单击[申请单查询]按钮后，双击要查看的申请单。

(3) 显示结果(图 11-13)。

3. 检查检验报告单查询　医生找到该患者信息后，通过单击申请单查询界面处[报告查询]按钮可实现报告单查阅。若已知患者检查检验缴费单发票号，也可在任意患者报告查询界面下输入发票号查询。若单击如图 11-14 所示，【查询】按钮，可列出当日所有该医生所开检查检验项目的报告单，也可在此列表中直接查找患者信息后调阅。

4. 病历查询　若患者每次就诊使用同一张就诊卡，其历史就诊信息就可以直接调阅，在如图 11-9 所示的“其他”下拉菜单中选择【历史病历】可查看患者前次就诊病历记录。若该患者第一次就诊，该按钮为灰色，无法选中。

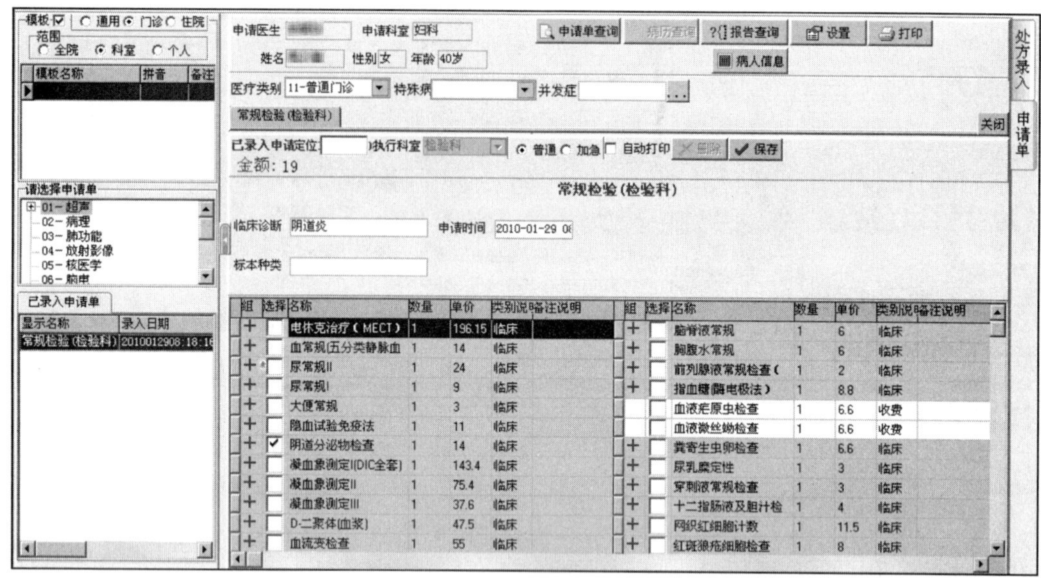

图 11-13 电子申请单查询结果界面

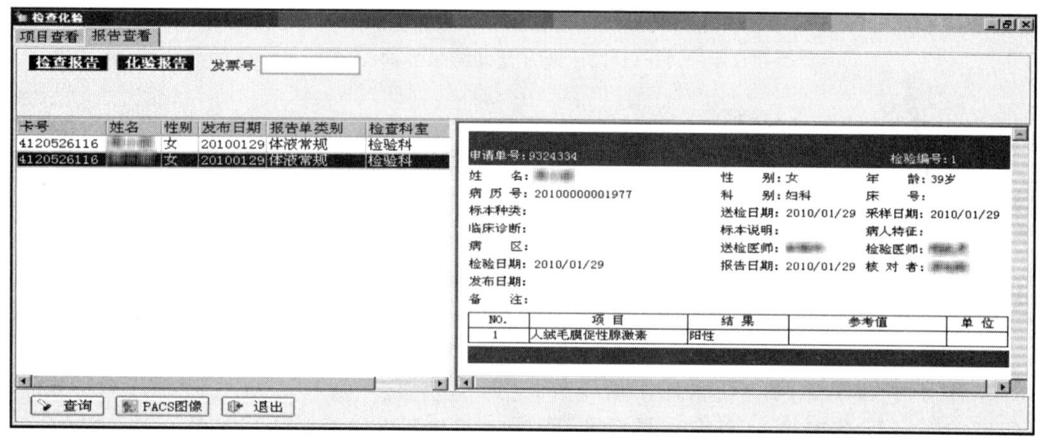

图 11-14 检查检验报告单查询结果界面

(三) 其他信息查询

1. 门诊日志查询 即医生工作量统计查询,可选择起止时间、科室、初复诊状态及需统计医生工号(图 11-15)。

2. 医生排班查询 进入"设置"模块的医生排班子系统,可输入时间、医生工号等方式查询排班情况。该排班表亦将每位医生每日所在诊室详细列出,系统支持打印功能。

3. 协定方查询 每人、每科室甚至全院都可设置协定方,门诊医生工作站的设置模块下,对有权限的医生工号,可以直接修改全科或全院协定方,其余医生可查阅。个人协定方进入自己工号后均可查看、修改。

图 11-15　门诊日志查询界面

（王　琦）

第四节　护士工作站

一、系统简介

护士工作站与医生工作站一起构成了医院信息系统的临床诊疗部分。护士工作站是医生工作站与执行科室之间信息传递的桥梁，医嘱首先传递到护士工作站进行转抄、校对和执行。治疗医嘱由护士完成，药品医嘱或检查检验医嘱信息传递到相应的执行科室，执行科室完成检查化验或发药后，又会将信息反馈回护士工作站。

护士工作站除了医嘱处理之外，也负责患者管理，包括患者入院、出院、转科、转床等，同时管理患者费用，包括计费、查询费用、退费等。

虽然护士工作站一般只处理护士的日常工作，但在医院信息系统的实际实施过程中，只要护士工作站具备了医嘱转抄录入的功能，即使缺少医生工作站的情况下，HIS 系统也能够顺利运行。所以也可以说护士工作站是 HIS 系统的基础模块，它就像串起珍珠的丝线，一旦断裂，HIS 将支离破碎，无法形成完整有效的系统。

近年来，护嘱的概念在医学界被提到得越来越多，常言道“三分治疗七分护理”，即在护理工作中，护士有三分是在执行医嘱中用药治疗，而有七分则是在为患者提供基础护理、专科护理、功能恢复、心理护理、健康教育等与疾病相关的护理服务，护士不仅仅承担转抄执行医嘱的角色，还应该有下护嘱的权限，因此护士工作站还应该考虑将护理活动形成文档，生成护理计划等功能。

二、系统功能及工作流程

护士工作站可以分为门诊和住院两个部分。门诊护士工作站的功能相对简单，主要有分诊排队叫号、医生排班、门诊日志记录、填写传染病疫情报告卡等。住院护士工作站的功能分散而复杂，基本上可以分为三大类：患者管理类、医嘱处理类和护理记录类。

下面我们分别对门诊及住院护士工作站的功能进行介绍：

（一）门诊护士工作站

1. 分诊排队叫号 门诊分诊排队叫号系统可以规范门诊就诊秩序，营造良好的就医环境，实现"一医一患"，保护患者隐私。分诊排队叫号系统在门诊护士站实现分诊，由系统自动排队后，医生依次进行叫号。规划分诊排队叫号系统的难点在于设计排队流程，由于医疗工作的特殊性，并不能做到像银行那样严格的顺序排队，而是需要充分考虑各种特殊的情况。比如一般在医生下诊断或处方前，需要患者做一些辅助检查，患者做完检查拿到结果后回到医生工作站，排队将如何进行优先处理？患者排队后，若在等待的过程中离开，错过叫号又如何处理？优诊、急诊、VIP 的患者怎样排队？等等。根据医院具体情况的不同，要充分考虑各种情况，才能确定分诊排队叫号的流程。

2. 医生排班 医生排班的工作可以在门诊办公室进行，但门诊医生排班如遇特殊情况需要调整的话，在门诊办公室排班就不太方便。因此将医生排班的模块放到门诊护士工作站，由门诊护士来设置本科医生的排班情况，比较灵活。

3. 门诊日志记录 门诊日志是门诊医疗文书的重要组成部分。由于门诊患者的流动量很大，为了节约挂号时间，在挂号窗口不可能详细记录患者的基本信息，那么就需要在门诊护士站进行完善。门诊日志除了患者的卡号、姓名、性别、年龄外，还应该记录患者的地址和联系方式等，以便今后进行随访或者有关流行病、传染病的分析统计等。

4. 填写传染病疫情报告卡 近几年的非典事件、甲流事件等突发公共传染病令政府和公众对传染病的预防和控制越来越重视，依据《中华人民共和国传染病防治法》、《突发公共卫生事件应急条例》、《突发公共卫生事件与传染病疫情监测信息报告管理办法》等法律法规的要求，发现传染病患者必须填写疫情报告卡并依法上报。传染病疫情报告卡按规定应该由首诊医生负责填写，汇总到护士站和医院传染病管理部门后，再统一上报。

（二）住院护士工作站

住院医生工作站的功能非常分散，大致可以分为三类：医嘱处理类、患者管理类和护理记录类，其中患者管理类又可以分为患者床位管理，入、出、转管理以及费用管理。

医嘱处理是护士工作站子系统的核心功能，主要包括医嘱审核、执行、查询、药品领退等子模块。在医院信息系统的流程中，它接收医生工作站下达的各种医嘱，经审核、查对后向执行科室转达。

医嘱处理的工作流程如图 11-16 所示：

1. 审核医嘱 在手工流程中，医生开医嘱后，由护士进行转抄和校对。如果实现了电子医嘱，系统就会自动将医嘱传送到护士工作站，取消了繁琐的转抄步骤，但护士站仍然需要对医嘱进行校对审核，发现问题及时提醒医生修改。

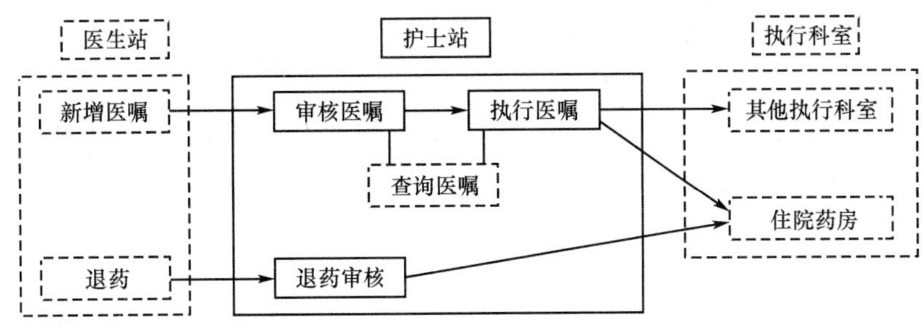

图 11-16　护士站医嘱处理流程

2. 执行医嘱　执行医嘱有两个概念，一个是将审核过后的医嘱执行到相关执行科室，如住院药房、检验科、放射科、超声科等，另一个是指护士执行治疗医嘱，如输液、吸氧、备皮等，记录执行时间和执行人。

3. 退药审核　医生开出的退药申请需要护士站进行审核，对符合退药条件的药品，可安排工作人员退回住院药房；对破损、污染等不符合退药条件的药品，则予以拒绝。

> 在护士站处理医嘱时，为什么要设置“审核”和“执行”两个环节，如果省略掉其中一个环节行不行？为什么？
>
> 思考题

4. 病区领药和科室领药　病区领药是领回用于患者治疗的药品，护士工作站执行医嘱后，会自动在中心药房生成领药信息。病区领药有两种模式，一种是中心摆药模式，一种是科室摆药模式。

中心摆药即在药剂科实现患者配药送到临床，这种模式有利于加强药品管理，指导合理用药，但也存在一些难以解决的问题，如必须要建立符合无菌化要求的配药中心，增加了成本；在配药与患者实际用药之间有时间差，若在这段时间内患者由于病情变化或其他原因需要停药或退药时，某些已经配药完成的混合注射药品和口服药品等就不能回收了，若为贵重药品的话，就会造成极大的浪费。

科室摆药是住院药房针对病区发药，药品送到病区后，再由护士站分配给患者。这是最传统的摆药模式。这种方式在患者没有实际用药之前保证了药品包装的完整，所以退药很方便，但采用这种方式患者用药不能分零，无形中增加了患者的负担。

科室领药即领取病区完成医疗活动所需要的药品，如酒精、碘酒等消毒液，有的 HIS 系统也将科室领药与科室领取材料（棉签、纱布等）的功能合并。

5. 病区二级药柜　病区往往需要存储一些应急药品（如急救药、常备药等），以备不时之需。HIS 系统提供二级药柜的功能，以完善对这部分药品的监管。

6. 过敏药品管理　录入抗生素皮试结果，提醒并控制医生用药。

7. 查询历史医嘱和新开医嘱等。

患者管理类模块的功能如下：

1. 患者入、出、转管理　新患者入科需要分配床位、确定管床医生和主治医生、录入初步诊断等。在院患者可以转科，出院患者需要先在护士站执行出区操作，停止所有的长期和临时医嘱，录入出院方式和出院诊断等。

中心摆药和科室摆药各有什么优缺点？对药剂科、财务科、临床科室来说，各有什么利弊？请设计一个合理的病区摆药模式。

2. 患者床位管理 提供转床、包床以及包床取消等功能。

3. 患者费用管理 补费、退费、查询费用、打印住院患者一日清单、设置费用报警线、催款等。在 HIS 系统中，一般将医嘱设置与费用关联，当医嘱执行或辅助科室确认时，系统可以自动计费。但并不是所有的费用都可以通过医嘱自动记账，有一些治疗医嘱如吸痰、吸氧、心电监测等，只能在护士具体执行治疗后才能够确认数量和金额。

护理记录类功能：

1. 信息打印和管理 根据医嘱打印各种执行单据，如服药单、注射单、静脉滴注单、膳食单、治疗单、护理单等。护理信息管理：录入患者的生命体征如体温、脉搏、呼吸、血压的数据，打印出体温单。

2. 护理文书 包括护士排班、护士交班、护理计划等。

3. 医嘱录入 如果已经具备医生工作站，则此功能可以取消。若没有住院医生工作站，则可以在护士站提供医嘱转抄录入的功能，使 HIS 流程能够顺利运转。

三、信息检索查询与统计

护士工作站可以查询费用、医嘱和护理记录信息。

（一）查询费用

1. 在院患者费用查询（图 11-17） 输入住院号或床位号，可以定位到单个患者查询计费情况。费用查询应该可以提供各种选择条件，比如按费用大项还是费用小项汇总，是否查询费用明细、床位信息、转科信息、未记账费用、手术信息、过敏信息等。

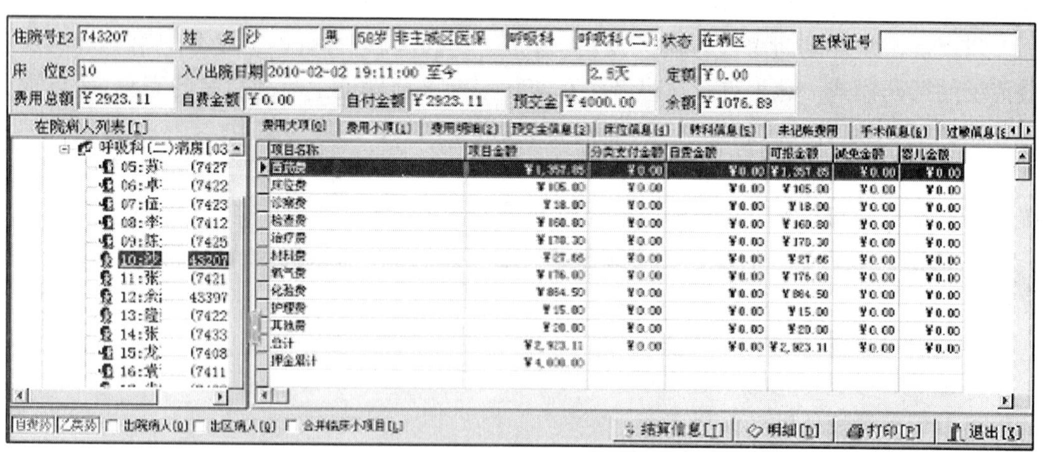

图 11-17 在院患者费用查询

2. 患者一日清报表打印 可以选择单患者打印，也可以选择全区患者打印，还可以选择过滤某些费用类别打印。

（二）查询医嘱

1. 医嘱查询（图 11-18）　输入床位号后按“回车”键，就可以查询到该床患者的所有医嘱。通过状态栏标志可以区分医嘱的状态，如未执行医嘱（◇）、已执行医嘱（◆）、被取消的医嘱（★）等。单击标签按钮可以分别查询长期医嘱、临时医嘱和整理医嘱。

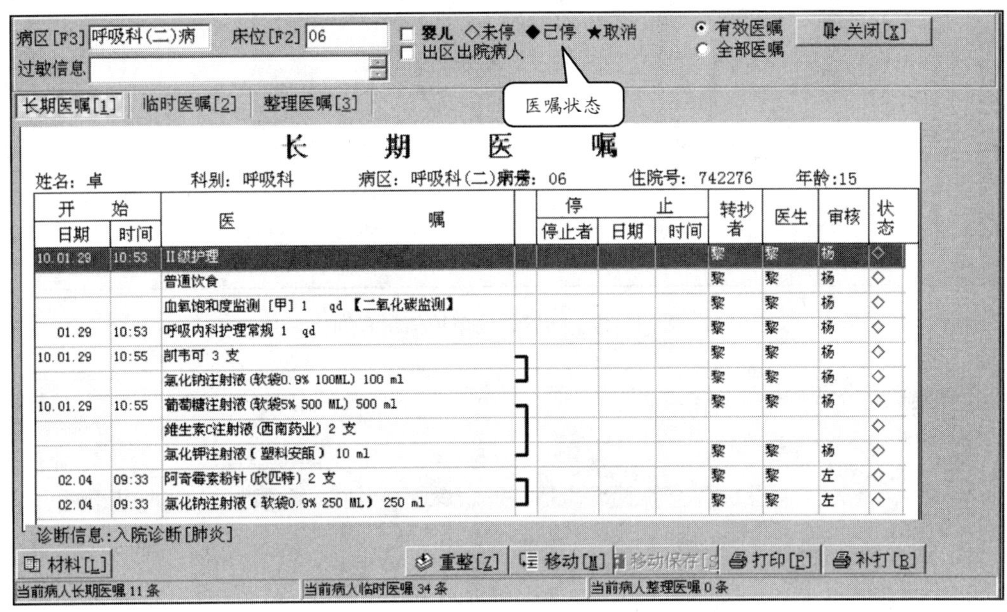

图 11-18　医嘱查询

2. 查询医嘱失败原因　当药房库存不足或患者预交金不足时，医嘱执行失败，在医嘱失败查询界面中，可以查到医嘱执行失败的原因和解决建议。采取通知药房增加库存、停药重开医嘱或催款等措施后，就可以通过医嘱恢复功能重新执行上次失败的医嘱或进行作废处理。

3. 病区领药申请信息查询　医嘱执行后，相应的医嘱信息就会传送到执行科室，如果是药品医嘱，则传送到住院药房，护士站可以通过“病区领药申请信息查询”菜单查询到所有的领药申请。如图 11-19 所示，可以分别选择查询全区患者或单患者的领药申请、过滤查询条件（已发、未发、作废、恢复），也可以查询到患者退药情况、单药品的申请信息和发药状况等。

4. 药房已确认发药信息查询　执行成功的医嘱，在住院药房发药之后，护士站就可以通过“药房已确认发药信息查询”菜单查到。如图 11-20 所示，可以选择日期条件查询一段时间内的发药信息，也可以选择查询病区汇总药品或患者药品明细清单，在“发药单据”栏还可以选择过滤条件。“病区领药申请信息查询”与“药房已确认发药信息查询”两张报表结合，就可以有效检索到病区的领药、退药、作废药品等情况。

（三）查询护理记录

1. 查询并打印执行单据　如图 11-21 所示，可以根据新开医嘱的时间、床位号、医嘱类别（长期、临时）等条件来查询各种执行单据，并打印瓶签。

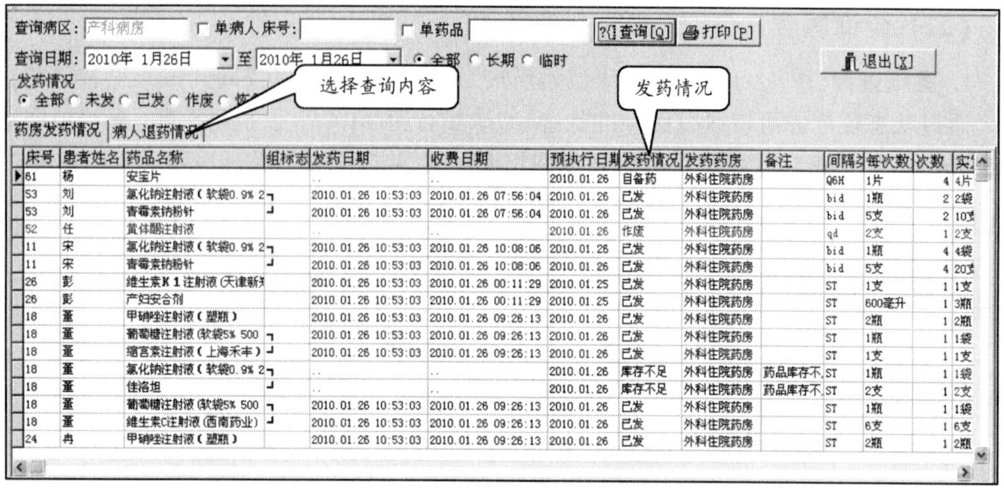

图 11-19　病区领药申请信息查询

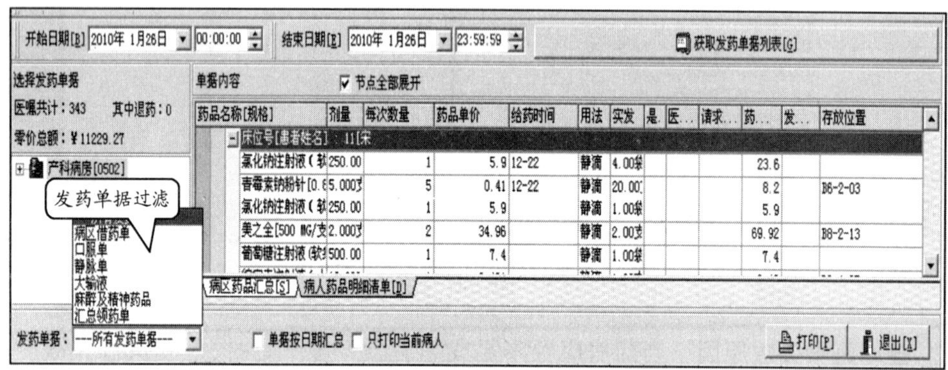

图 11-20　药房已确认发药信息查询

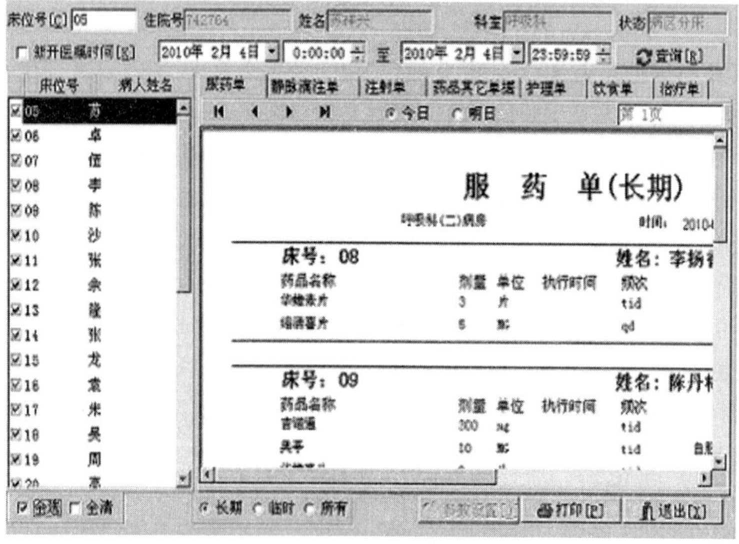

图 11-21　执行单据查询和打印

2. 护理记录填写及查询　如图 11-22 所示，可以在护理记录单中填写患者的基本体征情况，如大小便次数、引流量、体温、脉搏、呼吸、血压、心率等，自动生成体温单，并提供打印功能。

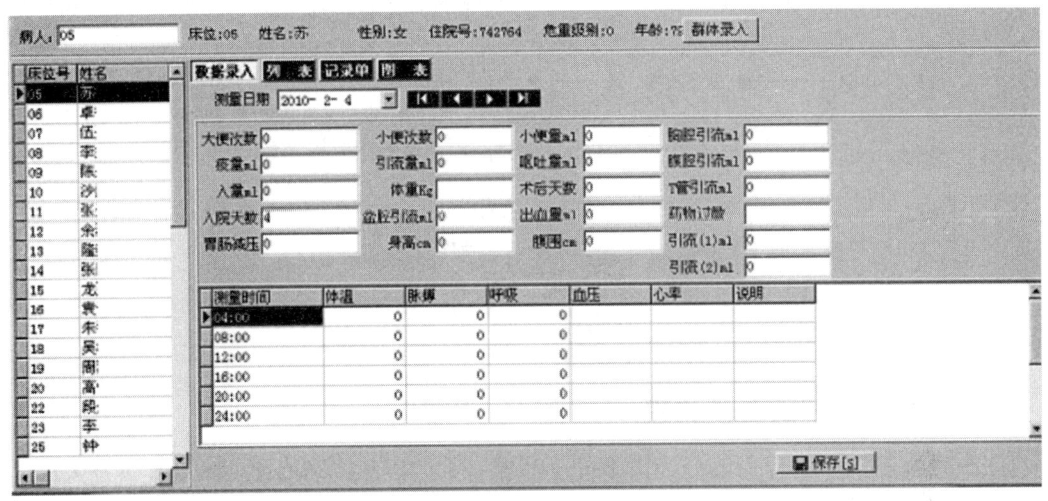

图 11-22　护理记录及体温单

（卢　烨）

第五节　实验室信息系统(LIS)

实验室信息系统(Laboratory Information System，LIS)是指专门为医学实验室而设计的信息化管理系统，主要应用于医院检验科，也可以涵盖血库以及其他相关的实验室。大型的实验室信息系统几乎包括了所有的实验室研究的学科内容，比如血液学、生化学、免疫学、血库、病理学、微生物学等，这些模块可以依据不同医院的实际情况进行选择和配置。

LIS 系统利用信息技术对检验流程实现智能化、规范化、自动化的管理，辅助生成检验报告，提高工作效率。作为医院信息系统的一个重要组成部分，起初 LIS 系统的主要功能是生成检验报告供临床医生参考。但近年来，随着对医学实验室管理要求的提高，LIS 系统的功能也日趋完善，不再仅仅局限于向临床发布报告，而是新增了许多符合实验室自身管理特点的模块，即所谓的实验室信息管理系统(Laboratory Information Management System，LIMS)。

一、系统概述

(一) LIS 系统的功能架构

LIS 系统由硬件和软件两部分组成。硬件包括 LIS 服务器、客户端工作站等，软件包括数据库和前台程序软件。其中，前台程序软件体现了 LIS 系统的功能，其架构如图 11-23 所示：

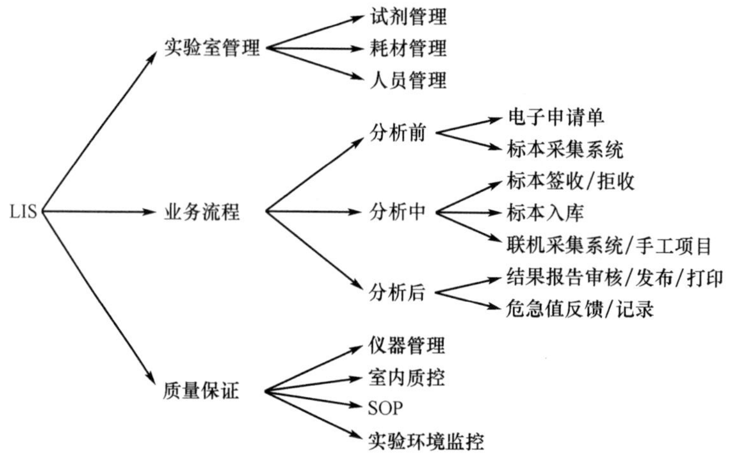

图 11-23 LIS 系统的功能架构

(二) LIS 系统的工作流程

LIS 系统的工作流程一般分为以下几个步骤:医生申请、标本采集、标本签收及入库、上机检测或手工检测、生成报告、审核发布,如图 11-24 所示:

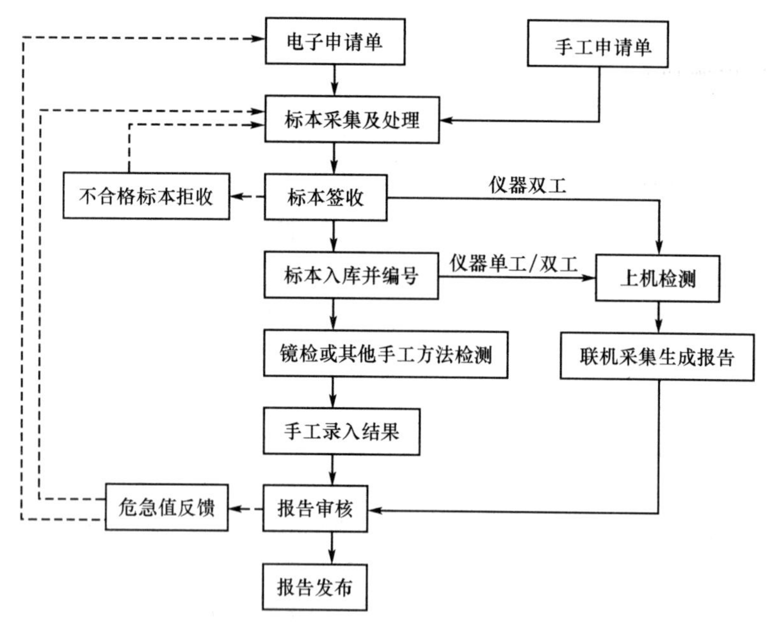

图 11-24 LIS 系统的工作流程图

(三) 仪器联机采集

LIS 系统生成初步检验报告的方式有两种,一种是通过手工检测得出结果,人工将检验结果录入;一种是由检验仪器提供接口,自动将结果从仪器采集转入 LIS,这就是仪器的联机采集。在实际应用中,除了镜检结果以及其他少量用手工检测方法得出的检验结果外,其余绝大多数仪器(如生化分析仪、免疫分析仪、血细胞分析仪、尿液分析仪等),由于标本量大、结果项目多,采用手工方式录入结果是不现实的,必须采用仪器自动联机采集的方法生成初始报告。

仪器联机自动采集的模式有两种，一种是单工模式，一种是双工模式。单工模式是指LIS系统接收由仪器传输的检验结果，而仪器本身则不接收LIS系统传输的指令，即信息由仪器向LIS系统单向传输。双工模式是指仪器与计算机的双向通讯，仪器不仅可以向LIS系统传输检验结果，而且可以接收来自LIS系统的指令和信息。

仪器联机自动采集获得结果的方法主要有：

1. 直接读取仪器数据库　采用这种方法采集数据需要满足两个条件：仪器必须是通过数据库管理软件来处理检测结果；仪器必须允许对其数据库进行读取操作。采用这种联机方法，一般需要将LIS系统部署到仪器的管理计算机中，即仪器的管理计算机要连入医院的局域网。

2. 读取out文件　有些仪器不允许对其数据库进行读取操作，但软件会提供将检测结果导出成out文件的功能。out文件一般是txt格式，也有一些是xls或其他的格式，LIS联机数据采集系统读取out文件，将其结果导入到LIS。采用这种方法也需要将LIS系统部署到仪器的管理计算机中。

3. 通过硬件接口采集数据　这是联机采集系统应用得最为广泛的方式。仪器可以有单独的管理计算机，也可以没有，检验的结果通过仪器管理计算机或仪器本身自带的COM串口传输到LIS系统中。由于这种方法直接通过硬件接口传输数据，所以仪器的管理计算机就可以不必连入医院的局域网中。近年来，随着计算机和检验仪器设备传输技术的发展，越来越多的仪器也开始提供网线接口来传输数据。

思考题

1. 与单工模式相比，仪器双工模式有哪些优势？

2. 使用网线接口与使用COM串口，各有什么优缺点？

3. 通过硬件接口采集数据的方法与直接读取数据库或out文件相比，有哪些优势？

二、LIS的功能模块

LIS的组成如果按照功能来划分，可以分为业务模块和管理模块。业务模块实现检验科基本的业务流程，而管理模块则提供管理、查询和统计的功能。

业务模块如果按照检验流程划分，可以分为分析前的模块、分析中的模块和分析后的模块；如果按照专业组划分，则可以分为血液学、生物化学、免疫学、体液学、微生物学、基因扩增、病理学、输血医学等。

由于除了微生物检验和血库之外，其他专业组的业务流程有相似之处，所以我们将按照检验流程来介绍LIS的功能模块。

（一）分析前的模块

1. 电子申请单　一般来说，由于检验申请需要由医生开单，所以电子申请单多在HIS系统中的医生工作站实现，但电子申请单的格式、内容都必须满足检验科的要求。电子申请单上需要反映的内容主要包括患者基本信息、临床诊断、送检标本种类、开单项目等，微生物申请单还需要填写用药情况说明。为了保证医嘱的完整性，在医生开出电子申请单时，系统会自动增加一条临时或长期医嘱，这样就可以避免医生开完申请单后还需要补充电子医嘱的麻烦。电子申请单保存后系统会自动记录开单时间和开单医生的工号、姓名。

2. 标本采集及处理 标本的采集及处理分为住院和门诊,住院标本采集一般在护士工作站中完成,而门诊标本采集则在专门的门诊采血中心或检验科进行。在标本采集模块中,条码标签技术被普遍采用。条码标签技术是指在进行标本采集时,由系统调出患者的医嘱信息与采血管上的条码进行绑定,于是当标本送到检验科后,在 LIS 系统的所有环节中都可以通过扫描采血管上的条码来识别患者的信息和医嘱,而无需打印纸质申请单。

目前普遍采用的条码应用模式主要有两种,一种是预制条码模式,另一种是打印条码模式。

预制条码模式:是指由厂商生产条码标签粘贴到采血管上,并保证每一根采血管的条码编号唯一。在使用时从标本采集系统中调出患者的基本信息和医嘱,根据系统提示取相应颜色的采血管,用扫描枪将采血管上的条码与患者信息进行绑定。这样,采血管上的条码与患者信息就形成了对应的关系,将这种对应关系存入数据库,以后便可以通过扫描条码来调出患者的信息和医嘱了。

打印条码模式:是指在医院采血工作站打印条码标签并粘贴到采血管上。由于条码标签是由医院的数据库系统生成,在打印之前已经将患者信息与条码信息在数据中进行了对应,所以打印出的条码无需再经过扫描绑定的程序。

打印条码模式需要在医院所有的采血工作站配置条码打印机,大大增加了耗材成本和维护成本,但是减少了条码扫描绑定的程序,可靠性更高,避免了条码绑定的差错。

采用预制条码模式的成本较低,更重要的是,预制条码由专业厂商印制,清晰且粘贴的位置标准,检验科今后若采用自动化流水线,由仪器自带的条码阅读器自动扫描试管条码并进行开盖、混匀、推片等操作时,就需要识别规范、清晰、位置标准的条码标签。

条码标签技术还可以应用在其他标本采集器上,比如尿液管、大便管、培养瓶等。

真空采血管根据其中是否有添加剂以及添加剂的不同而分为许多不同的种类,并采用不同颜色的头帽加以区分。卫生部制定了 WS/T 224-2002 标准,对真空采血管的头帽颜色、材料、尺寸,及其对应的添加剂内容和容量,采血针的要求等都做了详细规定,从而规范了真空采血管、添加剂及其附属装置生产厂家的行业标准,提高了真空采血管的质量,使之更好地服务于医疗。

WS/T 224-2002 标准是参照美国国家临床实验室标准化委员会(NCCLS)颁发的《真空采血管及其添加剂》第四版修正标准的基础上制定的(NCCLS H1-A4),故而也与国际标准接轨。

1. 开电子申请单需要注意些什么?

2. 要实现系统准确记录标本采集时间,有哪些途径?

3. 预制条码模式与打印条码模式相比,各有哪些优缺点?

4. 系统如何自动识别不同种类的条码采血管或其他标本采集器?

(二) 分析中的模块

1. 标本签收 标本送到检验科以后,首先需要进行签收。通过签收模块可以记录检验科收到标本的时间、确认费用、审核送检标本的质量以及将标本分类等。送到检验科的标本需要按专业组分类,比如生化标本、免疫标本、血液分析标本、尿液标本、微生物标本等,然后再送到不同的专业组进行检验。在签收的过程中，若发现送检标本的质量不合格，如包装破损、抽血量达不到要求、凝血等，工作人员还需要将该标本进行拒收，并反馈到护士站要求重新采集样本。

2. 标本入库　经过签收前台分类的标本送到各专业组后，即开始入库操作。入库操作的主要目的是确定即将对标本进行检测的仪器，并为标本编号。比如患者张三的肝功能标本，我们将在生化仪 AU5400 上进行检测，编为该仪器今天检验的第 20 号样本。

3. 生成报告　目前大部分检验仪器都支持联机自动采集结果，将入库时编好样本号的标本依次上机检验，结果自动传输到 LIS 系统中。而对于一些手工项目（如镜检结果等），需要提供批量录入的方式，以提高工作效率。如图 11-25 所示，批量录入可以有多项相同结果和单项不同结果的录入方式，分别批量录入一组样本中多个项目同样的结果，比如 1～100 号样本镜检红细胞均未见等，或是一组样本的项目相同但结果不同的情况，比如 1～100 号样本都检查了大便颜色，但结果不同，可以批量录入。

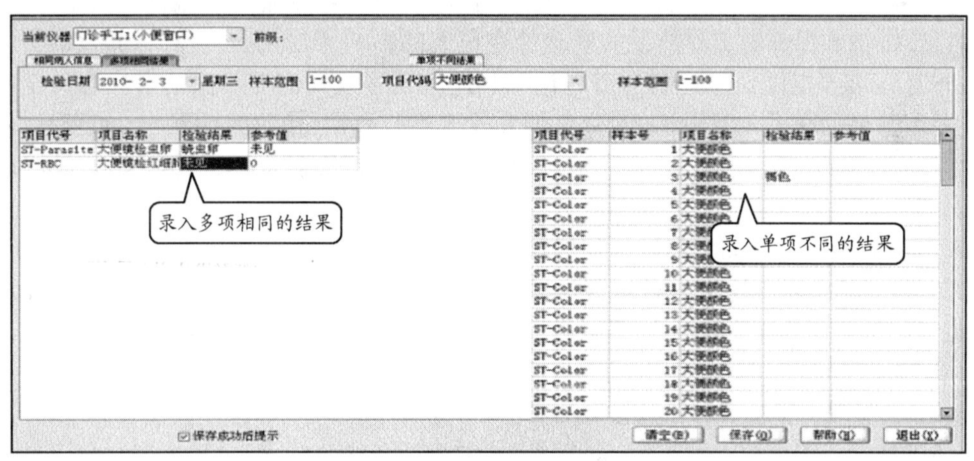

图 11-25　批量录入手工项目结果

（三）分析后的模块

1. 报告审核　检验报告对于临床有重要意义，是指导医生进行诊疗活动的重要依据，因此报告必须通过审核确认后才能够最终发布。由于检验科的日常标本量很大，如果对每一份初始报告都逐一进行审核的话，工作量大，效率低，因此一般 LIS 系统都设计了一系列计算机辅助审核的功能。比如根据检验师提出的可以自动审核通过的条件，对符合要求的报告自动审核通过，对异常的结果留下来进行人工审核；对超出正常值范围的结果、危急值结果等用醒目的字体和颜色来表示；对每一个收费项目配置需查的检验项目，避免漏查，等等。这些辅助审核的功能可以大大提高工作效率，也避免了大批量报告时漏审，提高了报告审核的可靠性。

2. 报告发布/打印　审核后的最终报告需要发布到医生工作站以便查阅。同样，为了提高工作效率，也需要提供批量发布的功能。由于审核后的报告就是最终报告，所以也可以设置成审核后自动发布。门诊报告需要打印，目前自助打印的方式被越来越多的医院所采用。自助打印就是在门诊安装自助打印机，患者凭就诊卡、门诊抽血回执单上的条形码等条件检索自己的报告并打印。需要注意的是，自助打印要控制打印数量，每一份报告只能打印一次，若打印失败，则检验科需要安排窗口和工作人员提供人工补打服务。

3. 危急值反馈 检验科有一些项目的结果对临床有特殊意义,一旦超限的话有可能会引起生命危险或不可逆转的后果,因此 LIS 系统需要对这一部分危急值的项目提供反馈和报警机制。当发生危急值超限时,LIS 系统要给出醒目的标志报警,提醒检验师及时审核和发布危急值报告。危急值报告反馈到医生和护士工作站以后,也需要有醒目的报警提醒,并提供医生及护士对收到的危急值报告进行确认和记录的功能。必要时,危急值也可以通过电话通知临床。

LIS 系统除了提供检验科基本业务流程模块之外,还需要提供具有管理功能的模块,以便对检验流程进行有效监控,提高检验的质量。LIS 系统的管理模块可以有试剂管理、仪器管理、质量控制、环境管理、人员管理、文档管理、主任管理等。

1. 试剂管理 该模块对检验试剂的采购、入库、出库、报损等进行记录和管理,在检验过程中,对标本检验所使用的试剂厂家、批号、质控等信息进行记录和监控。

2. 仪器管理 随着技术的发展,越来越多的检验项目可以通过仪器自动获得结果,仪器的性能、维护和保养对实验结果的准确性有很大的影响,因此也必须对检验仪器进行管理。LIS 系统需要提供仪器的制造商名称、型号、序列号或其他唯一识别来标志特定的仪器,记录制造商的联系人及电话,到货日期和投入运行日期,接收时的状态(如新品、使用过、修复过),仪器性能记录,历史维护记录和维护计划,仪器损坏、故障、改动或修理记录等。

3. 质量控制 检验结果与试剂和仪器的性能密切相关,为了保证检验结果的准确性,应该每天进行室内质控操作,以便及时发现异常并进行纠正。用专门的质控品上机检验,可根据自己的需要选择质控规则,若失控,要首先找到失控的原因并纠正后,才能够将患者的标本上机检验。

4. 环境管理 实验室的环境管理主要包括实验室自然环境的温湿度监控,以及存放试剂、标本的冰箱温湿度监控,通过安装传感器并连接到 LIS 系统,记录环境变化信息并对失控进行报警。也可以与通信服务商合作,在下班时间将环境温湿度失控报警信息自动通过手机短信通知值班人员。

5. 人员管理 检验师以及科室管理者必须具备一定的专业素质,人员管理模块即用来对检验科工作人员的教育背景、专业资格、培训、经验、能力等进行考核并记录。

6. 文档管理 实验室有许多复杂的文档,如政策声明、教科书、程序说明、操作规范、校准表、生物参考区间及其来源等,LIS 系统应提供对这些文档的存储及查阅功能。

7. 主任管理 主任管理系统主要是提供一个统计报表的平台,以便科室主任对本科室的财、物、人进行宏观管理。主任报表主要包括工作量统计、成本管理、收入核算、室内质控报表、工作人员考勤、奖惩记录等。

ISO15189:2007 医学实验室质量和能力认可准则,是由国际标准化组织 TC212 技术委员会制定,专门用于指导医学实验室的国际通行标准。该标准对医学实验室的操作流程、质量控制、文档记录、检验师资格认证等方面都作了规范化要求,通过了该标准认可的医学实验室,其报告结果可以在国际上其他医疗机构得到互认。

在我国组织进行 ISO15189 认可评审工作的是中国合格评定国家认可委员会(China National Accreditation Service for Conformity Assessment,CNAS。http://www.cnas.org.cn),可以登录网站查询 ISO15189 的申请、评审流程以及认可的标准。

三、LIS 的查询与检索

LIS 系统的查询可以分为前台查询和后台查询。前台查询是通过程序定制的各类报表,获得固定格式的信息,这种查询主要适用于常规的查询要求。后台查询则直接通过数据库检索,作为前台定制查询的补充,具有条件与格式灵活的特点,但是需要管理员编写 SQL 查询语句,要求对数据库结构非常熟悉。

前台查询大致可以分为三类:一类是检测项目类的查询和统计,一类是费用类的查询和统计,另一类是管理信息类的查询和统计。

检测项目类的查询和统计主要是针对检验结果进行检索,可以有:

1. 项目分析　项目分析可以检索某一段时间内一台仪器某个项目的结果,统计出平均值、标准差(s 值)、变异系数(CV 值)。项目分析报表分为四个区域,分别为条件选择区、查询结果区、统计区、功能区(图 11-26)。条件选择区设定检索的条件,查询结果区将检索的明细结果以列表显示,统计区自动计算各种统计量,功能区则提供许多功能按钮来实现报表导出、校正、打印等工作。

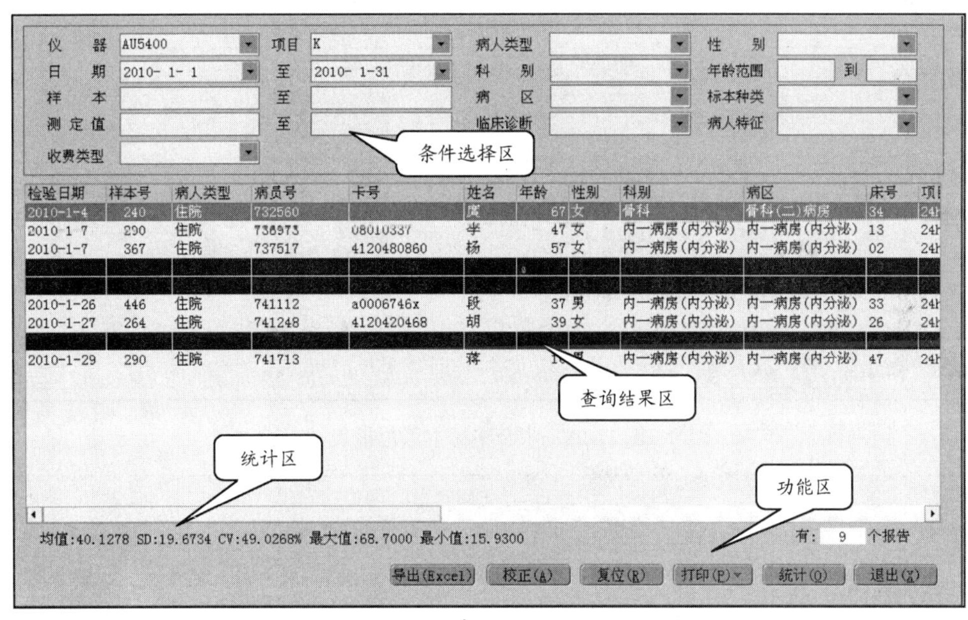

图 11-26　项目分析报表

2. 结果变化趋势分析　可以反映出患者一段时间内的检验指标变化,对判断患者的病情走势具有重要的参考意义。如图 11-27 所示,输入查询条件后,就可以得出患者趋势分析报表。

3. 不合格标本汇总　当标本送到检验科以后,如果不符合要求,检验科会拒收,并通知临床重送标本。拒绝签收的不合格标本需要进行汇总以便统计(图 11-28)。

4. 危急值统计信息　可以通过选择患者类别、病区以及患者基本信息来过滤统计危急值,如图 11-29 所示。

费用类的查询和统计主要是为了控制成本、核算收入,主要包括:

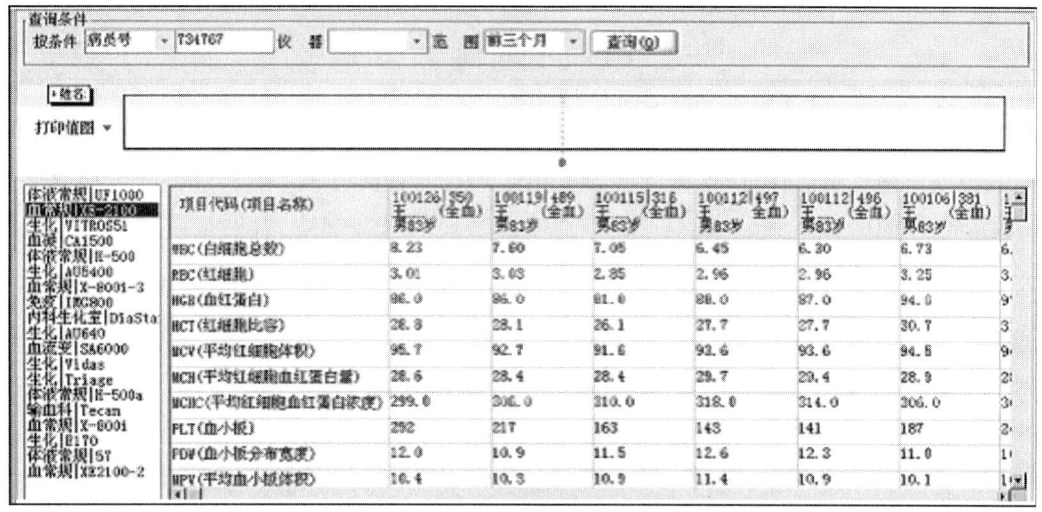

图 11-27 结果变化趋势分析报表

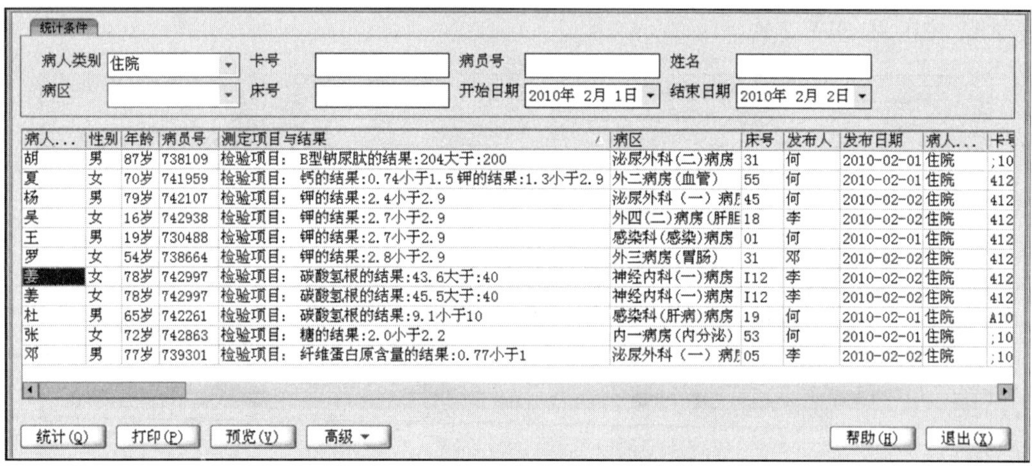

图 11-28 不合格标本汇总报表

图 11-29 危急值统计信息报表

1. 工作量统计 工作量统计是功能非常强大的报表，有多种条件可以选择，比如可以按日期选择时间段、报告状态（全部、无结果、有结果未审核、审核不通过、审核通过、报告已发布等）、打印状态（全部、未打印、已打印）、按统计条件分类（首要条件项、次要条件项）等组合条件查询，得到不同的统计数据。

2. 工作量趋势分析　工作量趋势分析可以获得一段时间内工作量的增减趋势,从宏观上了解科室的发展,并可以作为仪器核算成本收益的参考。如图 11-30 所示,工作量趋势分析报表可以选择不同的统计方式(如仪器、送检医生、科室、病区、检验医生、检验科室等)分别按患者次数或项目次数分析工作量趋势。

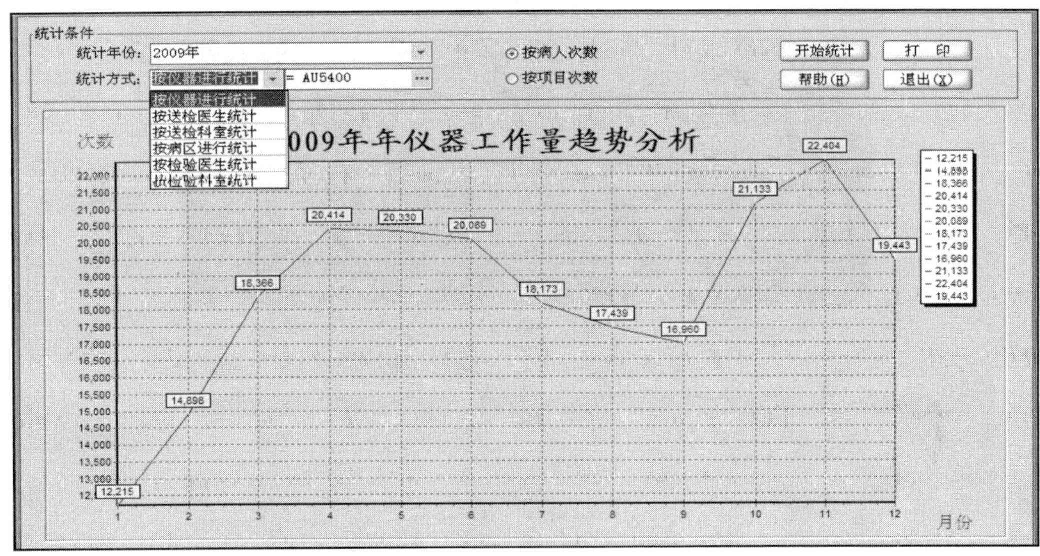

图 11-30　工作量趋势分析报表

管理信息类的查询和统计主要是为了控制质量,主要包括:

1. 室内质控查询　如图 11-31 所示,室内质控结果用图表直观的表示,对失控点用醒目的标志标出,并记录失控判断和失控处理信息。如果发生了失控,需要进行纠正,质控在控后才能够处理患者标本。

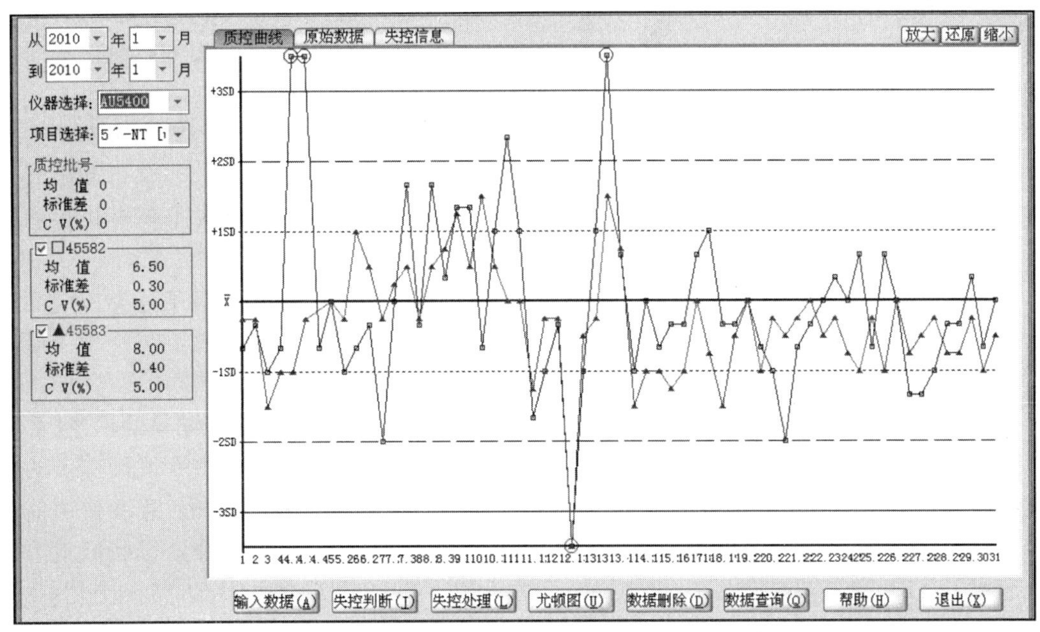

图 11-31　室内质控查询

2. 环境监控 如图 11-32 所示，通过连接分布在检验科操作室及冰箱的传感器，监控环境温湿度，超过正常范围时用红色标志标注，工作人员应及时查找原因并处理。

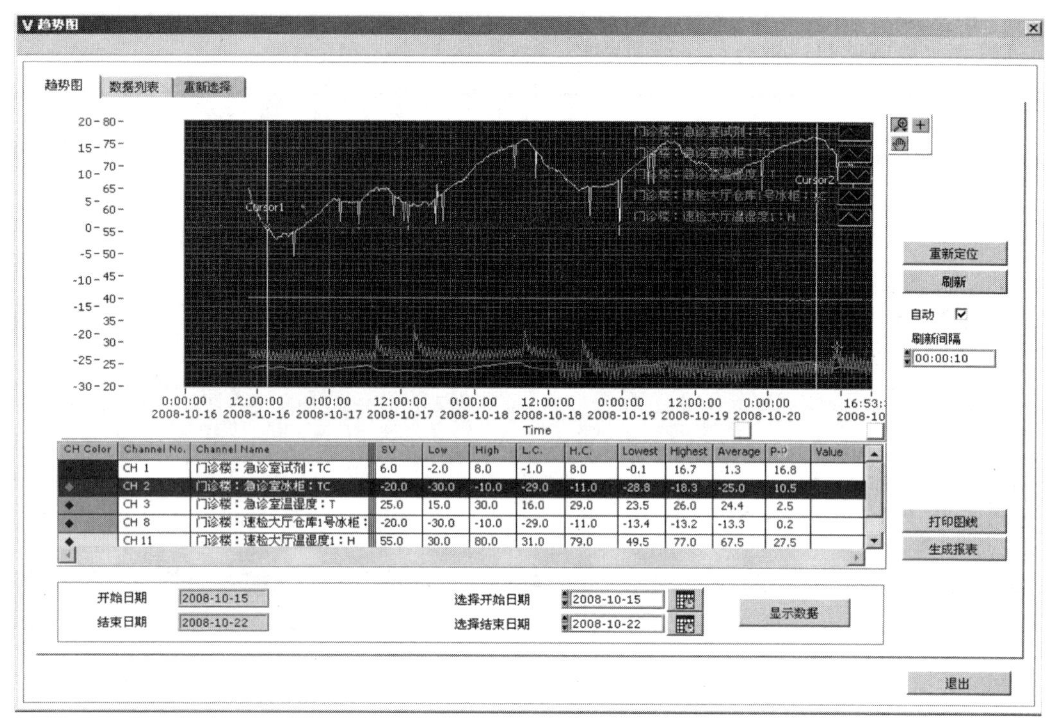

图 11-32 环境监控

3. TAT 监控 TAT 即 Turn Around Time，是指检验结果回报时间分析，记录分析临床科室将检验标本送到实验室至检验结果回报临床科室的时间。TAT 监控一般对急诊检验更有意义，对危及患者生命的检验指标，临床医生希望能够尽快获得检验结果。通过 TAT 监控，分析检验科在收到标本后签收、入库、上机检验、报告审核、发布等过程中影响回报时间的关键点，有针对性的改进流程，以更好地为临床和患者服务。

TAT 监控首先需要设定监控规则（图 11-33），监控规则的设置比较灵活，可以对每一个工作日、节假日都分别设定报告周期或出报告时间，根据设定的提醒时限，当临近期限时系统自动提醒检验师加快工作。通过样本检测时间趋势分析（图 11-34）获得耗时较长的标本，调查延时原因，改进工作流程。

从以上的各类查询统计报表可以看出，虽然前台定制报表一般只针对某一类应用而设计，但可以在编写时给出可供选择的检索条件，这样就可以实现定制报表的灵活性。可供选择的检索条件越多，报表可以查询统计到的信息就越多。

后台查询直接访问数据库，具有更加灵活的特点，只要在数据库中有记录的信息，都可以查询及统计，因此可以弥补前台定制报表的不足。虽然不同的 LIS 软件开发商提供的数据结构和数据库类型都不相同，但一般 LIS 系统都有三张主表：患者信息表、患者费用信息表和检验结果表，分别记录患者的基本信息、费用信息和检验结果信息，在这里我们就不一一介绍了。

总之，医学检验作为辅助诊疗的重要科室，在医院中处于十分重要的地位。随着患者对医院诊疗水平要求的不断提高，检验科也应不断开展新项目，引进新的检测手段和仪器。

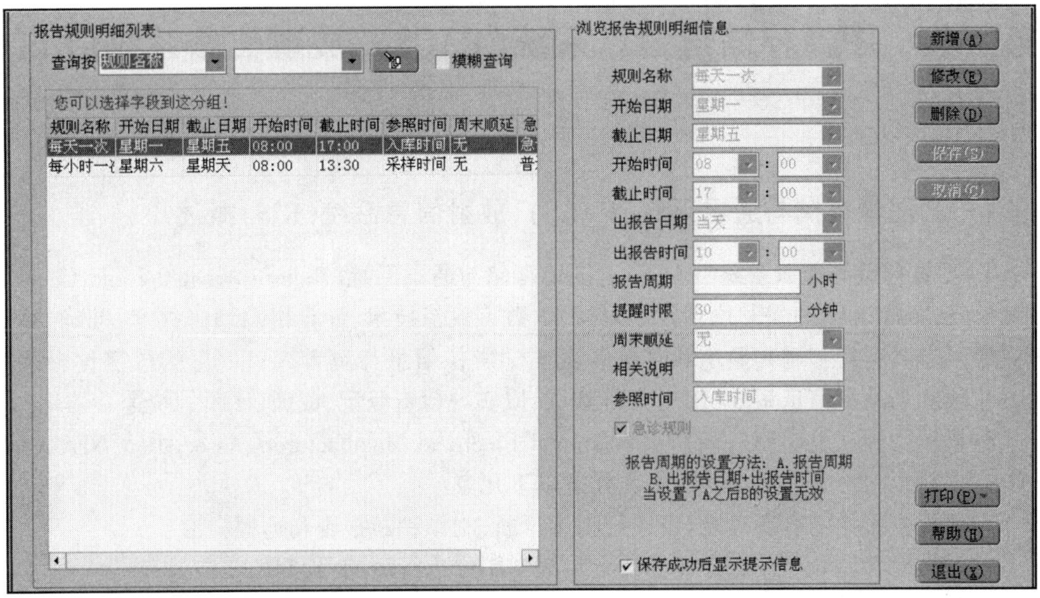

报告规则明细列表
查询按 规则名称 模糊查询
您可以选择字段到这分组!

规则名称	开始日期	截止日期	开始时间	截止时间	参照时间	周末顺延	急
每天一次	星期一	星期五	08:00	17:00	入库时间	无	急
每小时一次	星期六	星期天	08:00	13:30	采样时间	无	普

浏览报告规则明细信息
规则名称 每天一次
开始日期 星期一
截止日期 星期五
开始时间 08 : 00
截止时间 17 : 00
出报告日期 当天
出报告时间 10 : 00
报告周期 小时
提醒时限 30 分钟
周末顺延 无
相关说明
参照时间 入库时间
☑ 急诊规则
报告周期的设置方法：A. 报告周期
B. 出报告日期+出报告时间
当设置了A之后B的设置无效
☑ 保存成功后显示提示信息
新增(A)
修改(E)
删除(D)
保存(S)
取消(C)
打印(P)
帮助(H)
退出(X)

图 11-33　TAT 监控设置

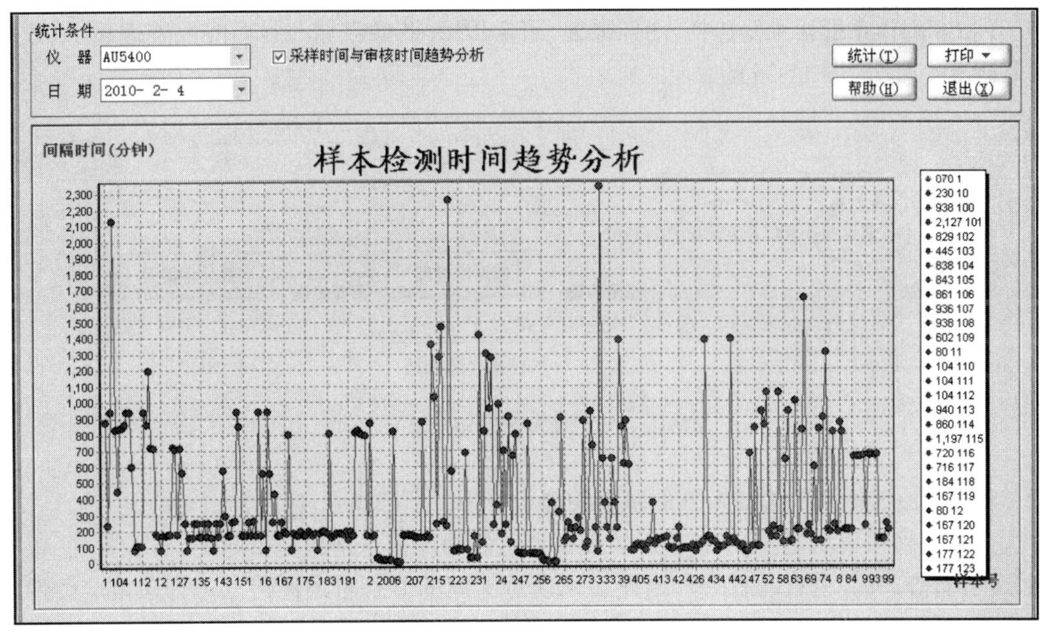

图 11-34　样本检测时间趋势分析

面对数以千计的检验项目、参考值、危急值、收费项目等信息，要医生与检验师全部记住是不现实的，如果仍然采用手工流程，不仅严重降低了工作效率，而且还会增加出错的概率，甚至引发医疗事故。近年来，医院信息化进程的飞速发展，建立高效、可靠、操作简便、信息全面的 LIS 系统也成为当务之急。

（卢　烨）

第六节 图像存储与通讯系统(PACS)、放射信息系统(RIS)

一、系统概述

(一) 图像存储与通讯系统(PACS)、放射信息系统(RIS)概述

1. 图像存储与通讯系统(PACS) 图像存储与通讯系统(Picture Archiving and Communication System,PACS)是利用现代放射技术、数字成像技术、计算机及通讯技术,准确、高效的采集、传输、存储、归档、显示和管理各类医学影像信息与患者人口信息的数字化影像系统。它通常与放射信息系统(RIS)无缝集成,以实现检查登记、成像、诊断的快速一体化。

根据美国国家电器制造商协会(National Electrical Manufacturers Association,NEMA)对PACS的描述,一个完整的PACS必须具备以下几点:

(1) 提供影像的查看功能,以进行临床诊断、制作诊断报告和远程会诊。

(2) 在磁存储介质或光存储介质上对医学图像进行短期、长期的归档保存。

(3) 利用局域网、广域网或公用通讯设施进行影像的传输通讯。

(4) 为用户提供与其他医疗设施和科室信息系统进行集成的接口。

PACS的体系框架主要包括:图像采集、图像传输、图像存储/归档、图像处理显示、数据库管理五个部分(图11-35)。

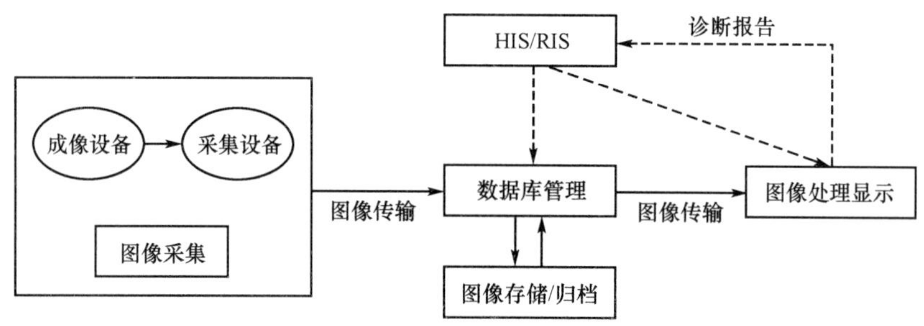

图11-35 PACS的体系框架

依据PACS体系框架,PACS的基本功能可分为以下四点:

(1) 图像采集功能:由于各种影像设备产生的图像信息格式是不同的(有胶片的,也有数字的;有静态的,也有动态的),因此必须通过不同的方式对图像信息进行采集。图像采集发生的行为有三点:

1) 从影像设备获取各类源的图像信息。

2) 将图像信息转换为PACS支持的DICOM标准格式数据。

3) 将DICOM图像信息传输到中心服务器和存储模块中。

(2) 图像存储与归档功能:数字化图像区别与传统胶片图像,其主要特点有:数据量大、保存时间长;数据类型复杂:有数字和文字,还有大量的图形和影像等信息;既有对安全性、实时性和并发用户数要求很高的HIS数据,也有对安全性和实时性要求相对较低的文档信息。因此,PACS系统必须以无损压缩或有损压缩方式,将采集得来的各类型图像按照重要性和访问频次,通过在线存储→近线存储→离线存储三级方式进行图像的存储与归

档,以满足临床对存储数据的高效访问和获取需求。

(3) 图像处理调阅功能:图像的处理调阅功能主要包括参数测量、特征提取、图像识别、二维和三维重建、图像增强、灰度变换等。

无损压缩与有损压缩

图像压缩分为无损压缩和有损压缩两类,无损压缩能保证图像的质量,但压缩比较低,一般在1∶2~1∶4左右;有损压缩在获得高压缩比的同时,却牺牲了图像的质量,会导致重建图像时产生"方块"现象,压缩比可以达到1∶10。

三级存储方式

在线存储又称工作级存储,存储设备和所存储的数据必须时刻保持"在线"状态,是可随时读取的。一般在线存储设备为磁盘和磁盘阵列等磁盘设备,价格相对昂贵,但性能最好。

近线存储,是将访问量不大的数据存放在性能较低的存储设备上。近线存储对性能要求相对来说并不高。

离线存储主要用于对数据进行备份,以防范可能发生的数据灾难,因此又称备份级存储。离线存储主要使用磁带库,价格相对低廉,但访问是慢速度、低效率的。

(4) 图像输出打印功能:图像输出打印功能主要包括:将DICOM标准格式转换成普通的JPEG、TIF、BMP、AVI等常用影像格式,也可把普通格式影像转换为DICOM格式;将数字图像按需任意组合,形成电子胶片,进行按需打印或自助打印等。

2. 放射信息系统(RIS)　放射信息系统(Radiology Information System,RIS)是医院信息系统(Hospital Information System,HIS)中的一个重要组成部分。它主要负责处理文字信息,实现各医技检查科室内患者的预约、挂号,诊断报告的书写、审核、发布,工作量及疾病的统计,患者跟踪,胶片跟踪,诊断编码,科研教学和管理等功能,并承担与HIS中患者信息的交换。

RIS系统主要包含四类工作站:预约检查登记工作站、技师分诊质控工作站、报告书写工作站和统计管理工作站。

预约检查登记工作站是RIS的起始环节,它必须完成患者基本信息的预约登记工作,或通过与HIS的互联,实现从HIS数据库中调阅患者的基本信息资料,并通过检查核实,确认患者的报到情况,再将患者信息发送至检查设备。

技师分诊质控工作站是将登记患者进行分诊排队检查,并实现对技师的工作质量控制和工作量统计功能。

报告书写工作站主要供医技检查科室诊断医生使用,通过调阅PACS中的图像信息,完成诊断报告的书写、审核、修改和发布工作,并支持医生的相关联报告查询工作和单病种、阳性率统计工作。

统计管理工作站主要完成对患者信息和疾病谱的统计,对放射科诊断医生、技师的量化考核和对科室的管理。

PACS/RIS系统不仅仅应用于放射科,同样应用于超声科、内镜室、病理科、核医学科、心电图室等其他医技检查部门。

（二）HIS/RIS/PACS 集成

多年来，HIS/RIS/PACS 一般都是由不同厂商制造并彼此独立发展的，在发展过程中，实现相互间的集成是必然的发展趋势。HIS/RIS 是以文字、数据信息为主要处理对象，而 PACS 则是以图像信息为主要处理对象，他们都是医院建设 IHE 集成环境的基础步骤。独立发展，必将限制各系统功能的发挥与扩展；集成，才能体现出医院信息化建设的整体系统特性，也才能让信息化建设完全服务于现代“以患者为中心”的医疗模式。HIS/RIS/PACS 集成示意如图 11-36 所示。

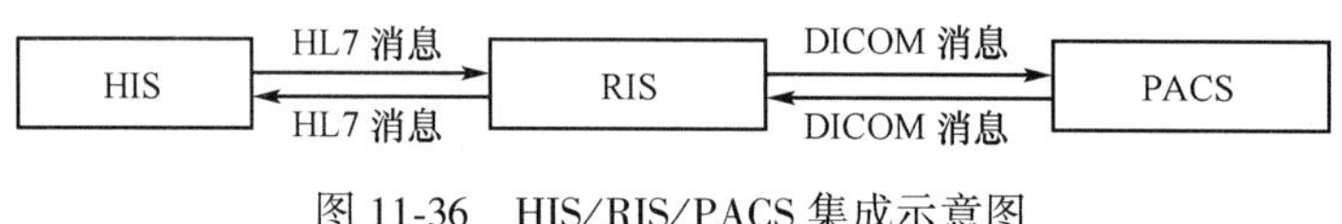

图 11-36 HIS/RIS/PACS 集成示意图

IHE：即医用信息系统集成，（Integrating the Healthcare Enterprise，IHE），是一项推进整合现代医疗保健机构信息系统的倡议。它在现有通讯工作标准（DICOM、HL7）的基础上定义了一个框架，鼓励厂家和医院采纳使用，以确保实现提供给医疗保健专业人员对病人诊断必需的所有信息是正确、可用的基本目标。

HL7 标准：卫生信息交换标准（Health Level Seven，HL7）是由美国国家标准学会（ANSI）批准颁布实施的标准化卫生信息传输协议，是医疗领域不同应用之间的电子传输协议。HL7 汇集了不同厂商用来设计应用软件之间界面的标准格式，它允许各个医疗机构在异构系统之间进行数据交互。

DICOM 标准：医学数字成像和通信标准（Digital Imaging and Communications in Medicine，DICOM），是以计算机网络标准为基础，帮助更有效地在医学影像设备之间传输交换数字影像。标准中涵盖了医学数字图像的采集、归档、通讯、显示及查询等几乎所有信息交换的协议。利用这个标准，人们可以在影像设备上建立一个接口来完成影像数据的输入、输出工作。

系统间的集成可以从管理集成、数据集成、功能集成和流程集成四个方面来实现。

1. 管理集成 系统集成的目的就是为了实现信息交互，更深层次对信息的分析利用，这就是信息管理。因此，管理集成就是要使集成双方的信息能通过高效的接口进行完全交互，以提高整个体系的运行效率，深化对信息数据的分析利用。

2. 数据集成 数据集成是功能集成、流程集成的基础。它是指 HIS/RIS 和 PACS 能够彼此访问对方系统中所需要的信息。HIS 将患者的基本信息（包括患者的自然信息、标识信息、诊断信息、收费信息等）和检查信息（包括检查时间、检查设备、检查部位、检查方式等）传递给 RIS/PACS，RIS 在患者做完检查后，将患者的报告信息、统计信息反馈给 HIS，PACS 存储影像信息，并提供检索标识给 HIS/RIS，供 HIS/RIS 调阅相关图像。

3. 功能集成 功能集成的目的是在同一个操作平台上实现对各异源系统信息的调用、处理。功能集成实现了统一的操作界面与操作步骤，简化了使用者的操作，降低了操作难度与错误发生的几率。功能集成在各系统操作平台上主要体现为：

HIS 平台：门诊、住院医生工作站上，临床医师可以根据检查报告的标识号调取相应的检查图像，并进行简单的图像处理，辅助诊断资料；在进行检查图像阅读处理时，方便调出相应的诊断报告；也可以根据患者基本人口信息调取曾经就诊的历史资料信息。

PACS/RIS 平台:图像采集工作站、图像诊断工作站能方便地调出正在做检查患者的相关信息,如患者的基本信息、初步诊断、检查申请单的信息等。

4. 流程集成　流程集成是指科学合理的设计医技检查科室的工作流,以实现 PACS 与 HIS、RIS 工作流的完全融合。

(三) PACS/RIS 的建设意义

就医院而言,PACS/RIS 的建设,是对医院传统工作流程的一个重组和优化,它使就诊各环节的衔接更加紧密高效,同时也减少了人为差错的几率与范围,使医院管理日趋规范化,医疗质量控制更加科学化。它缩短了从预约登记、影像存储、阅片诊断到报告分发各个环节的时间,极大地提高了医生的工作效率和工作满意度。而高的工作效率会使得等效工作时间缩短,也就意味着人工成本的降低。在固定的工作时间下,患者的就诊量会显著增加,从而增加医院的经济效益。

PACS/RIS 系统及其工作站能迅速快捷的为医师提供查询、统计、观察方法及全方位、多角度的影像处理功能,为科研工作的开展提供了极其便利的条件。同时,影像的共享浏览,突破了地域与时间的限制,这也为教学工作与远程医疗的开展奠定了坚实的基础。PACS 科学安全的存储机制、巨大的存储容量以及长期的存储时限,都是传统影像资料存储方式所不可比拟的。

PACS/RIS 的建设和投入使用,是医院临床文化与现代信息技术文化的整合与交流,形成新型的医院文化,促使了医院核心竞争力的增强。作为临床信息系统的重要组成部分,PACS/RIS 的建设为医院 IHE 的建设奠定了基础,推动了医院的数字化建设。

就患者而言,PACS/RIS 缩短了患者在医院就诊时各环节的滞留时间,减少了患者的平均住院时间,为患者节省了不必要的医疗开支,也提高了患者的满意度,这在“看病难”、“看病贵”的今天具有很强的社会现实意义。

二、工 作 流 程

以放射科检查为例来了解 PACS/RIS 的具体工作流程:

(一) 传统放射检查工作流

传统放射检查工作流主要在未上线 PACS/RIS 的医院中使用。它是以影像胶片在各科室部门流动为基础而设计的一种工作流,其主要流程如下(见图 11-37):

(1) 患者入院,需要进行摄片检查,临床医生开具检查化验申请单。

(2) 患者持检查申请单至放射科登记处进行批价。

(3) 患者到缴费处缴纳检查费用。

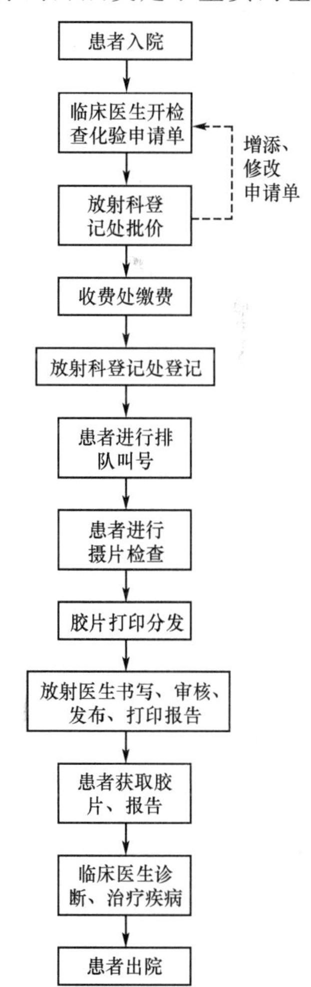

图 11-37　传统放射检查工作流

(4) 患者持发票和检查申请单至放射科登记处进行检查登记。

(5) 技师排列检查队序,患者进行摄片检查。

(6) 技师进行胶片打印,分发。

(7) 诊断医生持胶片进行诊断报告的书写、审核、发布与打印。

(8) 患者获取检查胶片和报告,返回临床医生处进行疾病诊断与治疗。

(9) 患者出院。

(二) 基于 Mini-PACS 的放射检查工作流

随着医院信息化建设的深入发展,不少医院建立了放射科内部的 PACS,即:Mini-PACS。此时,放射检查工作流从传统工作流过渡到基于 Mini-PACS 的放射检查工作流。

基于 Mini-PACS 的放射检查工作流其实是一种基于胶片/数字图像双基础的工作流模式。在放射科内部实现了数字图像的流动,但与临床其他系统交互时,则仍然采用胶片流。

基于 Mini-PACS 的放射检查工作流的主要流程如下(见图 11-38):

(1) 患者入院,需要进行摄片检查,临床医生开具检查申请单。

(2) 患者持检查申请单至放射科登记处进行批价。

(3) 患者到缴费处缴纳检查费用。

(4) 患者持发票和检查申请单在放射科登记工作站进行检查登记和信息录入。

(5) 技师工作站调取患者登记信息,进行排队叫号。

(6) 患者进行摄片检查。

(7) PACS 系统从设备采集数字化图像,并进行存储、归档与按需分发。

(8) 诊断医生调用数字图像进行报告书写、审核、发布。

(9) 胶片打印。

(10) 患者获取检查胶片和报告,返回临床医生处进行疾病诊断与治疗。

(11) 患者出院。

(三) 基于 Full-PACS 的放射检查工作流

当医院各种系统之间实现集成,信息共享的呼声日益高涨。随着集成手段和技术的成熟和完善,许多大型三甲医院纷纷建立了 Full-PACS 系统,即充分实现与 HIS/RIS 集成的 PACS。此时,基于 Mini-PACS 的放射检查工作流完善成为基于 Full-PACS 的放射检查工作流。

基于 Full-PACS 的放射检查工作流,是实现系统高紧密度集成的完全形式,它充分克服了前两种放射检查工作流中可能产生的弊病。

基于 Full-PACS 的放射检查工作流的主要流程如下(见图 11-39):

(1) 患者入院,在临床医生工作站开检查电子检查申请单。

(2) 缴费处通过 HIS 调用患者检查费用信息,患者直接缴费。

(3) 患者至放射科登记处登记,登记工作站直接从 HIS 调用患者信息。

(4) 技师工作站调取患者登记信息,进行排队叫号。

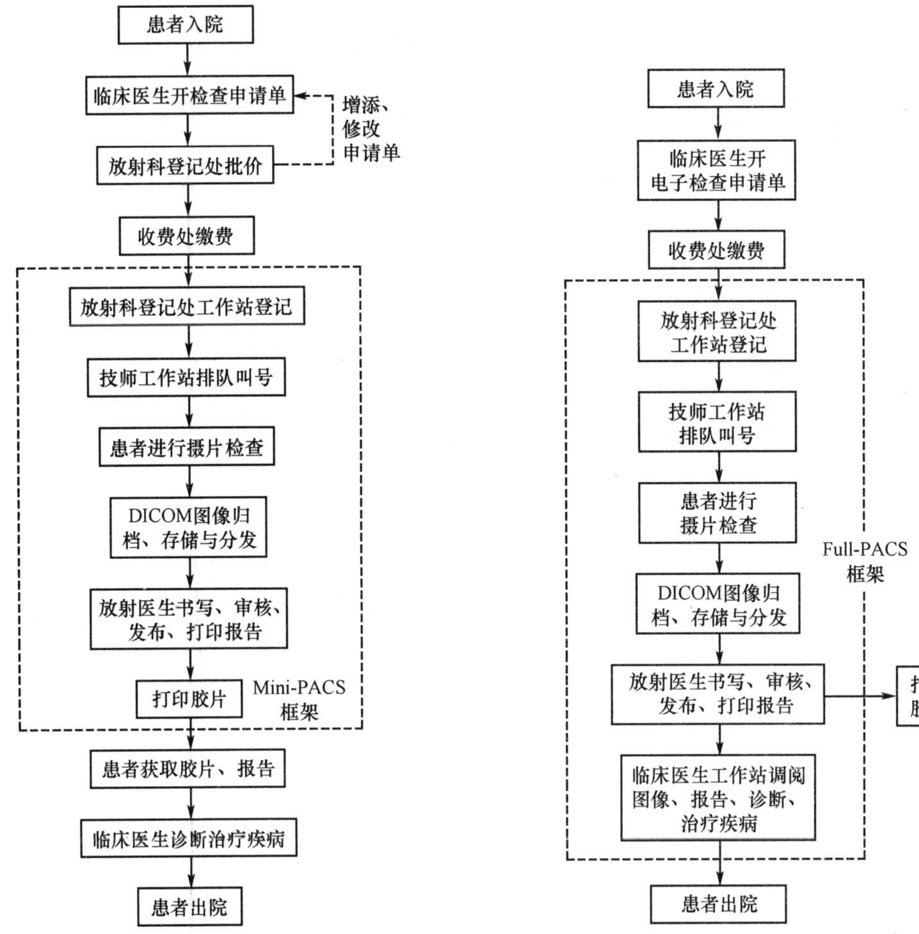

图 11-38　基于 Mini-PACS 的放射检查工作流

图 11-39　基于 Full-PACS 的放射检查工作流

(5) 患者进行摄片检查。

(6) PACS 系统从设备采集数字化图像,并进行存储、归档与按需分发。

(7) 诊断医生调用数字图像进行报告书写、审核、发布。

(8) 临床医生工作站直接调阅患者图像、报告信息,进行疾病诊断治疗。

(9) 患者出院。

基于 Full-PACS 的放射检查工作流是以数字化图像报告为基础的信息流动,彻底消除了不必要的等待时间,提高了临床科医师与诊断医师的工作效率,增加了门诊、住院患者的流通量,提升了医院的经济效益和社会效益。它彻底消除信息孤岛而实现信息数据的完全共享。通过 HIS/RIS/PACS 的无缝集成,患者基本信息能够自由流动,解决了信息的重复录入问题,也消除了由于未操作和误操作导致错误信息的产生。在 Full-PACS 下设计的放射检查工作流,由于是通过对各种标准的规范化而实现的,在保证了系统良好扩展升级性能的前提下,也使得工作流在日后由于科室发展、设备更新时只需要改动局部模块,而不影像整个工作流,这样就很好地维护了放射科日常工作的稳定性与一致性。

三、信息检索查询与统计

在各医技检查部门，对信息的检索查询统计主要是依靠 RIS 来实现的，其检索查询统计功能主要包括：

（一）患者信息检索

1. 患者基本信息查询 在 RIS 中，可以通过多种检索条件，诸如患者就诊卡号（门、急诊患者）、身份证号、银行卡号、患者住院号（住院患者）、影像号、预约申请单条形码等，通过直接录入、扫描、从 HIS 中调用等多种方式，获取患者的各种自然信息（包括患者的姓名、年龄、性别、住院病区、住院床号、临床诊断、既往疾病史、费用类别等），以及患者的各种检查信息（包括患者的检查预约情况、检查部位、检查方法、检查项目、检查诊室等）。患者信息检索登记主界面如图 11-40 所示。

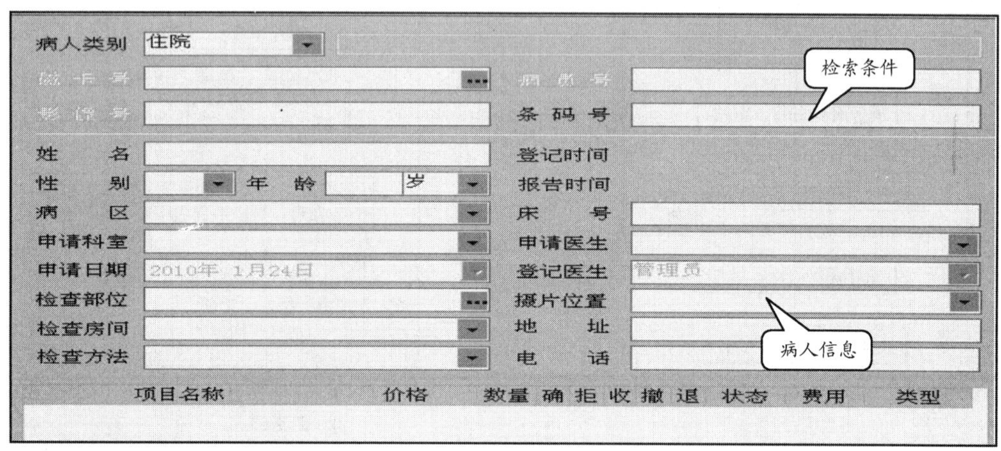

图 11-40 患者信息检索登记主界面

2. 患者诊断报告检索查询 可以设置各种检索条件，包括患者基本信息，诸如患者姓名、性别、年龄、联系方式、联系地址、身份证号、就诊卡号、银行卡号、影像号、患者住院号、病区、床号、条码号、执行日期、患者费用类别等，以及患者检查信息，诸如检查方式、检查部位、检查所见、检查结论、检查诊室等检索患者的诊断报告。同时，这些检索条件是灵活选择的，可以通过检索条件组合的方法，提高检索的准确率。患者诊断报告检索主界面如图 11-41 所示。

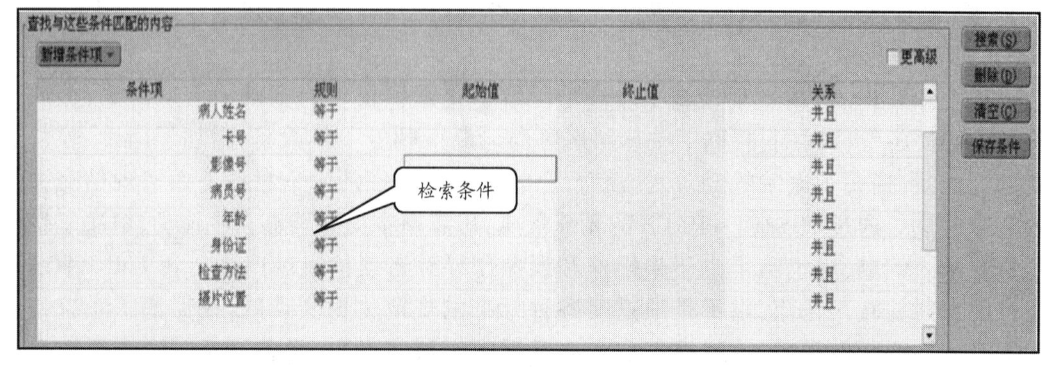

图 11-41 患者诊断报告检索主界面

如果患者在医院进行过多次多种类型检查，通过患者信息关联，可以将该患者的各种检查报告都检索出来，为医生提供诊断参考意见，这就是相关报告。

（二）疾病统计

疾病统计主要包括：病种统计和阳性率统计。

1. 病种统计　病种统计是根据疾病的 ACR 代码，对某种疾病按一定的年龄区间或时限进行的检索统计。

2. 阳性率统计　阳性率统计是统计检查报告中结果为阳性的报告数量以及占所有报告的比率。

（三）工作量统计

工作量统计根据统计功能不同，又可细化分为：

1. 员工工作量统计　员工工作量统计是针对医技检查部门中某一员工类型或个人进行的指定时限内的工作量统计。其统计条件包括检查项目、检查部位、检查方式、检查质量、报告类型等。统计可按工作组统计，也可按时间段进行统计。员工工作量统计可以了解员工的工作效率，是科室进行绩效考核管理的重要指标。

2. 设备工作量统计　设备工作量统计是医技检查部门以设备为检查对象进行的指定时限内的工作量统计。设备工作量统计的检索条件较为单一，主要以设备类型或型号为统计参数。设备工作量统计可以了解医技检查的工作重心，便于进行工作分工和优化。

3. 申请工作量统计　申请工作量统计，可根据不同的部门、病区、患者类型对临床医生开出的医技检查申请单进行统计。其统计条件主要包括检查申请病区、申请医生、检查部位、检查项目、患者类型等。

工作量统计结果可通过报表形式输出，也可以直方图、饼图等方式直观显示。

（四）财务统计

财务统计是指医技检查部门对某一时间段内指定类别项目进行的费用统计。主要分为收入统计和退费统计两部分。其统计条件包括患者类别、检查申请病区、申请医生、检查设备、检查项目等。

（胡　磊）

第七节　医院管理信息系统（HMIS）

完整的医院信息系统（HIS）应该包含临床信息系统（CIS）和医院管理信息系统（HMIS）两个组成部分。这两部分是紧密联系、不可分割的，共同担负着对医院人、财、物、信息流的管理与控制。

临床信息系统（Clinical Information System，CIS）的主要目标是支持医院医护人员的临床活动，收集和处理患者的临床医疗信息，丰富和积累临床医学知识，并提供临床咨询、辅助诊疗、辅助临床决策,提高医护人员的工作效率,为患者提供更完善的服务。如门、急诊医生工作站,护士工作站,合理用药管理系统,PACS/RIS,LIS 等就属于 CIS 范围。

医院管理信息系统(Hospital Management Information system,HMIS)的主要目标是支持医院的行政管理与事务处理业务,减轻事务处理人员的劳动强度,辅助医院管理,辅助高层领导决策,提高医院的工作效率,从而使医院能够以少的投入获得较高的社会效益与经济效益。如财务管理系统、人事管理系统、物资设备管理系统、病案管理系统等都属于 HMIS 的范围。医院管理信息系统如图 11-42 所示。

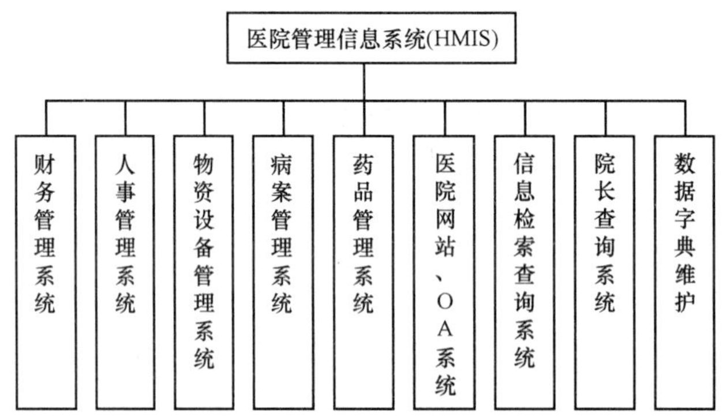

图 11-42 医院管理信息系统示意图

(一) 财务管理系统

完整的医院财务管理系统一般由门诊收费挂号子系统、住院管理子系统及财务管理子系统等组成。各子系统承担不同的功能责任,互相连通以达到数据信息共享的目的。

门诊收费挂号子系统,主要功能为:对门、急诊患者的基本信息进行登记,挂号,预约挂号,项目收费,票据打印;对日台班、挂号数、收费项目的统计查询与数据字典维护等。

住院管理子系统,主要是对住院患者基本信息登记、入院预交金的管理、出院患者费用结算以及对在院患者的统计管理查询与数据字典维护等。

财务管理子系统,主要实现财务处理、凭证管理、账务管理、报表管理与打印工资核算、材料核算、固定资产核算、成本核算、药品核算等功能。

(二) 人事管理系统

人事管理是医院管理中的重要组成部分,传统的手工人事管理存在着效率低下、保密性差、查找统计困难、容易发生错误等问题。随着医院管理信息系统的发展,基于网络化的人事管理系统在许多医院纷纷上线,它具备功能强大、可靠性高、保密性好、检索迅速、查找方便、统计直观明了、维护方便等优点,使得医院的人事管理更加现代化、科学化、规范化和简约化。

人事管理系统的主要功能包括:对职工基本信息和档案的管理维护、对职工调配的管理、对职工的专业技术职称管理与发展培养规划、对职工的薪酬和福利管理、对职工的考核和奖惩管理等。

职工信息和档案维护主要是对职工的基本信息和档案的修改、维护和更新,并生成统计报表和各类花名册。

职工调配管理主要包括职工的招聘管理和职工的流动管理两个部分。招聘管理是指根据医院或科室的发展需要而制订人员补充计划和招聘流程；流动管理按照人员信息的流动顺序可分为进院、岗位安排和减员三个部分。进院是指对新进职工人事档案信息的建立和维护；岗位安排是指职工的内部调动、转岗等；减员包括调出、离职、退休、死亡等情况。

职工专业技术职称管理与发展培养规划包括对医院职工专业技术职称的申报、评审、评聘管理和对职工的进修、学习安排管理。

职工薪酬和福利管理是对职工工资、酬金、各类津贴、福利补贴的计算生成和查询统计。

职工考核和奖惩管理包括绩效评估管理和考核管理。绩效评估管理是根据职工的业绩成果对其岗位工作进行的评价和管理，考核管理是根据职工的聘期工作或年工作进行考核打分和定级，并根据考核结果进行奖惩管理。

完整的人事管理系统如图 11-43 所示。

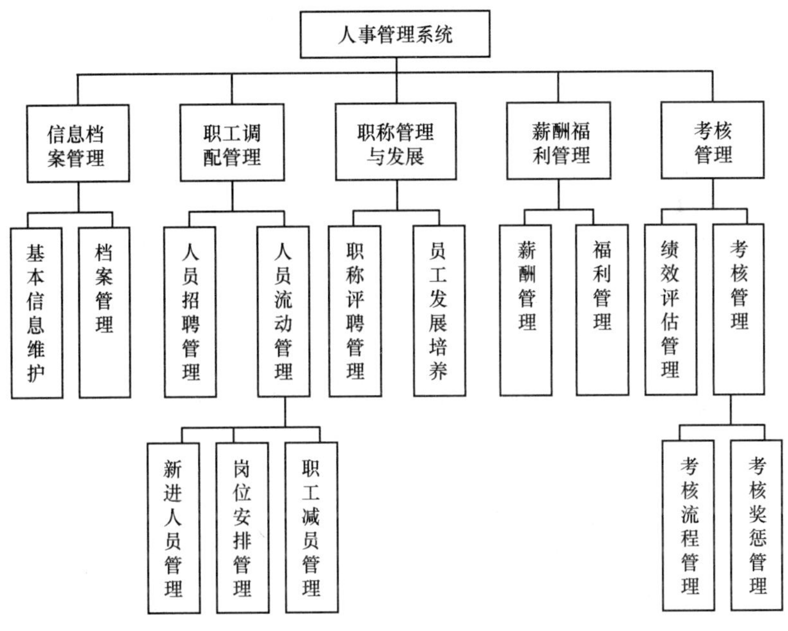

图 11-43　人事管理系统

(三) 物资设备管理系统

物资设备管理系统包括对消耗材料、低值易耗品、医疗仪器设备的管理与统计，实现物资、设备从计划、申购、入库到其消耗、报废的整个信息化过程。

传统的人工管理存在着三种现象：①对各种物资设备使用消耗情况统计不明确，申购具有盲目性；②库存管理混乱，出入库手续不齐全、不规范，账簿登记不及时、核算体系不健全，账实不符；③工作效率低下，工作量繁重，容易发生错误等缺点。通过应用物资设备管理系统，①能积极有效的提高工作效率，减少人工错误；②及时准确的查询、统计和反映物资、设备的使用消耗情况，使得计划采购更有计划性和科学性，以减少盲目性和随机性；③加强了财务管理，使得账实相符、登记核算体系健全完善。

物资设备管理系统分为物资管理和设备管理两部分。

1. 物资管理的功能

(1) 申报管理：主要是对物资材料根据消耗使用情况，进行计划采购的管理。

(2) 入库管理:主要是对物资材料进行验收、入库,自动添加库存等。在入库管理中,系统提供入库情况查询统计和入库单的打印等功能。

(3) 出库管理:主要是对物资材料的科室领用、盘减、退货、调拨、报损及出库减库存等的管理。

(4) 库存管理:主要是对库存量的合理控制,物资有效使用期的设置和预警等。

(5) 统计和查询管理:主要是对各指标的查询统计,专项统计报表的生成和打印等。

2. 设备管理的功能

(1) 采购管理:主要是对全院各种设备(含主设备和附件)的采购管理,对分期付款的录入和查询等。

(2) 设备管理:主要是对医院设备的调配,附件耗用,设备使用情况、设备计量情况,维修及维护费用的管理。

(3) 财会管理:主要是处理设备会计的全部账务,并可对采购流水账、耗减金额账、固定资产明细账目等进行统计查询。

(4) 统计查询及打印管理:主要是对设备折旧核算、固定资产核算统计、科室占用设备分类统计、维修费用等指标进行统计,生成报表并打印。

(四) 病案管理系统

长期以来,医院采用的都是传统的纸张卡片式病案管理方式,随着医院业务量的增长,这种手工管理方式暴露出越来越多的问题,诸如:①病案质量监控不力,纸张病案的质量控制只能依赖于病案人员的业务水平和责任心,无法进行规范有效的管理;②病案检索查询困难,由于病案数量庞大,要检索查询时必须先查找到相应卡片条目才能提取相应病案资料,费时费力;③维护成本高昂,纸张病案,需要不断扩充存放空间,而且要注意存放安全,防止各种灾害、盗窃、虫蛀等,维护费用日益高涨。

基于以上原因,医院纷纷建立了病案管理系统,实现了病案的电子化和网络化。由于病案管理系统的数据字典采用的是国家标准[包括ICD-10(疾病分类编码),CM-3(手术操作编码)等],使得病案质控更加科学规范化和简单化;通过检索功能,可迅速有效的检索相关病案信息;数据维护更加方便,合理备份后更加安全可靠。

病案管理系统的主要功能包括:病案资料的录入和修改;病案质量的控制和评定;病案信息的检索和查询;统计报表的制作和打印等。

(五) 药品管理系统

药品管理系统包含门诊药房管理子系统、住院药房管理子系统、药库管理子系统,主要完成药品的入库、出库、盘点、预警、调价、报损、信息维护等功能。

药品入库:指医院根据每种药品一定时间内的使用消耗情况,合理制定采购计划后,对采购的药品进行登记,自动增加库存量,生成入库金额账等,并可对入库单进行查询、打印。

药品出库:是处理各药房和各病区的药品领用需求,按药品出库单发药,并自动减掉库存量等,并可对出库单进行查询和打印。

药品盘点:可对药库内的某一种药品或所有药品进行逐个手工或一次性全部的库存清点,以了解入库、出库和报损情况。

药品预警:是指在药品入库时需录入药品的有效期或最低库存量,然后设定预警周期,在药品有效期或库存量达到设定的预警线时，会自动提示药房管理人员，对药品进行报损或采购。

药品调价：是指根据调价批文，在药库管理系统里对需调价药品的药价进行规定修改，使得各药房能自动生成新的价格，以保证全院药品价格的一致性。药品调价后，可在药品管理系统中随时调阅调价通知、执行时间、药品名称、规格等。

药品报损：在药品管理系统中录入要报损的药品名称、数量及原因，审核后生成报损表。

药品信息维护：对药品的常用名称、商品名、编码、药品规格、类别、价格等各种信息进行维护和修改。

（六）医院网站、OA 系统

医院网站主要担负着医院的网络宣传教育功能，包括学科专业介绍、医疗服务项目介绍、医院特色介绍、学术动态介绍、各专业专家介绍、门诊时间安排、基本的医疗保健知识普及、就诊注意事项等，同时开辟有专家在线、患者之家和交流论坛等互动栏目，供患者方便、准确地了解、咨询、选择和就医。

医院办公自动化系统（OA）的主要功能有：院内各种动态、相关法规、制度、纪律、活动的通知通告；医疗分析、财务报表、临床、护理、药剂、教学、科研等信息汇总上报；各种物资、设备的申请、报损表单的填写和网上批阅；各种需求请领表的填写和网上批阅；考勤管理和员工交流等。在技术上一般通过级别划分和权限划分来进行准入、非准入的干涉控制。医院办公自动化，其目的是通过网络管理资源共享手段，强化医院各项现代化管理和决策。

（七）信息检索查询系统

信息检索查询系统在医院的临床、教学、科研活动中担负着重要的作用。它能提供全文及文摘题录检索。全文数据库包括期刊、报纸、图书文献等类型，有生物医学期刊，博硕士论文库，会议论文资料集，重要报纸等全文数据库，以及全文电子图书，可为临床、科研、教学提供各种所需的医学信息。医学题录文摘检索主要有 CMCC、CBMdisc 等数据库，收录多种国内外生物医学期刊，信息更新快，时滞性短，有利于对研究方法、学科发展以及科研动态的快速了解。除此之外还有 MEDLINE 等外文数据库。

（八）院长查询系统

院长查询系统是利用其他管理子系统的数据信息，为医院管理者提供全院各类信息查询、动态管理及辅助决策支持功能。

院长查询系统可为医院管理者提供门诊信息、住院信息、手术信息、医技检查检验信息、员工信息、药品信息、物资信息、仪器设备信息、财务信息、医疗指标、贵重药品等各种指标的查询统计功能，还可将统计结果以形象直观的图表方式（如条形图、直方图、圆饼图、折线图、统计报表等）显示，方便医院管理者快速、准确、直观地了解医院运行情况。

其具体功能包括：

（1）对某一时期全院或各部门的各项收入、支出情况进行查询，并对财务收支平衡情况进行对比分析。

（2）对药品、物资、仪器设备的购入、消耗和使用情况进行查询。

(3) 对全院历年各项收入、支出情况进行对比分析,为医院高层领导提供财务方面辅助决策支持。

(4) 对某一时期全院或各部门的门、急诊信息(就诊、治疗、抢救、观察室、医疗质量等),住院病房信息(病床使用、抢救、治疗、手术、医疗质量等),医技检查检验科室信息(检验、血库、放射、超声、内镜、病理、核医学等)进行查询。

(5) 对全院单病种、单术种进行统计查询,并进行数据的比较分析。

(6) 查询患者主索引,对患者各次门诊住院信息、诊断、手术、费用信息进行查询,对住院患者全部医嘱信息进行查询。

(7) 对某一时期全院或各部门各类人员构成情况(如人员基本结构、行政职务结构、专业技术职称结构等)进行查询。

(8) 对全院各级科室设置情况及各科室组成人员情况进行查询。

(9) 查询科室分布情况及相关统计数据。

(胡　磊)

参 考 文 献

陈次白 . 2003. 计算机信息存储与检索 . 北京:国防工业出版社
郭继军 . 2008. 医学文献检索 . 第 3 版 . 北京:人民卫生出版社
将永新 . 2003. 信息文化教程 . 上海:上海大学出版社
柯平 . 2005. 信息素养与信息检索概论 . 天津:南开大学出版社
刘延章 . 2007. 面向网络信息:数据库与搜索引擎 . 西安:西北工业大学出版社
马路 . 2009. 医药电子资源的检索与利用 . 第 2 版,北京:人民卫生出版社
聂绍平 . 2008. 医学信息搜集的途径与方法 . 北京:人民卫生出版社
尚智丛 . 2008. 科学社会学:方法与理论基础 . 北京:高等教育出版社
汪晋宽 . 2003. 网站设计与开发 . 沈阳:东北大学出版社
王庭槐 . 2005. 医学信息资源检索与利用 . 北京:高等教育出版社
王学松 . 2008. LUCENE+NUTCH 搜索引擎开发 . 北京:人民邮电出版社
夏知平 . 2004. 医学信息检索与利用 . 第 3 版 . 上海:复旦大学出版社
谢新洲 . 2005. 网络信息检索技术与案例 . 北京:北京图书馆出版社
徐一新 . 2004. 医学信息检索 . 北京:高等教育出版社
循证医学基础知识 . http://www. jsws. gov. cn/zt/gtf/2009081423. doc
杨克虎 . 2009. 生物医学信息检索与利用 . 北京:人民卫生出版社
杨守文 . 2008. 数字信息资源检索与利用 . 北京:化学工业出版社
张久珍 . 2008. 国外参考资源检索与利用 . 北京:北京大学出版社
赵文龙 . 2004. 医学文献检索 . 北京:科学出版社
赵文龙 . 2006. 医学文献检索 . 第 2 版 . 北京:科学出版社
赵志坚 . 2004. 网络信息资源组织和检索 . 北京:人民邮电出版社

附录 信息服务常用词汇

(INFORMATION SERVICES GLOSSARY)

A

Abridged Index Medicus (AIM) 美国国立医学图书馆编制的来自于按主题和著者排列的 121 种英语临床期刊文献的参考书目。它为个人开业医生和小型医院或诊所的图书馆设计。

Abstract 摘要

Academic Information Services 学术信息服务

Access method 登录定位资源的方法

Accession number 登录号

Add-on 外挂式软件,外接式附件

Address 地址

Administration Information 行政管理信息

Adobe Acrobat:一种制作和查看以 PDF 为后缀名的电子文档的软件

ADSL 非对称数字用户线路

Agent 代理

AIDSLINE AIDS 在线信息是一个覆盖科研,临床方面以及有关 AIDS 和相关主题的健康政策问题的文献的引文参考书目数据库。

AIM 参见 Abridged Index Medicus(AIM)

AIS 学术信息服务的缩写

Al in One Search Page 集成搜索引擎

Algorithm 算法

Alternate newsgroup 互助新闻组

Anonymous 匿名

Aptent 应用上下文。将计算机应用程序同 Internet 上的文本和图像内容结合在一起。

Arachniography 网络参考书目

Arachnotaxis 网站分类表

Archive 档案(文件),存档文件

Article issue number 文章的期号

Article type 文献类型,如综述

Article volume number 文章的卷号

ASCII 美国标准信息交换码

Athens Password 通过电子资源图标登录光盘网络和数据库的密码

Attribute 属性

Author 作者

Authorization 授权

automatic explosion (explode) 自动扩展

Automatic Term Mapping PubMed 用它来为在查询框中键入的未限定的术语找到相匹配的术语。首先在 MeSH Translation Table 中找匹配的术语,然后在 Journals Translation Table 中找,再在 Phrase List 中找,最后在 Author Index 中找。如果术语在任何词表中找到,匹配将停止。如果没有找到,术语将在 All Fields 中找并将其 ANDed 结合。

Availability 有效性,可用性

B

Backup 备份

Backward compatible 向后兼容

Bibliographic record 书目记录

Bibliography 书目,参考书目

Biochip 生物芯片

Bioinformatics 生物信息学

Biometrics 生物测定学

Blog 网络日记(志)

Bmp 一种图像格式(位图)

Bookmark 书签,收藏夹

Boolean operator 布尔运算
Browser 浏览器
Browsing 浏览
Bug 漏洞,设计缺陷
Bulletin board 电子公告板

C

case-sensitive 大小写敏感
Catalogue 目录
CDR 临床数据仓库
CD-ROM 可读光盘
CDSS 临床决策支持系统
Chatting 聊天
Chief information officer 首席信息官
Citations 引用
Classification number 分类号
Click 单击鼠标
Clickthrough rate 点击率
Client/server 客户/服务器
Clinical Information System,CIS 临床信息系统
Clinical Queries PubMed 中特定为临床医生将检索限制到用特殊方法处理的科研报道。
Cluster 簇,集群,聚类
CMV 受控医学词汇表
Conference name 会议名称
Cookie 当访问某个网站时,随 HTML 发送到浏览器的一小段信息并存储在你的计算机中,便于以后访问该站给予提示
Copyright 版权,著作权
Corporate name 合作者
Courseware 课件
CPOE 计算机支持医院医嘱系统
Crawler 网络爬虫
Cryptoperiod 密码有效期
Cursor 指针,光标,游标
Cybersquating 抢注
Cybrarian 计算机图书管理员

D

Data aggregation 数据汇聚
Data analysis 数据分析
Data mining 数据挖掘
Data warehouse 数据仓库
Database 数据库
DDC 杜威十进分类系统(缩写)
Decompressing 解压缩
Default 缺省
Demo 演示
Deposits 缴送
Dewey Class number 杜威分类号
Dewey Decimal class number 杜威分类号
Dewey Decimal Classification system 杜威十进分类系统
DICOM 医学数字成像与通信
Digital library 数字图书馆
Digital Medical Equipment 数字化医疗设备
Digital preservation 数字化保存
Directory 目录
Discussion board 讨论板
Dissertation 学位论文
Distance education 远程教育
Distributed information retrieval 分布式信息检索
Document Supply Service 馆际互借文献服务
Document surrogate 文档描述,文献线索
Domain name 域名
Domain 域
Dongle 软件保护器,加密狗
Double-click 双击
Download 下载,套录

Dropout 数据丢失
Dublin core 都柏林核心(元数据)

E

eBook 电子书籍
EDM(electronic document management) 电子文档管理
Electronic Health Record,HER 电子健康记录
Electronic journal 电子期刊
Electronic Medical Record,EMR 电子病历
eMAR 电子药物管理记录
End user license agreement 最终用户许可证协议
Entrez 是用来使(NCBI) 数据库信息一体化的检索回复系统。这些数据库包括核酸序列,蛋白序列,大分子结构,整个基因组和 MEDLINE 直通 PubMed。
Error message 错误信息

F

Fact sheet
FAQ 常见问题
Favourites 书签,收藏
Field 字段
Flueny with Information Technology(FITness) 信息技术通晓
Folio 大开本
Frames 框架,帧
Freeware 免费软件
FTP 文件传输协议
Full text 全文

G

Gateway 网关
Gif 一种图像格式,图像交换格式(Graphics Interchange Format)的缩写
Gopher 信息鼠,是一种基于菜单的网络服务

H

Hits 命中
Holdings 图书馆馆藏
Home page 主页
Hospital Management Information System,HMIS 医院管理信息系统
HTML 超文本语言
Hyperlink 超链接
Hypertext 超文本

I

ILL 馆际互借(Interlibrary Loan)文献服务
Index 索引
International Standard Book Number 国际标准书号
International Standard Serial Number 国际标准刊号
Internet Explorer 因特网浏览器
Internet 因特网
Inverted File 倒排文档
ISBN 国际标准书号(缩写)
ISSN 国际标准刊号(缩写)
Issue Desk 书刊借还处

J

Journal 期刊
Jpeg 联合图像专家组,一种图像的压缩格式

K

K-12 教育技术术语,从幼儿园到 12 年级的缩写
Keyword 关键词
Kiosk 公共信息机
Knowledge base 知识库
Knowledge management 知识管理

L

Laboratory Information System,LIS 实验室管理系统
latency 延时,等待时间
LCSH 国会图书馆主题词
Link 链接
Listserv 电子邮件群

Literature Retrieval 文献检索
Loansome Doc PubMed 为用户提供的定购在线文档
Login 登录,注册
Logo 标识语,徽标

M

Mailing list 邮件列表
Management Information system 管理信息系统
Markup 标记
Medical Informatics 医学信息学
Menu 菜单
MeSH 美国国立医学图书馆医学主题词表
Meta Search Engine 元搜索引擎
Metadata 元数据
Microsoft Internet Explorer 微软浏览器
Mirror site 镜像站点
MIS 管理信息系统
MISD 管理信息服务机构(缩写)
Multimedia 多媒体

N

NAND 逻辑与非
Nanomedicine 纳米医学
Netscape 网景浏览器
Newsgroups 新闻组
Nym (pseudonym 的简写)假名,笔名

O

On Line Transaction Processing, OLTP 联机事务处理
OPAC(online public access catalog) 联机公共查询目录

P

Password cracker 解密程序
Password 密码
Patch 修补,补丁
Patient Care Information 病人诊疗信息
Pay-per-view 按流量计费
Pdf 一种便携式电子文档格式
Peer to peer 对等,点对点
Performance 性能
Periodical 期刊
Personalization 个性化
PHP 个人主页语言
Phreak 电话耗子
Picture Archiving and Communication System,PACS 图像存储与通信系统
Piracy 盗版
Pixel 像素
Platform 平台
Plug-in 插件
Proceeding 会议文献
Publisher 出版者
Push technology 推送技术,主动发送法

Q

Query by example 举例查询
Query 查询

R

Radiology Information System,RIS 放射信息系统
Record 记录
Reference 参考
Replication 复制
Repository 信息库,储存库
Request for comments 征求意见(稿)
Response time 响应时间
Retrospective Search 回溯检索
Rich text format(RTF) 富文本格式

S

Screen shot 屏幕照片
Scroll bars 滚动条
Search engine 搜索引擎
Searching 检索
Selective Dissemination of Information(SDI)定题服务
Serial File 顺序文档
Serial 连续的,系列
Series 丛书
Session cookie 会话小甜饼
Session 会话
Shelfmark 标架
Shortcut 快捷方式
Signature file 签名档
Site map 站点地图
Spider 网络蜘蛛
Standard Literature 标准文献
Suffix 后缀
Surf 冲浪
Swap file 交换文件

T

Tag image file format(TIFT) 标记图像文件格式
Tag 标识,标记
Taxonomy 分类学,分类法
TCP/IP 传输控制协议/网际协议
Telecenter 远程中心
Telecommuting 远程办公
Teleconference 远程会议
Telematic 远程通信与信息处理
Telemedicine 远程医疗
Telnet 远程登录
Template 模板
Text 文本
Thesaurus 词表
Thumbnail 缩略图
Tool bars 工具条
Tool kit 工具箱,工具库
Transparent GIF 透明 GIF 文件格式
Truncation (*) 截词

U

URL 统一资源定位器
Usenet News Group 新闻组
User interface 用户界面

W

W3C 万维网协会
WAIS 广域网信息服务器
WAP 无线应用协议
Wav 声音文件格式
Web Address Web 地址
Web site Web 站点
Webinar Web 讲座
Whois whois 服务,找人系统
Wildcard character 通配符
World Wide Web 万维网
WWW 万维网的缩写

Z

Z39.50 一种通信协议。主要用于在 Internet 上搜索图书馆藏书中的 OPAC 系统
Zipping 压缩

(赵文龙 辑)